Walter Benjamin
Briefe 2

Herausgegeben und mit Anmerkungen
versehen von Gershom Scholem
und Theodor W. Adorno

Suhrkamp Verlag

edition suhrkamp 930
Erste Auflage 1978

Druck Nomos Verlagsgesellschaft, Baden-Baden. Gesamtausstattung Willy Fleckhaus.

BRIEFE 1929–1940

Svendborg, Sommer 1938

Lieber Herr Wiesengrund,

wenn diese Zeilen ein wenig auf sich haben warten lassen, so bringen sie Ihnen, in Verbindung mit den sie begleitenden, den vollkommensten Aufschluss über meine Arbeit, über meine innere und äussere Lage.

Ehe ich mit einigen kurzen Worten auf den Inhalt des Exposés eingehe, berühre ich die Rolle, die es in meiner Beziehung zum Institut einnimmt. Darüber ist schnell gesprochen. Denn sie beschränkt sich vorläufig auf den Umstand, dass den Anstoss zu seiner Abfassung ein Gespräch gab, das ich Ende April mit Pollock hatte. Dass dieser Anstoss ein äusserlicher und desperater war, ist selbstverständlich. Gerade dieser aber war imstande, in die grosse, so viele Jahre lang vor jeder Einwirkung von draussen sorgfältig behütete Masse jene Erschütterung zu bringen, die eine Kristallisation möglich macht. Ich betone sehr, dass in diesem Umstand, der in der gesamten Ökonomie dieser Arbeit <u>ein</u> legitimer und fruchtbarer ist, die Bedeutung äusserer und heterogener Faktoren sich erschöpft. Und dies zu betonen veranlassen mich die Passagen Ihres Briefes, die mir verständlich und Ausdruck einer freundschaftlichen Teilnahme, sich – nach so langer Unterbrechung unseres über Jahre sich ausdehnenden Gesprächs – als ausserordentlich ergreifend sind. Sie fanden noch heute früh einen kleinen Widerhall in einem Brief, der von Felizitas eintraf. Sie schreibt:

„Mich wundert es, dass Fritz" (Pollock) „sich für die Notizen einsetzt, denkst Du denn an eine Arbeit für die Zeitschrift? Ich sehe darin eigentlich eine ungeheure Gefahr, der Rahmen ist doch verhältnismässig nur schmal, und Du könntest nie das schreiben, worauf Deine wahren Freunde seit Jahren warten, die grosse philosophische Arbeit, die nur um ihrer selbst willen da ist, keine Zugeständnisse gemacht hat und die Dich durch ihre Bedeutung für sehr vieles der letzten Jahre entschädigen soll."

Ich weiss, dass das die Sprache der wahrsten Freundschaft ist, keiner geringeren als der, die Sie zu Ihrer Formulierung führte, Sie würden es für ein wahres Unglück ansehen, wenn Brecht auf diese Arbeit <u>E</u>influss gewinnen sollte. Lassen Sie mich dazu das Folgende sagen:

Wenn ich meinen graciánischen Wahlspruch „Suche in allen Dingen die Zeit auf deine Seite zu bringen" je im Werk geübt habe, so denke ich in der Weise, in der ich es mit dieser Arbeit gehalten habe. Da steht an ihrem Beginne Aragon – der Paysan de Paris, von dem ich des abends im Bett nie mehr als zwei bis drei Seiten lesen konnte, weil mein Herzklopfen dann so stark wurde, dass ich das Buch aus der Hand legen musste. Welche Warnung! Welcher Hinweis auf die Jahre und Jahre, die zwischen mich und solche Lektüre gebracht werden mussten. Und doch stammen die ersten Aufzeichnungen zu der Passagenarbeit jener Zeit. – Es kamen die berliner Jahre, in denen der beste Teil meiner Freundschaft mit Hessel sich in vielen Gesprächen aus dem Passagenprojekt nährte. Damals entstand der – heute nicht mehr in Kraft stehende Untertitel „Eine dialektische Feerie". Dieser Untertitel deutet den rhapsodischen Charakter der Darstellung an, die mir damals vorschwebte und deren Relikte – wie ich heute erkenne – keine formale und sprachliche Garantien enthielten. Diese Epoche war aber auch die eines unbekümmert archaischen, naturbefangenen Philosophierens. Es waren die Frankfurter Gespräche mit Ihnen und ganz besonders das „historische" im Schweizerhäuschen, danach das gewiß historische um den Tisch mit Ihnen, Asja, Felizitas, Horkheimer, die das Ende dieser Epoche herbeiführten. Mit der rhapsodischen Naivität war es geschehen. Diese romantische Form war in einem raccourci der Entwicklung überholt worden, von einer anderen aber hatte ich damals und noch auf Jahre hinaus keinen Begriff. Im übrigen begannen in diesen Jahren die äußeren Schwierigkeiten, welche es mir geradezu als providentiell haben erscheinen lassen, daß die inneren mir eine abwartende, dilatorische Arbeitsweise schon vorher nahe gelegt hatten. Es folgte die einschneidende Begegnung mit Brecht und damit der Höhepunkt aller Aporien für diese Arbeit, der ich mich doch auch jetzt nicht entfremdete. Was aus dieser jüngsten Epoche für die Arbeit Bedeutung gewinnen konnte – und es ist nicht gering – das konnte freilich allerdings keine Gestalt gewinnen, ehe nicht die Grenzen dieser Bedeutung unzweifelhaft bei mir feststanden und also „Direktiven" auch von dieser Seite ganz außer Betracht fielen.

Alles was ich hier andeute, wird gerade für Sie seinen persönlichen Niederschlag im Exposé haben, dem ich jetzt ein paar Worte nachschicke. Das Exposé, das in keinem Punkte meine Konzeptionen verleugnet, ist natürlich noch nicht in allem ihr vollständiges Äquivalent. Wie die abgeschlossene Darstellung der erkenntnistheoretischen Grundlagen des Barockbuches ihrem Material folgte, so wird das auch hier der Fall sein. Damit will ich mich allerdings nicht dafür verbürgen, daß sie auch diesmal in der Form eines besonderen Kapitels erscheinen wird – sei es am Schluß, sei es am Anfang. Diese Frage bleibt offen. Auf diese Grundlagen selbst aber enthält das Exposé entscheidende Hinweise, die am wenigsten Ihnen entgehen werden und in denen die Motive wiedererkannt werden, die Ihr letzter Brief anschlägt. Weiterhin: sehr viel deutlicher als in jedem früheren Stadium des Plans (ja, in mir überraschender Weise) treten die Analogien des Buchs zu dem Barockbuch zu Tage. Sie müssen mir erlauben, in diesem Umstand eine ganz besonders bedeutsame Bestätigung des Umschmelzungsprozesses zu sehen, der die ganze ursprünglich metaphysisch bewegte Gedankenmasse einem Aggregatzustand entgegengeführt hat, in dem die Welt der dialektischen Bilder gegen alle Einreden gesichert ist, welche die Metaphysik provoziert.

In diesem Stadium der Sache (und freilich in diesem zum ersten Mal) kann ich mit Gelassenheit dem entgegensehen, was etwa von Seiten des orthodoxen Marxismus gegen die Methode der Arbeit mobil gemacht werden mag. Ich glaube, im Gegenteil, in der marxistischen Diskussion mit ihr à la longue einen soliden Stand zu haben, sei es auch nur weil die entscheidende Frage des geschichtlichen Bildes hier zum ersten Male in aller Breite behandelt wird. Da nun die Philosophie einer Arbeit nicht so sehr an die Terminologie als an ihren Standort gebunden ist, so glaube ich schon, daß dieses Exposé das der „großen philosophischen Arbeit" ist, von der Felizitas spricht, wenn mir diese Bezeichnung auch nicht die angelegentlichste ist. Mir geht es, wie Sie wissen, vor allem um die „Urgeschichte des 19ten Jahrhunderts".

In dieser Arbeit sehe ich den eigentlichen, wenn nicht den einzigen Grund, den Mut im Existenzkampf nicht aufzugeben. Schreiben kann ich sie – freilich erst nach harter und [illegible] der großen fluktuierenden Masse von Vorarbeiten vollkommen klar – vom ersten bis zum letzten Wort nur in Paris. Natürlich, zunächst, einzig in deutscher Sprache. Mein Minimalbedarf in Paris sind 1000 frs im Monat; soviel hat mir Pollock im Mai zur Verfügung gestellt, soviel soll ich ebenso für Juni erhalten. Aber soviel brauche ich auf eine Weile, um weiter arbeiten zu können. Schwierigkeiten machen sich stark gerade bemerkbar; heftige Migräneanfälle halten mir oft genug meine prekäre Situation gegenwärtig. Ob und unter welchem Titel das Institut an der Arbeit sich interessieren kann, ob es unter Umständen willig wäre, seinem Interesse Unterhaltszuschüsse zu [illegible] Arbeiten zu geben – das werden Sie vielleicht im Gespräch mit Pollock eher klären können als ich. Ich bin zu jeder Arbeit bereit; aber jede von irgendwelcher Bedeutung und besonderem [illegible] würde verlangen, daß ich für die Dauer ihrer Darstellung die Passagen zurückstelle. (Der Arbeit über die „Neue Zeit" würde ich im Augenblick nicht gern nähertreten. Darüber mündlich.)

Daß die Arbeit – so wie sie eigentlich konzipiert ist – vom Institut herausgegeben werden könnte, habe ich wenig angenommen, daß ich Pollock auch im Exil mündlich meinerseits das Gegenteil davon versichert habe. In anderer Frage ist es jedoch, ob nicht die neuen und einschneidenden soziologischen Perspektiven, die den gesicherten Rahmen der interpretativen Durchdringungen hergeben, einen Anteil des Instituts an dieser Arbeit begründen können, die ohne sie weder so noch anders veröffentlicht werden würde. Denn eine Ablenkung, die im gegenwärtigen Stadium sich zwischen Entwurf und Gestaltung einschieben würde, wäre wahrscheinlich mit einschneidenden Gefahren jeder späteren Darstellung verbunden. Der Rahmenentwurf dagegen enthält zwar längst nicht an allen Stellen, aber doch an den mir entscheidenden, die ganzen philosophischen

Begriffsbestimmungen, die hierin fundieren. Denn gerade die menschliche Wahrheit derselben aber – der Fleiß, die Langeweile, die Bestimmung der „Phantasmagorie" – so sind gerade das Motiv, denen ich nur ihren Ort zu geben hatte; ihre Gestaltung, die bei mir bekanntlich sehr weit gediehen ist, gehörte in dieses Exposé nicht hinein. Dieses dient weniger aus Gründen seiner äußeren Zweckbestimmung als seiner inneren: ich hatte die alten, mir gesicherten Bestände mit neuen zu durchdringen, die ich mir im Laufe der Jahre erarbeitet habe.

Den Entwurf, den Sie erhalten, bitte ich Sie ausnahmslos niemandem zu zeigen und mir alsbald zurückzuschicken. Er dient nur meinen eigenen Studien. Ein anderer, der in Kürze fertiggestellt sein wird, und zwar in mehreren Exemplaren, wird Ihnen später zugehen.

San Remo dürfte als Ort einer Begegnung für uns dieses Jahr wohl nicht in Betracht kommen. Können Sie nicht einrichten, den Weg von Oxford nach Berlin über Paris zu nehmen? Jedenfalls sei doch bitte eingedenk!

Vorerst Lenja als Macheath würde ich gern sehen. Können Sie etwas veranlassen, so sind Sie meiner Zustimmung sicher.

Ich höre mit Freude, daß die Fertigstellung Ihrer Arbeit absehbar geworden ist. Um Näheres über sie zu erfahren, muß ich wohl auf unsere Begegnung warten?

Ihm Kracauer selbst zu schreiben, konnte ich mich noch nicht entschließen, weiß aber nicht, ob ich es länger aufschieben darf.

Nehmen Sie meine herzlichsten Grüße!

31 Mai 1935
Paris XIV
28 place
Denfert-Rochereau

Ihr
Walter Benjamin

182 An Max Rychner

Berlin-Grunewald, den 15. Jan. 29

Sehr geehrter Herr Rychner,

beifolgend die editio ne varietur meines kleinen Flugblattes „Marseille".

Mit Ihrer Frage nach Proust machen Sie mich verlegen. Man schämt sich für Deutschland, für die Umstände, die es herbeigeführt haben, daß diese Sache von Anfang an in lieb- und ahnungslosen Händen gelegen hat (und wenn sie jetzt auch neue Hände, doch nicht bessere Köpfe zu ihnen finden). Sie verstehen, ich spreche von den Verlegern. Dem Publikum kann man kaum etwas vorwerfen. Es ist ja an die Dinge noch gar nicht herangekommen. Erst der von Schottlaender übersetzte Band, ein lächerliches Debut. Dann der Band, den Hessel und ich übersetzt haben, in ganz anderm, nicht unbedingt geschickten Format. Zwei Bände also, die, als Übersetzung, weder äußerlich noch innerlich Kontinuität haben und dann das gänzliche Abbrechen. Seit kurzem, wie Sie vielleicht wissen, ein neuer Verleger, der sich ebenso wenig wie sein Vorgänger zu der Erkenntnis durchringen kann, daß Proust nur als Oeuvre, nicht in einzelnen Bänden in Deutschland durchgesetzt werden kann. Wenn Sie bedenken, daß das Werk bis Sodom und Gomorrha einschließlich in unserer Übertragung schon seit Jahren fertig ist, werden Sie verstehen, wie lebhaft wir Ihren Mißmut mitfühlen, und wie dankbar wir Ihnen sind, daß Sie in Ihrer Rundschau so ziemlich den einzigen Platz eröffnet haben, an dem man wieder und wieder auf Proust verwies. Natürlich bleibt unendlich viel zu tun. Ebenso natürlich, daß auch ich daran schon gedacht habe, etwas zur Deutung Prousts beizutragen. Ich stehe aber dem Ganzen noch zu nahe, es steht noch zu groß vor mir. Ich warte, bis ich Details sehe, an denen ich dann, wie an Unebenheiten einer Mauer, hochklettern will. Sicher wird unsere deutsche Proust-Forschung sehr anders aussehen als die französische. In Proust lebt doch noch so viel größeres und wichtigeres als der „Psychologe“, von dem in Frankreich, soviel ich sehe, fast ausschließlich die Rede ist. Wenn wir uns etwas gedulden, so bin ich sicher, Sie werden eines Tages, von welcher Seite es sei, eine vergleichende Arbeit über deutsche und französische Proust-Kommentare ebenso gerne erhalten wie bringen.

Für heute schließe ich mit den aufrichtigsten Empfehlungen als Ihr ergebener

Walter Benjamin

183 An Alfred Cohn

[Februar 1929]

Lieber Alfred,

ich will durchaus keinen Tag verstreichen lassen sondern Dir sofort zu Deiner Sendung gratulieren. Die Sachen sind noch nicht bei der Redaktion, aber sie werden natürlich gedruckt. Ich stehe dafür ein wie für meine eignen. Sei nicht böse, wenn ich Dir sage, daß die Rezensionen noch besser sind als ich es beim festesten Vertrauen in Deinen Scharfblick und Deine Ausdruckskraft erwarten konnte. Ich freue mich, endlich in diesem verzweifelten Exil, das die „Literarische Welt“ darstellt, einen Mitverbannten zu haben.

Besonders die Rezension der Luxemburg-Biographie ist vollendet.

Bitte entschuldige, daß der angekündigte Panferow „Die Genossenschaft der Habenichtse“[1] nicht kam. Ursprünglich hatte ich es auf meinen Namen genommen und auch schließlich behalten, weil meine russische Freundin, die seit einiger Zeit hier ist, mit Panferow sehr gut bekannt ist und mir allerlei von ihm erzählen will, was ich einer Rezension zu gute kommen lassen möchte.

Seitdem ich weiß, daß Du das Pergamentbuch bekommen sollst, bin ich, jedenfalls darin, viel fleißiger und beschreibe es in die Kreuz und die Quer[2]. Ja – um einen Augenblick dabei zu verweilen: ich meine jenes größere Heft in biegsamem Pergamentdeckel, mit dem Du mich in Mannheim beschenkt hast. Der Umgang mit ihm hat mir zudem ein beschämendes faible für dieses ganz dünne, durchscheinende und doch vorzügliche Papier gegeben, das ich hier leider nirgends auftreiben kann. Weißt Du eine Quelle, wo man es *en gros* beziehen kann?

Ich will dafür sorgen, daß Du jetzt möglichst regelmäßige Büchersendungen von der Redaktion direkt bekommst. Für die zweite Frankreich-Nummer möchte ich der Redaktion doch vorschlagen, dreißig Zeilen aus dem Flaubertschen dictionnaire des idées reçues[3] zu bringen. Ich schreibe Dir noch darüber. Wenn Du Dich für den Aufsatz über Surrealismus[4] interessierst, wirst Du gut tun, das vollständige Erscheinen abzuwarten und ihn dann in Einem zu lesen. Sinnwidriger als es geschehen ist, ließ sich nämlich die Abteilung der Fortsetzungen garnicht vornehmen.

Für heute will ich schließen und tue es mit allen guten Wünschen für Deine Gesundheit und herzlichen Grüßen an Grete und die Kinder

Dein Walter

PS Von einer eigentlichen „Rubrik" Burschells in der „Literarischen Welt" weiß ich nichts. Bitte schreibe mir Genaueres. Im übrigen hoffe ich, das wird sich mit der Zeit alles von selbst gut einspielen.

1 Erschien 1928. Von W. B. in der „Literarischen Welt" vom 15. März 1929 besprochen.

2 Dies Buch im Pergamenteinband befindet sich, aus dem Nachlaß von Alfred Cohn, in Scholems Besitz. Es ist in kleinster Schrift eng beschrieben.

3 Aus Bouvard et Pécuchet.

4 Erschien in der „Literarischen Welt" vom 1., 8. und 15. Februar 1929.

Berlin, 14. Februar 1929

Lieber Gerhard,

ich will mit dem Geständnis beginnen, daß ich Deinen letzten Brief, auf den ich hiermit postwendend antworte, schon sehr anständig finde – angesichts meines skandalösen Verhaltens, denn so muß dieses Verhalten jedenfalls aussehen.

Nun zur Darlegung der Verhältnisse, aus denen es hervorgeht, da steht an erster Stelle der wochenlange Kampf, in den mich meine Zusicherung an Dich (und mich selbst) im Frühjahr nach Palästina zu kommen, versetzt hat. Und nun tue ich es nicht. Nun verschiebe ich dieses Kommen zum zweiten Mal, und habe mit der Gefahr zu rechnen, von Dir nicht mehr ernst genommen zu werden. Es liegen nun freilich zwei sehr dringliche Rücksichten vor. Ich will gleich mit der Dir gegenüber schwächern, mir gegenüber aber stärkern beginnen. Die ist, daß die Passagenarbeit, die ich mit hundert Künsten (von denen das Beifolgende zeugt) zu umgehen gesucht habe, sich nicht länger abdrängen läßt. Noch weiß ich nicht, ob das auf eine unmittelbare, sofortige Abfassung zielt, ich glaube es nicht einmal. Aber das, was sich da augenblicklich in mir abzeichnet, muß festgehalten werden, wenn dieses ganze Unternehmen nicht mit dem Zusammenbruch enden soll.

Ich habe also gar keinen andern Weg, das Hebräische in Berlin, als reines Sprachlernen, sofort aufzunehmen und diese beiden Wege angespanntesten Lernens und angespanntesten Schreibens zugleich durchzuführen. Ich kenne die hundert Bedenken, die dem entgegenstehen. Aber jedes meiner beiden Vorhaben ist schon in sich so reich an unabsehbarem Risiko, daß, sie zugleich durchzuführen schon wieder die Vernunft der Krisis enthält. Bitte schreibe mir postwendend die berliner Instanz für meinen hebräischen Unterricht. Ich weiß, daß Du das schon einmal tatest, aber ich kann den Brief jetzt nicht heraussuchen.

Der äußere Grund ist eine schwere Erkrankung meiner Mutter – vor einem viertel Jahr ein Schlaganfall, seit einigen

Tagen bedrohliche Verschlimmerung der Lage. Ich habe jeden Grund, im Falle ihres Todes nicht zu weit und zu lange abwesend zu sein.

Meine weiteren Dispositionen sind: Reise nach Palästina im Herbst, möglichst mit Dir zusammen, wenn Du aus Europa zurückkommst. Bis dahin ein Aufenthalt von einigen Wochen in Paris, im übrigen absolut keine Reisen.

Nun zu Deinen Arbeiten. Die „Entstehung der Kabbala“[1] habe ich mit höchstem Interesse (o dürfte ich auch sagen: mit Nutzen – aber das darf ich heute weiß Gott noch nicht) gelesen. Was Du geleistet hast ergibt zugleich den Begriff des Tohu wa Bohu aus dem Deine Programmschrift sich erhebt. Sodann, was Deinen außerordentlichen Brief über Goldberg betrifft, so hoffe ich mich nützlich gemacht zu haben. Ermutigt durch den großen Erfolg, den dessen Verlesung vor Hessel hatte, übergab ich ihn einem Dir gewiß bekannten, mir wie ich nicht leugnen will vertrauenerweckenden und sympathischen Dr. [Leo] Strauß[2] von der jüdischen Akademie zwecks Abschrift und weiter Verbreitung in partibus infidelium. Ich werde ihn demnächst wieder einmal auf der Staatsbibliothek abfangen und dann hoffe ich, seine Berichte vom Kriegsschauplatze entgegenzunehmen. Übrigens haben die Goldberg-Menschen ihre Aktivität in geregelte Bahnen geleitet und laden als „Philosophische Gruppe“ allwöchentlich an den Plakatsäulen zu ihren Dienstagsveranstaltungen ein.

Von meinen Arbeiten wäre, bibliographisch, etwas noch anzudeuten, daß in der „Neuen Schweizer Rundschau“ ein „Weimar“ erschienen ist, das die dem Sowjetstaate abgewandte Seite meines Janushauptes aufs lieblichste vorstellt. Aber den werde ich Dir wohl zugeschickt haben. Andernfalls fordere ihn bitte an. Das Haupt wird sich, vollständig, wenn auch nur en miniature, nach Erscheinen von „Marseille“ darstellen, das ich um dieser Korrespondenz willen an gleicher Stelle erscheinen sehen möchte. Es besteht darauf Aussicht. Was mich sonst in letzter Zeit anging ersiehst Du einigermaßen deutlich aus dem „Surrealismus“, einem lichtundurchlässigen Paravent vor der Passagenarbeit. Unter den Artikeln, die ich vorbereite ist einer, mit dem ich etwas Anstoß zu geben hoffe: „Tiefstand der literarischen Kritik in Deutschland". Fernerhin hat der Endesunterfertigte eine große Novelle von Jouhandeau „Le marié du village" übersetzt, über deren Schicksal noch nichts bekannt ist.[3] En demeurant glaubt er Dich auf diesen Autor, dem in der Stickluft kleiner französischer Sakristeien Visionen sich zeigen, vor denen die gewiegtesten Heiligen von nebenan Reißaus nehmen würden, schon hingewiesen zu haben. Sonstige Allotria wirst Du – Gott sei's geklagt – in einer zweiten Frankreichnummer finden.

Was wünscht die „Jüdische Rundschau" über mich zu erfahren? Und warum entziehst Du Dich solcher Aufgabe? – Aber ich weiß es recht gut und der Himmel möge Dich dafür segnen.

[...]

Ganz submissest möchte ich Deine Bemerkungen zu [Karl] Kraus und der Halacha anfordern. Ich möchte meinen, daß sie mir nicht bekannt sind. Bewußt entsinne ich mich nicht, von Dir etwas darüber gehört zu haben. In seinen berliner Demarchen, vom großen Fackelheft gegen Kerr an, zeigt sich eine so unglückliche Hand, daß aus der geplanten Übersiedlung hierher wohl nichts werden wird.

Nun ich bin, wenn schon nicht erfreulich so doch ausführlich gewesen, und werde es weiter sein. Bitte antworte, wenn auch noch so kurz, baldigst. Herzliche Grüße an Dich und Escha

Dein Walter

[...]

1 Im „Korrespondenzblatt des Vereins zur Begründung einer Akademie für die Wissenschaft des Judentums", Berlin 1928, S. 5–23.

2 Jetzt Professor of Political Science an der Universität Chicago, geb. 1899.

3 Erschien 1931 unter dem Titel „Der Dorfbräutigam" in der „Europäischen Revue", VII., S. 105–131.

15. März 1929

Lieber Gerhard,

ich höre mit Freude, daß Du wahrscheinlich nicht nach Europa kommst. Das wird mir also erlauben, meine Reise nach Palästina eventuell schon vor dem Herbst anzutreten.

Gestern habe ich Buber gesprochen. Ihm die Situation eingehend klargelegt und von ihm erfahren, daß Dr. Magnes im Augenblick nicht hier ist, aber in ein paar Tagen zurückerwartet wird. An ihn werde ich mich wenden. Weltsch[1] ist schon nach Palästina abgefahren. Buber erzählte, daß er mich für Vorträge an der Schule der jüdischen Jugend empfohlen habe. Vorläufig sehe ich mich indessen mehr auf deren Bänken als auf deren Kathedern.

Optime, amice fragst Du, was sich wohl hinter der Surrealismus-Arbeit verbergen mag. (Ich glaube, sie Dir komplett zugesandt zu haben, bitte schreibe, ob Du sie erhieltest.) In der Tat ist diese Arbeit ein Paravent vor den „Pariser Passagen" – und ich habe manchen Grund, was dahinter vorgeht, geheim zu halten. Gerade Dir aber immerhin soviel: daß es sich hier eben um das handelt, was Du einmal nach Lektüre der „Einbahnstraße" berührtest: die äußerste Konkretheit, wie sie dort hin und wieder für Kinderspiele, für ein Gebäude, eine Lebenslage in Erscheinung trat, für ein Zeitalter zu gewinnen. Ein halsbrecherisches, atemraubendes Unternehmen, nicht umsonst den Winter über – auch wegen der schrecklichen Konkurrenz mit dem Hebräischen – immer wieder vertagt, also zeitweise mich lähmend, nun ebenso unaufschiebbar wie zur Zeit unabschließbar befunden.

Daraus ergibt sich, a tempo das Hebräische aufzunehmen und daneben die Passagenarbeit soweit zu fördern, daß sie dann in Palästina sich von neuem und ohne Schaden zurückstellen läßt. Das beste wäre, sie würde sich explosiv vollenden. Damit kann ich aber nicht rechnen. An Magnes schreibe ich sowie ich die Stunden begonnen habe.

Für die nächste Frankreich-Nummer der „Literarischen

Welt" habe ich ein Rudel Kritiken verfaßt und spinne zur Zeit an einigen Arabesken zu Proust[2]. Der Surrealismus hat mir einen erfreulichen, erfreuten, ja begeisterten Brief von Wolfskehl eingetragen, und mir auch sonst noch ein oder zwei freundliche Blicke eingetragen. Ich hoffe darauf, Dir in kurzem eine „Marseille" übersenden zu können und etwas anderes, das sich „Kurze Schatten"[3] benennt. Was von alledem oder sonst Du aber unter meiner „experimentellen Dämonologie" verstehst, das enthülle mir baldigst.

Der erwähnte [Leo] Strauß ist mir aus den Augen verschwunden. Da es aber unter Mitnahme einer umfangreichen Bibliographie über das Märchenwesen geschah, so werde ich ihm nun einen Steckbrief nachsenden, der vielleicht auch die Sache Deines Goldbergbriefes fördert, den er auch noch in Händen hat. Übrigens entfaltet dieser Goldbergkreis eine regelmäßige Dienstagsaktivität am Nollendorfplatz. Vortragsabende: für mich, der sie nur auf den Plakaten genießt, Photomontagen ernster Zores auf miesen Ponems.[4]

Die Eile der jüdischen Gemeinde in Berlin ist für mich in der Tat bedauerlich.[5] Que faire? Der Start ist nun abgesteckt. Man muß die Bahn im Auge behalten. Du bekommst laufend weitere Nachricht.

Herzlichst Dein Walter

Was Du über das Parlament und die Araberfrage schreibst[6], schien mir einleuchtend und war wahrscheinlich sehr nötig. Mache Dich weiter durch solche Sendungen bemerkbar, zunächst erbitte ich sehr die Notiz über die Herkunft von Kraus' Sprache aus dem Musivstil – Halachastreit.

1 Robert Weltsch, Chefredakteur der „Jüdischen Rundschau".

2 Erschienen in der „Literarischen Welt" vom 21. Juni – 5. Juli 1929. Jetzt Schriften II, S. 132–147.

3 NSR, Nov. 1929. Jetzt Schriften II, S. 13–22.

4 Jüdisch: Ernster Sorgen auf häßlichen Gesichtern. Gemeint ist: echte Probleme werden hier von falschen Leuten behandelt.

5 Nicht mehr verständlich.

6 In einem Aufsatz in der „Jüdischen Rundschau" vom 8. Febr. 1929.

186 *An Gerhard Scholem*

[6. Juni 1929]

Lieber Gerhard,

Deinen Brief beantworte ich postwendend.

Der Brief an Magnes, von dem ich Dir zu informatorischen Zwecken eine Copie beilege, geht morgen, nachdem er in Schreibmaschinenausfertigung vorliegt, an ihn ab.

Ich vermag Deinen Vorwürfen leider nicht das mindeste entgegenzusetzen; sie sind absolut begründet und ich stoße in dieser Sache auf ein schon pathologisches Zögern, das mir leider auch sonst bei mir hin und wieder bekannt ist. Die Kürze des letzten Briefes an Dich hast Du allerdings doch eher mißverstanden. Sie entsprang aus der Eile, Dir anzumelden, daß die Sache[1] *endlich* in Gang ist. Und das besagt nun allerdings um so mehr, je komplizierter die vorliegenden Hemmungen waren. (Deren Gestalt und Ausmaß Du übrigens doch nur zumteil kennst und die soweit sie rein persönlicher Natur sind, mündlicher Mitteilung vorbehalten werden müssen.)

Mein Kommen im Herbst ist nur abhängig von meiner materiellen Lage. Von sonst nichts, Gesundheit vorausgesetzt. Dagegen kann ich Dich nur versichern, daß nun da ich begonnen habe, mein Hebräisch unabhängig von dem Termin meiner Palästinareise, hier oder dort, unbedingt durchgeführt wird.

Ich muß übrigens, mit den Vorbehalten, die eine sehr kurze Erfahrung erfordert, feststellen, daß ich in Lernstimmung bin und wenn schon nicht leicht, so doch nicht so phantastisch schwer lerne wie ich gefürchtet hatte und daß es mir in gewissen Grenzen sogar Freude macht. Ich glaube daß Mayers[2] Methode sehr gut ist: viel Schriftliches, *ins* Hebräische übersetzen.

Ich nehme wie gesagt täglich Stunde und habe wo ich gehe und stehe die Grammatik bei mir. Vorläufig sind wir noch in ihr beheimatet, Mayer hat aber vor, bald zur Lektüre überzugehen. [...] Du wirst anerkennen, daß die längst geschuldete Nachricht über diese Verhältnisse nun so vollständig vorliegt, als das zur Zeit möglich ist. Ich wende mich zu einigem andern. [. . .] Ich bereite vor: „Die singende Blume oder die Geheimnisse des Jugendstils“ für die Frankfurter Zeitung.

Ich habe einige nennenswerte Bekanntschaften gemacht. Ad 1 die nähere mit Brecht (über den und über die viel zu sagen ist) ad 2 die mit Polgar, der jetzt zu Hessels nächstem Kreise gehört. Von Hessel ist erschienen: „Spazieren in Berlin“ [3]. Ich werde veranlassen, daß ers Dir zuschickt. – Schoen ist künstlerischer Leiter des frankfurter Rundfunks und ein wichtiger Mann geworden.

Ich bleibe mindestens bis zum ersten August in Berlin, eventuell etwas länger. Mein ursprünglicher Plan ist, dann ein paar Wochen nach Paris zu gehen, von dort via Marseille nach Palästina.

Bitte halte mich von Deinen Entscheidungen auf dem Laufenden. Sage Agnon alles Herzliche; ich werde ihm schreiben. Über seine Zeilen habe ich mich sehr gefreut.

Über den Baader reden wir also im Herbst noch einmal, ich werde versuchen ihn solange zu halten. [4]

Ich arbeite sehr viel. Soweit es Druckgestalt in der Literarischen Welt annimmt, wirst Du es von nun ab regelmäßig bekommen. Hiermit, vor allem aber mit den vorstehenden Mitteilungen, hoffe ich unsern Korrespondentenhimmel etwas gereinigt zu haben und verspreche weitern beständigen Ostwind.

beracha gam le [5]-Escha

Dein Walter

1 Die hebräischen Stunden.

2 Sein Lehrer Dr. Max Mayer (geb. 1887), jetzt in Haifa.

3 Von W. B. besprochen in der „Literarischen Welt“ vom 4. Okt. 1929.

4 Bezieht sich auf W. B.'s Exemplar der Schriften Franz von Baaders, das Scholem für die Universitätsbibliothek in Jerusalem erwerben wollte.

5 In hebräischen Schriftzeichen. („Gruß auch an . . .“). Diese Studien wurden im Juli unterbrochen und kaum wieder aufgenommen.

Berlin, 7. Juni 1929

Sehr verehrter Herr Rychner,

auf Ihre freundlichen Zeilen vom April hätte ich Ihnen wohl mit einem kurzen „einverstanden“ antworten müssen. Wenigstens entnehme ich es daraus, daß ich bisher noch keine Korrekturen erhielt. Aber das bin ich gewiß – einverstanden. Und gerade im Zusammenhange dieser Noten lege ich keinen entscheidenden Wert auf das „Schöne Entsetzen“[1] – so lieb es mir wegen des Erlebten ist, aus dem es hervorgeht. Damit wir aber nicht unbescheidenerweise die musische Neunzahl für diese Schatten anrufen, sende ich Ihnen für die nun freigewordene Stelle hier eine neue und wir bleiben bei zehn.

Gewiß hätte ich früher von mir hören lassen, wäre ich nicht durch das Studium des Hebräischen in einen neuen mich bis aufs letzte beanspruchenden Arbeitskreis getreten. Meine übrigen Arbeiten müssen sich die Zeit nehmen, wo sie sie finden. Ich bin mindestens bis Anfang August in Berlin. Aber da Sie mir keine Hoffnung machen können, auf diesem Boden zu erscheinen, sollen Sie wissen, daß ich sodann für kurze Zeit in Paris sein werde.

Mit freundlichen Grüßen – und einem besonderen Dank für den C. F. Meyer, den Sie mir zugehen ließen und der mir wert geworden ist

Ihr Walter Benjamin

1 Ein Stück in „Kurze Schatten“.

Berlin-Grunewald, 26. 6. 1929

Lieber und hochverehrter Herr von Hofmannsthal,

vielleicht erreicht dieser Brief Sie gleichzeitig mit den herzlichen Grüßen, die ich Frau Wiesenthal bat, Ihnen zu überbringen. Die Kluft meines Schweigens wäre so besser überbrückt als mit den verschiedenen Dingen, die hier beiliegen.

Ich habe diese kleinen Arbeiten für Sie gesammelt und war immer froh, wenn ich etwas zurücklegen konnte, wovon ich mir sagte, in einem günstigen Augenblick könne es Sie als Leser finden. Der Proust-Aufsatz, von dem ich hoffentlich nicht ohne Grund annehme, daß er Ihnen einen gewissen Begriff von dem gibt, was mich vor Jahren in Paris beschäftigte und dem Sie Ihren Anteil schenkten, sollte das ganze Übrige Ihnen empfehlen; darum habe ich bis zu seinem Erscheinen gewartet. Der „Sürrealismus" ist ein Gegenstück zu ihm, das einige Prolegomena der Passagen-Arbeit enthält, von der wir einmal bei mir gesprochen haben. „Weimar" ist ein Nebenprodukt meines „Goethe" für die Russische Enzyklopädie. Ob der je erscheinen wird, weiß ich nicht. Fest steht nur, daß er in die Enzyklopädie höchstens bis zur Unkenntlichkeit entstellt gelangen kann. Vor einem Jahr bin ich in Weimar gewesen. Der Eindruck ist an einigen Stellen der Arbeit zugute gekommen, um derentwillen der Aufenthalt gedacht war. Die Essenz aber suchte ich, unbeschwert vom Zusammenhang einer Darstellung, auf diesen beiden Seiten festzuhalten. Zu ihnen ist „Marseille"[1] ein Gegenstück. Schwach wahrscheinlich, mir aber aus dem höchst unmaßgeblichen Grunde lieb, weil ich mit keiner Stadt so gekämpft habe. Ihr einen Satz abzuringen, könnte man sagen, ist schwerer als aus Rom ein Buch herauszuholen.

Seit zwei Monaten habe ich endlich mit meinem Vorsatz ernst gemacht: ich lerne hebräisch. Diesen Einschnitt in meine Arbeit auch äußerlich und so markant zum Lebensabschnitt zu machen wie Sie es mir in unserm ersten Gespräch so überzeugend anrieten, ließ sich nicht durchführen. Ich konnte nicht von Berlin fortgehen. Doch habe ich hier einen ganz ausgezeichneten Lehrer gefunden, einen älteren Mann mit bewunderungswürdigem Verständnis für meine Lage und doch mit der nötigen Autorität, um den Vokabeln und Sprachformen Einlaß bei mir zu erzwingen. Im ganzen ist am gegenwärtigen Zustand für mich nur schwierig der Wechsel zwischen Lernen und literarischer Aktivität. Ich könnte mir eine Reihe der schönsten Tage mit nichts als Grammatik denken. Umsomehr als ich an die erwähnte Passagenarbeit im Augenblick doch nicht gehen kann. Sie ist aber nach Material und Fundierung in den Monaten seit ich Sie sah sehr gewachsen und ich darf sie ein paar Monate ruhen lassen ohne sie zu gefährden.

Vermutlich gehe ich im Laufe des September für einige Monate nach Palästina. Am ersten August liquidiere ich meine berliner Situation und leider auch das schöne Zimmer, in dem ich Sie bei mir sehen durfte und gehe zunächst nach Paris.

Sehen Sie bitte, lieber Herr von Hofmannsthal, in diesem Briefe nicht nur den Rechenschaftsbericht sondern den Wunsch, in Ihrer Erinnerung lebendig zu bleiben.

Ich bin mit herzlichen Grüßen Ihr aufrichtig Ihnen ergebener

Walter Benjamin

PS „Weimar" und „Marseille" liegen der Sendung nicht bei. Ich bat Rychner schon vor mehreren Monaten, sie Ihnen direkt zu senden.

Das Erscheinen von Proust III hat sich lange verzögert und darum auch die Absendung dieser Zeilen. Nun kann ich ihnen Gewisseres hinzufügen. Am 17. September fahre ich von Marseille über Konstantinopel und Beyrouth nach Jaffa. Anfang Oktober will ich in Jerusalem sein und dort drei Wintermonate ausschließlich dem weiteren Studium widmen. Schon jetzt beansprucht es mich soweit, daß ich an keine große Arbeit denken kann und die kleinen noch länger brauchen als sonst. Immerhin hoffe ich Ihnen nach einigen weiteren Wochen einen ganz kleinen Versuch über den Jugendstil senden zu können, der in der „Frankfurter Zeitung" erscheinen soll. Danach beschäftigt mich „Warum es mit der Kunst Geschichten zu erzählen zu Ende geht“ – d. h. der Kunst der mündlichen Erzählung.

Ich erneuere Ihnen meine herzlichsten und ergebensten Grüße.

W. B.

1 NSR, April 1929. Jetzt Schriften II, S. 67–71.

189 An Gerhard Scholem

Volterra, 27. Juli 1929

Lieber Gerhard,

Du magst sagen, was Du willst: meine Briefe sind alles in allem nicht so spärlich, selten kurz. Und was ich mir die Freiheit genommen habe über den Stand der europäischen Korrespondenz festzustellen, hätte Dir die Tugenden meiner internationalen nur in helleres Licht rücken sollen. Zu diesen gehört, wie ich unermüdlich bestrebt bin, Dir wechselnde und rare Datierungen darzubieten. In diesem Sinne, mindestens, kann auch vorliegendes Schreiben Deine Aufmerksamkeit erbitten. Es kommt nämlich aus einem Zentrum der etruskischen Kultur, sagen wir aus ihrer Vorhölle, sofern ich eben eine 37jährige Unwissenheit von diesen Dingen durch einen dreistündigen Museumsbesuch gebüßt habe. Aus Volterra. Nicht umsonst unbekannt; ohne Schaden selbst von D'Annunzio besungen; höchst großartig, inmitten einer Art schneelosen, afrikanischen Engadins gelegen – so klar sind die riesenhaften Öden und die kahlen Berge seiner Umgebung.

Ganz steil über mir bewegt sich die Wetterfahne des alten burgartigen Munizipio wie ein Dachdecker.

Folgendermaßen bin ich hergekommen. [Wilhelm] Speyer hat mich aufgefordert, ihn im Auto nach Italien zu begleiten. Er ist bei Freunden in Forte dei Marmi. Übermorgen wollen wir zusammen zurückfahren. Ich nahm seinen Vorschlag an.

Er kam drei Tage nachdem Dr. Mayer nach Bad Eibing zur Kur verreist war. Wir haben besprochen, daß ich ihm laufend meine schriftlichen Arbeiten schicke. Das habe ich auch begonnen, aber der Fernunterricht bleibt etwas prekär. Kurz, ich sitze nun eine Woche in San Gimignano und bin heute hier herübergefahren. Morgen gehe ich nach Siena. Dort wird die Zeit etwas kurz sein. Aber Speyers Dispositionen sind wandelbar. [. . .]

Über San Gimignano schreibe ich Dir nichts. Ich denke auch, Du hörst den Namen nicht zum ersten Male. Vielleicht gibt es später einmal etwas von mir darüber zu lesen[1]. Im schlimmsten Fall müßtest Du mit Bildern von Derain vorlieb nehmen, im besten, die Situation selber zur Kenntnis nehmen, wo Du so gewiß der einzige Palästinenser wie ich der einzige Deutsche sein wirst.

Jetzt meine kommenden Dispositionen. Für Mitte August bis Anfang September hat man mir eine Einladung für Pontigny in Aussicht gestellt. Zur sogenannten zweiten Dekade; das ist die alljährliche Zusammenkunft der berühmtesten Dichter Frankreichs, von Gide begonnen die meisten großen Rom[an]ziers und Lyriker. Leider bestehen Schwierigkeiten rein technischer Art. [. . .] Weiter sind meine Dispositionen in Frage gestellt durch einen Prozeß[2] und durch den Gesundheitszustand meiner Mutter, der das schlimmste befürchten läßt. Sauf imprévu aber möchte ich mich im September in Marseille einschiffen und am 3ten Oktober, mit dem Lamartine, in Jaffa eintreffen. Ich würde also sehr bald nach meiner bevorstehenden Rückkehr nach Frankreich gehen und dann nicht mehr, vor meiner Abreise, nach Berlin zurückkehren.

Hofmannsthals Tod hat mich betrübt. Ich bin nicht sicher, daß er einen Brief mit einer größeren Sammlung meiner Arbeiten noch bekommen hat. Er ging zwei Wochen vor der Katastrophe ab, aber in Rodaun war es Sitte, Hofmannsthal die Post immer nur nach Maßgabe seines Ergehens vorzulegen. Die Frechheit der deutschen Nachrufe war widerwärtig.

Bitte schreibe doch einmal, woran Du sitzt. In San Gimignano habe ich mir die Hände an den Dornen eines allerdings stellenweise überraschend schön blühenden Rosenbuschs aus

Georges Garten zerschunden. Es ist das Buch „Der Dichter als Führer in der deutschen Klassik". Sein Verfasser heißt Kommerell und meine Rezension: Wider ein Meisterwerk.[3]

Jetzt besteige ich den Autobus und wenn ich wieder in Berlin bin, dürftest Du bereits im Besitz der hier deponierten herzlichsten Grüße, an Dich und Escha, sein.

Dein Walter

1 In der „Frankfurter Zeitung" vom 23. August 1929. Jetzt Schriften II, S. 83 f.
2 W. B.s Scheidung.
3 Schriften II, S. 307–314.

190 An Gerhard Scholem

Berlin-Grunewald, Delbrückstr. 23, 4. August 1929

Lieber Gerhard,

im Augenblick da ich in Wolken von Staub unter einem Gebirge von Kisten meine zehn- oder selbst zwanzigjährige Seßhaftigkeit aufgebe und diese Wohnung verlasse, fällt mir das Manuskript der Trauerspielarbeit in die Hände. Es ist nicht schön[1], vielleicht nicht einmal ganz vollständig. Aber auch das Buch hat seine Fehler, darin ist es ihm also zugehörig. Und indem es mit diesen Worten an Deiner Schwelle sich räuspert und den Staub der Jahre von sich abschüttelt nimmst Du es hoffentlich freundlich auf. Mehr sobald diese Tage überwunden sind und ich die Dispositionen der nächsten Monate, bzw. meiner Reise nach Palästina überblicke. Post erreicht mich via Grunewald.

Herzlichst Dein Walter

1 Es ist mikroskopisch, mit vielen Durchstreichungen, geschrieben.

191 An Gerhard Scholem

Berlin, Friedrich Wilhelmstr. 15
bei Hessel
18. September 1929

Lieber Gerhard,

gestern habe ich Dir als hundertpferdigen Vorspann dieser Zeilen ein Radiogramm geschickt, das meine Ankunft auf den vierten November festsetzt. Unumwunden stelle ich fest, daß die dortigen Ereignisse[1] an dieser einmonatlichen Verschiebung keinen Anteil haben, das hängt mit meinem profunden Mißtrauen in Zeitungsinformationen zusammen. Aber Dein Brief läßt mich annehmen, daß, in andrer Hinsicht, dies Mißtrauen diesmal leider über das Ziel schoß. Nein, der wahre Grund war ein schon erwähnter Gerichtstermin und daneben eine Arbeit mit Speyer – Wilhelm Speyer, dem Romancier und Dramatiker – die finanziell von einigem Belang für mich sein kann. Von diesem neuen Termin werde ich nun freiwillig nicht abgehen. Der Zustand meiner Mutter ist nun auch etwas gebessert.

Ich weiß nicht, ob ich Dir einmal geschrieben habe, daß seit ungefähr einem Jahre eine Freundin, Frau Lacis, in Deutschland ist. Sie stand kurz vor ihrer Heimkehr nach Moskau, da ist sie vorgestern wieder, so scheint es wenigstens, von einem akuten Anfall von Enzephalitis befallen worden und gestern hab ich sie, da ihr Zustand es noch eben erlaubte, in den Zug nach Frankfurt gesetzt, wo [Kurt] Goldstein, der sie kennt und sie schon behandelt hat, sie erwartet. Ich werde ebenfalls bald, möglichst schon vor meiner Reise nach Marseille, wo ich mich einschiffe, herüberfahren. In den letzten Wochen habe ich dort dreimal oder sogar viermal im Rundfunk gesprochen. Erheblich ist von diesen Vorträgen allenfalls ein ausführlicher über Julien Green, den Du unter meinen mitgebrachten Papieren, falls nicht vorher gedruckt, zu sehen bekommen wirst.[2]

In der letzten Zeit habe ich außergewöhnlich viel gearbeitet, nur aber nicht Hebräisch, das ich ohne einen Lehrer gegen meine hiesigen äußerlich und innerlich drängenden Beschäftigungen nicht durchsetzen kann. Nach Dr. Mayers Abreise nochmals einen neuen für vier Wochen heranzuziehen schien mir aber indiskutabel. Ich habe für Palästina zunächst einen Aufenthalt von drei Monaten angesetzt, in denen ich im wesentlichen nichts anderes als Grammatik zu lernen wünsche.

Bitte schreibe mir, ob der Ankauf des Baader weiterhin erwünscht ist. Ich sende ihn dann sofort. Die Auszahlung hat Zeit bis sie an Ort und Stelle erfolgen kann.

Von meinen Arbeiten gehen zwei kleine gleichzeitig oder in Kürze an Dich ab. Über Hofmannsthal habe ich nichts geschrieben und nichts schreiben können; mündlich warum. Einen neuen, meinen dritten „Hebel“ habe ich kürzlich für die Frankfurter Zeitung [3] geschrieben, ein kleines Stück aus Passagenzusammenhängen bei Gelegenheit einer Rezension von Hessels Berlinbuch unter dem Titel „Die Wiederkehr des Flaneurs“ zum Vorschein gebracht, eine zutzige Abhandlung über Robert Walser [4] und eine Novelle geschrieben. Jetzt bin ich an der endgültigen Redaktion der großen Rezension, die mich in San Gimignano beschäftigt hat. Es handelt sich um die erstaunlichste Publikation, die in den letzten Jahren aus dem Georgekreise hervorging: Kommerells Buch „Der Dichter als Führer in der deutschen Klassik“.

Inzwischen hat sich mit Heulen und Zähneklappern die Eröffnung der „season“ vollzogen. Es gab etwas Unbeschreibliches, Ostjüdisches von Mehring, von dem unglückselig beratenen Piscator mit viel Bravour inszeniert; und erst dieses Stück ist so ganz bodenlos schlecht wie ich, in einer Rezension aus der Frankfurter Zeitung [5], die ich Dir vermutlich gesandt habe, seine Chansons machte. Mit dem neuen Stück von Brecht ist auch nicht viel Ehre einzulegen und was sonst etwas zu betrachten wäre hat noch keine Freibilletts abgeworfen.

Ich habe in den stürmischen Tagen zum ersten Male nach der „Jüdischen Rundschau“ gegriffen: Mir schien da ein sehr zages, offiziöses Lavieren sich abzuspielen, aber vielleicht war ich zu naiv um das Blatt mit Verstand zu lesen. Der letzte und neueste Bericht in Berliner Blättern stand im Tageblatt und wirkte eher beunruhigend. Dein Brief ist mir natürlich äußerst instruktiv gewesen. Ich denke mir, daß man auf Seiten der Vernunft auch unter den Juden in der Minorität ist und Dein Stand entsprechend schwierig sein kann.

Ich schließe mit einem Verzeichnis meiner gegenwärtigen Lektüre, in der sich mein Tun und Treiben, marxistisch geredet, so halbwegs „spiegelt": Krupskaja: Erinnerungen an Lenin; Cocteau: Les Enfants Terribles (sehr aus der Passagengegend); Gontscharow: Oblomow.

Bitte bedenke, daß ich diesmal in meiner Antwort sehr schnell war und lohne dies

Deinem Walter

1 Die schweren Unruhen in Palästina im August 1929.
2 Erschien in der NSR, April 1930. Jetzt Schriften II, S. 152–158.
3 Im Literaturblatt der FZ vom 6. Oktober 1929.
4 Erschien im „Tagebuch", 1929, S. 1609 ff. Jetzt Schriften II, S. 148 bis 151.
5 Vom 23. Juni 1929.

192 An Max Rychner

Berlin, 21. November 1929

Verehrter Herr Rychner,

Nehmen Sie vorweg Dank für Ihre freundlichen Zeilen zu meinem Hebel. Ich verdanke meinen Schweizer Jahren so viel für das Verständnis dieses allemannischen Wesens, daß ich vielleicht einmal den Versuch wagen konnte, ihr's zu entgelten, indem ich daran ging, so trockene Nebelwesen wie diesen Ermatinger samt den Seinen auszuschwefeln. Das hat mich besonders gefreut, daß Sie den Ermatinger so deutlich visiert fanden. Mir ist die Natur dieses Mannes schon vor Jahren an einem unscheinbaren Studienerlebnis aufgegangen. Es war die Zeit wo ich an meinem „Keller" – und zwar erst in Berlin dann in Paris – saß. Bestrebt dem neuesten Stande der Wissenschaft mich anzugleichen, hatte ich in Berlin aus der Ermatingerschen Ausgabe von Kellers Leben und Briefen gearbeitet und lernte erst in Paris – wo es diese nicht gab – die Bechtholdsche kennen. Und nun wurde mir mit einem Schlag alles deutlich, was vorher – ich weiß selbst nicht durch welche Anordnung, welche Noten, welche Aura des Ermatingerschen Buches – mir unsichtig und verschwommen geblieben war.

Haben Sie im letzten Inselalmanach das zweite der Gedichte von Gertrud Kolmar[1] gelesen? Ich fand es dort zuerst und es machte mir einen großen Eindruck.

Nehmen Sie bitte, was hier beiliegt, in Augenschein. Sie haben in Gestalt dieses Manuskripts[2] den Urheber der Verzögerung, die mein Essay über „Roman und Erzählung" erlitten hat und vielleicht für eine Weile noch ferner erleidet. Ich müßte mich sehr irren, wenn das Phänomen Julien Green Ihnen nicht längst nahe und bedeutend wäre und ich würde diesen Versuch, es in seiner Tiefe darzustellen mit großer Freude gerade bei Ihnen beherbergt sehen.

Cela dit, darf ich Ihnen vielleicht mitteilen, daß man sich an einer andern (mir sehr viel weniger lieben) Stelle für dieses Manuskript wieder interessiert und daraus – ungern genug – den Grund herleiten, Sie um einen möglichst frühen Bescheid zu bitten.

Mit großer Spannung sehe ich dem Schaederschen Hofmannsthalbuche entgegen.

Für heute bin ich mit dem Ausdruck herzlicher Verbundenheit

Ihr Walter Benjamin

1 Sie war (mütterlicherseits) W. B.s Kusine.
2 „Julien Green".

Paris, 20. janvier 1930

Cher Gerhard,

tu vas me trouver fou sans doute; mais j'éprouve une difficulté tellement immense à abandonner mon silence et t'écrire sur mes projects que peut-être je n'y parviendrai jamais sans me trouver cette façon d'alibi qu'est pour moi le français.

Je ne puis plus me cacher que toute cette question – ajournée depuis si longtemps – menace de constituer un des graves échecs de ma vie. D'abord quant au voyage en Palestine je ne pourrai l'envisager qu'au plus tôt le moment où mon divorce aura été prononcé. Cela ne semble pas être si proche. [. .] Tu comprends que le sujet m'est pénible à un point tel que j'y passe.

[. . .] Il me faut, je crois, abandonner définitivement l'espoir d'apprendre l'hébreu tant que je serais en Allemagne, les travaux et les sollicitations me venant de tout part étant trop pressantes et ma situation économique étant trop précaire pour pouvoir les écarter entièrement.

Je suis en train de porter mes regards vers les derniers deux ans, c'est-à-dire le temps de mon absence de Paris, et de me rendre compte de ce qui, pendant ces mois, a été fait. Deux choses principalement, à ce que je vois. D'abord je me suis fait – à vrai dire dans des proportions modestes – une situation en Allemagne. Le but que je m'avais [!] proposé n'est pas encore pleinement réalisé, mais, enfin, j'y touche d'assez près. C'est d'être considéré comme le premier critique de la littérature allemande. La difficulté c'est que, depuis plus de cinquante ans, la critique littéraire en Allemagne n'est plus considérée comme un genre sérieux. Se faire une situation dans la critique, cela, au fond, veut dire: la recréer comme genre. Mais sur cette voie des progrès sérieux ont été réalisés – par d'autres, mais surtout par moi. Voilà pour ma situation. Quant aux travaux j'espère en pouvoir rendre compte publiquement en quelque temps, Rowohlt étant disposé de publier sous forme d'un livre, un choix de mes essais, comme tu as été assez gentil de me le proposer, dans une de tes dernières lettres. C'est pour ce livre que je prépare deux nouveaux essais surtout: l'un concernant le „modern style" (Jugendstil), l'autre la situation et la théorie de la critique.

Mais puis, et surtout, ce dont il va s'agir, c'est mon livre „Pariser Passagen". Je suis bien désolé que pour tout ce qui se rattache à lui – et à vrai dire c'est le théâtre de tous mes combats et de toutes mes idées – l'entretien soit la seule communication possible. Ça ne se prête pas du tout à être exprimé par des lettres. Je me borne donc à noter que je compte poursuivre ce travail sur un autre plan que jusqu'à présent je l'avais entrepris. Tandis que jusqu'ici c'était surtout la documentation d'une part, la métaphysique d'autre part, qui m'avaient retenu, je vois que pour aboutir, pour donner un échafaudage ferme à tout ce travail, il ne me faudra pas moins qu'une étude aussi bien de certains aspects de Hegel que de certaines parties du „Kapital". Ce que pour moi aujourd'hui semble une chose acquise, c'est que pour ce livre aussi bien que pour le „Trauerspiel" je ne pourrai pas me passer d'une introduction qui porte sur la théorie de la connaissance – et, cette fois surtout sur la théorie de la conaissance de l'histoire. C'est là que je trouverai sur mon chemin Heidegger et j'attends quelque scintillement de l'entre-choc de nos deux manières, tres différentes, d'envisager l'histoire.

Quant à mon séjour actuel à Paris il est d'assez courte durée. C'est-à-dire que je retournerai à Berlin les premiers jours de février. Après-demain j'irai pour deux jours à Francfort. Ici j'ai repris contact avec plusieurs gens plus ou moins importants, de plus j'en ai vu beaucoup d'autres que jusqu'alors je ne connaissais pas encore. Ce qui me préoccupe c'est qu'il semble que cette fois je ne vais pas parvenir à voir Gide. Entre ceux que j'ai abordés les plus intéressants sont: Emmanuel Berl et Marcel Jouhandeau. Quant au dernier il me semble que j'ai déjà dû t'en parler. Ce sont des études de la vie journalière catholique en province française qu'il fait: toute imbue d'un mysticisme formidable et comme l'autre jour quelqu'un me disait „un peu sentant le fagot". En effet il y a dans ces tableaux où toujours les mêmes personnages reviennent, une sorte d'enchevêtrement entre la piété et le vice qui, des fois, frise le satanisme. Je te recommande surtout les livres suivants: Les Pincengrain, Prudence Hautechaume, Opales, Astaroth. Berl a débuté dans le mouvement surréaliste, dont à présent il s'est détaché complètement. Il a fait des romans que je ne connais pas et qui probablement sont sans grande importance. Ce qui le distingue c'est une intelligence critique tout à fait rare, dont il fait preuve surtout dans un livre „Mort de la pensée bourgeoise". Ce livre est destiné à ouvrir une série de pamphlets, dont le deuxième volume „Mort de la morale bourgeoise" a commencé à paraître dans la revue „Europe". Ces écrits sont étonamment près de mon propre point de vue. Mais comme il se contente rigoureusement d'une „critique" les difficultés qui surviennent aussitôt qu'on s'efforce de bâtir sur ce fondement semblent être restées inconnues à l'auteur. Du reste il est juif.

D'autre part j'ai revu Green. Est-ce que tu as lu „Adrienne Mesurat"? Dans un des prochains numéros de la „Nouvelle Revue Suisse" va paraître un essai sur Green que j'ai écrit. Puis je compte donner des extraits d'un journal de Paris que je tiens soigneusement à la „Literarische Welt".

Je viens juste à temps pour pouvoir suivre de près une querelle acharnée qui a éclaté au milieu du groupe surréaliste et dont la victime semble devoir être un de leurs leaders principaux, André Breton. Sur quoi tu liras mes observations dans la „Literarische Welt".

Je termine cette lettre avec un oppressement presque égal à celui qui pesait sur moi en le commençant. C'est avec d'autant plus d' instance que je te prie de me répondre, aussi de me donner une idée de ce qui sont les études qui t'occupent à présent.

Quand est-ce que tu viendras en Europe? Mes souvenirs les plus chers pour toi.

Walter

Paris, 25. Januar 1930

Lieber Gerhard,

eben komme ich von einer kurzen Reise hierher zurück, finde den letzten Brief von Dir, den man mir aus Berlin nachgeschickt hat. Er hat mir, wie Du siehst, den Gebrauch der Muttersprache zurückgegeben. Wenn ich das sage, so meine ich, daß ich die außerordentliche Rücksicht, die große Freundschaft, die Du mir in dieser ganzen Sache nun ein Jahr lang, länger, bestätigt hast, nie vorher so empfunden habe wie heute früh als ich Deinen Brief las. Und das soll nicht heißen, ich hätte sie vorher nicht gewußt.

Da ich höre, daß Du zum Tode von [Franz] Rosenzweig das Wort ergreifst, fühle ich mich doppelt geborgen in dem Bescheid, den ich gerade gestern, in Frankfurt, der Frankfurter Zeitung erteilte, die mich, sogar unter besonders günstigen äußern Bedingungen, einlud, über Rosenzweigs Gedankenwelt zu schreiben. Er war ablehnend. Gestern vergegenwärtigte ich mir die gewaltige Bemühung, die eine solche Arbeit mich gekostet hätte – die zudem meinem gegenwärtigen Beschäftigungskreis fern liegt – heute daneben das Ergebnis und wie dürftig es neben Deiner Rede sich hätte ausnehmen müssen, die aus dem Vollen kommt. Allerdings, sie zu hören hätte ich mir gewünscht – auch ohne sie zu verstehen. Und an eine deutsche Übertragung ist nicht zu denken?[1]

Ich habe in Frankfurt zwei Radiovorträge gehalten und kann mich nun nach meiner Rückkehr mit etwas zweckdienlicheren Dingen befassen. Zunächst habe ich eine Anzeige der literaturkritischen Arbeiten von Franz Mehring vor Augen. Im übrigen hoffe ich, in absehbarer Zeit die Brotarbeit, wenigstens journalistische, so sehr wie nur möglich einzuschränken, Du weißt, zugunsten welcher Beschäftigungen. Ich bin nicht unzufrieden, daß mir im Organisatorischen, Technischen schon jetzt eine bestimmte Scheidung gelungen ist, indem ich fast nichts mehr von dem, was ich als Brotarbeit, sei es in Zeitschriften, sei es im Rundfunk, ansehen muß, mehr niederschreibe sondern derartige Dinge einfach diktiere. Du begreifst, daß mir dies Verfahren sogar eine gewisse moralische Entlastung gibt, indem die Hand damit den edleren Körperteilen allmählich wieder zurückgewonnen wird.

Ich habe Dir von meinem denkwürdigsten pariser Abend noch garnicht berichtet. Es war der in Gesellschaft von Mon Albert verbrachte. Mon Albert ist Albertine, ist das Verhältnis von Marcel Proust.[2] Ich habe mit ihm zu Abend gegessen. Es gab manch bemerkenswerten Augenblick in unsern Diskursen, nichts aber, das mit dem ersten Anblick des Mannes sich messen kann, wie er mir in dem kleinen homosexuellen Badeetablissement wurde, das Mon Albert in der rue St. Lazare von einem Podium aus leitet, auf dem der Tisch mit Badeutensilien, pochettes-surprises und Eintrittsbilletts steht. Wenn ich vor drei Wochen mein pariser Tagebuch handschriftlich begonnen habe, so hat der Stoff sich mittlerweile sehr gedrängt, daß ich es wohl nur mit Hilfe meiner Sekretärin werde fortführen können. Von dem Abend mit Mon Albert werde ich, ausschließlich für Dich und als Geschenk, ohne das ich – ohne dessen Versprechen ich – diesen Brief an Dich nicht abgehen lassen möchte, einen Durchschlag herstellen lassen.[3]

Soviel. Interessiert es Dich zu hören, daß Ernst Bloch in Wien, bei Lukács, ist und mit ihm, wie es scheint ziemlich fruchtlose, alte Debatten unter sehr veränderten Bedingungen wieder aufzunehmen sucht?

Alles Herzliche Dein Walter

1 Sch.s Gedenkrede erschien nur auf hebräisch, ihre Gedanken sind aber in einem anderen Aufsatz („Judaica", S. 226–234) zum Teil aufgenommen.

2 Er dürfte eher Jupien in Prousts Roman zum Vorbild gedient haben.

3 Dieser Bericht „Abend mit Monsieur Albert" ist erhalten. Eine gekürzte Fassung erschien in der „Literarischen Welt" Nr. 16/17 von April 1930. Der Besuch fand am 21. Januar 1930 statt.

195 [Gerhard Scholem an Walter Benjamin]

Jerusalem, 20. Februar 1930

[. . .] Es ist vielleicht gut, daß wir uns, nachdem Du in Deinen letzten Briefen, besonders in dem ersten, der ein sehr seltenes Gefühl der Beklommenheit in mir ausgelöst hat, die zwischen uns akute Angelegenheit in einer für mich ja durchaus unmißverständlichen Weise aufgerollt hast, daß wir uns also klarmachen, wo wir stehen. Vor drei Jahren meintest Du, und ich mit Dir, daß Du an einem Punkt angekommen seiest, wo eine fruchtbare Auseinandersetzung mit dem Judentum als der einzige Weg zu einem positiven Fortschritt in Deiner Arbeit erschien. Auf Grund dieser Einsicht, über die wir beide uns gewiß zu sein schienen, habe ich getan, was ich getan habe, in der Absicht, Dir die Möglichkeit einer Realisierung Deiner Intentionen zu verschaffen.[1] Nun ist die Frage, die sich doch, nachdem drei Jahre verstrichen sind, auf Grund Deiner Stellung und Beschäftigung von selbst zu beantworten scheint, die: ist nicht die damalige, von Dir auch vor Magnes dargelegte und vertretene Auffassung von Dir schon längst überwunden? Du beweist ja in actu, daß der Problemkreis, in den Du getreten bist, einerseits und die Stellung als hervorragendster Literatur-Kritiker, die Du Dir errungen hast, oder jedenfalls, ich bin dessen sicher, erringen kannst, andererseits, sich durchaus jenseits jener jüdischen Welt, an die wir damals dachten, als fortzeugend fruchtbar und Dich, selbst gegen Deine eigene Deutung durchaus positiv ausfüllend erweisen. Ich halte es für gut, wenn wir uns darüber klar würden, schon um mich hier in Jerusalem nicht in eine schiefe Situation zu bringen, da ich ja nicht gut Jahre hindurch behaupten kann, Du stündest vor etwas, wozu Du, wie mir immer wahrscheinlicher wird, in Wirklichkeit niemals kommen wirst. Da aber gerade bei Dir, wie wir beide nur allzu gut aus langer Erfahrung wissen, die inneren Hemmungen erst die äußeren hervorrufen, so ist für uns die Frage: sind nicht offensichtlich die Hemmungen, die nun seit zwölf Jahren etwa in Deiner Stellung zu diesen Dingen sich geltend machen, wenn auch in jeder Epoche Deines Lebens in einer anderen geistigen oder leiblichen Gestalt, so grundlegend, daß es besser ist, anstatt falschen Illusionen über eine niemals aktuell erfolgen könnende Auseinandersetzung über das Judentum, die wir nun bald fünfzehn Jahre für unsere gemeinsame Sache gehalten haben, nachzuhängen, lieber doch der (für mich immerhin bedrückenden, aber doch wenigstens eindeutigen) Wirklichkeit Deiner Existenz jenseits jener Welt ins Auge zu sehen? Es ist ja evident, daß von der Dich jetzt absorbierenden Problemstellung aus Du wiederum zu anderen kommen wirst, daß Deine vor drei Jahren geäußerte Meinung, daß ohne den Weg zum Hebräischen Dir nur der aus der Literatur weg in die reine parteipolitische Arbeit als saubere Tätigkeit absehbar bleibe, sich als übertrieben und falsch herausgestellt hat, und daß speziell von der Warte Deiner präsumptiven Stellung als einziger echter Kritiker der deutschen Literatur aus keine *Notwendigkeit* eines Weges zum Hebräischen abzusehen ist. Ich möchte Dich mit diesen Erwägungen veranlassen, Dich hierüber nicht nur mit Dir selbst auseinanderzusetzen – ich habe den Eindruck, dem Du ja kaum widersprechen wirst, daß Du das in dieser Sache nicht gern, vor allem nicht mit Leidenschaft tust – sondern auch Dich darüber mit der Offenheit, die ich Dir entgegenbringe und in dieser Frage mehr als in jeder andern von Dir glaube, erwarten zu dürfen, mir gegenüber zu erklären, damit, sei dem wie ihm sei, wir uns nicht gegenseitig mit einer Privat-Apokalyptik um die Divergenzen unserer Lebensläufe betrügen. Ich bin ja gewiß der Mensch, der es mit Fassung und vielleicht auch leidlichem Begreifen ertragen wird, wenn sich herausstellt, daß Du in diesem Leben nicht mehr mit einer wirklichen Begegnung mit dem Judentum außer im Medium unserer Freundschaft rechnen kannst und rechnest. Ich glaube manchmal, daß Du mehr mit Rücksicht auf mich als mit Rücksicht auf Dich in diesen Dingen sprichst – so paradox sich das vielleicht anhört, ich halte es wirklich für eine richtige Umschreibung Deiner Stellung in manchen Momenten, und ich müßte nicht das für Dich fühlen, was ich fühle, wenn ich nicht unter dieser Situation litte. Ich sage mitunter: aus Freundschaft mit mir wagt Walter sich keine klare Rechenschaft über seine Lage abzugeben, vermeidet er, „sich in ihr Zentrum erkennend zu versetzen“[2] – aber ich versichere Dich, daß dies weder moralisch noch symbolisch ein Grund für Dich sein darf und soll. Mir ist es weit wichtiger zu wissen, wo Du wirklich bist, als wo Du Dich vielleicht einmal hinzubegeben hoffst, da ja bei der Konstitution Deines Lebens sicher ist, daß Du immer, mehr als jeder andere, woanders hinkommen wirst als wo Du willst. Wenn ich mich aber in diesen Gedanken völlig irren sollte – ich glaube es freilich nicht – nun, um so besser, es einmal gesagt zu haben. Denn Deine Biographie jedenfalls gibt ja seit den letzten zehn Jahren reichlich Anlaß zu solchen Irrtümern, selbst bei Deinen Freunden. Und um wie viel mehr müssen wir wünschen, daß die Krisis Deines äußeren Lebens[3], die ich aus den Andeutungen Deiner Briefe erschließen muß, ohne doch die Macht zu haben, in sie einzugreifen, wenigstens Dir auch Klarheit darüber verschaffen soll, sowohl wohin Du gehörst als wo Du stehst.

In Freundschaft gedacht und mit ganzem Herzen geschrieben.

Dein Gerhard

1 Scholem hatte ihm ein Stipendium verschafft, das ihm ermöglichen sollte, ein Jahr ausschließlich dem Studium des Hebräischen sich zu widmen.

2 Zitat aus einer Arbeit W. B.s

3 Seine Scheidung.

196 An Gerhard Scholem

Berlin, Meinekestr. 9, 25. April 1930

Lieber Gerhard,

noch einmal lese ich die letzte Seite Deines Briefes vom 20ten Februar. Und noch einmal muß ich die abschließende Antwort auf die Frage, die sie enthält, hintanhalten. Freilich nicht mehr auf lange. Und nicht ohne Dir zu sagen, daß sie zu einem Teile – nämlich dem der unser Verhältnis betrifft – in ihrer alternativen Form unlösbar ist. Lebendiges Judentum habe ich in durchaus keiner anderen Gestalt kennen gelernt als in Dir. Die Frage, wie ich zum Judentum stehe, ist immer die Frage wie ich – ich will nicht sagen zu Dir (denn meine Freundschaft wird hier von keiner Entscheidung mehr abhängen) – zu den Kräften, die Du in mir berührt hast, mich verhalte. Wovon auch immer diese Entscheidung abhängen mag – wie sehr sie auf der einen Seite eingebettet in scheinbar ihr ganz fremde Sachverhalte, auf der andern in jenes äußerst ausgespannte Zögern, das mir in allen wichtigsten Lagen meines Daseins Natur ist – sie fällt sehr bald. Nachdem ich das sehr verstrickte Knäuel meiner Existenz nun einmal an einer Stelle zu lösen – ich bin inzwischen von Dora geschieden – begonnen habe, wird auch dieser „Gordische Knoten", wie Du mein Verhältnis zum Hebräischen einmal mit Recht genannt hast, sich entknoten müssen.

Da ich denn doch einmal auf den herrlichen Grundlagen, die ich in meinem zweiundzwanzigsten Jahr gelegt hatte, das ganze Leben nicht habe aufbauen können, habe ich, nach sieben Jahren des Zögerns, dafür zumindest sorgen müssen, den Beginn eines neuen nicht jenseits der vierzig vorzunehmen. In diesem Beginne stehe ich also nun, durch und durch, angefangen vom Wohnen bis in die Erwerbsarbeit, auf das Provisorium gestellt, seit bald einem Jahr ohne Bibliothek (die gespeichert ist) und bedenkliche Schwierigkeiten vor Augen, von denen prozessuale, vielleicht, noch die geringsten sein werden. Jedenfalls gedenke ich nach dieser Seite, was meinen Aufenhaltsort betrifft, keine weitere Rücksicht zu nehmen.

Im Sinne dieses großen Provisoriums bitte ich Dich, diesen Brief interimistisch zu nehmen. Es verengt sich alles zu einer Entscheidung, die nicht mehr lange auf sich wird warten lassen. Sie kann, im positiven Falle, nur darin bestehen, daß ich vor Ende dieses Jahres, und zwar zunächst auf unbeschränkte Zeit, herüberkäme.

Ich habe einige Drucksachen an Dich abgesandt. [...]

Mein Vertrag mit Rowohlt über den Essayband ist abgeschlossen. Ich habe für diesen noch eine ganze Anzahl Stücke fertigzustellen und arbeite zur Zeit an einem „Karl Kraus“ [1], der etwa den Umfang des „Green“ haben soll. Das Studium der Literatur über Kraus in allen ihren Teilen ist höchst interessant. Meine letzte kleine Arbeit ist überschrieben „Aus dem Brecht-Kommentar“ [2] und wird hoffentlich in der Frankfurter Zeitung erscheinen. Sie ist ein erster Niederschlag meines in letzter Zeit sehr interessanten Umgangs mit Brecht. Ich werde sie Dir sofort nach Erscheinen senden. Es bestand hier der Plan, in einer ganz engen kritischen Lesegemeinschaft unter Führung von Brecht und mir im Sommer, den Heidegger zu zertrümmern. Leider wird aber Brecht, dem es ziemlich schlecht geht, sehr bald verreisen und allein nehme ich es nicht auf mich.

An dieser Stelle erinnere ich mich mit Schrecken der neuen Wälzer, die meinen Schreibtisch drücken. Ich gebe Dir einen Begriff davon, wenn ich links Watsons „Behaviorismus“, rechts Klages „Geist und Leben“ nenne.

Was gibt es aus Deiner Arbeit?

Wie es auch immer sei, dürften die beiden vergangenen Monate von mir aus die letzte lange Pause in unserm Briefwechsel gewesen sein. Mit diesen Worten, die so sorgfältig verpackt eine Bitte enthalten, will ich schließen.

Alles Herzliche Dein Walter

1 Erschien im Literaturblatt der FZ vom 10., 14., 17. und 18. März 1931. Jetzt Schriften II, S. 159–195.
2 Erschien im Literaturblatt der FZ vom 6. Juli 1930.

197 An Gerhard Scholem

Zoppot, 15. August 1930

Lieber Gerhard,

ja, Dein Buch [1] hat mich in Berlin erreicht und ich danke Dir sehr dafür. Du hast nun mit Deinem Namen die eigentlichen

Forts der Philologie, die Anmerkungen, besetzt und kannst nun künftig Deine Gedanken mit aller Sicherheit in den Weinbergen und Äckern des Großgedruckten sich ergehen und nähren lassen.

Wird es wieder in absehbarer Zeit wieder einmal etwas deutsches von Dir geben? Damit der, sozusagen, kalten Beschämung, die ich beim Empfang Deiner hebräischen Sachen fühle, auch wieder einmal eine heiße beim Lesen folge.

Es ist frühmorgens, die See lärmt vor meinem Fenster. Ich habe die letzte oder vorletzte Station meiner Reise erreicht – das ist Zoppot. So schön die große Reise war, die ich hinter mir habe – bis über den Polarkreis und in das nördliche Finland hinein – so war sie doch zu einsam, um ganz zu einer Erholung zu werden; ich habe auch auf dem Schiff an viel gearbeitet. Hier aber bin ich mit einem Bekannten und dessen Frau [2] und beginne langsam mich zu erholen, es ist mir, als sei es nach Jahren das erste Mal. Die Redaktionen grollen weil ich nichts tue. Ich aber muß die wenigen Gelegenheiten, die ich im Leben zum Faulenzen habe, ausnutzen. Das hindert nicht, daß ich mich mit allerhand Nebensachen herumschlage. Ich habe einen Zyklus „Nordische See" [3] gemacht, den Du ja wohl in absehbarer Zeit zu sehen bekommen wirst. Auf dem Schiff habe ich Jouhandeau übersetzt. Und dann mich während der ganzen Reise mit den neuesten mythologicis befaßt. Das eine, [Erich] Ungers „Wirklichkeit, Mythos, Erkenntnis" wird Dir wohl bereits vorliegen. Dagegen weiß ich nicht, ob man in Jerusalem schon von dem großen Werk von Klages „Der Geist als Widersacher der Seele" spricht. Was mich betrifft, so habe ich den ersten Band obenhin durchgesehen, es mit Exaktheit durchzustudieren, erfordert viele Wochen. Es ist nun, in welchen Zusammenhängen auch immer der Verfasser einem suspekt sein und bleiben mag [4], ohne Zweifel ein großes philosophisches Werk. Es wäre völlig müßig, wenn ich Dir etwa hier andeuten wollte, worum es sich handelt. Ich habe auch noch keine eigene „Stellung" zu dem, was darin steht, bezogen. In keinem Falle hätte ich mir vorstellen können, daß ein so hanebüchener metaphysischer Dualismus, wie er bei Klages zugrunde liegt, je sich mit wirklich neuen und weittragenden Konzeptionen verbinden könne. Seit ich hier seßhaft geworden bin, habe ich mich mit Ungers Buch beschäftigt und nunmehr davon zwei Drittel heruntergewürgt. Ich bin ganz überaus enttäuscht: so viel Plumpheit verbunden mit soviel Trockenheit habe ich nicht oft in einer philosophischen Darstellung angetroffen. Eine systematische Auseinandersetzung mit dem Kritizismus zur Grundlage einer Konzeption der mythischen Welt zu machen, ist zwar vielleicht nicht unmöglich, aber ein so abstruses Verfahren, daß der philosophische Gedanke ans Ziel kommt wie ein Hungerkünstler, der mit unsäglicher Mühe die hesperischen Gärten aufsucht, um dort seine Kunst zu zeigen. Sprachlich ist das Buch unter jeder Kritik. Man übersieht keinen Augenblick, wie sehr der Verfasser darauf brennt, nach Erledigung der Formalien, die mit diesem Buch konzediert wird, nun endlich mit der Zauberei zu beginnen, und dabei die verlorene Zeit, sogut es gehen mag, einzuholen. Gegenüber den vorhergehenden Schriften von Unger scheint es mir nichts neues zu enthalten, nur daß in jenen eine größere Konzision und Originalität herrschte, die die Rücksicht aufs Publikum hier scheinbar nicht aufkommen ließ. [. . .]

Ich möchte bald von Dir hören, besonders über die Bücher, von denen ich oben andeutend sprach, dann auch, ob Du seit der abstoßenden Faselei von [Friedr.] Wolters[5] gut gefunden hast, Dich mit neueren deutschen Sachen zu befassen. Da ich den Wolters einmal erwähne – Deinen Heroismus ihn ganz zu lesen habe ich freilich nicht aufgebracht – so will ich sagen, daß das einzig Verwendbare mir, – aus freilich sehr besonderen Konstellationen – die Mitteilungen waren, die da über Schuler zu finden sind. Ich habe mir auch ein Bändchen nachgelassener Bruchstücke[6] zum verborgenen Anstaunen kommen lassen. Die Hauptmasse des Nachlasses ist in den Händen von Klages.

Sei herzlich mit Escha gegrüßt

Dein Walter

1 Eine Beschreibung der kabbalistischen Handschriften in Jerusalem.
2 Fritz und Jula Radt.
3 In der FZ vom 18. Sept. 1930. Jetzt „Städtebilder", S. 47 bis 54.

4 Über seinen Antisemitismus war sich W. B. völlig klar; vgl. den Brief vom 14. Januar 1926.
5 „Stefan George und die Blätter für die Kunst", Berlin 1930.
6 Aus dem Nachlaß von Alfred Schuler.

198 An Gerhard Scholem

Berlin [3. Oktober 1930], Prinzregentenstraße 66

Lieber Gerhard,

ein Situationsbericht aus der Stille, nur eben damit Du nicht denkst, es sei die der Vergeßlichkeit. Eher schon die der mancherlei Zurüstungen und Bekümmernisse. Freilich selbst diese letzeren spielen vorm Hintergrunde schöner besonnter Wände, wie sie meine neue – nur leider vermutlich sehr provisorische Wohnung einschließen. Aus ihr habe ich Dir, glaub ich, noch nicht geschrieben. Es ist das erste Mal, daß das Leben mich in ein Atelier verschlagen hat, das aber klimatisch und optisch ganz von der Kälte frei ist, die mir dergleichen Unterkunft früher suspekt machte. Neben allen erdenklichen Vorzügen, vor allem dem der tiefsten Stille hat es innen- wie außenarchitektonisch bemerkenswerteste Nachbarschaft. Einerseits, auf der Straße, eine neue Synagoge, die ich bis Rosch ha Schanah[1] sie einweihte, für eine Ausgeburt protestantischen Theologengeistes im Kirchenbau hielt; andererseits, auf dem Flur, einen Vetter von mir – Arzt[2] – nebst seiner Frau, mit denen ich erfreuliche Beziehungen unterhalte.

[...] Du hast vor vielen Jahren so nahen Anteil an meinem projektierten Angelus novus genommen, daß ich Dir als einzigem außerhalb ein Wort darüber vertrauen möchte, das vorderhand den Weg zu Deinen Lippen nicht finden möge. Es handelt sich also um eine neue Zeitschrift und zwar die einzige, die meine eingewurzelte Überzeugung, daß ich mir mit dergleichen nicht nochmals könne zu schaffen machen, in der Gestalt zumindest, die sie im Projektenstadium annahm, bezwungen hat. Ich habe diesem Plan zum Verleger

Rowohlt den Weg gebahnt, indem ich mich zum Vertreter der organisatorischen und sachlichen Losungen machte, die ich gemeinsam mit Brecht in langen Gesprächen für diese Zeitschrift ausgearbeitet habe. Ihre Haltung soll, formal, eher wissenschaftlich, ja akademisch als journalistisch sein und sie soll „Krisis und Kritik" heißen. Rowohlt also ist durchaus dafür gewonnen; jetzt wird sich die große Frage erheben, ob es noch möglich ist die Leute, die etwas zu sagen haben, zu einer organisierten, vor allem kontrollierten Arbeit zu vereinigen. Daneben besteht die immanente Schwierigkeit jeder Kollaboration mit Brecht, von der ich freilich annehme, daß wenn überhaupt einer, ich imstande sein werde, mit ihr fertig zu werden. Um diesen, etwas schalen Andeutungen einige Würze zu geben, füge ich Dir einen Bogen aus einem neuen noch nicht erschienenen Buche von Brecht[3] bei, der zu Deiner (und Eschas) ausschließlicher Information dient, und den ich Dich bitte mir umgehend zurückzusenden.

„Karl Kraus" wächst sich langsam zum Neun-Monats-Kind aus. Ich bin gewiß, daß das letzte Heft der Fackel, das den Briefwechsel mit der Literarischen Welt enthält, schon in Deinem Besitz ist. Haas gibt da das abschreckende Beispiel eines echt deutschen Preventivkrieges. Im übrigen beginnt, während ich dieses schreibe, eine Offenbachvorlesung von Kraus, die ich nah daran war zu besuchen. Ich vertröste mich aber auf eine Vorlesung des „Timon", die im November, im Rundfunk, stattfindet. Die Erleuchtung, die ich mir gerade von ihr für Kraus wie für Shakespeare verspreche, ist beträchtlich. [...]

Merkwürdig war mir Dein Hinweis auf [Max] Picard. Sein Buch werde ich mir beschaffen. Im übrigen kann es sein, daß er identisch mit jemandem Namens Picard ist, von dem vor einigen Wochen in dem Literaturblatt der Frankfurter Zeitung sehr bemerkenswerte Lektorengutachten publiziert wurden. Dergleichen verfasse ich jetzt des öfteren für Rowohlt. Genau gesagt sind es Obergutachten über Manuskripte, die ihm von den ordentlich bestellten Lektoren empfohlen werden. Dieses streng unter uns zu halten; ich schreibe es Dir vor allem, weil ich dergestalt an eine deutsche Übersetzung der Lebenserinnerungen von Schmarja Lewin[4] kam. Mir standen von ihr aber nur Bruchstücke zur Verfügung. Ich bitte Dich mir wenn möglich ein Wort über Charakter und Wert dieses Buches zu sagen.

[. . .]

Das ist viel neues in kürze und verdient baldigst mit einem palästinensischen Situationsbericht erwiedert zu werden.

Alles herzliche Dir und Escha, und Neujahrsgrüße, die soviel Jahre vorhalten mögen als sie Tage zu spät kommen

Dein Walter

1 Hebräisch: Neujahrsfest.
2 Dr. Egon Wissing, jetzt in Boston und seine verstorbene Frau Gert, geb. Feis.
3 „Versuche", Heft 2 (1930).
4 „Kindheit im Exil".

199 An Gerhard Scholem

Berlin, 3. November, 1930

Lieber Gerhard,

ich war sehr froh, von Dir zu hören. Mit Deinem Briefe kam der Sonderdruck über die Prophetie als Selbstbegegnung.[1] Du kannst Dir schwer vorstellen, mit welchem Gefühl ich Deiner Arbeit bei diesem Goldbergwerk zusehe. Ich habe die paar Seiten mit wahrer Spannung gelesen. Dabei passionierte mich die Nüchternheit, mit der die Quellen, von denen Du sprichst, die mystischen Sachverhalte einordnen oder zur Debatte stellen. An das Zentraleuropäische Büro für Selbstbegegnung[2] habe ich die fraglichen Seiten noch nicht geleitet, gedenke das aber dieser Tage zu tun.

Mit meiner nächsten Sendung wirst Du Programm und Statut einer neuen Zeitschrift namens „Krise und Kritik" erhalten, die von Ihering im Verlag Rowohlt als Zweimonatszeitschrift herausgegeben werden soll und mich neben Brecht und zwei, drei andern als Mitherausgeber auf dem Titel nennt. [. . .]

Nun wäre mitzuteilen, daß gestern nach langer schwerer Krankheit meine Mutter gestorben ist und damit meine Verhältnisse in die stretta eingetreten sind, in welcher die Entscheidung über die Zukunft fallen muß. [. . .]

Ich lese noch einmal von Deinem Leser in Tunis. Wie schön und wie wohlgetan von Verfasser und Leser. An mich schreiben immer nur Irrsinnige.

Nachdenklich habe ich Deine Feststellungen zum Ende der Balfourpolitik[3] gelesen. Sie haben meine langjährige Vermutung, die schon durch Eschas Mitteilungen bekräftigt wurden, gesteigert: die Ahnung nämlich, daß Du Dich in der einzigen auf die Dauer wetterfesten Ecke des Zionismus angesiedelt habest. Für heute dieses Kurze aber Herzliche.

Dein Walter

1 Aus der Monatsschrift für Geschichte und Wissenschaft des Judentums, 1930.
2 Ernst Bloch, in dessen „Geist der Utopie" dieser Begriff eine Rolle spielte.
3 1930 begann die offizielle Sabotage der englischen Regierung an der 1917 von ihr selbst inaugurierten zionistischen Palästinapolitik.

200 An Bertolt Brecht

Berlin-Wilmersdorf, [Ende Februar 1931]

Lieber Herr Brecht,

Von Brentano werden Sie schon gehört haben, daß ich von der Mitherausgeberschaft der Zeitschrift zurückgetreten bin. Natürlich hätte ich sehr gern alles noch einmal mit Ihnen besprochen. Aber [Bernard von] Brentano, bei dem ich vorgestern mir die ersten Manuskripte – „Der Generalangriff" von Brentano, „Der Kongreß von Charkow" von Kurella, „Idealismus und Materialismus" von Plechanow – geben ließ und dem ich die entscheidenden Bedenken sagte, die deren Lektüre in mir erweckt hatten, war der Ansicht, ich müsse meinen Entschluß Rowohlt sofort mitteilen, um ihm nicht später eine Handhabe gegen das Unternehmen zu geben.

Sie erinnern sich gewiß unseres Gespräches kurz vor meiner Abreise im Dezember, in dem ich mit Ihnen meine Absicht erwog, meinen Namen als Mitherausgeber zurückzuziehen. Die Gründe, die ich Ihnen damals sagte, schienen Ihnen – von meinem Standpunkt aus – einleuchtend. Aber natürlich wollte ich vor weiteren Schritten die Entwicklung der Zeitschrift abwarten. Nun jedoch nach der Lektüre der bisher vorliegenden Manuskripte wäre ein weiteres Vertagen zur Zweideutigkeit geworden. Wenn ich die Haltung dieser Manuskripte mit derjenigen vergleiche, die sich aus der ursprünglichen Bestimmung der Zeitschrift ergab, so stellt sich heraus:

die Zeitschrift war geplant als ein Organ, in dem Fachmänner aus dem bürgerlichen Lager die Darstellung der Krise in Wissenschaft und Kunst unternehmen sollten. Das hatte zu geschehen in der Absicht, der bürgerlichen Intelligenz zu zeigen, daß die Methoden des dialektischen Materialismus ihnen durch ihre eigensten Notwendigkeiten – Notwendigkeiten der geistigen Produktion und der Forschung, im weiteren auch Notwendigkeiten der Existenz – diktiert seien. Die Zeitschrift sollte der Propaganda des dialektischen Materialismus durch dessen Anwendung auf Fragen dienen, die die bürgerliche Intelligenz als ihre eigensten anzuerkennen genötigt ist. Ich habe Ihnen auch gesagt, wie kenntlich mir diese Tendenz gerade in Ihren Arbeiten ist, wie sehr zugleich aber gerade sie mir beweisen, daß die Herstellung solcher Beiträge, die innerhalb der deutschen Literatur etwas grundlegend Neues darstellen, sich schwer mit den Erfordernissen journalistischer Aktualität verbinden läßt. Nun haben diese Erfordernisse sich immer spürbarer gemacht. Am 15. April soll die erste Nummer erscheinen und von den drei Aufsätzen, die vorliegen, kann – welchen Wert sie auch haben mögen – kein einziger fachmännische Autorität beanspruchen. Der von Plechanow konnte das einmal, das ist aber 25 Jahre her.

Meine Bereitschaft zur Mitarbeit bleibt vollkommen unverändert bestehen. Von Rowohlt hörte ich, daß er Wert darauf legt, mich in der ersten Nummer zu haben; ich werde also für die erste Nummer etwas schreiben. Um aber der Zeitschrift Arbeiten zuwenden zu können, wie sie mir vorschwebten, dazu bedürfte ich leider, bei meiner Arbeitsweise, viel größerer Fristen. Solange ich nicht in der Lage bin, solche grundlegenden Arbeiten beizusteuern und sie auch von anderer Seite nicht vorliegen, käme meine Mitherausgeberschaft auf die Unterzeichnung eines Aufrufs heraus. Dergleichen habe ich aber nie vorgehabt.

Mit freundlichen Grüßen Ihr Walter Benjamin

201 An Max Rychner

[Die Abschrift des folgenden Briefes sandte Benjamin Scholem mit folgender Vorbemerkung ein: „Dies habe ich dem Herausgeber der „Neuen Schweizer Rundschau“ auf seinen Artikel „Kapitalismus und schöne Literatur“ – eine Rezension der gleichnamigen Schrift von Brentano – geschrieben. Der Artikel wurde mir mit dem Motto: „Dic, cur hic?“ zugesandt. Walter“]

Berlin-Wilmersdorf, 7. März 31

Cur hic? – Dieses hic, lieber Herr Rychner, ist ein weites Feld; ich bin nicht sicher, daß Sie mich in dem Sektor auftauchen sehen, den Sie, durch Brentanos Arbeit veranlaßt, ins Auge fassen. Der meine liegt eher entgegengesetzt, aber freilich im gleichen Kreise. Es würde bei weitem die Möglichkeiten einer schriftlichen Darlegung überschreiten, wollte ich Ihnen auseinandersetzen, was mich zur Anwendung materialistischer Betrachtung geführt hat. Und wenn es mir gelänge, so wäre immer noch offen, welcher Art diese Anwendung eigentlich ist. Eines aber will ich doch gleich zur Sprache bringen: die denkbar stärkste Propaganda einer materialistischen Anschauungsweise hat mich nicht in Gestalt kommunistischer Broschüren, sondern in der der „repräsentativen“

Werke erreicht, die in meiner Wissenschaft – der Literaturgeschichte und der Kritik – auf bürgerlicher Seite in den letzten zwanzig Jahren ans Licht traten. Mit dem, was da die akademische Richtung geleistet hat, habe ich genau so wenig zu schaffen wie mit den Monumenten, die ein Gundolf oder Bertram aufgerichtet haben – und um mich früh und deutlich gegen die abscheuliche Öde dieses offiziellen und inoffiziellen Betriebs abzugrenzen, hat es nicht marxistischer Gedankengänge bedurft – die ich vielmehr erst sehr spät kennengelernt habe – sondern das danke ich der metaphysischen Grundrichtung meiner Forschung. Wie weit gerade eine strenge Beobachtung der echten akademischen Forschungsmethoden von der heutigen Haltung des bürgerlich-idealistischen Wissenschaftsbetriebs abführt, darauf hat mein Buch „Ursprung des deutschen Trauerspiels" die Probe gemacht, indem es von keinem deutschen Akademiker irgendeiner Anzeige ist gewürdigt worden. Nun war dieses Buch gewiß nicht materialistisch, wenn auch bereits dialektisch. Was ich aber zur Zeit seiner Abfassung nicht wußte, das ist mir bald nachher klarer und klarer geworden: daß von meinem sehr besonderen sprachphilosophischen Standort aus es zur Betrachtungsweise des dialektischen Materialismus eine – wenn auch noch so gespannte und problematische – Vermittlung gibt. Zur Saturiertheit der bürgerlichen Wissenschaft aber gar keine.

Cur hic? – Nicht weil ich „Bekenner" der materialistischen „Weltanschauung" wäre; sondern weil ich bestrebt bin, die Richtung meines Denkens auf diejenigen Gegenstände zu lenken, in denen jeweils die Wahrheit am dichtesten vorkommt. Und das sind heute nicht die „ewigen Ideen", nicht die „zeitlosen Werte". Sie nehmen an einer Stelle Ihrer Arbeit auf meinen Keller-Aufsatz in schöner und ehrender Weise bezug. Aber Sie werden mir zugeben: auch in diesem Aufsatz war es mein exaktes Bemühen, die Einsicht in Keller an der in den wahren Stand unseres gegenwärtigen Daseins zu legitimieren. Daß die historische Größe einen Standindex hat, kraft deren jede echte Erkenntnis von ihr zur geschichtsphilosophischen – nicht psychologischen – Selbsterkenntnis des Erkennenden wird, das mag eine recht unmaterialistische Formulierung sein, ist aber eine Erfahrung, die mich den hanebüchenen und rauhbeinigen Analysen eines Franz Mehring immer noch eher verbindet, als den tiefsinnigsten Umschreibungen des Ideenreiches, wie sie heute aus Heideggers Schule hervorgehen.

Sie verstehen, daß ich zu Ihrem kleinen Anruf nicht schweigen konnte, obwohl ich genau weiß, daß jeder Versuch schriftlicher Verständigung in der unmaßgeblichen Briefgestalt eben so viel Blößen freigeben muß als er Worte enthält. Da kann man nichts machen. Vielleicht darf ich auch annehmen, daß als Sie mir die Frage stellten, an die das hier Gesagte so locker anschließt, es nicht geschah, ohne daß Sie im Stillen zumindest einige Lösungsversuche bei sich erwogen hatten. Von solchen wäre mir der vertrauteste, in mir nicht einen Vertreter des dialektischen Materialismus als eines Dogmas, sondern einen Forscher zu sehen, dem die *Haltung* des Materialisten wissenschaftlich und menschlich in allen uns bewegenden Dingen fruchtbarer scheint als die idealistische. Und wenn ich es denn in einem Worte aussprechen soll: ich habe nie anders forschen und denken können als in einem, wenn ich so sagen darf, theologischen Sinn – nämlich in Gemäßheit der talmudischen Lehre von den neunundvierzig Sinnstufen jeder Thorastelle. Nun: *Hierarchien des Sinns* hat meiner Erfahrung nach die abgegriffenste kommunistische Plattitüde mehr als der heutige bürgerliche Tiefsinn, der immer nur den einen der Apologetik besitzt.

Indem ich Sie für diese Improvisation um Verzeihung bitte – vor einem Schweigen hat sie nur den Vorzug der Höflichkeit – darf ich Ihnen zugleich vielleicht sagen, daß Sie fundiertere Antworten auf die von Ihnen gestellte Frage als ich expressis verbis heute Ihnen zu geben vermag, zwischen den Zeilen eines Essays „Karl Kraus“ finden dürften, der demnächst wohl in der „Frankfurter Zeitung“ erscheinen wird.

Mit freundschaftlichem Gruß Ihr Walter Benjamin

202 *[Gerhard Scholem an Walter Benjamin]*

Jericho, 30. März 1931

Lieber Walter,

ich halte mich eine Woche in Jericho auf, mit Nichtstun und dergleichen beschäftigt, als Präparation auf den nächste Woche fälligen Besuch meiner Mutter und meines Bruders in Jerusalem; morgen früh fahre ich zu einer kleinen Reise aufs Tote Meer, auf dem ich all diese Jahre noch nie gewesen bin. In meinen Müßiggang hinein trafen deine beiden Briefkopien, die der Briefe an Brecht und Rychner, die also für einen „Originalbrief" zu stehen haben. Der Brief an Brecht erfüllt meine Erwartung, die ich schon die ganze Zeit über hegte, daß aus dieser Zeitschrift, von der du mir schriebst, nichts werden kann, ohne daß ich in Unkenntnis der Details viel dazu sagen könnte. Dagegen möchte ich dir einiges zu dem andern Brief sagen, den ich als gewissermaßen auch an mich als Mitadressaten gerichtet empfinde. Ich bedauere sehr, den Aufsatz Rychners nicht zu kennen, der vielleicht reelle Einsichten enthält. Das was sich aber zu deinem Brief sagen läßt, ist vermutlich unabhängig davon – die Frage dic cur hic? ist jedenfalls gut formuliert. Ich bitte dich, meine Bemerkungen im selben Geist des Wohlwollens als Abbreviatur zu würdigen, den du vom Leser jenes Briefes zu erwarten berechtigt warst.

Seitdem ich mehr oder weniger umfangreiche Proben jener Betrachtung von Angelegenheiten der Literatur im Geist des dialektischen Materialismus aus deiner Feder kenne, befestigt sich in mir auf eine klare und bestimmte Weise die Einsicht, daß du in dieser Produktion in einer selten intensiven Art Selbstbetrug begehst, was zumal dein bewunderungswürdiges Essay über Karl Kraus (das ich leider nicht hier unten habe) mir aufs bedeutsamste dokumentiert. Die von dir ausgesprochene Erwartung, daß ein offenbar so verständnisvoller Leser wie Herr Rychner in diesem Essay in auch nur irgendeinem Sinne eine Rechtfertigung deiner Sympathien für den dialektischen Materialismus „zwischen den Zeilen" werde zu finden wissen, scheint mir völlig trügerisch: vielmehr wird das genaue Gegenteil der Fall sein, worunter ich folgendes verstehe: Es ist jedem unbefangenen Leser deiner Arbeiten, scheint mir, klar, daß du in den letzten Jahren dich zwar, entschuldige wenn ich sage: krampfhaft, bemühst, deine zum Teil sehr weitreichenden Einsichten in einer der kommunistischen denkbar angenäherten Phraseologie vorzutragen, daß aber – und hierauf scheint es mir anzukommen – eine verblüffende Fremdheit und Beziehungslosigkeit besteht zwischen deinem *wirklichen* und deinem *vorgegebenen* Denkverfahren. Du gewinnst Deine Einsichten nicht etwa durch eine strenge Anwendung einer materialistischen Methode, sondern vollständig unabhängig davon (bestenfalls), oder (schlechtestenfalls, wie in manchen Arbeiten aus den letzten zwei Jahren) durch ein Spielen mit den Zweideutigkeiten und Interferenzerscheinungen dieser Methode. Wie du selbst völlig zutreffend Herrn Rychner schreibst, wachsen deine eigenen und soliden Erkenntnisse aus der, sagen wir kurz, Metaphysik der Sprache, welche recht eigentlich das ist, womit du, zu unverstellter Klarheit gelangt, eine hochbedeutende Figur in der Geschichte kritischen Denkens sein könntest, der legitime Fortsetzer der fruchtbarsten und echtesten Traditionen eines Hamann und Humboldt. Das ostensible Bemühen dagegen, diese Resultate nun in einen Rahmen einzuspannen, in dem sie sich plötzlich als Scheinresultate materialistischer Überlegungen darstellen, bringt ein ganz fremdes, mit Leichtigkeit von jedem intelligenten Leser loszulösendes Form-Element herein, das deiner Produktion in dieser Zeit den Stempel des Abenteuerlichen, Zweideutigen und Volteschlägerischen aufdrückt. Du wirst verstehen, daß ich einen so demonstrativen Ausdruck nicht ohne größtes Widerstreben gebrauche; aber wenn ich mir zum Beispiel die geradezu phantastische Diskrepanz vergegenwärtige, die in einer so großartigen und zentralen Arbeit wie der über Kraus zwischen der wahren und der durch die Terminologie vorgestellten Methode klafft, wie da plötzlich alles hinkt, *weil die Einsichten des Metaphysikers über die Sprache des Bürgers*, ja sagen wir selbst über die des Kapitalismus, auf künstliche und eben nur allzu leicht durchschaubare Weise *identifiziert werden mit denen des Materialisten über die ökonomische Dialektik der Gesellschaft* dergestalt, daß es scheinen möchte, als ob sie auseinander hervorgingen! – so bestürzt es mich, mir sagen zu müssen, daß diese Selbsttäuschung nur möglich ist, weil du sie willst, und mehr: daß sie nur dauern kann, solange sie nicht auf die materialistische Probe gestellt wird. Die völlige Gewißheit, die ich behaupte, darüber zu haben, was deinem Schrifttum geschehen würde, wenn es sich beifallen ließe, *innerhalb* der kommunistischen Partei zu erscheinen, ist recht trübselig. Ich glaube fast, du willst diesen Schwebezustand, und müßte doch jedes Mittel begrüßen, ihn zu beenden. Daß deine Dialektik nicht die des Materialisten ist, der du sie anzunähern strebst, würde sich in dem Moment eindeutig klar, explosiv, herausstellen, wo du als typischer Konterrevolutionär und Bourgeois, wie es nicht ausbleiben könnte, von deinen Mitdialektikern entlarvt werden würdest. Solange du für Bürger über Bürger schreibst, kann es dem *echten* Materialisten ganz gleich, ich möchte sagen: schnuppeegal sein, ob du dich der Illusion hinzugeben wünschst, mit ihm einig zu sein. Im Gegenteil: er müßte eigentlich jedes Interesse haben, dialektisch gesehen, dich in ihr zu bestärken, da dein Dynamit auf *jenem* Terrain vermutlich auch ihm erkennbar stärker sein könnte als seines. (Vergleichbar etwa, entschuldige die Parallele, wie er in Deutschland gewisse psychoanalytische Bolschewisten à la Erich Fromm ermutigt hat, die er in Moskau umgehendst nach Sibirien schicken würde.) In seinem eigenen Lager kann er dich nicht brauchen, da die rein abstrakte Identifikation eurer Sphären dort bei den ersten Schritten ins Zentrum hinein auffliegen muß. Da du nun selbst gewissermaßen von der anderen Ecke her an einem gewissen *in suspenso*-Zustand eures illegitimen Verhältnisses interessiert bist, so kommt ihr ganz gut miteinander aus; es fragt sich nur, um auch dies geziemend zu sagen, wielange noch bei einem so zweideutigen Verhältnis die Moralität deiner Einsichten, eines deiner kostbarsten Güter, gesund bleiben kann. Denn es ist *nicht* so, wie du es vielleicht siehst, daß du dich fragst, wie weit man versuchsweise mit der Haltung des Materialisten etwa kommt, da du evidentermaßen diese Haltung bei deinem schöpferischen Verfahren noch nie und in keinem Falle eingenommen hast, und wie ich glaube, als alter Theologe sagen zu dürfen, auch gänzlich unfähig bist, es mit Erfolg zu tun. Und da bei einer gewissen Robustheit des Entschlusses, die ich glaube in diesem speziellen Falle bei dir voraussetzen zu dürfen, die Projizierung deiner Erkenntnisse, die wie du so wahr sagst im theologischen Verfahren gewonnen sind, auf die materialistische Terminologie recht und schlecht, mit einigen unumgänglichen Verschiebungen, denen nichts im Abzubildenden entspricht, denkbar ist – *dialectica dialecticam amat* – so könnt ihr es schon noch lange miteinander halten, nämlich genau so lange, wie die Umstände es euch gestatten, in eurer Zweideutigkeit zu verharren, was bei den obwaltenden historischen Verhältnissen noch sehr lange sein kann. So sehr ich also bestreite, daß es etwas gegeben hat, was dich, wie du an Rychner behauptest, zur Anwendung materialistischer Betrachtung geführt hat, zu der deine Produktion vielmehr keinerlei echten Beitrag liefert, so sehr verstehe ich, daß du zu der Selbsttäuschung gekommen bist, die Einführung einer gewissen Tendenz und Terminologie, in der Klassen und Kapitalismus, wenn auch kaum deren Gegenteil vorkommen, in die Metaphysik, mache deine Betrachtungen zu materialistischen. Das sichere Mittel, die völlige Wahrheit meiner Ansicht nachzuweisen, nämlich den Eintritt in die K. P. D., kann ich dir freilich nur ironisch empfehlen. Denn wie weit eine strenge Beobachtung der echten materialistischen Forschungsmethoden von der idealen Haltung des metaphysisch-dialektischen Wissenschaftsbetriebes abführt (um deine Formulierung zu variieren) – diese Probe zu machen, die nur als *capitis diminutio* deiner Existenz enden kann, bin ich als Freund doch nicht imstande, Dir so ohne Weiteres anzuraten. Ich neige eher dazu anzunehmen, daß es mit dieser Verbindung eines Tages genau so unversehens aus sein wird, wie es angefangen hat. Wenn ich mich darin irre, so werden die hohen Unkosten dieses Irrtums, wie ich fürchte, von dir getragen werden, was zwar paradox, aber der dann entstandenen Situation nur angepaßt wäre: du wärest zwar nicht das letzte, aber vielleicht das *unbegreiflichste* Opfer der Konfusion von Religion und Politik, deren Herausarbeitung in ihrer echten Beziehung von niemand deutlicher erwartet werden durfte als von dir. Aber, wie die alten spanischen Juden zu sagen pflegten: was die Zeit kann, kann auch der Verstand.

Über anderes ein anderes Mal. Ich warte immer auf Briefe von dir, vielleicht setzt dieser hier deine Füllfeder in polemische Rotation!

Sei aufs herzlichste gegrüßt Dein Gerhard

203 An Gerhard Scholem

Berlin-Wilmersdorf, 17. April 1931

Lieber Gerhard,

es ist mir ebenso unmöglich, deinen großen Brief heute schon zu beantworten als dir den Empfang noch länger unbestätigt zu lassen. Ich bewundere die Generosität, die aus seiner handschriftlichen Abfassung spricht; sie sagt mir, daß du nicht einmal eine Abschrift dieses Dokuments dir gesichert hast. Desto sorgsamer wird es bei mir verwahrt werden. Darunter bitte ich dich nicht „verborgen" zu verstehen oder „vergraben". Nein, es steht vielmehr so, daß ich der Aufgabe, die dieser Brief mir stellt, gerecht zu werden, eine gewisse Chance nur habe, wenn ich die Antwort planmäßig vorbereite. Und dazu ist der erste Schritt, was du geschrieben hast, mit einigen mir Nahestehenden durchzugehen. Das ist in erster Linie der dir noch unbekannte Gustav Glück, kein Schriftsteller, sondern ein höherer Bankbeamter, daneben vielleicht noch Ernst Bloch. Im übrigen könnte es meine Basis, die von Haus aus schmal genug ist, verbreitern, wenn du Einblick in das ensemble der Brechtschen „Versuche" nähmest. Kiepenheuer, der sie verlegt hat, ist nächster Tage bei mir und da werde ich versuchen, die Folge für dich herauszuschlagen. Im übrigen habe ich dir vor Wochen den hochbedeutenden Aufsatz über die Oper aus den „Versuchen“ geschickt, aber du hast dazu nichts geäußert. Ich komme auf diese Dinge, weil dein Brief, ohne die Absicht zu haben, weiter als ad hominem zu argumentieren, meine eigene Position durchschlägt, um projektilhaft ins Zentrum der Stellung zu treffen, die eine kleine aber wichtigste avantgarde hier zurzeit besetzt hält. Vieles von dem, was mich dazu geführt hat, mich mehr und mehr mit Brechts Produktion solidarisch zu machen, ist gerade in deinem Briefe zur Sprache gebracht; das heißt aber, Vieles in jener, dir noch unbekannten Produktion selbst.

Du wirst am Klange dieser Zeilen bemerken, daß deine naheliegende Erwartung, mit deinem Briefe eine polemische Äußerung von meiner Seite zu provozieren, nicht in Erfüllung gehen kann. Wie er denn überhaupt keine expansive oder affekthafte Reaktion bei mir zur Folge haben kann, aus dem Grunde, weil meine Situation viel zu prekär ist, um mir dergleichen leisten zu können. Es fällt mir doch im Traume nicht ein, Unfehlbarkeit, ja auch nur Richtigkeit in anderm Sinne, als dem des notwendig, des symptomatisch, des produktiv Falschen von ihr zu behaupten. (Mit solchen Sätzen ist wenig getan, aber ich muß versuchen, – da du im Großen von so weit her so genau erkannt hast, was hier gespielt wird – dir nun auch vom Geringeren, den reflexiven Obertönen sozusagen, eine Vorstellung zu geben.) Insbesondere sollst du nicht meinen, daß ich das Schicksal meiner Sachen in der Partei, bezw. die Dauer einer möglichen Parteizugehörigkeit betreffend, die mindesten Illusionen habe. Aber kurzsichtig wäre es, diesen Umstand nicht für abänderungsfähig zu halten, wenn schon unter keiner kleineren Bedingung als der einer deutschen bolschewistischen Revolution. Nicht als ob eine siegreiche Partei im geringsten zu meinen heutigen Sachen ihre Stellung revidieren würde, wohl aber in dem anderen, das sie mir anders zu schreiben möglich machen würde. Das heißt: ich bin entschlossen, unter allen Umständen meine Sache zu tun, aber nicht unter jedem Umstand ist diese Sache die gleiche. Sie ist vielmehr eine Entsprechende. Und falschen Umständen richtig – d. i. mit „Richtigem“ – zu entsprechen, das ist mir nicht gegeben. Das ist auch, solange man als Einzelner besteht und zu bestehen gesonnen ist, gar nicht wünschenswert.

Ein anderes ebenso provisorisch zu Formulierendes: es gibt die Frage der Nachbarschaft. Wo liegt meine Produktionsanstalt? Sie liegt – auch darüber hege ich nicht die mindesten Illusionen – in Berlin W. W. W., wenn du willst. Die ausgebildetste Zivilisation und die „modernste" Kultur gehören nicht nur zu meinem privaten Komfort, sondern sie sind zum Teil geradezu Mittel meiner Produktion. Das heißt: es liegt nicht in meiner Macht, meine Produktionsanstalt nach Berlin O. oder N. zu verlegen. (In meiner Macht stünde, nach Berlin O. oder N. zu übersiedeln, aber dort anderes zu tun, als ich hier tue. Ich gebe zu, daß sich das aus moralischen Gründen vielleicht fordern ließe. Ich werde vorderhand solcher Forderung aber nicht nachkommen; ich werde sagen, daß es mir, gerade mir und sehr vielen, deren Position der meinen gleich ist, ganz unverhältnismäßig schwer gemacht wird). Aber willst du mir wirklich verwehren, mit meiner kleinen Schreibfabrik, die da mitten im Westen liegt, ganz einfach aus dem gebieterischen Bedürfnis, von einer Nachbarschaft, die ich, aus Gründen, hinzunehmen habe, mich zu unterscheiden – willst du mir mit dem Hinweis, das sei ja nichts als ein Fetzchen Tuch, verwehren, die rote Fahne zum Fenster herauszuhängen? Wenn man schon „gegenrevolutionäre" Schriften verfaßt – wie du die meinen vom Parteistandpunkt aus ganz richtig qualifizierst – soll man sie der Gegenrevolution auch noch ausdrücklich zur Verfügung stellen? Soll man sie nicht vielmehr denaturieren, wie Spiritus, sie – auf die Gefahr hin, daß sie ungenießbar für jeden werden – bestimmt und zuverlässig ungenießbar für jene machen? Kann die Deutlichkeit, mit der man sich von den Verlautbarungen, der Sprache von Leuten unterscheidet, die im Leben zu vermeiden man immer besser lernt, jemals zu groß sein? Ist sie in meinen Schriften nicht eher zu klein und ist sie in anderer Richtung zu vergrößern als der kommunistischen?

Wenn ich in Palästina wäre – sehr möglich, daß die Dinge dann ganz anders lägen. Deine Stellung in der Araberfrage beweist, daß es dort noch ganz andere Methoden eindeutiger Differenzierung von der Bourgeoisie gibt als hier. Hier gibt es sie nicht. Hier gibt es nicht einmal die. Denn mit einem gewissen Recht könntest du, was ich eindeutig nenne, den Höhepunkt der Zweideutigkeit nennen. Gut, ich erreiche ein Extrem. Ein Schiffbrüchiger, der auf einem Wrack treibt, indem er auf die Spitze des Mastbaums klettert, der schon zermürbt ist. Aber er hat die Chance, von dort zu seiner Rettung ein Signal zu geben.

Durchdenke dies alles doch bitte genau. Mache mir, wenn du kannst, einen Gegenvorschlag.

Für heute, und um dich nicht warten zu lassen, nur noch die herzlichsten Grüße

Dein Walter

204 [Gerhard Scholem an Walter Benjamin]

Jerusalem, 6. Mai 1931

Lieber Walter,

dein kurzer Brief macht mich etwas verlegen, da er am Schluß eine Stellungnahme von mir verlangt, die ich zu dem, was du dort vorbringst, gar nicht haben kann. Du schilderst deine Situation noch einmal. Nun – es ist ja nicht das eben, was ich zur Sprache bringen wollte. Ich habe weder die Eigenart deiner Situation in einer bürgerlichen Welt bestritten, noch die (selbstverständliche) Berechtigung, sich in historischen Entscheidungen auf die Seite der Revolution zu schlagen, noch die Existenz des traurigen Phänomens Nachbarschaft oder Schwäche oder wie man es sonst nennen will. Und mit Recht sagst du ja, daß dein Brief noch keine Antwort auf das bildet, was ich vorbringe: nämlich nicht, daß du kämpfst, sondern daß du unter einer Verkleidung kämpfst, daß du in deinem Schrifttum in immer steigendem Maße einen materialistischen Wechsel ausstellst, den einzulösen du schlechterdings unfähig bist, und zwar unfähig gerade aus dem Echtesten und Substantiellsten heraus, was du hast oder bist. Ich bestreite ja nicht, daß man eventuell schreiben kann wie Lenin, ich greife nur die Fiktion an, als ob man dies täte, während man gerade etwas ganz Anderes tut. Ich behaupte, daß man in dieser Spannung der Zweideutigkeit zwar leben kann (ja es ist sogar das, was ich befürchte), aber eben, um es einmal sehr scharf auszudrücken, daß man dabei zugrunde geht, weil – und dies ist ein Punkt, auf den ich am meisten bei dir gebe – die Moralität der Einsichten in dieser Existenz verlumpen muß, und dieses Gut ist nun einmal lebenswichtig und kann nicht und in keinem Fall neutralisiert werden. Du schreibst, mein Brief ginge nicht nur dich, sondern auch manche Andern an, mit denen du ihn durchzusprechen geneigt seiest. Nun, ich kann das nur begrüßen, und daß er Ernst Bloch angeht, ist auch mir evident, wie du vielleicht schon aus dem erkennen kannst, was ich dir über sein Buch [„Spuren"] geschrieben habe. [...] Du schreibst: mache einen Gegenvorschlag. Der könnte nur lauten, dich zu deinem Genius zu bekennen, den zu verleugnen du zu Zeiten so aussichtslos versuchst. Zu leicht schlägt Selbstbetrug in Selbstmord um, und der deine wäre, weiß Gott, mit der Ehre der revolutionären Rechtgläubigkeit zu teuer bezahlt. Dich gefährdet das Verlangen nach Gemeinschaft, und sei es selbst der apokalyptischen der Revolution, mehr als das Grauen der Einsamkeit, das aus so manchen deiner Schriften spricht, und auf das ich freilich einen höheren Einsatz zu machen bereit bin als auf die Metaphorik, mit der du dich um deine Berufung betrügst.

Herzlichst Dein Gerhard

205 An Gerhard Scholem

Berlin, 20. Juli 1931

Lieber Gerhard,

Eine stille Sonntagnacht und eine noch stillere Gemütsverfassung will ich nutzen um wieder einmal von mir hören zu lassen. Ein wenig bekümmert mich freilich die Perspektive, daß Du auch diesmal wieder über elliptische und lakonische Wendungen, mangelhafte Informationen und fadenscheinige Argumente Klage führen wirst. Ohne Deinen letzten Brief gerade vor mir zu haben – ich werde ihn aber noch einmal lesen, ehe ich diesen absende – steht mir in Erinnerung, daß er von mißvergnügten Hinweisen auf solche Stil- und Denkmängel durchzogen ist. Nun mögen diese Dinge liegen wie sie wollen – ich will für einen Augenblick sogar voraussetzen, sie lägen genau so wie sie Dir erscheinen – so mußt Du Dir einsichtigerweise doch sagen, daß dies Verhältnisse und Entwicklungen – das Werk von Lebensumständen und Jahren – sind, die sich aus der Ferne nur unendlich schwer lenken, in die Ferne nur unendlich schwer darstellen lassen. Wenn ich das ausspreche, so ist es weiß Gott nicht, um mich hinter einer spanischen Wand der Kontrolle und noch viel weniger Deiner Freundschaft zu entziehen. Ich bleibe bis zuletzt zur Rechenschaft bereit, aber die läßt sich schriftlich um so viel weniger geben als es sich ja – wie jedes Kind erkennen kann – auf meiner Seite keineswegs um blanke Standpunkte, sondern um eine Entwicklung handelt, und zwar um eine, welche sich unter den schwersten Spannungen vollzieht. Dabei meine [ich] jetzt viel weniger innere Spannungen privater Natur (nein, was das betrifft, so ist mir selten soviel innere Ruhe zuteil geworden wie in diesen letzten Monaten), ich meine die Spannungen des politischen, gesellschaftlichen Lebensraumes, von denen kein Mensch und am wenigsten ein Schriftsteller bei seinen Arbeiten absehen und von denen er noch viel weniger auf drei oder vier Briefseiten einen ausreichenden Begriff geben kann. Gerade heute habe ich mich vergewissert, daß die „Versuche" von Brecht an Dich abgegangen sind. Deine Frage, was denn die mit den Gegenständen unserer Korrespondenz zu tun hätten, beantworte ich mit dem Hinweis, daß wir uns von einer brieflichen Thesendebatte gar nichts versprechen können, daß hier soviel wie möglich die aufrichtige sachliche Mitteilung einzutreten und die der Brechtschen „Versuche" darum ganz besondere Bedeutung hat, weil diese Schriften die ersten – wohl verstanden: dichterischen oder literarischen – sind, für die ich als Kritiker ohne (öffentlichen) Vorbehalt eintrete, weil ein Teil meiner Entwicklung in den letzten Jahren sich in der Auseinandersetzung mit ihnen abgespielt hat und weil sie schärfer als alle andern Einblick in die geistigen Verhältnisse geben, unter denen die Arbeit von Leuten wie mir sich hierzulande vollzieht. Denn das kommt dazu, daß Du nur eine unvollkommene Vorstellung von den gesellschaftlichen und politischen Verhältnissen haben kannst, unter denen hier gearbeitet wird. Gar nicht zu reden von den materiellen, die meine Existenz – ohne irgend ein Vermögen, ohne irgend ein festes Einkommen – mit der Zeit zu einem Paradoxon gemacht haben, vor dessen Anblick ich manchmal selber in einen stupor des Staunens versinke. Kurz: es wäre ganz gewiß an der Zeit, daß wir uns wiedersähen, und ich hoffe, die Aussichten dafür sind bei Deiner Europareise im nächsten Jahr besser als Du sie augenblicklich darstellst. Inzwischen wäre es sehr wünschenswert, wenn Du mir Abzüge mindestens von Deinen Arbeiten in deutscher Sprache zugehen ließest; ich habe seit endloser Zeit nichts mehr bekommen.

[...]

Zur Zeit versuche ich mich an einer Anzeige des Kafkaschen Nachlaßbandes die ungemein schwierig ist. Ich habe fast sein ganzes Werk letzthin – teils zum zweiten, teils zum ersten Male – gelesen. Da beneide ich Dich um Deine jerusalemitischen Zauberer; das wäre ein Punkt über den sie zu befragen mir lohnend scheint. Vielleicht winkst Du mir mit einer Andeutung herüber. Auch wirst Du Dir ja schon gelegentlich Separatgedanken über Kafka gemacht haben.

[...]

Es ist ein rechter Jammer, daß die Universität kein Geld hat. Hätte ich welches – ich habe meine bisherigen Verhältnisse nun in solchem Grade bereinigt, daß der Entschluß nach Palästina überzusiedeln mir nicht schwerer fiele als vor die Tür zu gehen. Es wäre der richtige Augenblick. Aber meine „richtigen Augenblicke“ teilen meinen Schicksalsweg leider fast immer, nach dem Gesetze des apollonischen Schnitts, von außen. Könnte ich Deutschland verlassen, so wäre es, meiner Meinung nach, höchste Zeit. Ich halte es nach allem was ich erfahre – und meine Informationen sind gewöhnlich sehr gut – für überaus fraglich, ob der Beginn des Bürgerkrieges länger als bis zum Herbst auf sich warten läßt. Hast Du in Deutschland zu disponieren, so wäre es wohl richtig, diese Erwägung in Rechnung zu stellen. Ob Deutschland jetzt eine Anleihe von zwei Milliarden bekommt oder nicht, dürfte deswegen an der Sache nur wenig ändern, weil die Summe viel zu gering ist.

Wie ist der letzte Zionistenkongreß zu beurteilen? Ich habe nur die Informationen der Frankfurter Zeitung zu sehen bekommen, weil sie mir ein Ehrenabonnement ausgesetzt hat.

Indem ich nun also bei den lächerlichsten Details meines Daseins bereits angelangt bin, will ich für heute schließen. Ich hoffe, sehr bald von Dir zu hören

Herzlichst Dein Walter

206 An Gerhard Scholem

[3. Oktober 1931]

Lieber Gerhard,

ich sehe es gänzlich ein: ich muß nun endlich von mir hören lassen, um nicht berechtigte Verstimmung bei Dir heraufzurufen. Die Zeitverhältnisse machen einem das Äußere allerding schwerer und schwerer. Andererseits bieten ja Deine letzten Mitteilungen für sich allein Stoff genug. Deine Auskunft auf meine Frage nach den Umständen des Zionismus hat mich sehr bewegt: es war ein Schreiben *media in vita*, aus der Mitte des Lebens, in der im Fernen des Geplanten schon das Nahbild des Wirklichgewordenen, im Nahbild des Verwirklichten das Fernbild des Entworfenen noch sichtbar ist. Ich werde ihn, bevor ich diese Zeilen schließe, noch einmal lesen. Eine mündliche Kunde dieser Dinge, die sich nicht mit der Klarheit Deiner schriftlichen vergleichen kann, kam mir im Lauf der letzten Wochen – oder schon Monate? – durch

[Heinz] Pflaum, dem ich einmal auf der Bibliothek begegnet bin. [...]

Dann kam vor einigen Tagen, nach einer hebräischen Sendung, für die ich Dir sehr danke, Dein Blatt über Rosenzweig[1], den ich mit stärkstem Anteil und, wenn ich als Am Hoorez diesen Ausdruck gebrauchen darf, völliger Beistimmung las. Irre ich nicht, so ist es doch vielleicht angezeigt, derartige zusammenfassende Betrachtungen, in denen doch wohl immer entscheidende Fermente auch aus Deinen deutschen Lehrjahren sich vorfinden werden, selbst dann deutschen Lesern zugänglich zu machen, wenn sie sich nicht auf deutsche Bücher beziehen. Eine frühere Sendung, in der Du eine mystische Kabbalabetrachtung von einem neueren – ich glaube englischen – Gelehrten besprichst, habe ich auch dem Leo Strauss zugänglich gemacht. Hans Kohn, der jetzt im Auftrage der Frankfurter Zeitung über Rußland berichtet, ist Dir – zum Unterschied von mir – ja wahrscheinlich persönlich bekannt[2]. Sein letztes Referat über die Lage der Religionen in Rußland ermangelte, wie mir schien, markanter Gedanken.

Kämst Du in absehbarer Zeit auf zehn bis zwölf Tage nach Berlin, so würdest Du vielleicht auf nicht weniger Merkwürdigkeiten stoßen als andere Leute in Moskau. Aber sie sind trüber, sowohl im Gesamtaspekt als von mir her gesehen. Die Wirtschaftsordnung Deutschlands hat soviel festen Grund wie die hohe See und die Notverordnungen überschneiden sich wie die Wellenkämme. Die Arbeitslosigkeit ist im Begriff, die revolutionären Programme genau so antiquiert zu machen wie es mit den wirtschaftspolitischen bereits geschehen ist. Denn allem Anschein nach sind die faktisch von den Massen der Arbeitslosen delegierten bei uns die Nationalsozialisten; die Kommunisten haben bisher den notwendigen Kontakt mit diesen Massen und damit die Möglichkeiten einer revolutionären Aktion nicht gefunden, indem die Vertretung der Arbeiterinteressen in jedem konkreten Sinne durch das phantastische Heer der Reservearmee immer mehr eine reformistische Aufgabe wird und vermutlich auch von den Kommunisten kaum anders besorgt werden könnte als die

Sozialdemokraten es tun. Jeder, der noch im Betrieb steht, ist heute durch diese bloße Tatsache schon einer Arbeiteraristokratie zugehörig, indessen bei den Arbeitslosen offenbar ein riesiger Rentnerstand, natürlich mikroskopischen Formats, im Entstehen ist; ein untätiges Kleinbürgertum, dessen Lebenselement Hasard und Nichtstun ist und dessen Tag mit der philiströsen Genauigkeit abläuft mit der bescheiden[e] Spieler in den Badeorten den ihren verleben.

[...]

Der Verlag Piper, der zuletzt die Rechte auf den Proust an sich gebracht hatte, ist zu meiner großen Satisfaktion pleite gegangen. Es war unmöglich, mit diesen Leuten zu arbeiten und nunmehr hat mein dilatorisches Verhalten sich ihnen gegenüber bewährt. So neige ich zu kleinem Bastelkram, wie Besprechungen, und lese gerade den „Vergil" von Theodor Haecker, den der vom Wallace-Verleger Goldmann sanierte Hegner herausgebracht hat[3]. Es ist soviel Heilsgeschichte wie irgend möglich in das schmale Bändchen gepreßt; desto erfreulicher sind einige profane Stellen, wo der Verfasser es weniger frommen und begabten Leuten deutsch gibt. Dann liegen da neben mir die Fahnen von Schmarja Levins „Childhood in Exile", natürlich die deutsche Übersetzung. Willst Du sie geschenkt haben? Nur bitte schreibe mir gleichzeitig, was ich en attendant mit ihnen anfangen soll? Besprechen? Lesen? (letztere beiden Fragen bitte ich Dich nicht als Alternative verstehen zu wollen.) Unergründliche bibliographische Studien haben mich auf folgende Angabe geführt: A. Scholem: Allerlei für Deutschlands Turner, Berlin 1885. Da wüßte ich denn doch gerne, ob es sich um eine posthume Begegnung mit Deinem Vater handelt?[4]

Und, da wir beim Bibliographischen sind, zum Schluß noch eine erfreuliche, aber mit äußerster Diskretion zu behandelnde Tatsache: der größte deutsche Lichtenberg-Sammler hat mich, gegen ein monatliches Entgelt, mit der Durchführung einer von ihm begonnenen aber nicht abgeschlossenen Lichtenberg-Bibliographie betraut. Den von mir angelegten Zettelkatalog müßtest Du sehen. Da ist denn wenigstens eine meiner jüdischen Passionen – leider die belangloseste – zu ihrem Recht gekommen und, wie Du zugeben wirst, am würdigsten Gegenstande. Ich glaube, der Katalog wird ein Wunderwerk, das man unter den Juden öffentlich zeigen kann, etwa wie eine Synagoge aus Strohhalmen. Mehr brauche ich wohl nicht zu sagen, um die Bibliothek zu einer Subscription zu veranlassen, auf ein Exemplar, für das ich ihr eine lohnende Widmung versprechen könnte.

Es ist noch viel Raum auf dem Blatt, aber das Post Script will auch leben.

Sehr herzlich Dein Walter

PS Der Mensch denkt – aber immer zu kurz. Da ich nun im Begriff bin, über der nochmaligen Lektüre Deines letzten Briefes zum post-script zu kommen, liegt der angefangene Bogen zu hause und ich habe nur dies zur Hand. So bekommst Du, wenn schon von sonst nichts, einen Begriff von den beiden Extremen, zwischen denen sich meine Papiersorten bewegen.[5] – Es geht mir ein, was Du von Kafka schreibst. Eng mit Deinen korrespondierende Gedanken sind mir in den Wochen, in denen ich der Sache näher trat, ebenfalls gekommen. Eine provisorische Zusammenfassung habe ich ihnen in einer kurzen Notiz zu geben gesucht, dann aber die Sache, weil ihr meine Kräfte im Augenblick nicht entsprechen, beiseite gelegt. Inzwischen bin ich mir klar darüber geworden, daß ich den entscheidenden Anstoß vermutlich von dem ersten und schlechten Buch über Kafka, das ein gewisser Johannes [Joachim] Schoeps[6] aus dem Kreise Brods vorbereiten soll, erhalten werde. Ein Buch würde mir gewiß meine Klarstellungen erleichtern; je schlechter es ist, desto besser. Überrascht hat mich in einigen Gesprächen, die in besagte Wochen fallen, Brechts überaus positive Stellung zu Kafkas Werk. Er schien den Nachlaßband sogar zu verschlingen, während Einzelnes aus ihm mir bis heute Widerstand geleistet hat, so groß war mir die physische Qual beim Lesen. Im übrigen fehlt es mir an erfreulicher Lektüre und – wenn ich von einigen Begegnungen mit Stefan absehe – an allem Erfreulichen sonst.

[...] Im übrigen wird die Verengerung des Lebens- und Schreibraumes (und vom Denkraum nicht zu sprechen) immer schwerer erträglich. Ausgreifende Planungen sind gänzlich unmöglich. Jeder größere Essay ist Produkt einer Konzentration, die mit seinem Wert kaum mehr im Verhältnis zu stehen scheint und es gibt Tage, und Wochen, wo ich nicht ein noch aus weiß.

Ich unterbrach mich, um Deine Kennzeichnung der Lage im Zionismus noch einmal zu lesen. Das ist mit der stärksten Teilnahme und, ich glaube, mit soviel Verständnis geschehen als Du nur wünschen kannst. Ich jedenfalls betrachte diese Zeilen von Dir[7] als eine Art historischen Dokuments. Es sollte mich wundern, wenn nicht jede eingehendere Information, die ich von Dir erhielte, mein Einverständnis mit Deiner Haltung[8] präzisieren würde, ja, vorstellbar wäre mir, daß auf dem Wege über diese Fragen wir zu einer überraschenden Verständigung in jenem andern, nur sehr scheinbar ihnen fremden, gelangen würden, die seit einiger Zeit zwischen uns offen sind. So oft es Dir möglich ist, von Deinen Erfahrungen in dieser Ordnung der Dinge mir etwas mitzuteilen, sei es brieflich, sei es auch nur durch Übermittlung von Dokumenten, bitte ich Dich sehr dringend, es zu tun.

Und nun noch einmal alles Gute und Herzliche.

1 Eine Kritik des „Sterns der Erlösung", die in Scholems „Judaica" wieder abgedruckt ist.

2 Er lebte bis 1933 in Jerusalem.

3 Von W. B. in der „Literarischen Welt" vom 5. Febr. 1932 besprochen. Jetzt Schriften II, Seite 315–323.

4 In der Tat. Scholems Vater war jahrelang in der Berliner Turnerschaft sehr aktiv, bis der Antisemitismus in ihr überhandnahm.

5 Ein sehr schönes Bütten und hauchdünnes durchsichtiges Papier.

6 Hans Joachim Schoeps, jetzt Professor an der Universität Erlangen.

7 Es war ein sehr langer Brief, fast der einzige, von dem – außer den drei oben mitgeteilten Nr. 195, 202, 204 – eine Abschrift erhalten ist.

8 Scholem war ein aktives Mitglied einer Gruppe in Palästina, die aus alten Zionisten bestand, sich aber für eine Umorientierung der zionistischen Politik den Arabern gegenüber einsetzte und deswegen heftigen Angriffen ausgesetzt war.

[28. Oktober 1931]

Lieber Gerhard,

Dein letzter, vom 20ten datierter Brief, hat mich so stark und freudig betroffen, daß die – in unserer Korrespondenz in der Tat sensationelle – Folge diese postwendende Antwort ist. Du bist ja Kenner meiner Arbeit und vor allem: Bibliograph genug, um, auch ohne daß ich Dir je Andeutungen darüber gemacht hätte, mein Verhältnis zu meinen Sachen und insbesondre zu der Art meiner Publizität vorstellen zu können. Der mir selbst manchmal störenden Bedenklichkeit, mit der ich dem Plan irgendwelcher „Gesammelten Schriften" von mir gegenüber stehe, entspricht die archivalische Exaktheit, mit der ich alles von mir Gedruckte verwahre und katalogisiere und wenn ich von der ökonomischen Seite der Schriftstellerei absehe, darf ich sagen, daß für mich die paar Blätter und Blättchen, in denen sie auftreten, mir das anarchische Gebilde einer Privatdruckerei darstellen. Daher ist auch das Hauptobjektiv meiner publizistischen Strategie, alles, was ich verfasse – von einigen Tagebuchnotizen abgesehen – um jeden Preis zum Druck zu befördern und ich darf sagen, daß mir das – unberufen – seit etwa vier oder fünf Jahren gelungen ist. Das Ensemble meiner Schriften dürfte – mit Ausnahme von Ernst Bloch [. . .] – wohl überhaupt nur Dir bekannt sein. Und darum hat die innige Billigung, die Du da in Deinem letzten Briefe für das Unscheinbarste darin – diese paar Briefnotizen – gefunden hast, für mich einen unvergleichlichen Wert der Bestätigung.[1] Wäre es einer Steigerung fähig, so würden die Bemerkungen über das Didaktische und die Krisis, die es in meinen Darstellungsmitteln herbeiführt, sie eintreten lassen. Schmerzhaft freilich ist die Andeutung über die Passagenarbeit – Du hast erkannt, daß die Studie über Photographie[2] aus Prolegomena zu ihr hervorging; aber was wird es da je mehr geben als Prolegomena und Paralipomena; das Werk zustande zu bringen daran könnte ich nur denken, wenn meine Arbeit auf zwei

Jahre sichergestellt wäre, die es seit Monaten nie mehr auf eben so viel Wochen ist. Trotzdem freilich – und trotzdem ich nicht die mindeste Vorstellung von dem habe, „was werden soll“ – geht mirs gut. Ich könnte sagen – und gewiß haben die materiellen Schwierigkeiten ihren Anteil daran – ich komme mir zum ersten Mal in meinem Leben erwachsen vor. Nicht nur: nicht jung mehr, sondern erwachsen, indem ich eine der vielen in mir angelegten Daseinsformen nahezu realisiert habe; die eigene Wohnung, die ich seit kurzem habe, gehört auch mit dazu. Ich habe einen der – wahrscheinlich kurzen, vorübergehenden – Augenblicke erreicht, wo ich mich niemandem mehr abzufragen und die Bereitschaft habe, den verschiedensten Mobilisierungsbefehlen zu folgen. Der gegenwärtige Ausdruck davon ist nichts anderes als die lächerliche Vielgestaltigkeit meiner simultan unternommenen Arbeiten. Da ist die Briefreihe, die fortgeht; da ist ein etwas eingehenderer physiognomischer Versuch, die Zusammenhänge des Kantischen Schwachsinns (im Alter) mit seiner Philosophie darzustellen[3], daneben eine vernichtende Rezension des Haeckerschen Vergil, ein Lektorat bei einem Tonfilmpreisausschreiben, bei dem ich ungefähr 120 Entwürfe in der Woche lese und beurteile, eine kurze Studie über Paul Valéry[4], die Du in der nächsten Sendung vorfinden wirst, und ich weiß nicht ob die Reihe vollständig ist. Nimmst Du hinzu, daß die Einsamkeit das Privileg reicher oder mindestens ökonomisch gesicherter Existenzen ist, so begreifst Du, daß meine freien Abende selten und die vergebenen nicht immer angenehm sind. (Mein nächster Umgang ist seit ungefähr einem Jahr Gustav Glück[5], Direktor der Auslandsabteilung der Reichskreditgesellschaft, von dem Du eine Art Porträtabriß – cum grano salis zu verstehen – in dem „Destruktiven Charakter“ findest, den ich Dir übersandte. Du erwähntest ihn nicht?)

Da wir einmal bei der Physiognomik sind: ich möchte wohl sehen was ein Kenner aus der Bildausstattung meiner Wohnung machen würde. Noch hängt nicht alles, aber schon gebe ich mir mit Schrecken Rechenschaft, daß in meiner Kommunistenzelle – wenn ich von einem kleinen Geburtstagsgemälde von Stefan absehe – nur Heiligenbilder hängen: der alte dreiköpfige Christus, den Du kennst, eine Nachbildung eines byzantinischen Elfenbeinreliefs, ein Trickbild – drei verschiedene Heiligendarstellungen, je nachdem wie man draufblickt – aus dem bayerischen Wald, ein Sebastian und als einziger Botschafter der Kabbala der Angelus Novus, zu schweigen von der „Vorführung des Wunders" die auch von Klee ist. Vielleicht tust Du gut den Herren [Chanoch] Reinhold[6] darauf vorzubereiten. Im übrigen wird er sehr gut empfangen werden, es ist schon lange niemand mit einer so guten Empfehlung zu mir gekommen. Vielleicht wird er mir auch einiges Wissenswerte über die Situation des Zionismus mitteilen können; aber vor allem sind hier all Deine Mitteilungen meiner gespanntesten Aufmerksamkeit sicher. Im übrigen ist Dir vielleicht Deines entsprechenden Berichts im vorletzten Briefe nicht mehr erinnerlich [sic]; er ging sehr tief in die Sache ein. Ich wäre bereit, Dir eine Kopie davon zu senden: ich könnte mir denken, daß sie Dir wichtig wäre. Eine Kopie meiner Antwort an Rychner – mit der Bitte um Rückgabe – anbei; die Haecker-Rezension wird entsprechende Gedanken wie ich hoffe konziser enthalten.

Mittlerweile ist es Mitternacht und ich will hier Schluß machen. Du wirst diesen Brief wieder sehr kurz finden, aber Du sollst einmal sehen, wie schmächtig in der Hand eines 100 Jahre späteren Mitarbeiters der Frankfurter Zeitung, wenn er die No 999 der Briefserie unseres Briefwechsels wälzt, der Band mit Deinen und wie dick der mit meinen erscheinen wird.

Sehr herzlich Dein Walter

1 Es handelte sich um die ersten, später in dem Band „Deutsche Menschen" zusammengefaßten „Briefe" in der Frankfurter Zeitung.

2 Veröffentlicht in der „Literarischen Welt" vom 18. Sept., 25. Sept. und 2. Okt. 1931. Jetzt in „Das Kunstwerk im Zeitalter seiner technischen Reproduzierbarkeit", Ffm. 1963.

3 Allerhand Menschliches vom großen Kant. „Literarische Welt", 11. Dezember 1931.

4 In der „Literarischen Welt" vom 30. Okt. 1931.

5 Jetzt Vorstandsmitglied der Dresdner Bank in Frankfurt a. M.

6 Jetzt Generaldirektor des Unterrichtsministeriums von Israel. Er hatte Scholem in Jerusalem besucht.

[20. Dezember 1931]

Lieber Gerhard,

es ist nun wieder Weihnacht geworden, oder wie wir die Zeit nach jüdischem Kalender bezeichnen mögen, und wider meine besten Vorsätze hat sich eine lange Pause in unserem Briefwechsel eingeschoben. Um immerhin auch solche Intermundien [!] zwischen meinen Nachrichten informatorisch urbar zu machen kannst Du ruhig annehmen, daß sie Schauplätze eines gesteigerten Existenzkampfes sind. In der Tat hat mich ja die Besiedlung einer eigenen Wohnung ökonomisch vor schwierige Aufgaben gestellt. Während mein Schlafzimmer noch nicht aussieht, wie ichs mir wünsche – es war vorher als die [Eva] Boy[1], von der ich die Wohnung übernahm, noch ihre lichten Möbel drin hatte, schöner als mit den antiken, finsteren zum Teil erborgten, mit denen ich es jetzt ausstatten mußte – also um auf das Arbeitszimmer zu kommen, so ist seine Einrichtung zwar auch nicht abgeschlossen, aber schön und bewohnbar ist es. Auch stehen nun meine ganzen Bücher und selbst in diesen Zeiten sind sie mit den Jahren von 1200 – die ich doch längst nicht alle behalten habe – auf 2000 angewachsen. Merkwürdigkeiten hat dies Arbeitszimmer: einmal besitzt es keinen Schreibtisch; im Lauf der Jahre bin ich durch eine Reihe von Umständen, nicht nur durch die Gewohnheit viel im Café zu arbeiten sondern auch durch manche Vorstellungen, die sich an die Erinnerung meines alten Schreibtisch-Schreibens anschließen, dazu gekommen, nur noch liegend zu schreiben. Von meiner Vorgängerin habe ich ein Sofa von wundervollster Beschaffenheit zum arbeiten – zum schlafen ist es ziemlich unbrauchbar – übernommen, das, wie ich einmal von ihr hörte, früher für eine alte gelähmte Dame gezimmert worden ist. Dieses also ist die erste Merkwürdigkeit und die zweite ein sehr weiter Blick über das alte zugeschüttete Wilmersdorfer Luch, oder wie es auch hieß, den Schrammschen See – beinahe l'atelier qui chante et qui bavarde – noch dazu jetzt bei der Kälte zwei Eisbahnen und ferner zu allen Jahrzeiten eine Uhr im Blickfeld; besonders diese Uhr wird mit der Zeit ein schwer entbehrlicher Luxus. Leider ist der Wohnungspreis von der Art, als seien all diese optischen Ausstattungsgegenstände in ihn eingerechnet.

Eine geradezu infernalische Ironie will es, daß kaum daß ich diese Zeilen geschrieben hatte, ein bis dato nie vernommenes – und vielleicht erst seit kurzem dort befindliches – Klavier unmittelbar unter dem Arbeitszimmer sich vernehmbar macht. Das ist einfach ein Schrecken. Aber so fassungslos ich bin, bleibt mir nichts übrig als weiterzuschreiben. Da ist denn mein erstes, Dich auf ein Buch hinzuweisen, über das ich Dein Votum baldigst und dringend erbitte. Ich habe in den letzten zwei, drei Tagen alles beiseite gestellt, um mir dafür Zeit zu schaffen und stehe nun auf den letzten Seiten. Es liegt ja wohl auch bei euch schon auf, wenn diese Zeilen eintreffen, und heißt „der Untergang des Judentums". Der Verfasser Otto Heller arbeitet hier in der Redaktion der kommunistischen Zeitung „Berlin am Morgen". Sonst weiß ich nichts von ihm und vielleicht ist er Dir besser bekannt. Obwohl das Buch untadelhaft orthodox im Parteisinn ist, sollen die offiziellen Instanzen dem Autor alle erdenklichen Schwierigkeiten machen. Wie immer Du zu dem Buch stehen magst, wirst Du es gerechtfertigt finden, daß ich meine Enthaltung von judaistischer Lektüre in diesem Falle durchbrach. Die Ungereimtheit und Abstrusität der materialistischen Analyse der jüdischen Religion, die man mit in Kauf nehmen muß, ist ja auch mir schließlich evident, dafür entschädigen mich aber Aufklärungen über die neueste Entwicklung der Judenpolitik in Sowjetrußland, indem sie mir nicht nur ganz neue Einblicke in das jüdische Geschehen sondern auch in die russischen Dinge, ja anhand des Kartenmaterials bis ins Geographische hinein geben. Daß der Verfasser alle Fragen, die die Kulturpolitik, geschweige denn die geistige Entscheidung der Juden betreffen, völlig beiseite gelassen hat, ist klar; auf der andern Seite aber ist in seinen Prognosen und bevölkerungsstatistischen Angaben – die gewiß nicht neu sind – doch viel enthalten was sehr nachdenklich machen muß. Ich denke diese meine Fragen und Zweifel werden ausreichend sein, das Buch bei Dir einzuführen, wenn es nicht schon in Deinen Händen ist.

Um noch weiter von kleinen Schrift-und-Leseepisoden zu reden, so bin ich durch den Herausgeber, der es mir sandte, auf eines der großartigsten und erschütterndsten Documents humains geraten: das Leben von Pestalozzi in den Zeugnissen derer die ihn gekannt haben. Man kann über bürgerliche Erziehung wohl schwerlich mitreden, ohne sich diese Physiognomie zu vergegenwärtigen, von der, wie ich mir habe erzählen lassen, in seinen berühmten pädagogischen Romanen fast nichts in Erscheinung tritt; in seinem persönlichen Wirken und seinem Mißgeschick – er hat sich am Ende seines Lebens mit Hiob verglichen – dagegen alles.

Nun muß ich aber einen andern Ton anschlagend, feststellen, daß Du – im Gegensatze zu jüdischen und zu christlichen Duldern – unersättlich bist und kaum daß Du nach zahllosen Interventionen meinerseits Deine Brecht-Bände erhalten hast (die ich hierdurch, rückwirkend, feierlich zu Geburtstagsgeschenken ernenne) schon wieder nach einem Kommentar schreist. Auf die Gefahr hin, Deinem anstößigen Snobismus zu höchster Befriedigung zu verhelfen, werde ich Dir in der Tat in der nächsten Sendung (freilich mit der Bitte um postwendende Rücksendung) das seit Dreivierteljahren bei der Frankfurter Zeitung befindliche „Epische Theater" von mir im Manuscript zusenden. Jedes weitere Ansinnen in dieser Richtung jedoch ablehnend verweise ich Dich auf den ersten Band der Versuche, wie er, mit einem langen handschriftlichen Glossar von mir jederzeit in meiner Bibliothek zu Deiner Verfügung steht. Auch Deinen Brief über Zionismus will ich Dir in Abschrift zurücksenden und damit um weitere Mitteilungen zur Sache gebeten haben.

Dagegen möchte ich auf Deine überaus eingreifende Fragestellung betreffend das Verhältnis der kommunistischen Dogmatik zu den Forschungsergebnissen der mathematischen Physik heute nur mit dem Hinweis eingehen, daß die Frage mir seit der niederschmetternden Erfahrung, die ich in Riga mit dem Versuch, Bucharins A B C des Kommunismus mir anzueignen machte, geläufig ist. Eine Antwort weiß ich nicht, indem ja der Nutzen den der Vulgärmaterialismus für gewisse Teile der Volksaufklärung hat, keine ausreichende ist. Und wie nun der dialektische jenen vulgären Materialismus zu so feinem Garn ausspinnen mag, daß auch so seltene Vögel wie Du und ich darin gefangen werden – das weiß ich nicht. Nur denke ich manchmal, daß die „Vier grauen Weiber" aus dem zweiten Teil des Faust Spinnerinnen sind, die auch den gröbsten Flachs fein kriegen.

Und somit alles Herzliche in die zwölf heidnischen Nächte hinein!

Dein Walter

1 Eva van Hoboken, geb. Hommel, die sich als Künstlerin Eva Boy nannte.

209 *An Gerhard Scholem*

[Ibiza], 22. April 1932

Lieber Gerhard,

kein Zweifel, daß das Kuvert Deine Verwunderung erregen wird, zumal wenn Du den Stempel entziffern kannst. Im Augenblick, da Du Dich den europäischen Metropolen zuwendest[1], habe ich mich auf den entlegensten Winkel zurückgezogen. Das kam überraschend wie – nach einer alten und zutreffenden Erkenntnis von Dir – das meiste was mich betrifft und ist in erster Linie das Ergebnis meiner aus unerwarteten Einkünften und längeren Perioden der Dürre so merkwürdig genährten Wirtschaftslage. Kurz, die merkantile Konjunktur des Goethejahrs gab mir unvorhergesehene etliche Hunderte zu verdienen und gleichzeitig kam die Nachricht von dieser Insel mir durch Noeggerath zu, der samt Familie einen Exodus dahin plante. Ich habe mich also am 7. April wieder – wie schon einmal vor sechs Jahren auf den Frachtdampfer „Catania" begeben und bin in elftägiger anfangs sehr stürmischer Fahrt bis Barcelona, von dort hierher gekommen, wo ich Noeggerath bereits vorfand. Wie abenteuerlich die Ankunft hier verlief, wie den letzten Anstoß zur Reise für ihn und mich ein Mann gab, der alsbald – nicht ohne ihn empfindlich, mich ebenfalls unangenehm geschädigt zu haben – sich als polizeilich gesuchter Hochstapler darstellte, welcher ihm ein Haus auf der Insel vermietet hat, das er garnicht besaß – das sind Dinge, die sich vor einem Kaminfeuer besser erzählen als brieflich. Wie dem nun sei – ich bin heute den dritten Tag hier und bitte Dich, so bald wie nur möglich mir hierher an die untenstehende Adresse Nachricht zu geben.

Wie sich mein Sommer ferner gestaltet, hängt wohl im wesentlichen von ökonomischen Dingen ab. Aus der zuletzt über alle Begriffe anspannenden berliner Erwerbs- und Verhandlungsschmach zu entrinnen, war dies jedenfalls die einzige Gelegenheit. Auch durfte sie keinen Tag verschoben werden, um die spärlichen Mittel nicht zu vermindern, von behördlichen Schwierigkeiten zu schweigen. Du wirst dies verstehen, wenn ich Dir sage, daß ich hier in einem Hause für mich allein lebe, drei Mahlzeiten zwar sehr provinzieller Art und mit jedwedem goût du terroir – im ganzen aber delikate – einnehme und für all dies täglich 1,80 Mark zahle. Danach begreift es sich von selbst, daß die Insel wirklich seitab des Weltverkehrs und auch der Zivilisation liegt, so daß man auf jede Art von Komfort verzichten muß. Man kann es mit Leichtigkeit, nicht nur der inneren Ruhe wegen, die die ökonomische Unabhängigkeit sondern auch der Verfassung wegen, die diese Landschaft einem mit gibt; die unberührteste, die ich jemals gefunden habe. Wie Ackerbau und Viehzucht hier noch archaisch betrieben werden, nicht mehr als vier Kühe auf der Insel sich finden, weil die Bauern an der überkommenen Wirtschaft mit Ziegen festhalten, keinerlei landwirtschaftliche Maschinen zu sehen sind und die Bewässerung der Felder wie vor Jahrhunderten durch Schöpfräder geschieht, die von Maultieren in Betrieb gesetzt werden, so sind auch die Interieurs archaisch: drei Stühle an der Zimmerwand gegenüber dem Eingang treten dem Fremden sicher und gewichtig entgegen als seien es drei Cranachs oder Gauguins an der Wand; ein sombrero über einer Stuhllehne macht sich großartiger als eine Draperie kostbarer Gobelins. Endlich die Gelassenheit und Schönheit der Menschen – nicht nur der Kinder – und dazu das fast gänzliche Freisein von Fremden, das man durch sparsamste Informationen über die Insel zu wahren hat. Leider ist das Ende all dieser Dinge von einem Hotel zu befürchten, das am Hafen in Ibiza errichtet wird. Immerhin ist es noch nicht nahe an der Vollendung und wir nicht in der Hauptstadt der Insel sondern einem kleinen und entlegnen Ort. Noeggerath ist mit seiner Frau und Schwiegertochter, sowie seinem Sohn hier, der eine Dissertation bei Gamillscheg [?] über den Dialekt der Insel verfaßt. Nach Aufdeckung des Hochstaplerschwindels, die nicht viel Zeit in Anspruch nahm, hat er die Erlaubnis zum mietfreien Wohnen auf ein Jahr in einem gänzlich im argen liegenden steinernen Bauernhause bekommen, das er auf seine Kosten herrichten muß. Seine Begleitung ist sehr nett und nicht im mindesten störend. Er selbst hat mit den Jahren etwas verloren.

Morgen werde ich vermutlich beginnen zu arbeiten. Durch besagtes verbrecherisches Subjekt bin ich insofern betroffen als ich ihm meine Wohnung vermietet hatte; nun steht sie leer – denn die Kriminalpolizei ist hinter ihm her – und ich muß die Miete selbst aufbringen. Die Dauer meines Aufenthalts hängt in etwas von den Arbeitsmöglichkeiten ab, die ich vielleicht nicht überschätzen darf, jedenfalls so lange ich, wie im Augenblick in der Nachbarschaft einer Schmiede einquartiert bin. Was in der letzten Zeit gedruckt erschien, geht gleichzeitig an Dich ab; dazu mußt Du Dir zwei große Rundfunkstücke denken: „Was die Deutschen lasen während ihre Klassiker schrieben" und „Radau um Kasperl"; beide sind mit großem Erfolg aufgeführt worden. Jetzt bin ich vom Berliner Rundfunk mit einem „Lichtenberg" beauftragt worden, den ich auf jenem Mondkrater, der nach Lichtenberg benannt ist, beginnen lassen will (denn so einen gibt es doch wohl). Es ist mir sonderbar, nun wieder alles mit der Hand schreiben zu müssen, aber wie Du siehst absolviere ich mein Training durch unbegrenzte Briefe.

Noch ist es hier nicht heiß; große Glut soll erst der August bringen. Dann wirst Du, wie ich meine, in Berlin sein und vielleicht sehen wir uns dort. Sonst könnte ich mir wohl vorstellen, daß wir uns irgendwo zwischen Turin und Nizza oder auch in Turin selbst etwa im Juni Rendez-vous geben. Warum hat Barcelona gar keine kabbalistischen Handschriften? Schreibe in jedem Falle Deine Dispositionen gleich.

Nun bin ich ganz matt vor Hammergeklirr und Hähnekrähen und schließe, vorbehaltlich eines PS mit den herzlichsten Grüßen

Dein Walter

PS Nun erst konnte ich Deinen letzten Brief nochmals lesen, lieber Gerhard, und es fällt mir aufs Herz, daß Du auch in Rom wieder so lange auf ihn warten mußtest. Aber könntest Du Dir eine Vorstellung von der Schwierigkeit dieser meiner letzten Ablösung von Berlin machen und wie noch die letzte Stunde vor der Abfahrt meiner Redaktionsarbeit für die Literarische Welt zur Verfügung gestellt werden mußte, um das Nötige zu beschaffen. Immer hoffe ich doch, daß der herzliche Wunsch für eine *gute* Reise, den ich Dir sage, nicht zu spät kommt. Möchte sie gut für uns beide werden. Mit welcher Erwartung würde ich dem merkwürdigen Herren Oko[2] und dem wundertätigen Schocken[3] entgegenschreiten. Ich lese zum zweiten Mal die Chartreuse de Parme. Hoffentlich kannst Du Dir dies zweite Mal auch einmal gönnen. Es gibt kaum Schöneres. – Aber es dämmert. Ich will schließen ehe die Kerzen kommen, wenn welche da sind.

1 Scholem war vom April bis November 1932 auf einer Reise durch italienische und westeuropäische Bibliotheken mit kabbalistischen Handschriftensammlungen.

2 Adolph Oko (1883–1944), Bibliothekar in Cincinnati, der damals einen Besuch in Palästina gemacht hatte und sich in Europa aufhielt.

3 Salman Schocken (1877–1959), damals Inhaber eines großen Warenhauskonzerns und bedeutender jüdischer Sammler, der gerade begonnen hatte, den Schocken Verlag aufzubauen, welcher später im jüdischen Buchwesen eine hervorragende Rolle gespielt hat.

[Ibiza 1932] Frühjahr

Liebe Gretel Karplus,

wie es so geht – 12 Stunden, nachdem ich meinen letzten Brief an Sie hatte abgehen lassen, erhielt ich den Ihrigen, durch den ich mich unendlich erleichtert fühle. Vielleicht ist es nur das Unvermögen, eine Reihe von wolkenlosen Tagen in sich aufzunehmen wie sie kommen was zu so beklemmenden Fragen führt, wie sie in meinem letzten Briefe umgehen. Es dauert ja lange bis man sich an eine klimatisch so fremde Situation anpaßt, wenn nicht ein gewisser Hotelkomfort sich vermittelnd zwischen das Land und uns stellt. Und wie weit wir davon hier entfernt sind, entnehmen Sie aus dem beiliegenden Bildchen. Nach wochenlanger Arbeit ist es nun den Bekannten, die dieses Häuschen nach jahrelangem Verfall wieder zum Leben erweckten, gelungen, etwas ganz Wohnliches daraus zu machen. Das Schönste ist der Blick aus dem Fenster auf das Meer und eine Felseninsel, die nachts ihren Leuchtturm mir hereinscheinen läßt und die Abgeschiedenheit der Bewohner gegeneinander durch eine kluge Raumordnung und beinahe meterdicke Wände, die keinen Ton (und keine Hitze) durchlassen. Ich führe ein Leben wie die Hundertjährigen es als Geheimnis den Reportern anvertrauen: aufstehn um sieben Uhr und im Meer baden, wo weit und breit kein Mensch am Ufer zu sehen ist und allenfalls nur in der Höhe meiner Stirn ein Segler am Horizont, darauf, gegen einen gefügigen Stamm im Walde gelehnt, ein Sonnenbad, dessen heilsame Kräfte durch das Prisma einer gideschen Satire (Paludes) auf den Kopf übergreifen und dann ein langer Tag der Enthaltung von all den zahllosen Dingen – weniger weil sie das Leben verkürzen als weil es sie garnicht gibt oder so schlecht, daß man sie gerne beiseite läßt – elektrisches Licht und Butter, Schnäpse und fließendes Wasser, Flirt und Zeitungslektüre. Denn die Einsichtnahme in die mit einer Woche Verspätung erscheinenden Exemplare der Frankfurter Zeitung hat einen schon mehr epischen Charakter. Wenn Sie dazunehmen, daß auch meine ganze Post an Wissing geht – der mir bisher noch kein einziges Schriftstück gesandt hat – so sehen Sie, daß ich nicht übertrieben habe. Sehr lange bin ich bei Büchern und Schreibereien seßhaft gewesen; erst in den letzten Tagen habe ich mich von meinem Uferstreifen emanzipiert und einige große einsame Märsche in die noch größere, noch einsamere Gegend gemacht. Auf ihnen erst bin ich zum deutlichen Bewußtsein gekommen in Spanien zu sein. Diese Landschaften sind, von allen bewohnbaren, bestimmt die sprödesten, unberührtesten, die ich gesehen habe. Einen deutlichen Begriff von ihnen zu geben ist schwer, sollte es mir am Ende gelingen, so wird es Ihnen nicht verborgen bleiben. Vorläufig habe ich wenig in dieser Absicht notiert, dagegen mich dabei überrascht, die Darstellungsform der Einbahnstraße für eine Anzahl von Gegenständen wieder aufzunehmen, die mit den wichtigsten dieses Buches zusammenhängen. Vielleicht kann ich Ihnen davon in Berlin etwas zeigen. Dann werden wir auch über Korsika sprechen. Ich finde es sehr schön, daß Sie das gesehen haben; es gibt dort wirklich sehr Spanisches in der Landschaft; aber so harte und gewaltige Züge gräbt, glaube ich, der Sommer dort doch nicht ins Land. Hoffentlich haben Sie auch ein paar Tage in dem wunderbar stillen und altmodischen Grandhotel in Ajaccio gewohnt. Wie Wiesengrund es in Marseille gemacht hat, müssen Sie mir auch eingehend erzählen. Ich glaube, im Laufe der nächsten Wochen werde ich wieder hindurchkommen; aber über die genauen Termine kann ich mir niemals recht schlüssig werden. Sie werden das begreifen, wenn Sie bedenken, daß ich hier für einen kleinen Bruchteil dessen lebe, was ich in Berlin brauche; ich ziehe daher den Aufenthalt so lange hin wie nur möglich [hin] und werde nicht vor Anfang August zurücksein. Bis dahin hoffe ich aber noch sehr von Ihnen zu hören.

Ja, wenn ich mir, durch Ihren Brief, der mich sehr erfreut hat, ermutigt, um ein kleines Geschenk bitten darf, so wäre es, mir eine kleine Tüte (Kuvert) rauchbaren Tabaks als „Muster ohne Wert" herzuschicken – [...] Es gibt auf der Insel überhaupt keinen rauchbaren.

Auch ich (habe) von Daga einen Brief bekommen und von ihrer Mutter [Asja Lacis], kurz vor meiner Abreise, auch einen. Im übrigen war ich vierzehn Tage ganz im Russischen versunken: ich habe erst die Geschichte der Februarrevolution von Trotzki gelesen und bin jetzt im Begriff, seine Autobiographie zu beendigen. Seit Jahren glaube nichts mit so atemloser Spannung in mich aufgenommen zu haben. Ohne jede Frage müssen Sie beide Bücher lesen. Wissen Sie ob der zweite Band der Geschichte der Revolution – Oktober – bereits erschienen ist[1]? Demnächst nehme ich wieder Gracian vor und werde wohl etwas darüber schreiben.

Nun noch alles Gute und Freundliche

Ihr Walter Benjamin

[1] Erst 1933 erschienen.

211 An Gerhard Scholem

San Antonio, Ibiza, 1. Juni 1932

Lieber Gerhard,

mit Besorgnis nehme ich zur Kenntnis, daß Du eine Abteilung für katholische Theologie in Deiner Bibliothek eröffnet hast. Das läßt mich für die Restbestände meiner Bücherei, die mir nach der berühmten „Vermietung" meiner Wohnung geblieben sind, wenig Gutes ahnen. Irre ich nicht, so steht da Einiges, was ich Deinen beredten Lüsten nur ungern ausgesetzt weiß. Da es aber – im Zeichen des mahnenden 15. Juli (von dem Notiz zu nehmen, Dich in die ehrenvolle und vielleicht auch ausschließliche Gesellschaft von Stefan bringt) – unklug sein mag, ein sprödes Verhalten an den Tag zu legen, will ich lieber der besorgten und aufrichtigern Ungewißheit Ausdruck geben, wann und wie wir etwa die fraglichen Büchereien gemeinsam werden mustern, ja wie überhaupt mündliche Verhandlungen zwischen uns diesen Sommer in die Wege könnten geleitet werden. Scharfsichtig hast Du ergriffen, daß dies eine ökonomische Frage ist, eine wie kritische, davon könnte Dir nur ein Einblick in mein Budget einen Begriff geben.

[...]

Zwischendurch zu den „kleinen Anfragen“, die Du mit einer Beharrlichkeit vorbringst, die dieser parlamentarischen Gattung würdig ist: der Brief von Collenbusch[1] ist gedruckt und unter den Dir fehlenden, die ich Dir, wie gesagt, leider nicht, oder noch nicht, zur Verfügung stellen kann. Schade, weil Du darin kuriose Mitteilungen über Collenbusch fändest.

[...]

Die Nietzsche-Erfahrung, die Du in Jerusalem machtest, ist mir durchaus nicht erstaunlich. Ich habe noch keine Zeit gehabt, mich mit der Frage zu befassen, welche Bedeutung seinen Schriften im Ernstfall abzugewinnen ist. Sollte ich geneigt sein, mich darum zu kümmern, so würde ich einmal nachlesen, was Klages „die psychologischen Errungenschaften Nietzsches“ nennt. En attendant habe ich mich, in der von Dir erwähnten Rezension[2], was meine Meinung über Nietzsche selbst betrifft, nicht festgelegt.

Das vom Häuschen nenne ich nun doch eine andere Sensation als die vom Auftauchen Noeggeraths. Dazu sage ich wirklich sehr herzliche Glückwünsche. Hätte ich eine Broche[3] darüber zu sprechen, so würde sie den Wunsch enthalten, es möge mit seinen Büchern und ihren Freunden den nächsten Weltkrieg überdauern. Dem Weltuntergange in Gestalt von Steuern, Pleiten, usw. wird es ja wohl aus eigener Kraft Widerstand leisten können. – Ich denke Deinem mißtrauischen Querulieren betreffend Ausbleiben von Handschreiben nunmehr wirksam begegnet zu sein und schließe mit sehr herzlichen Grüßen

Dein Walter

1 Samuel Collenbuschs Brief an Kant wurde von W. B. als eine seiner größten Entdeckungen auf dem Gebiet der Briefkultur betrachtet; er las ihn schon 1918 Scholem mit unnachahmbarem Gesichtsausdruck und teilweise erhobener Stimme vor. Siehe „Deutsche Menschen“ (1962), S. 26.

2 In der „Literarischen Welt“ vom 18. März 1932.

3 Jüdisch: Segensspruch.

Nizza, 26. Juli 1932

Lieber Gerhard,

als Du in Mailand den schönen Brief schriebst, der mich nun hier erreichte, war ich noch auf Ibiza. Mein Aufenthalt dort hat sich um eine Woche über die von mir vorgesehene Frist verlängert. Es kam sogar noch eine ziemlich improvisierte Feier zustande, zu der den Elan weniger die Dir bekannten Figuren des Repertoires als zwei neu aufgetauchte Franzosen – ein Ehepaar[1] – aufbrachten, denen ich viel Sympathie entgegenbringen konnte. Da sie erwidert wurde, so waren wir bis zu meiner Abreise mit kurzen Unterbrechungen zusammen und dies Zusammensein war bis zur Mitternacht des 17ten Juli – dem Abfahrtstermin meines Schiffs nach Mallorca – so fesselnd, daß die Schiffstreppe schon zurückgezogen worden und das Schiff in Bewegung gesetzt worden war, als wir uns am Quai präsentierten. Meine Sachen hatte ich freilich schon vorher darauf verstaut. Nach einem kaltblütigen Händedruck an meine Begleiter machte ich mich, von neugierigen Ibizenkern unterstützt, daran, den bewegten Schiffsrumpf zu erklettern, und kam auch glücklich über die Reeling.

[...]

Damit bin ich bei den wichtigen Einsichten Deines Geburtstagsbriefs[2] angelangt. Sie bedürften für mich keines Kommentars – es sei denn bezüglich des Begriffs des „konterrevolutionären“, dessen genauere Bedeutung als Qualifikation meiner tieferen Einsichten Du hoffentlich gelegentlich beleuchten wirst. Ich kann mir unter diesem Begriff gewiß etwas vorstellen; dennoch scheint er mir mißverständlich. Dies aber sei vorausgeschickt, nur um der Bekundung meines vollen Einverständnisses mit dem Rest Deiner Aussagen ihr ganzes Gewicht zu geben. Damit hat aber dann auch ihr ganzes Gewicht die Feststellung, daß die Chancen für die Erfüllung dessen, was Du mir wünschst, die denkbar geringsten sind. Es ziemt uns beiden, diesem Tatbestand – in dessen Licht das Scheitern Deiner palästinensischen Intervention in der Tat ein Verhängnis ist – ins Auge zu sehen.

Und wenn ich meinerseits mit einem Ernst, der nah an Hoffnungslosigkeit ist, dieses tue, so ganz gewiß nicht darum weil ich nicht immer noch Vertrauen zu meiner Findigkeit besäße, die mir Auskunftsmittel und Subsidien verschaffte. Es ist vielmehr die Ausbildung dieser Findigkeit und einer ihr entsprechenden Produktion, die jede menschenwürdige Arbeit aufs schwerste gefährdet. Die literarischen Ausdrucksformen, die mein Denken in den letzten zehn Jahren sich geschaffen hat, sind restlos bestimmt durch die Präventivmaßnahmen und Gegengifte, mit welchen ich der Zersetzung, die mich, infolge jener Kontingenzen, in meinem Denken fortgesetzt bedroht, entgegentreten mußte. So sind zwar viele, oder manche, meiner Arbeiten Siege im Kleinen gewesen, aber ihnen entsprechen die Niederlagen im Großen. Ich will nicht von den Plänen reden, die unausgeführt, unangerührt bleiben mußten, aber doch an dieser Stelle jedenfalls die vier Bücher aufzählen, die die eigentliche Trümmer- oder Katastrophenstätte bezeichnen, von der ich keine Grenze absehen kann, wenn ich das Auge über meine nächsten Jahre schweifen lasse. Es sind die „Pariser Passagen", die „Gesammelten Essays zur Literatur", die „Briefe" und ein höchst bedeutsames Buch über das Haschisch. Von diesem letztern Thema weiß niemand und es soll vorläufig unter uns bleiben.[3]

So viel von mir. Neues sagt es Dir nicht. Indem Du aber siehst wie wenig Schwierigkeit es mir macht, diese Situation bei Gelegenheit auch meinerseits mit Deutlichkeit auszusprechen, fällt vielleicht doch ein neues Licht auf sie, das Dir Stoff zum Nachdenken geben könnte. Nun setze ich hierher die Adresse von Ernst Schoen, dem Du natürlich viele Grüße sagen sollst. Auch sonst werden Dir ja in Frankfurt allerlei merkwürdige Leute über den Weg laufen; vielleicht sogar Theodor Wiesengrund, Privatdozent, der im vergangenen Semester Seminar über das Trauerspielbuch abgehalten hat.

Das Geschenk werde ich pünktlichst einmahnen.

Alles Herzliche Dein Walter

1 Jean Selz.

2 Es war W. B.'s 40. Geburtstag.

3 Aus dem Bereich dieser Studien ist ein größerer Aufsatz in der „Frankfurter Zeitung“ erschienen (4. Dez. 1932): „Haschisch in Marseille“. Jetzt „Illuminationen“, Ffm. 1961, S. 344–350.

213 An Theodor W. Adorno

Poveromo (Marina di Massa), 3. 9. 1932

Lieber Herr Wiesengrund,

Ihr Brief, der so lange auf sich warten ließ, ist nun als er ankam eine große Freude für mich gewesen. Darin am meisten, wie eng gewisse seiner Textteile mit der Anlage zusammenhängen, dem wirklich krönenden und bestätigenden Schlußstück der „Naturgeschichte des Theaters“ [1], für dessen Widmung ich Ihnen sehr herzlich danke. Diese ganze Folge geht ja von einem höchst originären und wahrhaft barocken Blick auf die Bühne und ihre Welt aus. Ja ich möchte sagen, daß sie etwas wie „Prolegomena zu einer jeden künftigen Geschichte des barocken Bühnenhauses“ enthält und daß Sie diese unterirdische Beziehung im Thematischen durch Ihre Widmung so ins Licht heben, freut mich ganz besonders. Daß im übrigen gerade dieses Stück völlig gelungen ist, brauche ich Ihnen wohl kaum zu bestätigen. Aber auch in der Foyer-Folge stehen sehr schöne Dinge wie das Bild von den beiden Zifferblättern und die sehr weisen Gedanken über das Fasten während dieses Zwischenspiels. Ich hoffe, daß ich nun auch sehr bald Ihren Aufsatz im Horkheimerschen Archiv [2] zu Gesicht bekomme – und, wenn ich noch eine Variante dieses Wunsches aussprechen darf, mit dem Aufsatze auch die erste Nummer dieses Archives selbst, das mich natürlich lebhaft interessiert. Zum Lesen hat man hier viel Zeit. Die kleine Bibliothek, die ich vor fünf Monaten bei meiner Abreise mit mir genommen habe, ist nun natürlich auch schon bald durchlaufen. Es wird Sie interessieren, daß erstmal auch wieder vier Bände Proust [3] dabei sind, in denen ich oft lese. Um aber von einem neuen Buch zu sprechen, das mir hier zukam und auf das ich Sie aufmerksam (machen) möchte – Rowohlt hat eine „Geschichte des Bolschewismus" von Arthur Rosenberg [4] herausgegeben, die ich soeben beendet habe und die man unter keinen Umständen, so scheint mir, wird übergehen können. Von mir wenigstens muß ich sagen, daß sie mir über viele Dinge, einschließlich jener Bezirke, in denen das politische in das private Schicksal hineinwirkt, ein Licht aufgesteckt hat. Über letzteres nachzudenken geben mir mancherlei Verhältnisse und Ihre neuerlichen Hindeutungen auf Cysarz [5] Anlaß. Ich wäre gar nicht abgeneigt, mit ihm in Verbindung zu treten, kann es aber doch nicht recht verstehen, warum er, wenn ein solcher Wunsch doch auch bei ihm besteht, nicht – sei es direkt, sei es durch einen Brief von Grab [6] an mich den Anfang macht. Mir ist nicht zweifelhaft, daß ich für meinen Teil in einer analogen Situation, auf seinem Posten, so verfahren würde. Im übrigen sind es natürlich nicht Prestigegründe, die mein Zögern veranlassen sondern die Erfahrung, daß Fehler im Beginn einer Beziehung die Neigung haben, im Folgenden proportional sich zu vergrößern. Ich denke mir, daß Cysarz Einfluß, beispielsweise, groß genug wäre, mir von irgend einem angemessenen Vereine oder Institut von Prag eine Vortragseinladung zu verschaffen. Vielleicht können Sie Grab gelegentlich in diesem Sinn informieren. Inzwischen aber danke ich Ihnen sehr herzlich für die Ihrige, die Sie an den Bericht der Sitzungen Ihres Seminars anschließen. [7] Weder brauche ich Ihnen zu versichern wie gern ich kommen würde noch wie großen Wert ich auf die Einsicht in die Akten des bisherigen Verlaufes lege. Natürlich wäre es sehr wünschenswert, daß das mit Ihnen gemeinsam geschähe. Aber – und dies betrifft auch die Chancen meiner Anwesenheit in Frankfurt – ich bin im Augenblick weniger als je Herr meiner Entschließungen. Weder weiß ich, wann ich nach Berlin zurückkehre, noch wie sich die Dinge von da aus gestalten werden. Einige Wochen werde ich wohl bestimmt noch hierbleiben. Danach werde ich nach Berlin wohl zurückmüssen: einerseits um Wohnungsfragen zu regulieren, andererseits weil Rowohlt nun doch darauf zu bestehen scheint, meine Essays herauszubringen.[8] An sich ist die Verführung zu einem längern Aufenthalt in Deutschland gewiß nicht groß. Man wird überall Schwierigkeiten antreffen und die vom Rundfunk ausgehenden werden vermutlich mein Erscheinen in Frankfurt auch seltener machen. Sollten Sie wissen, wie die Dinge für Schoen sich entwickeln, so schreiben Sie mirs doch bitte. Von ihm erfahre ich garnichts. Soviel für heute. Sonst wüßte ich nur noch zu sagen, daß ich an einer Folge von Aufzeichnungen arbeite, die frühe Erinnnerungen betreffen.[9] Hoffentlich kann ich Ihnen in absehbarer Zeit etwas davon zeigen.

Mit den herzlichsten Grüßen Ihr Walter Benjamin

PS Ihr „Zerrbild" fand ich mit großem Vergnügen. – Das Wort von Wolfskehl in meiner Rezension heißt: „Sollte man von den Spiritisten nicht sagen, daß sie im *Drüben* fischen?"[10]

1 Vgl. Theodor Wiesengrund-Adorno: Das Foyer. Zur Naturgeschichte des Theaters, in: Blätter des Hessischen Landestheaters, Darmstadt, 1932/33, Nr. 8, S. 98 ff.; ders.: Zur Naturgeschichte des Theaters. Fragmente, a. a. O., 1932/33, Nr. 9, S. 101 ff. und Nr. 13, S. 153 ff. – Das damals unpubliziert gebliebene Schlußstück war im Manuskript Benjamin gewidmet. Jetzt vgl. den gesamten Text Theodor W. Adorno: Quasi una fantasia. Musikalische Schriften II. Frankfurt a. M. 1963. S. 94–112.

2 Zur gesellschaftlichen Lage der Musik, in: Zeitschrift für Sozialforschung, Jg. 1 (1932), S. 103 ff. und S. 356 ff.

3 Benjamin sagte zu Adorno, „er wolle nicht ein Wort mehr von Proust lesen, als er jeweils zu übersetzen habe, weil er sonst in eine süchtige Abhängigkeit gerate, die ihn an der eigenen Produktion ... hindere." (Theodor W. Adorno: „Im Schatten junger Mädchenblüte", in: Dichten und Trachten. Jahresschau des Suhrkamp-Verlages IV. Frankfurt a. M. 1954. S. 74.)

4 Berlin 1932.

5 Cysarz exponierte sich später als einer der entschiedensten Parteigänger der Nazi unter den deutschen Hochschullehrern, auch heute noch begegnet sein Name häufig im Zusammenhang mit rechtsradikalen Organisationen und Publikationen.

6 Hermann Edler Grab von Hermannswörth, Dr. phil. et jur.; Soziologe und Musiker; eng mit Adorno befreundet, der ihn mit B. bekannt machte.

7 Adorno hielt als Privatdozent im Sommersemester ein Seminar über neuere Schriften zur Ästhetik, darunter B.'s Trauerspielbuch, an der Frankfurter Universität ab.

8 Die Ausgabe kam nicht zustande.

9 Gemeint sind die Texte der „Berliner Kindheit um 1900".

10 Vgl. W. B.'s Besprechung von Hans Liebstoeckl, die Geheimwissenschaften im Lichte unserer Zeit. Wien 1932, im Literaturblatt der Frankfurter Zeitung vom 21. 8. 1932. – Dieser Abdruck bringt das Wort – das auch Friedrich Gundolf zugeschrieben wird – durch einen Setzfehler um seine Pointe: statt „im Drüben" heißt es hier „im Trüben".

214 An Gerhard Scholem

[Berlin, 15. Januar 1933]

Lieber Gerhard,

gern bestätige ich, daß Dein letzter Brief viel Wissenswertes enthält. Dennoch bleibt manches zu beanstanden: sei es, daß ich das Wissenswerte viel zu spät erfahre, wie Deine Kunde von der Tom Seidmann-Freud[1], die Du mit frecher Stirn für Dich behieltest, indessen ich in meiner Ahnungslosigkeit Dir meine Rezensionen ihrer Bücher[2] schickte; sei es, daß manches Wissenswerte abbricht, ehe mein Hunger danach ganz gestillt ist, wie Deine Andeutungen über Magnes, von dessen Gegnern – wer sie sind, was sie wollen und wo sie sitzen – ich mir gern eine genauere Vorstellung machen würde.

Was Deinem Schreiben bei so schweren Mängeln dennoch Gnade vor meinen Augen verliehen hat, sind die wirklich ebenso erbaulichen wie zutreffenden Sätze, die Du über meine „Berliner Kindheit" schreibst.[3] Mit „zutreffend" will ich natürlich nicht das Lob bezeichnen, das Du ihnen zuerkennst; vielmehr zunächst einmal den Ort, an den Du, in meiner Arbeit, diese Folge stellst; zum andern aber auch die ganz besondern Erwägungen, die Du dem Stück „Erwachen des Sexus" widmest.[4] Diese Erwägungen überzeugen mich und ich werde dementsprechend verfahren. Im übrigen aber kannst Du mir kaum etwas sagen, was mir eine triftigere

Bestätigung wäre, als daß in der Tat Dir hin und wieder einige Stellen die eigene Kindheit zu betreffen vermocht haben. Damit hat Dein Brief nicht wenig Anteil daran, daß ich jetzt von neuem diese Arbeit vorgenommen habe, um sie um einige Stücke zu vermehren. Nur muß [ich] hier, wo ich nicht die Ruhe eines weiten Strandes und eines abgeschiedenen Aufenthalts habe, mit doppelter Behutsamkeit verfahren.

Einige Chance besteht dafür, daß nächstens mit dem Abdruck der ganzen Reihe in der Frankfurter-Zeitung begonnen wird. Im übrigen stehen an dieser Stelle Veränderungen bevor, von denen ich nicht weiß, in welcher Richtung sie sich bewegen werden. Ich habe daher in letzter Zeit versucht, mir neue Verbindungen zu schaffen und bin dabei einerseits auf die Vossische Zeitung, andererseits auf die frankfurter Zeitschrift für Sozialforschung gestoßen. Diese hat mir Aufträge teils gegeben, teils in Aussicht gestellt. So werde ich wohl in absehbarer Zeit ein großes Werk über gesellschaftliche Verhältnisse und Ideologie des Barockzeitalters zur Besprechung bekommen, das von einem gewissen [Franz] Borkenau stammt, von dem man sich die bedeutsamsten Dinge zuraunt.

[. . .]

Ich meinerseits wünsche dagegen dringend, Deinen offenen Brief an Schoeps über „Jüdischen Glauben in dieser Zeit" zu erhalten. Gleichzeitig sage ich Dir den schönsten Dank für Übersendung der „Kabbala".[5] Wenn aus dem Abgrunde des Nichtwissens, den ich auf jenem Erdstrich besiedelt habe, auch kein Urteil erscheinen kann, so sollst Du doch wissen, daß die Strahlen dieser Darlegungen selbst in ihn hinabdringen konnten. Sonst aber muß ich mich mit spinnendünner Geheimwissenschaft begnügen; und zwar bin ich im Augenblick im Begriff zum Zwecke eines Rundfunkspiels über Spiritismus einen Blick in die entsprechende Literatur zu tun. Freilich, nicht ohne mir ganz im Hinterhalte und zum Privatvergnügen zu diesen Dingen eine Theorie gezimmert zu haben, die ich Dir eines fernen Abends bei einer Flasche Burgunder zu entwickeln gedenke. Einzelne meiner neueren Produkte – wie das „Taschentuch"[6] oder die, gekürzte, „Kaktushecke"[7] bitte ich Dich aus genau so handgreiflichen Motiven entstanden zu denken wie dergleichen Geisterrevue [?]. Ich sende sie Dir nur, um Dein Archiv zu ehren, und sei es auf meine Kosten.

Laß mich alles wissen, was sich im Kampfe um Deine Professur weiter ereignet, und nimm, nicht für ihn, meine herzlichsten Wünsche

Dein Walter

1 Bedeutende Illustratorin von Kinderbüchern, die in München bei derselben Wirtin wie Sch. gewohnt hatte.

2 In der FZ vom 13. Dez. 1930 und vom 20. Dez. 1931.

3 W. B. hatte ihm das Manuskript eingeschickt.

4 Sch. hatte dessen Sekretierung verlangt.

5 Aus der Encyclopaedia Judaica, Band IX, S. 630–732.

6 Frankfurter Zeitung vom 24. November 1932.

7 Vossische Zeitung vom 8. Januar 1933.

215 An Gerhard Scholem

Berlin, [28. Februar 1933]

Lieber Gerhard,

ich benutze eine ruhige Stunde tiefer Verstimmung, um Dir wieder einmal ein Blatt zu schicken. Unmittelbarer Anlaß ist der Empfang Deines überaus bemerkenswerten Aufsatzes im [Bayrischen] Israelitischen Gemeindeblatt[1], den ich heute früh erst von Fräulein Marx aus Königsberg nebst Deinem Empfehlungsbriefe und der Ankündigung ihres Kommens empfing. Der Tag verging weiterhin unter Arbeiten und Diktat an einem Hörspiel „Lichtenberg“, das ich auf Grund eines Vertrages, dessen besserer Teil längst erfüllt ist, und mir die Flucht auf die Balearen erleichtert hat, nun abliefern muß.

Das bißchen Fassung, das man in meinen Kreisen dem neuen Regime entgegengebracht hat, ist rasch verbraucht und man gibt sich Rechenschaft, daß die Luft kaum mehr zu atmen ist; ein Umstand, der freilich dadurch an Tragweite verliert, daß einem die Kehle zugeschnürt wird. Dies vor allem einmal wirtschaftlich. Die Chancen, die von Zeit zu

Zeit durch den Rundfunk geboten wurden und die überhaupt meine einzig ernsthaften waren, dürften so gründlich fortfallen, daß selbst dem „Lichtenberg", wiewohl er in Auftrag gegeben war, eine Aufführung nicht mehr sicher ist. Die Desorganisation der Frankfurter Zeitung schreitet fort. Ihr Feuilleton-Redakteur ist von seinem Posten entfernt worden, obwohl er grade kurz vorher durch Erwerb meiner „Berliner Kindheit" zu einem lächerlichen Spottpreis eine zumindest kaufmännische Eignung erwiesen hatte. Jetzt scheint dort Heinrich Simon zu walten. Die Publikation meiner Arbeit ruht nun seit mehr als vierzehn Tagen.

Die Aussichten sie als Buch erscheinen zu sehen, sind verschwindend. Jedermann sieht, daß sie so vortrefflich ist, daß die Unsterblichkeit sie auch als Manuscript zu sich berufen wird. Man druckt Bücher, die es nötiger haben. Im übrigen kann ich seit einigen Wochen den Text, wenn ich es will, als abgeschlossen ansehen, da mit der Abfassung des letzten Stücks – der Reihenfolge nach das erste, denn es ist als Anfangsstück ein Pendant zum letzten, dem „buckligen Männlein" geworden – die Zahl von dreißig erreicht ist. Dabei ist das auf Deinen Rat sekretierte nicht gerechnet.

Soweit mich nicht die faszinierende Gedankenwelt Lichtenbergs fesselt, befängt mich das Problem, das mir die nächsten Monate stellen, von denen ich weder weiß, wie ich sie in noch außerhalb Deutschlands überstehen kann. Es gibt Orte, an denen ich ein Minimum verdienen und solche, an denen ich von einem Minimum leben kann, aber nicht einen einzigen, auf den diese beiden Bedingungen zusammen zutreffen. Wenn ich Dir nun noch mitteile, daß unter so bewandten Umständen dennoch eine neue – vier kleine Handschriftseiten umfassende – Sprachtheorie[2] entstanden ist, so wirst Du mir eine Ehrenbezeugung nicht versagen. Drucken lasse ich besagte Blätter nicht, ja ob sie auch nur einer Maschinenübertragung fähig sind, erscheint mir noch nicht ganz sicher. Bemerken will ich nur, daß sie bei Studien zum ersten Stücke der „Berliner Kindheit" fixiert wurde.

Ohne die Arbeit von Schoeps zu kennen, glaube ich doch den Horizont Deiner Betrachtungen etwa absehen zu können und kann aus tiefster Überzeugung bestätigen, daß nichts notwendiger ist als den gräßlichen Schrittmachern protestantischer theologumena innerhalb des Judentums den Garaus zu machen. Aber das heißt noch wenig verglichen mit den Bestimmungen der Offenbarung, die da bei Dir gegeben und bei mir in hohen Ehren werden gehalten werden. „Ist doch das Absolut-Konkrete das Unvollziehbare schlechthin" – diese Worte sagen (von der theologischen Perspektive abgesehen) über Kafka natürlich mehr als dieser Schoeps bis an das Ende seiner Tage zu verstehen imstande sein wird. Genau so wenig kann das Max Brod verstehen und ich habe hier einen der Sätze gefunden, die am frühesten und tiefsten in Deinen Überlegungen angelegt gewesen sein mögen.

Es wäre recht schön, wenn ich bald von Dir hörte. Den kurzen Brief sende ich mit der beruhigenden Gewißheit ab, ihn im Anekdotischen durch Erzählungen von Fräulein Marx ergänzt zu wissen.

Mit allem Herzlichsten Dein Walter

Bei Durchsicht Deines letzten Briefes ergibt sich, daß ich noch mit einem kleinen Post-Script aufwarten muß. Ich tue es auf jenem edelsten Papier, das ich vor nun fünfzehn Jahren in einer kleinen Papierhandlung in Sarnen, das ich auf einer Fußwanderung passierte, bei Herrn Narziß von Ach kaufte, dessen Gedächtnis mir weit höher steht als das eines gleichnamigen Psychologen. Dieses sonst tiefsten Meditationen vorbehaltene Papier möge als Ehrenbezeugung von Dir verstanden werden.

Also mein Kafkaaufsatz ist noch ungeschrieben und zwar aus zwei Gründen. Erstens lag – und liegt – mir durchaus daran, ehe ich an diese Arbeit gehe, den angekündigten Versuch von Schoeps zu lesen. Ich verspreche mir von ihm eine Kodifikation aller Irrmeinungen, die aus der eigentlich prager Interpretation von Kafka zu entnehmen sind und Du weißt, daß solche Bücher von jeher inspirierend auf mich gewirkt haben. Aber auch aus dem zweiten Grunde ist das Erscheinen dieses Buches mir nicht unwichtig. Denn es versteht sich von selbst, daß ich die Arbeit an einem solchen Essay nur auf Grund eines Auftrages würde unternehmen können.

Und woher sollte der aus heiterem Himmel kommen. Es sei denn, Du verschaffst mir einen palästinensischen. In Deutschland wird sich so etwas noch am ehesten in der Gestalt einer Rezension von Schoeps hervorbringen lassen. Nur weiß ich nicht, ob mit dem Erscheinen des Buches zu rechnen ist.[3]

Was die weiteren Desiderata Deines Archivs betrifft, nämlich meine Rundfunkarbeiten, so ist es nicht einmal mir selbst gelungen, diese vollständig zu versammeln.[4] Außerdem sind die meisten dieser Hörspiele in Kollaboration mit andern gemacht. Bemerkenswert ist vom technischen Gesichtspunkt vielleicht ein Stück für Kinder, das in Frankfurt und Köln im letzten Jahre gegeben wurde und von dem ich Dir vielleicht einmal ein Exemplar frei machen kann. Es heißt „Radau um Kasperl".

Solltest Du den „Kierkegaard"[5] in absehbarer Zeit nicht von Wiesengrund erhalten haben, so werde ich mir die Ehre geben, Dir ein Exemplar der Umbruchkorrektur, das in meinem Besitz ist, zu dedizieren.

1 „Offener Brief" gegen H. J. Schoeps' „Jüdischer Glaube in dieser Zeit", Berlin 1932.
2 „Über das mimetische Vermögen", Schriften I, S. 507–510.
3 Es ist nicht erschienen. 1936 erschien in seinem Büchlein „Gestalten an der Zeitenwende" ein Aufsatz über Kafka.
4 Eine kleine Sammlung ist in W. B.s Nachlaß erhalten.
5 Adornos Habilitationsschrift, die Anfang 1933 erschienen war.

216 An Gerhard Scholem

Paris, 20. März 1933, Hotel Istria

Lieber Gerhard,

so stünden wir wieder einmal im Begriff einen neuen Abschnitt in unserer Korrespondenz einzuweihen, die, was Stempel und was Adresse angeht, von meiner Seite gewiß nicht einförmig ist. Was Du von Kitty Marx dieser Tage über mich hörst, wird Dir gewiß ein getreues Bild von den inneren und äußeren Umständen geben, in die die Ereignisse einschlugen, die sie wieder einmal gründlich veränderten. Ehe ich darauf aber eingehe, will ich nicht versäumen, zu bemerken wie beklagenswert ich es fand, daß ein Abschiedsbesuch – wenn ich es so nennen darf – den Beginn einer Bekanntschaft bildete, von der ich mir viel Anziehendes hätte versprechen können. Da nun die Ankunft des Briefes in Jerusalem nicht allzu lange nach der ihren erfolgt, lege ich auf die schwere Fracht von Mitteilungen die er enthalten wird, für sie ein kleines Willkommenboukett obenauf.

Ob Du schon Leute gesprochen hast, die Deutschland nach dem 15ten März etwa verlassen haben, bezweifle ich. Brieflich könntest Du nur durch besonders tollkühne Individuen informiert sein. Denn es kann sehr gefährlich werden, von dort ohne sorgfältige Tarnung zu schreiben. Ich darf mich, im Besitz der Freiheit, deutlich und umso kürzer fassen. Einen Begriff von der Lage gibt weniger der individuelle Terror, als die kulturelle Gesamtsituation. Über den ersteren ist schwer, absolut zuverlässiges in Erfahrung zu bringen. Unbezweifelt sind die zahlreichen Fälle, in denen Leute nachts aus ihren Betten geholt und mißhandelt oder ermordet werden. Wichtiger vielleicht noch, aber schwerer zu durchleuchten ist das Schicksal der Gefangenen. Von diesen laufen die furchtbarsten Gerüchte um. [...]

Was mich betrifft, so sind es nicht diese – seit langem mehr oder minder absehbaren – Verhältnisse gewesen, die in mir, und zwar erst vor einer Woche, in unbestimmten Formen, die Entschließung, Deutschland zu verlassen zur schleunigsten Entfaltung gebracht haben. Es war vielmehr die fast mathematische Gleichzeitigkeit, mit der von allen überhaupt in Frage kommenden Stellen Manuscripte zurückgereicht, schwebende, beziehungsweise abschlußreife Verhandlungen abgebrochen, Anfragen unbeantwortet gelassen wurden. Der Terror gegen jede Haltung oder Ausdrucksweise, die sich der offiziellen nicht restlos angleicht, hat ein kaum zu überbietendes Maß angenommen. Unter diesen Umständen kann die äußerste politische Zurückhaltung, die ich seit jeher und mit gutem Grunde geübt hatte, den Betreffenden zwar vor planmäßiger Verfolgung, nicht aber vor dem Verhungern schützen. In alledem habe ich das Glück gehabt, meine Wohnung auf ein Jahr an einen zuverlässigen Mann vermieten zu können. [...] Zumindest kann ich gewiß sein – so unerträglich die deutsche Atmosphäre, in der man den Leuten eher auf die Revers und danach meist am liebsten schon gar nicht mehr in die Gesichter sieht, ist – keinem Impuls der Panik gefolgt zu sein. Es war vielmehr die reine Vernunft, die hier alle Eile gebot und es gibt unter den mir näher stehenden niemand, der das anders beurteilt.

Allerdings waren nicht mehr allzuviele von ihnen im Augenblick meiner Abreise noch in Deutschland. Brecht, Kracauer, Ernst Bloch sind rechtzeitig weggefahren [. . .] Ernst Schoen ist verhaftet gewesen, aber wieder freigelassen worden. [...]

Mit diesen Zeilen kommt es mir nur darauf an, Dich im Großen über meine Lage und die Maßnahmen, die ich in ihr getroffen habe, zu unterrichten. [...]

Schrieb ich Dir, daß ich in Berlin eine ganz kleine und vielleicht sonderbare Arbeit über die Sprache verfaßt habe – ganz danach angetan, Dein Archiv zu zieren?

Antworte geschwindest und nimm, mit Escha, die herzlichsten Grüße.

Dein Walter

217 An Gretel Adorno

Ibiza, San Antonio, 15. April 1933

Liebe Felizitas[1],

ich hätte Dir schon längst Nachricht von mir und den Umständen geben mögen, wenn ich seit zehn Tagen nur irgendwie – den Schlaf abgerechnet – zur Ruhe gekommen wäre. Und auch jetzt noch wäre es nicht soweit, hätte ich nicht Kurage, es mit der elendesten Beleuchtung von der Welt aufzunehmen – nämlich nicht Kerzen, sondern einer elektrischen Funzel an einer unerreichbar hohen Decke. Acht Tage bin ich von Paris hierher gereist – Aufenhalte in Barcelona, in Ibiza – um dann hier geradezu in einen Umzug zu fallen. Das Haus vom vorigen Jahre nämlich, das noch diesen Winter in meiner Phantasie keine geringe Rolle gespielt hatte, war einige Stunden vor meiner Ankunft von Noeggeraths weitervermietet worden. Und wenn sie es behalten hätten, so hätte ich darin nach mancherlei Veränderungen, die im Raum indessen getroffen waren, kein Quartier gefunden.

Die Decke mit der Funzel also ist in einem andern Haus, das dem alten gegenüber die Vorteile eines Viertel- oder Achtel-Komforts, dagegen die Nachteile ungelegnern Platzes und architektonischer Banalität hat. Es ist nämlich am Rande von San Antonio vom dortigen Arzt, der fortziehen mußte, erbaut und eine dreiviertel Stunde von der schönen Waldecke entfernt, in der ich den vorigen Sommer zugebracht habe. Dies ist aber nur die verkleinerte Wiedergabe großer öffentlicher Veränderungen im Maßstabe meines Privatlebens. Es ist nämlich, unerachtet einer wenig anmutigen Bautätigkeit in San Antonio augenblicklich kaum Unterkommen zu finden. Im Zusammenhang damit sind wieder die Preise gestiegen. Und so halten sich die ökonomischen und die landschaftlichen Veränderungen seit dem vorigen Sommer die Wage. Beide sind allerdings im Verhältnis zu dem phantastisch günstigen Gesamtniveau nicht allzu empfindlich. Etwas anders steht es schon mit dem figürlichen Zuwachs der Gegend. Denn die Isolierung des vorigen Sommers ist nicht nur durch die topographischen Umstände sondern auch durch das Auftreten von „Sommergästen“ erschwert, bei denen sich nicht immer genau zwischen Sommersaison und Lebensabend unterscheiden läßt.

Man hat sie aber auch nicht nötig, weil man von Herkunft und Natur der Leute hier in Tagen manchmal mehr erfährt als in Berlin in Jahren. Und so kann ich Dir, wenn Du in einigen Monaten herkommst, eine ziemlich instruktive Führung durch den hiesigen Schicksalspark versprechen. Im übrigen ist ein neuer Knotenpunkt für mancherlei Verstrickungen im Entstehen, indem ein Franzose – der Bruder jenes Ehepaares, von dem ich Dir erzählte – in Ibiza, unmittelbar am Hafen eine Bar eröffnet, deren jetzt allmählich hervortretende Raumfigur ein ganz angenehmes Quartier verspricht.

Von Max [Horkheimer] bekam ich einen recht ausführlichen Brief aus Genf, dem ich immerhin soviel entnehmen kann, daß die Zeitschrift fortgeführt wird und weiter mit meiner Mitarbeit rechnet. Daß gerade eine Soziologie der französischen Literatur, die man zunächst von mir erwartet, von hier aus nicht ganz leicht zu verfassen ist, versteht sich von selbst. Immerhin habe ich sie in Paris vorbereitet so gut ich konnte.[2] Später darf ich scheinbar wieder mit Rezensionen rechnen. Diese verfasse ich zur Zeit auch für andere Stellen, ohne mir Illusionen über das ungewisse redaktionelle Schicksal der Manuscripte zu machen. Darf ich in diesem Zusammenhang Dir eine Bitte sagen? Mein Mädchen hat von Paris aus von mir den Auftrag erhalten ein Rezensionsexemplar einer Sammlung von Briefen von Dauthendey, das die Frankfurter Zeitung mir sandte, hierher an mich nachzuschicken.[3] Es ist bisher noch nicht eingetroffen und mir liegt daran, es recht bald zu erhalten. Könntest Du da telephonisch einmal nachfragen. Im übrigen schreibt man mir, daß meine Rezension von Wiesengrunds Buch am 2ten oder am 9ten April in der Literaturbeilage der Vossischen Zeitung erschienen ist.[4] Ich habe die Belegexemplare nicht bekommen und wäre Dir ganz besonders dankbar, wenn Du mir zwei hierherschicken beziehungsweise die Nachsendung der wahrscheinlich in meiner Wohnung liegenden veranlassen könntest.

Selbstverständlich hoffe ich sehr bald von Dir Genaues über den Gang Deiner Unternehmungen seit dem 1. April zu hören. Nicht nur darüber sondern auch über Deine Gesundheit. Und endlich, wie Wiesengrunds Projekte sich weiter entwickelt haben. Ich bin fast sicher, daß er inzwischen geneigt sein wird, meine letzten mündlichen Vorschläge anzunehmen. Du mußt ihm sagen, daß Max in dem oben erwähnten Brief sich mit einiger Besorgnis nach ihm erkundigt. Der Angelpunkt Deiner Angelegenheiten ist für mich die Frage Deiner Sommerreise und ihres Zieles. Ich wäre sehr niedergeschlagen, wenn Du die Perspektiven unseres langen Gesprächs in Westend aus den Augen verlieren könntest. Aber ich bin gewiß, daß Du alles so klug und genau bewerkstelligen wirst, wie ich es immer an Dir erfahren habe. Schreibe mir Genaues darüber.

Ich habe ernsthaft begonnen, Spanisch zu lernen und bin von drei verschiedenen Systemen dabei begleitet: einer altmodischen Grammatik, den Tausend Worten und endlich einer neuen und ganz raffinierten Suggestivmethode. Ich denke, daß das in absehbarer Zeit schon zu etwas führen wird. Morgen ist Ostern – da habe ich vor, meinen ersten größern Spaziergang ins Land zu machen. Aber schon kleinere haben mich überzeugt, daß eine halbe Stunde entfernt von den Häusern ganz die alte Schönheit und Einsamkeit der Gegend zu finden ist und ich hoffe, daß ich diesmal nicht alle meine Entdeckungsreisen allein werde machen müssen. Im übrigen ist es am Tage manchmal sehr heiß, in den Nächten aber, genau wie vor einem Jahr, noch kühl.

Seit ich diesen Brief anfing, hat sich die Ansicht des neuen Hauses schon etwas geklärt. Ich bin ganz manierlich in einem Zimmer untergebracht, das sogar eine Art Ankleideraum besitzt, in dem man nach langem Heizen des Waschkessels sogar in einer Badewanne ein heißes Bad nehmen kann: für Ibiza ist das etwas ganz Märchenhaftes. Außerdem aber ist es auch nützlich, denn an Baden im Meer wird vor Ablauf von vier bis sechs Wochen für mich kaum zu denken sein. Im Inventar ist ferner ein Bücherregal und ein Schrank, so daß ich meine paar Sachen und die Papierchen ganz sauber um mich aufbauen kann.

Vielen Dank für die Adresse von Ernst [Bloch]. Dieser Tage werde ich ihm eine Karte schicken. Aus der großen Welt habe ich, seit ich hier bin, noch nicht viel gehört. Auch dafür erwarte ich mit Deinem nächsten Briefe mich zu entschädigen.

Für heute alles sehr Herzliche

Detlef

1 Anrede, die B. während der Emigration für Gretel Adorno brauchte.
2 Vgl. Zum gegenwärtigen gesellschaftlichen Standort des französischen Schriftstellers, in: Zeitschrift für Sozialforschung 3 (1934), S. 54–77.
3 Max Dauthendey: Ein Herz im Lärm der Welt. Briefe an Freunde. München 1933. – Eine Rezension des Buches von B. erschien pseudonym im Literaturblatt der Frankfurter Zeitung vom 30. 4. 1933.
4 Sie erschien am 2. April.

218 An Gerhard Scholem

Ibiza, 19. April 1933

Lieber Gerhard,

wenn ich nicht irre, hast Du bereits aus Paris die Bestätigung erhalten, daß mich dort Dein Brief nach Berlin erreicht hat. Nun habe ich vor wenigen Tagen den ersten bekommen, den Du wieder nach Ibiza gerichtet hast. Um nun aber zunächst bei dem ersteren nochmals kurz zu verweilen, will ich Deine Mitteilung über den Logierbesuch [Gustav] Steinschneiders zum Gegenstand einer kleinen Anfrage machen. Wie Du gelesen haben wirst, ist unter den Sandkörnern, die das erwachende Deutschland sich aus den Augen gerieben hat, auch der Hellseher Hanussen. Dieser soll nun, einer Pressenotiz zufolge, mit seinem wahren Namen Steinschneider geheißen haben. Sollte nun auch er ein Mitglied der schon ohnehin bemerkenswerten Familie des Gustav sein, so lasse mich das unbedingt wissen.[1] Sollte ferner derselbe mit seinem präsumptiven Verwandten dessen Talent teilen, so sehe ich einen bedeutenden Aufschwung Deiner kabbalistischen Studien voraus, indem das kostspielige Photographieren von Manuscripten damit ja wohl wegfallen würde.

Überaus wertvoll war mir, wie ich Dir vielleicht schon gesagt habe, Deine Mitteilung über Schoeps und Blüher. Nun erwarte ich dessen Buch über Kafka unter diesen Umständen mit verdoppelter Ungeduld. Denn was sähe dem Engel, der den vernichteten Teil von Kafkas Werken betreut, ähnlicher, als ihren Schlüssel unter einem [...]haufen zu verstecken?

Ob man sich ähnliche Aufklärungen von dem neuesten Essay über Kafka versprechen darf, weiß ich nicht. Er steht im Aprilheft der Nouvelle Revue Française und stammt von Bernhard Groethuysen. Nach Kenntnisnahme durch mich könntest Du ihn auf Wunsch als Austauschgabe gegen andere Lektüre erhalten.

Denn wenn sich auch eine kleine Hausbücherei von 30 bis 40 Bänden, teils aus Noeggerathschen Beständen, teils aus meiner Hinterlassenschaft vom Vorjahre hier versammelt hat, so ist die denn doch eine schmale Grundlage. Die Ironie will es, daß ich grade jetzt im Auftrage jener „Zeitschrift für Sozialforschung", die ihren Apparat und Geld nach Genf gerettet hat, einen Aufsatz über die Soziologie der gegenwärtigen französischen Literatur zu schreiben habe – und schreiben muß, da ich von dieser Seite zumindest auf Bezahlung rechnen kann. [...] Besonders lobe ich die Eingebung, welche mich in Berlin veranlaßte, Kitty Marx das Buch von Brecht[2] (und wenn ich nicht irre, noch irgend eine andere Leihgabe) mit auf den Weg zu geben, indem ich so in hoffentlich kurzer Zeit hier in deren Besitz sein werde. Es wird Dir im übrigen Spaß machen zu hören, daß, nachdem ich mein eigenes Archiv aufs sorgfältigste gesiebt hatte und so hier nur über einen Bruchteil desselben – politisch ganz unverfängliche Dinge – verfüge, im letzten Augenblick der Einfall mich packte, ein enorm provokatorisches und gleichzeitig äußerst geglücktes Werk von Brecht, das nicht erschienen ist und nur in Fahnen existiert, in meinen Koffer zu stecken. Es heißt „Die drei Soldaten" und wird ja auch den Weg nach Palästina gefunden haben oder eines Tages finden.

Deine Prognosen, das Schicksal der deutschen Juden betreffend, wurden grade eingelöst, als sie hier ankamen. Unnötig zu sagen daß sie sich mit den meinigen decken. Schon vor drei Wochen bat ich Dora, Stefan wenn irgend möglich zu ihrem Bruder[3] nach Palästina zu schicken. Im Augenblick aber scheint sie diesen Weg noch nicht ins Auge zu fassen.

[...]

Die Spracharbeit werde ich Dir abschreiben. So kurz sie aber auch ausgefallen ist, so werden mannichfache Bedenken und Gedanken unterm Schreiben meiner Hand Zügel und Zaum verspüren und Dich nicht vor manchen Wochen in Besitz der zwei, drei Blättchen kommen lassen.

Dein Walter

PS Dein Brief vom 13ten kommt diesen Augenblick. Ich kann ihn und die Nachschrift von K. M. nun eben noch bestätigen. Gedanken über die Rückwirkung der deutschen Vorfälle auf die kommende Geschichte der Juden suchte ich mir auch zu machen. Mit sehr geringem Erfolg. Auf alle Fälle steht die Judenemanzipation in einem neuen Licht da.

1 Er war es in der Tat.
2 „Die Mutter."
3 Victor Kellner.

219 An Kitty Marx-Steinschneider

Ibiza, 1. Mai 1933

Liebes Fräulein Marx,

da Sie Bedingungen gestellt haben – ehe Sie geneigt wären, mir zu schreiben – und da jedwede Diskussion derselben auf ihre Erfüllung hinausläuft, indem ja jene nur brieflich geschehen kann, mögen Sie in den ersten Zeilen dieses Schreibens das Zeugnis meiner Unterwerfung sehen. Je weiter aber Ihre Blicke dringen, mag Unmut Ihre Stirn umwölken, wenn Sie bemerken, wo auch meine Großmut Grenzen hat. Zunächst einmal am untern Rande dieses Blatts. Weiterhin gegen mein untadliges Gedächtnis, in dem ein Obelisk mit alten Hieroglyphen Ihres Schreib-Versprechens, jedoch auf keinerlei Bedingungs-Postament gegründet, steht. Zum Dritten in dem Argwohn, hinter Ihrem Verhalten könnte sich die harte Faust von G. S. verbergen, welcher es begrüßt, bei den Gewaltakten, mit denen er seine Brief-Tribute bei mir eintreibt, eine Bundesgenossin erworben zu haben.

Indem ich hoffe, mit den vorstehenden Ausführungen Ihre Genugtuung über mein Schreiben auf ein Minimum herabgesetzt zu haben, darf ich wohl um so mehr Beachtung für das schöne Briefpapier erbitten, das ich seit Jahren, bei Gelegenheit aus Paris beziehe, ohne damit noch jemals Anerkennung bei G. S. gefunden zu haben. Was Ihre, mir nunmehr postwendend zuzustellende Mitteilungen betrifft, so wäre ich bereit, von einer besonderen Prüfung und Begutachtung Ihres Briefpapiers, meinerseits unter der Bedingung Abstand zu nehmen, daß dieselben enthalten

Vollständige Angaben über Ihre Ankunft und Unterkunft im heiligen Lande – Eindruck von den Juden im Allgemeinen und von G. S. im besonderen – Versprechen, mir recht bald die „Mutter" zurückzusenden – Mitteilung über deren Aufnahme bei Ihnen – ebenso anmutige wie aufrichtige Schilderung Ihres Tagewerks – Wetterbericht.

Letzeres zum Trost, da hier eisige Kälte herrscht (also hoffentlich auch bei Ihnen). Im übrigen wünsche ich Ihnen doch glücklichere Lebens- und zumal Arbeitsbedingungen, als sie hier, in einem lauten und von Windstößen erschütterten Hause vorliegen. Ich habe an größere Sachen noch nicht herangehen können, plane aber im stillen einen Graciankommentar[1], zu dem ich einige Ausgaben von und Schriften über Gracian hier versammelt habe. Dieser war ein Jesuit, auf den Ihnen, auf Verlangen, G. S. bei einer Tasse Tee eine kleine Rede halten wird. Halten Sie sich vorerst an diese, denn was aus dem Kommentar wird, ist noch ungewiß. Zur Zeit bin ich mit einer recht kuriosen Schreiberei über den Roman beschäftigt, die vielleicht noch gedruckt – vermutlich eines der letzten Schiffchen – in den Hafen des Scholemschen Archivs einlaufen wird.

Ich lese jetzt den zweiten Band von Trotzki; das ist außer Spazierengehen meine einzige Unterhaltung. Denn ein vernünftiges Wort kann man hier selten vernehmen und anbringen noch viel weniger. Schachpartien sind seltene Höhepunkte der Geselligkeit. Erheitern Sie mich also schleunigst, liebe K. M.

Ihr Walter Benjamin

1 Über das „Handorakel".

23. Mai 1933

Lieber Gerhard,

Dein Brief vom 4. Mai ist angekommen. Zeit ihn zu beantworten habe ich umso mehr, als der Briefwechsel mit deutschen Korrespondenten immer spärlicher ausfällt. Daß die Leute keine Lust haben eines Meinungsaustauschs wegen sich in Gefahr zu begeben, ist einleuchtend. Meine letzte Anfrage lag Dir am 4. Mai noch nicht vor. Dafür hattest Du die traurige Nachricht über Deinen Bruder[1]. Du schreibst, daß Du Dir von seinem Verhalten kein Bild machen kannst. Von dem des meinigen kann ich das ebensowenig. Vor meiner Abreise sprach ich ihn telefonisch. Da war am Wedding, wo er wohnt, schon zweimal das Gerücht aufgekommen, daß er tot sei. Inzwischen haben sich diejenigen, derentwegen ich Dich anfragte, in ihren Grundlagen bestätigt. Er ist den S. A. vor fünf Wochen in die Hände gefallen und liegt seitdem als Gefangener im Staatskrankenhaus [...]

Ich erwarte recht sehr „Die Mutter". Magst Du den Musil lesen, so behalte ihn nur vorläufig. Mir gibt das keinen Geschmack mehr ab und ich habe diesen Autor bei mir mit der Erkenntnis verabschiedet, daß er klüger ist als ers nötig hat.

Nun ein Wort, das Falten in Deine Stirn graben wird. Aber gesagt muß es doch sein. Bei näherem Bedenken des Unternehmens, Dir meine neuen Notizen über die Sprache zu schicken, erkannte ich, daß dieses, ohnehin höchst gewagte Vorhaben, für mich ausführbar allein werden würde, wenn ich vorher einen Vergleich dieser Notizen mit jenen frühen „über Sprache überhaupt und über die Sprache des Menschen" vornehmen könnte. Nun sind mir diese unter meinen berliner Papieren natürlich jetzt nicht erreichbar. Auf der andern Seite weiß ich, daß Du eine Abschrift von ihnen besitzest. Ich bitte Dich darum dringend, diese, sobald als möglich, eingeschrieben an meine hiesige Adresse zu senden. Verliere keine Zeit; umso schneller erhältst Du dann meine neuen Notizen.

Kitty Marx hat von hier aus einen langen Brief von mir

bekommen. Ich ehre und begrüße einen Anlaß[2], der dies strahlende Ereignis in ihren Augen verdunkeln mußte; kann ihr dies aber erst selbst sagen, wenn sie das letztere in noch schwachem Maße gewürdigt hat. Die „Einbahnstraße" bestelle ihr nur schnellstens, ehe die deutschen Buchhändler sie gelesen haben.

Was für ein Amt hat denn Kraft in Hannover gehabt? Und zählt er noch zu Deinen Korrespondenten? Und was ist aus ihm geworden? Und was wird aus ihm werden?

Schreibe baldigst! Ziere Dein Schreiben wieder durch Beilagen, wie die vielmals verdankte „Jüdische Rundschau".

Dein Walter

1 Werner Scholem wurde damals verhaftet und verbrachte sieben Jahre in Untersuchungshaft und Konzentrationslagern, bis er 1940 in Buchenwald ermordet wurde.

2 Ihre Heirat mit Karl Steinschneider, dem Bruder von Gustav Steinschneider.

221 An Gerhard Scholem

16. Juni 1933

Lieber Gerhard,

es ist ein paar Tage her, daß Dein Brief vom 23ten kam – lange ist auch er unterwegs gewesen. Als er dann eintraf, bin ich gerade auf ein paar Tage fortgegangen; ich ergreife jetzt jede Möglichkeit, San Antonio den Rücken zu kehren. Bei Licht besehen gibt es in seinem Umkreis, der mit allen Schrekken der Siedler-und-Spekulantentätigkeit geschlagen ist, keinen ruhigen Winkel und keine ruhige Minute mehr. Auch der billigste Aufenthalt kommt zu teuer zu stehen, wenn man ihn mit dem Inbegriff seiner Arbeitsmöglichkeiten erkauft und – so schwers auch ist, in Ibiza zu erschwinglichen Preisen und auf erträgliche Art unterzukommen, so ist meine Übersiedlung in die Stadt nur noch eine Frage von Tagen.

Inzwischen entnehme [ich] dieser Situation den Anstoß zu

großen Erkundungswanderungen ins Innere der Insel. Die eine unternahm ich vor kurzem in der sehr angenehmen Gesellschaft eines Enkels von Paul Gauguin, der den Namen seines Großvaters trägt. Wir ließen uns von einem Langustenfischer – nicht ohne vorher Einblick in sein Handwerk getan zu haben – an einem einsamen Küstenfleck absetzen, und marschierten von dort in die Berge. Gestern bin ich mit meinen französischen Freunden vierzehn Stunden unterwegs gewesen. Sowie man aus dem Bereich der Sprengungen und Hammerschläge, der Klatschereien und Debatten, die die Atmosphäre von San Antonio bilden, heraus ist, hat man wieder Boden unter den Füßen. Mein alteingesessenes Mißtrauen gegen das Siedlerwesen, das ich zum ersten Male in Grünau als Gast im Hause Gutkind kennen lernte, hat hier, im Haus der Noeggerath, eine, mir nunmehr allzudrastische, Bestätigung erfahren. Hinzu kommt die recht unerfreuliche Natur der Dorfbewohner. Kurz, ich sehne mich jetzt schon nach den gesättigten Schatten, mit denen die Flügel der Pleite diese ganze Krämer- und Sommerfrischlerherrlichkeit in wenigen Jahren unter sich werden begraben haben.

Auch Ibiza hat seine Nachteile, aber nicht den einer solchen Atmosphäre. Nun greife ich noch einmal auf mein letztes Schreiben zurück, um Dir zu sagen, wie sehr bestimmt ich hoffe, recht bald in den Besitz Deines Exemplars der Spracharbeit zu kommen, um nach deren Durchsicht meinen neuen Versuch abschreiben und an Dich abgehen lassen zu können. Von dieser bevorstehenden Bereicherung Deiner Bestände abgesehen, wird eine mindere schon eingetreten sein; wenigstens habe ich vor einer Woche ein Kuvert mit Neuem an Dich abgesandt, worunter sich auch die ersten Stücke von Detlef Holz[1] befinden. Auch dessen Hilfsbereitschaft ist aber begrenzt; so muß ich für einen Aufsatz, der mich gerade jetzt beschäftigt, auf seinen Beistand Verzicht leisten, um seinen Namen nicht augenblicklich so zu kompromittieren, wie der seines [Vorgängers?] kompromittiert ist. Zwei Rezensionsexemplare versetzen mich in die sehr leidige Zwangslage, jetzt, und vor einem deutschen Publikum, über Stefan George sprechen zu müssen[2]. Soviel glaube ich gemerkt zu haben:

wenn jemals Gott einen Propheten durch Erfüllung seiner Prophetie geschlagen hat, so ist es bei George der Fall gewesen.

Wahrscheinlich schrieb ich Dir, daß ich eine große Arbeit über „die gegenwärtige gesellschaftliche Stellung des französischen Schriftstellers" abgeschlossen und mit großen Ehren in jenem frankfurter Archiv angebracht habe, das sich nach Genf geflüchtet hat. Sie haben mir jetzt wieder einen neuen Auftrag gegeben, der vielleicht noch schwieriger und sicher weniger erfreulich ist. Recht sonderbar ist aber, daß aus Deutschland noch Gesuche um meine Mitarbeit von Stellen einlaufen, die bisher wenig nach mir gefragt haben. So hat die „Europäische Revue" mich um Vorschläge für meine Mitarbeit gebeten.

Ich setze Dir aber diese kurzen Informationen umso eher her als sie Dir ungefähr ein Bild meiner budgetären Situation vermitteln, und sei es auch nur in dem Sinn, die völlige Unmöglichkeit, einen Etat zu etablieren, Dir vorzustellen. Seit ich Berlin verlassen habe werde ich im Durchschnitt pro Monat etwa 100 Mark verdient haben, und das unter den ungünstigsten Verhältnissen. Trotzdem will ich nicht sagen, daß nicht auch diese winzige Summe gelegentlich noch würde unterschritten werden können. Jedoch vermutlich nicht auf lange. Im Gegenteil: ich nehme an, daß sie sich auf die Dauer, vorausgesetzt, daß ich nicht gänzlich – wie hier – von jeder Produktionsbasis abgedrängt bin, erhöhen würde. Mehr ließe sich – und auch nur tastend – sagen, wenn man die künftigen deutschen Pressegesetze kennen würde.

Und somit habe ich mich an der Diskussion, von welcher ich durch Deinen Brief erfuhr, beteiligt. Ich will aber nicht leugnen, daß ich mehr dazu zu sagen habe. Zunächst, um auszusprechen daß mich die Tatsache einer solchen Diskussion keineswegs gleichgültig läßt. Sie ist mir sogar ungemein wichtig. Ich müßte aber nicht vierzig Jahre sein, wenn ich an den Gedanken der bloßen Möglichkeit der in ihr beschlossenen Veränderung nicht mit äußerster Behutsamkeit herantreten würde. Ich sage mir, daß die Beleuchtung, unter der ich an diesem neuen Ufer in Erscheinung träte, zweideutig ausfallen könnte. Es sind jetzt tausende von Intellektuellen bei euch angekommen. Eins unterscheidet sie von mir; und dies nur auf den ersten Blick zu meinen Gunsten. Dann aber – wie Du sehr gut weißt – durchaus zu ihren, dies nämlich: unbeschriebene Blätter darzustellen. Nichts würde sich verhängnisvoller auswirken als eine Haltung von mir, die dahin sich verstehen ließe: hinter einer öffentlichen Kalamität Deckung für eine private zu suchen. Das will bedacht werden, denn ich habe nichts, und ich hänge an wenigem. Unter solchen Umständen ist es geboten, jeder schiefen Situation auszuweichen, weil sie unverhältnismäßig folgenschwer werden kann. Ich werde gern und mit vollkommener Bereitschaft nach Palästina kommen, wenn Du oder die, die neben Dir dafür in Frage kommen, annehmen, dies sei möglich, ohne eine solche Situation heraufzuführen. Und wie mir scheint, ist es die gleiche Bedingung, welche sich in die Frage kleiden läßt: Ist dort für mich – das was ich kann und weiß – mehr Raum als in Europa? Denn ist es nicht mehr, dann ist es weniger. Dieser Satz bedarf keiner Erklärung. Und auch nicht dieser letzte: daß, wenn ich mein Wissen und mein Können dort vermehren könnte, ohne das Erworbene preiszugeben, es an meiner Entschlossenheit dazu nicht fehlen wird.

Mein Bruder ist in einem Konzentrationslager. Gott mag wissen was er da durchzumachen hat. Aber die Gerüchte über seine Verwundungen sind jedenfalls in einem Punkt übertrieben gewesen. Er hat kein Auge verloren. Ich habe das kürzlich von meiner Schwester erfahren. Den Tod von Erich Baron[3] habe ich erst durch Dich erfahren.

Den Gruß von K. M. habe ich auf mich einwirken lassen. Die Geschichte ihres ersten Briefes an mich scheint mir durchaus im Stile Tristram Shandys zu verlaufen. Mit dieser Feststellung werden wir zugleich am besten der gänzlichen Ungewißheit über sein Zustandekommen gerecht.

Für heute alles Herzliche Dein Walter

1 Das Pseudonym, unter dem W. B. nach 1933 noch zeitweise in Deutschland schrieb.

2 Unter dem Pseudonym K. A. Stempflinger in der FZ vom 12. Juli 1933. Jetzt Schriften II, S. 323–330.
3 Der Bruder von Frau Lucie Gutkind wurde von den Nazis ermordet.

222 *An Max Rychner*
[Feuilletonredaktion der Kölnischen Zeitung]

San Antonio, 25. Juni 1933

Lieber Herr Rychner,

bis heute schuldete ich Ihnen den Dank für Ihre sehr freundlichen Zeilen vom 9ten Mai. Ich wollte ihn aber mit einer, wenn auch noch so kleinen Beilage versehen. Wenige Tage nachdem ich Ihnen geschrieben hatte, mußte ich aber auf eine Weile nach Genf. Daher ist es zu dem geplanten Essay über „Romancier und Erzähler" noch nicht gekommen.

Das inliegende Stückchen[1] wird, hoffe ich, durch seine Kürze Ihre Gunst erwerben.

Und nun lassen Sie mich mit diesen Zeilen noch eine Frage verbinden: Ist es redaktionell für Sie tunlich, hin und wieder den Anstoß zu meiner Mitarbeit durch Zusendung von Neuerscheinungen an mich zu geben? Oder dürfte ich selbst gelegentlich in solchem Sinne die Initiative ergreifen? So ging mir dieser Tage ein größeres Heft „Die Stellung der Sprache im Aufbau der Gesamtkultur" von Leo Weisgerber Heidelberg 1933 Verlag der Winterschen Universitätsbuchhandlung zu, das sich vielleicht zur Besprechung eignen würde, ohne gerade in die Domäne eines Ihrer ständigen Referenten zu fallen.

Meine Beiträge würde ich mit dem Namen zeichnen, den Sie am Kopf des inliegenden Manuscripts finden und der schon hin und wieder mit Ehren bestanden hat.

Durch meine Abreise sind seinerzeit die Belege der Nummer vom 25. Februar, in der Sie die „Kurzen Schatten" gebracht haben, nicht an mich gelangt. Denn abgesandt haben Sie sie gewiß. Sie würden mich aufs Freundlichste verpflichten, wenn Sie mir von der Nummer ein, zwei Exemplare für mein Archiv hierhersenden wollten.

In der Hoffnung, bald Gutes von Ihnen zu hören und mit recht herzlichem Gruß

Ihr Walter Benjamin

1 Vermutlich „Chinoiserie".

223 An Gretel Adorno

[Juni 1933]

Liebe Felizitas,

ich lasse eine kleine Windmusik den Gipfel der Pinie schaukeln, unter der ich sitze, und male einen vierblättrigen Dank zu ihren Füßen. Diesen pflücken Sie sich für Ihren letzten Brief. Lieber hätte ich Ihnen ein paar dürre, stachlige Halme von Ostseedünen zu Pfingsten gewünscht. Ja, ich bin traurig, daß Sie den Kopf, statt ihn in die Wellen zu tauchen, unter die Bärentatze[1] ducken sollen. Lassen Sie mich bald wissen, wann Sie ihn wieder hervorwagen dürfen.

Daß aber die procura für das Bären- der für das Sorgenkind zur Seite tritt, ist tröstlich. Wenn dabei nur nicht gänzlich die abhanden kommt, die Sie für sich selber tragen sollen. [...] Was Sie eigentlich von Zeit zu Zeit zu Ihrer Aufhellung tun können, und wen Sie jetzt, nachdem das Sorgenkind verschwunden ist, sehen. Bei diesem letzten Stichwort will ich Ihnen für die Belegexemplare des Kierkegaard herzlich danken; auch anmerken, daß die Redaktion einen wichtigen Absatz der Anzeige – gegen Ende – gestrichen hatte[2]. Von der „Europäischen Revue" habe ich noch nichts vernommen.

Ich bin fleißig gewesen und habe über „den gegenwärtigen gesellschaftlichen Standort des französischen Schriftstellers" eine Arbeit im Umfang von vierzig Maschinenseiten geschrieben. Dabei habe ich mich auf Gastfreundschaft stützen müssen, die mir in der Stadt Ibiza gewährt wurde. Denn hier in San Antonio sind indessen alle topographischen Mißhelligkeiten, die sich schon lange angekündigt hatten, dergestalt in Funktion getreten, daß meine Übersiedlung in die Stadt beschlossene Sache ist. Es wird dort unvermeidlich Kosten geben, die etwas über meine hiesigen hinausgehen. Nachdem ich aber, nicht ohne Erfindergeist, alle technischen Möglichkeiten, die für halbwegs ungestörte Arbeit hier bestanden hätten, ausprobiert habe, ohne daß auch nur eine sich bewährt hätte, muß ich meinen Entschluß fassen. Ich freue mich schon darauf, Ihnen einmal mündlich die Physiologie dieses Hauses und die Geheimnisse der Siedleratmosphäre auseinanderzusetzen, die sich allmählich in San Antonio gebildet hat.

Mir ist sie die verhaßteste und darum ergreife ich seit einiger Zeit jeden Vorwand um loszukommen. Das hat mir neulich einen der schönsten und entlegensten Teile der Insel erschlossen. Ich war nämlich gerade fertig zu einer einsamen Mondscheinwanderung auf den Gipfel der Insel, die Atalaya von San Jose, gerüstet, als ein flüchtiger Bekannter des Hauses auftauchte, ein skandinavischer Bursche, der sich in den Gegenden, wo es Fremde gibt, nur selten sehen läßt und in einem vergrabnen Gebirgsdorf wohnt. Er ist im übrigen ein Enkel des Malers Paul Gauguin und heißt genau wie sein Großvater. Am andern Tage machte ich die genauere Bekanntschaft dieser Figur und sie war bestimmt ebenso faszinierend wie die seines Gebirgsdorfes, in dem er der einzige Fremde ist. Früh um fünf fuhren wir mit einem Langustenfischer hinaus und trieben uns erst drei Stunden auf dem Meere herum, wo wir den Langustenfang gründlich kennen lernten. Es war freilich ein vorwiegend melancholisches Schauspiel, indem mit sechzig Reusen alles in allem drei Tiere eingebracht wurden. Freilich riesige und freilich an anderen Tagen oft viel mehr. Dann setzte man uns in einer versteckten Bucht ab. Und dort bot sich ein Bild von derart unverrückbarer Vollkommenheit, daß etwas Seltsames, aber nicht unbegreifliches in mir sich ereignete: ich sah es nämlich eigentlich garnicht; es fiel mir nicht auf; es war vor Vollkommenheit am Rande des Unsichtbaren.

Der Strand ist unbebaut; eine steinerne Hütte steht abseits

im Hintergrunde. Vier oder fünf Fischerboote waren hoch ans Ufer hinaufgezogen. Neben diesen Booten aber standen, über und über schwarz verhangen, nur die ernsten, starren Gesichter unverkleidet, ein paar Frauen. Es war als ob das Wunderbare ihrer Anwesenheit und das Ungewöhnliche ihres Aufzugs einander die Wage gehalten hätten, so daß gleichsam der Zeiger einstand und mir garnichts auffiel. Ich glaube, daß Gauguin im Bilde war; es gehört aber zu seinen Eigenheiten fast nicht zu sprechen. Und so machten wir beinah schweigend unsern Anstieg schon über eine Stunde, als uns, kurz vor dem Dorfe, auf das wir es abgesehen hatten, ein Mann mit einem winzigen weißen Kindersarge unterm Arm entgegentrat. Da unten in der steinernen Hütte war ein Kind gestorben. Die Schwarzverhüllten waren Klageweiber gewesen, die unter ihren Obliegenheiten doch ein so ungewöhnliches Schauspiel wie die Ankunft eines Kahns mit Motor an diesem Strand es war, nicht hatten versäumen wollen. Kurz: um dieses Schauspiel auffallend zu finden, mußte man es erst verstehen. Andernfalls sah man darauf so träge und gedankenlos wie auf ein Feuerbachsches Bild, angesichts dessen man auch nur so von ferne denkt, es werde mit tragischen Gestalten am Felsenufer schon seine Richtigkeit haben.

Im Innern des Gebirges trifft man auf eine der kultiviertesten, fruchtbarsten Landschaften der Insel. Der Boden ist von ganz tief eingeschnittnen Kanälen durchzogen, so schmalen aber, daß sie oft auf weite Strecken unsichtbar unterm hohen Gras fließen, das vom tiefsten Grün ist. Das Rauschen dieser Wasserläufe gibt ein beinah saugendes Geräusch. Johannisbrotbäume, Mandeln, Ölbäume und Nadelholz stehen an den Abhängen und der Talgrund ist von Mais und Bohnenpflanzen bedeckt. Gegen die Felsen stehen überall blühende Oleanderbüsche. Es ist eine Landschaft, wie ich sie früher einmal im „Jahr der Seele" geliebt habe, heute drang sie vertrauter mit dem reinen flüchtigen Geschmack der grünen Mandeln in mich ein, die ich am andern Morgen um sechs Uhr von den Bäumen stahl. Auf Frühstück konnte man nicht rechnen; es war ein Ort abseits von aller Zivilisation. Mein Begleiter war der Vollkommenste, den man für so eine Gegend sich denken kann. Ebenso unzivilisiert, ebenso hoch kultiviert. Er erinnerte mich an einen der Brüder Heinle, die so jung gestorben sind und er hat einen Gang, der oft nach augenblicklichem Verschwinden aussieht. Ich hätte es einem andern nicht so leicht geglaubt, wenn er erklärt hätte, er kämpfe gegen einen Einfluß, den die Bilder Gauguins auf ihn hätten. Bei diesem Jungen konnte ich genau begreifen, wovon er sprach.

Etwas ganz anderes: in der Züricher Illustrierten erscheint seit etwa drei Wochen der Abdruck des Buches, in dem ein gewisser Trax Harding sich mit dem 1925 im brasilianischen Urwald verschwundenen Obersten Fawcett befaßt. Ich las den Beginn des Abdrucks und glaube, daß man es in dem Tramp und Cowboy, der dieses Buch verfaßt haben will – wahrscheinlich in der Tat verfaßt hat – mit einem sehr wichtigen und beispiellos begabten Autor zu tun hat. Wenn Sie das erste Kapitel, das in einer der ersten Mai- oder letzten Aprilnummern stehen muß, gelesen haben, werden Sie im Bilde sein. Sie werden sich die betreffenden Nummern der Züricher Illustrierten verschaffen, diese Serie mit atemloser Spannung lesen und mir dann schicken. Ja?

Dafür bekommen Sie einen Abdruck der Bennett-Rezension [3] sowie ich im Besitz von Dublikaten bin.

Immer wieder habe ich Ihnen für eine der Anweisungen zu danken, die pünktlich und zu dem verhältnismäßig günstigen Kurse von 2,7 ausgezahlt werden. Jede von ihnen ist für mich ein kleines Modell von einem geborgenen Dasein und vielleicht steht es mit ihnen wie mit den kleinen Modellhäusern der Architekten, die oft viel reizender aussehen als nachher das Leben in den wirklichen sich gestaltet. Und nun wollen Sie schon an meinen Geburtstag denken. Ich habe lange nachgedacht und möchte Sie nur mit meinem liebsten Wunsch verbinden. Nun sagt Mac Orlan, für einen Mann von vierzig Jahren könne es eigentlich kein größeres Fest geben, als einen neuen Anzug anzuziehen. Soweit gut – aber nun werde ich einundvierzig und da braucht man Trost nötiger als Feste. Ja, gern möchte ich an diesem Tage blauen Rauch zu meinem Schornstein heraussteigen lassen. Aber seit langem hat er sich nicht mehr über meinem Dache gekräuselt und die Bilder, die ich in meinem letzten Briefe Ihnen einschloß, waren die letzten, welche er geformt hat. Wenn Sie einige edle Scheiter auf meinen Herd legten, so wären Sie meinen schönsten Stunden verbunden und meine Rauchfahne überm Haus würde am fünfzehnten bis zu Ihnen hinüberwehn.

Liebe Felizitas, für heute schließe ich ab. Natürlich sollen meine Bücher bei Ihnen bleiben. Nur die Skripten liefern Sie bitte aus; diese, der Einfachheit halber, bitte vollzählig. Es sei denn, daß Sie zufällig auf irgendein Stück besondern Wert legten. Aber das würde die andern Stücke vor den Kopf stoßen, und deshalb nehme ich es kaum an. – Mein Briefpapier ist zu ende und ich kann das mir – und hoffentlich Ihnen auch – liebgewordene Kuvert nicht auftreiben. Nehmen Sie diese Zeilen, die sich plumper in Ihre Hände spielen, doch freundlich auf.

Wie immer Ihr Detlef

PS Ein freundlicher Brief der Europäischen Revue ist soeben gekommen.

1 Firmenzeichen der Handschuhfabrik in der G. A. damals tätig war.
2 Dieser Absatz ist wieder eingefügt worden im Nachdruck der Rezension in: Dichten und Trachten. Jahresschau des Suhrkamp Verlages. 20. Folge. Frankfurt an Main 1962, S. 47.
3 B.'s pseudonym in der Frankfurter Zeitung vom 23. 5. 1933 (Jg. 77, Nr. 378/79) erschienene Rezension von Arnold Bennett: Konstanze und Sophie oder Die alten Damen. München 1932.

224 An Jula Radt

[Poststempel 24. 7. 1933]

Liebe Jula,

es war eine große Freude Deinen Brief zu bekommen. Er erschien nämlich gerade an meinem Geburtstag, und das war auf diese Weise natürlich noch schöner als wenn Du an ihn gedacht hättest. Denn es ergab sich, daß Dein Unbewußtes dem Weltpostverein zu meinen Ehren in die Hände gearbeitet hatte.

Aber auch Deine Nachrichten sind erfreulich gewesen. Denn so wie Ihr es tut um diese Zeit im märkischen Sandboden sich zu verwurzeln ist rühmlich, wie wenig es sich auch zur Nachahmung für jeden eignet. Solltest oder könntest Du mir aber über die Schultern sehen, während ich dies schreibe, so fändest Du über diesem seit langen Jahren in Gunst bei mir befindlichen pariser Papier Schatten von Kiefernadeln spielen, die Du von den märkischen nicht unterscheiden könntest und wenn Du geradeaus blicktest, würdest Du das Meer nicht sehen, wenn es auch nur drei Minuten von meinem Sommerversteck entfernt ist.

Ein solches habe ich nämlich wieder mit meinem Liegestuhl bezogen seitdem es mir, nach einem weniger glücklichen Debut am gegenüberliegenden bebauten Ufer der Bucht gelungen ist, das beinah unbebaute vom vorigen Jahre wiederzugewinnen. Bis dahin war meine Lebensweise eine unstetere, zwischen den ungenügenden Arbeitsmöglichkeiten von San Antonio und den zum Teil durchaus bemerkenswerten Zerstreuungen von Ibiza geteilte. Dann aber legte eine geschäftlich notwendige Reise nach Palma in meinen Aufenthalt eine Zäsur. Ich habe Mallorca dieses Jahr ausgiebiger kennen gelernt, auf Wanderungen und Autofahrten. So schön die Insel aber ist, so hat mich das, was ich dort zu sehen bekam, doch sehr in meiner Anhänglichkeit an Ibiza bestärkt, das eine ungleich verschlossenere und geheimnisvollere Landschaft hat. Aus dieser Landschaft schneiden die scheibenlosen Fensteröffnungen meines Zimmers die schönsten Bilder. Es ist das einzig notdürftig bewohnbare eines Rohbaus, an dem noch eine ganze Weile gearbeitet werden wird und den ich bis zur Fertigstellung als einziger Bewohner für mich habe. Die Einschränkung meiner Lebensbedürfnisse und Lebenskosten habe ich durch dieses Quartier auf ein kaum mehr unterbietbares Minimum gesenkt. Das Fesselnde daran ist aber, daß alles menschenwürdig bleibt und daß, wenn etwas mir hier fehlt, es vielmehr auf der Seite der menschlichen Beziehungen empfindlich ist als auf der des Komforts.

Diese die Inselchronik ausmachenden Beziehungen sind für mich meist sehr fesselnd, aber manchmal auch enttäuschend und unbefriedigend. In diesem schlimmsten Falle lassen sie mir freilich zu meinen Arbeiten und Studien desto reichlicher Zeit.

Die „Berliner Kindheit um neunzehnhundert" von der Du leider so wenig verstanden hast und an der es so viel zu verstehen gibt, wächst, um wenige aber wichtige, Stücke. Ein Aufsatz über Stefan George – vielleicht der einzige, der zu seinem 65ten Geburtstag erschienen ist – sagt, was ich im Namen meiner nächsten Freunde zu diesem Anlaß zu sagen hatte. Ich denke es wird Dir vor Augen gekommen sein. Ich wage aber kaum zu hoffen, daß Gedanken, in denen wir uns einmal begegnet sind, bei uns von einer gleichen Erfahrung gereift wurden; zu dieser Ungewißheit wäre mir freilich eine genauere Äußerung von Dir so wertvoll, daß ich sie erbitte.

Ich lese weiterhin [Arnold] Bennett, in dem ich immer mehr einen Mann erkenne, dessen Haltung meiner gegenwärtigen sehr verwandt ist und durch den ich in dieser meinigen mich bestärke: einen Mann nämlich, bei dem eine weitgehende Illusionslosigkeit und ein gründliches Mißtrauen in den Weltlauf weder zu moralischem Fanatismus noch zu Verbitterung führen sondern zu einer höchst durchtriebenen, klugen und raffinierten Lebenskunst, die dahin führt dem eigenen Malheur die Chancen, der eigenen Schlechtigkeit die paar anständigen Verhaltungsweisen, die aufs Menschenleben kommen, abzugewinnen. Der Roman „Clayhanger", der in zwei Bänden im Rheinverlage erschienen ist, sollte Dir auch einmal in die Hände kommen.

Daß meine Post mir wenig Erfreuliches zuträgt, wirst Du Dir denken können. Gottseidank betrifft das relativ Beste bisher den Stefan, der zur Zeit mit meiner Frau auf einer Autoreise ist, die ihn durch Österreich und Ungarn bis nach Siebenbürgen und Rumänien führt. Die Nachrichten von Freunden aus Paris sind niederdrückend und dem und jenem geht es so hoffnungslos, daß er die Korrespondenz schon eingestellt hat. Was etwa ich selbst von Paris zu erwarten hätte, ist überaus problematisch. Ein nicht ungünstiger Auftakt läge allenfalls in einer meisterhaften Übersetzung der „Berliner Kindheit“, die ein pariser Freund mit meiner Hilfe hier vornimmt. Aber sie schreitet sehr langsam vor.

Zwischen den Zeilen Deines Briefes ist zu lesen, daß Alfred sich immer noch auf die alte, mannhafte Art behauptet. Ihn hätte ich gerne hier; er ist einer der wenigen, die ich mir unter diesen schwierigen aber nicht unfruchtbaren Verhältnissen der Insel vorstellen könnte. Aber besser, Du sagst ihm nichts davon und grüßt ihn nur herzlich, wie auch Fritz.

Was uns betrifft, so sind Briefe vielleicht unsere größte Chance miteinander. Daher dieser sehr herzliche und die Bitte um Deinen nächsten.

Walter

Meine Kritik von „Konstanze und Sophie“ steht unterm Titel „am Kamin“ in der Frankfurter Zeitung vom 23. Mai 1933.

225 *An Gerhard Scholem*

San Antonio, 31. Juli 1933

Lieber Gerhard,

Dir, als der unbestrittenen Autorität auf dem Gebiete meiner Briefschreiberei, sollte der Anblick dieses Briefpapiers genügen, um zu erkennen, etwas sei nicht ganz in Ordnung. Und dieser Umstand deckt mich jedenfalls für einen Teil der drei Wochen, die ich verstreichen ließ, ohne für Deinen schönen Brief zum Geburtstag Dir zu danken. Vor allem aber für das anhaltende Ausbleiben der Dir zustehenden Notizen über die Sprache.

Ich bin nämlich seit ungefähr vierzehn Tagen krank. Und da der Ausbruch des (an sich nicht bedeutsamen) Schadens mit dem der Julihitze, vielleicht nicht zufällig zusammen fiel, so hatte ich alle Hände voll zu tun, um mich unter so schwierigen Umständen halbwegs auf dem Posten zu halten. Das geschah auf der einen Seite, indem ich alle verfügbaren Reserven an Kriminalromanen heranzog, auf der andern durch intensive Wiederaufnahme der Arbeit an der „Berliner Kindheit um neunzehnhundert". Ein neues Stück, das ich den früheren hinzufügte, hat mich für eine Weile von jeder andern Arbeit abgeschnitten. Entstanden sind unter dem Titel „Loggien" einige Seiten von denen ich nichts als sehr Gutes ankündigen kann und dazu, daß sie das genaueste Porträt enthalten das mir von mir selbst zu machen gegeben ist. Ich hoffe, Du wirst in einiger Zeit dieses Stück gedruckt sehen.

Mit diesem wird dann freilich das Detlefsche Holz, das ich in meine Lebensflamme geworfen habe, zum – mehr oder minder – letzten Mal aufflackern, denn schon zeichnen die neuen Pressegesetze sich ab, nach deren Inkrafttreten mein Erscheinen in der deutschen Presse noch um vieles undurchdringlicher werden wird als bisher.

[...]

Von allen Büchern und Papieren, die ja in San Antonio liegen, bin ich getrennt. Wenn ich die geeigneten Bücher hätte, so könnte ich mich wenigstens mit einem Auftrag der „Frankfurter Zeitung", zum 200sten Todestage Wielands – den ich so gut wie garnicht kenne – etwas zu schreiben beschäftigen.[1] Aber da hat man mir nur kümmerliche Gelegenheitsliteratur zur Verfügung gestellt. Die französische Übersetzung der „Berliner Kindheit" dagegen macht Fortschritte. Wir arbeiten täglich daran. Der Übersetzer[2] kann kein Wort deutsch. Die Technik, mit der wir vorgehen, ist, wie Du Dir denken kannst, nicht von Pappe. Und so entsteht aber fast durchweg Hervorragendes.

Wie gesagt – die große Hitze hat hier begonnen. Die Spanier, welche ihre Wirkungen kennen, sprechen von „August-Irrsinn" als einer ganz geläufigen Sache. Mir macht es viel Spaß, seinem Auftreten unter den Fremden nachzugehen. Es sind jetzt nicht weniger, und – wie Du Dir leicht vorstellst – recht bemerkenswerte Exemplare darunter.

[...]

Wenn Du nun auch auf die Sprachnotizen noch eine Weile wirst warten müssen, so hoffe ich meinerseits sehr bald auf ein Exemplar Deines Manuscripts für Schocken, umsomehr als ich, wie Du inzwischen gesehen haben wirst, mich um die Ersatzbeschaffung aller Stücke, die Du so freundlich warst, aus dem Archiv meiner Sachen mir zu überlassen, verdient gemacht habe. Daneben ist nun wohl auch mein Aufsatz über Stefan George in Deinen Händen. Es scheint, nach dem, was man mir berichtet, ein paar helle Köpfe gegeben zu haben, die wußten, was sie von „Stempflinger" zu halten hatten. Gern würde ich wissen, was Du von diesem Aufsatze denkst.

Soviel für heute. Sei herzlichst gegrüßt

Dein Walter

1 Unter dem Pseudonym C. Conrad in der FZ vom 5. Sep. 1933. Jetzt Schriften II, S. 330–342.
2 Jean Selz.

226 An Gretel Adorno

[ohne Datum]

Liebe Felizitas,

gestern ist ein Kuvert mit einigen Drucksachen nach Rügen abgegangen. Vor allem solltest Du den „Rückblick auf Stefan George" kennen lernen; es tut mir so leid, daß ich selbst diese schüttere Sendung noch mit der einschränkenden Bitte versehen muß, den „Rückblick" mir wiederzusenden; ich habe von ihm noch kein Dublikat.

Du weißt, daß ich für so Vieles zu danken habe, daß dieser Brief an Dich schwer seinen Anfang gefunden hätte, wenn ich ihn mit Dank begonnen hätte. Die eingangs erwähnte Sendung stellt ihn gewiß nicht dar. Eher habe ich die Hoffnung, irgendwo in einem entlegenen pariser Bistro, wenn Du ihn am wenigsten erwartest, aus dem Hinterhalt mit ihm

Dich zu erreichen. Ich werde dann dafür sorgen, daß ich nicht gerade in dem Anzug stecke, den Du mir schenkst und welcher mir zu vielem andern eher die Freiheit geben mag als zu diesem Dank. Vorläufig aber nimm ihn bitte in der wetterfesten Verpackung dieser wenigen Worte hier.

Ich bin froh, daß Du Ferien hast und hoffe nur, daß es sehr schöne werden. Den Paulus [Paul Tillich] betreffend wartest Du jedenfalls ganz umsonst auf mein Mitgefühl; wenn ich das früher in dem gleichen Falle unerschöpflich aufbrachte, finde ich in diesem – der durch seinen Hintergrund ein so ganz anderer ist – viel eher Neid am Platze. Das Vergnügen, ihn jetzt in ein Verhör zu nehmen, scheint mir nicht der schlechteste Punkt eines Ferienprogramms. Immerhin – hoffentlich gibt es bessere und hat zu diesen die Vorlesung des „Tom“ [1] gehört. Es würde mich natürlich sehr freuen, wenn ich das Manuscript hier zu sehen bekommen könnte. Nicht als ob es mir hier an Lektüre fehlte: aber ich habe großes Interesse daran.

Was aber die genannte „Lektüre“ betrifft, so steht die Lust zu ihr manchmal im umgekehrten Verhältnis zur Dringlichkeit. Da hat mich beispielsweise Frankfurt mit dem Gedenkartikel zum 200sten Geburtstage von Wieland bedacht und ich habe ein gut Teil seiner Werke in Reklam mir hersenden lassen müssen. Bisher sind sie mir alle unbekannt gewesen und es wird noch mehr Glück als Verstand dazugehören, in der Kürze der Zeit – und natürlich auch auf kürzestem Raume – irgend etwas Manierliches zur Sache zu sagen. Bevor ich ganz in dieser Lektüre verschwinde, hoffe ich aber noch ein weiteres Stück der „Berliner Kindheit“ abzuschließen, das „Der Mond“ heißt. Die Ähnlichkeit, welche Du zwischen den „Loggien“ und dem „Fieber“ bemerkt hast, besteht natürlich. Mir selber aber stehen die beiden Stücke sehr unterschiedlich nah; weit näher als das frühere das erstgenannte, in dem ich eine Art von Selbstporträt erblicke. Wahrscheinlich werde ich es anstelle jenes photographischen, das in den „Mummerehlen“ enthalten ist, an die erste Stelle des Buches setzen. Mit der französischen Übersetzung geht es langsam, doch auf sehr zuverlässige Art voran.

Sehr herzlichen Dank für die Mühe, mit der es Dir gelang, mir Dublikate für einige der „Briefe“ zu verschaffen. Ich bin froh, wenigstens diese zu haben. [...]

Um zum Schluß noch auf die kleine Sendung, die diesen Zeilen vorausging, zurückzukommen, so handelt es sich bei der „Chinoiserie“ [2] um eben die kleine Geschichte, von der Dir Elisabeth [3] gesprochen hat. Wohl wissend, daß sie einen andern Titel verdienen würde, gab ich ihr doch den, der gedruckt steht. Verwickelter und weniger erfreulich steht es mit den „Schränken“, deren Verfassername arbiträr gewählt worden ist und die mir selber erst sehr spät vor Augen kamen.[4] Wüßte ich nicht je länger je genauer, welche Verborgenheit gerade jetzt Versuchen wie denen der „Berliner Kindheit“ zukommt, so würde mich das publizistische Geschick der Folge bisweilen zur Verzweiflung bringen. Nun aber ist es an dem, daß dies Geschick mich lediglich in meiner Überzeugung von der notwendigen Verhüllung, in der allein Derartiges entwickelt werden kann, bestärkt und diese Überzeugung hilft mir wieder, vorläufig der Versuchung abzuschließen zu widerstehen. Dabei ist das Bemerkenswerte, daß es weniger von langer Hand geplante Stücke sind, die sich hinzufinden, vielmehr meist solche, zu denen der Gedanke mir erst kurz bevor ich an sie gehe, gekommen ist. Nach einem Brief, den ich gestern in der Sache meines pariser Quartiers erhalten habe, werde ich kaum vor dem 15ten September von hier abfahren. Daß ich ohne Illusionen dorthin aufbrechen werde, wirst Du Dir denken können. Bisher enthält die intellektuelle Lage noch nicht viele Elemente, die einem Verständnis meiner Arbeiten zugute kommen könnten. [...]

Ich wünsche mir recht bald wieder von Dir zu hören. Und hoffentlich bringen Dir die Ferien so ausgeglichene Tage wie ich sie manchmal auf meinem Arbeitsversteck im Busch verbringe.

Sehr herzlich Dein Detlef

1 Ein Singspieltext „Tom Sawyer“ von Theodor W. Adorno, dessen Komposition unvollendet blieb.

2 In der Kölnischen Zeitung vom 22. Juli 1933.

3 Elisabeth Wiener, eine Freundin von Gretel Adorno.

[4] Der Text, zur „Berliner Kindheit" gehörend, erschien unter dem Pseudonym C. Conrad in der Frankfurter Zeitung vom 14. 7. 1933.

227 *An Gerhard Scholem*

Paris, 16. Oktober 1933

Lieber Gerhard,

wenn diese Glückwünsche viel zu spät zu Rosch ha Schanah kommen, so doch immer noch rechtzeitig zu der von Dir erstrebten und erreichten Anordnung Deiner akademischen Obliegenheiten, der Professur nicht zu vergessen. Ehe ich dies oder jenes aus unserm letzten Schriftwechsel berühre, ein kurzes Situationsbild. Ich bin schwer krank in Paris angekommen. Das will sagen, daß ich auf Ibiza überhaupt nicht mehr gesund gewesen bin, und der Tag meiner endlichen Abreise fiel mit dem ersten einer Folge schwerster Fieberanfälle zusammen. Die Reise habe ich unter unvorstellbaren Umständen gemacht. Und hier wurde dann gleich nach meiner Ankunft Malaria festgestellt. Eine energische Chininkur hat mir inzwischen einen freien Kopf, wenn auch durchaus noch nicht meine Kräfte wiedergegeben. Diese sind überhaupt durch die vielfachen Unbilden – nicht zum wenigsten die trostlose Ernährung – meines ibizenkischen Aufenthalts sehr geschwächt.

[...]

Mein Archiv ist, wenigstens was den handschriftlichen Teil betrifft, zum überwiegenden Teil durch Freunde hierher gebracht worden. Von den handschriftlichen Dingen fehlt im wesentlichen nur der Nachlaß der Heinles. Was die Sicherung meiner Bibliothek angeht, so ist das vor allem eine Geldfrage.

[...]

Mit einigem Unbehagen erwarte ich noch immer die Bestätigung des Empfangs der Notizen über die Sprache, die ich Dir von Ibiza aus in Schreibmaschinen-Ausfertigung gesandt habe. Du mußt sie ja wohl kurz nach dem 19ten September, dem Datum Deines letzten Briefes, erhalten haben. Meinerseits erwarte ich Deinen Beitrag im Schocken-Almanach.[1] Dein Gedicht zum Angelus Novus habe ich wieder mit unverminderter Bewunderung gelesen. Ich versetze es unter die Besten die ich kenne. Die Widmung der „Einbahnstraße"[2] las ich mit Anteil, der belebt wurde durch eine neue briefliche Nachricht von K.M.-St. Bitte sage ihr bei der nächsten Gelegenheit sehr herzliche Grüße.

[...]

1 „Nach der Vertreibung aus Spanien."
2 Ein Widmungsgedicht an Karl und Kitty Steinschneider.

228 An Kitty Marx-Steinschneider

Paris, 20. Oktober 1933

Ließe ich es mir mit der Anrede so schwer machen, wie Sie es vielleicht glauben, liebe Adressatin, so würde sich dieses Schreiben noch auf lange hinaus verzögern. Dahin soll es aber nicht kommen, und sei es auch nur, weil Sie in Ihrem letzten mir so beherzte Auskunft über Dinge gegeben haben, derentwegen ich bei Gerhard nicht einmal anzufragen wage. Natürlich werde ich nicht verschweigen – wenn es denn noch gesagt zu werden braucht – daß mein Einverständnis mit der Produktion von Brecht einen der wichtigsten, und bewehrtesten, Punkte meiner gesamten Position darstellt. Ich habe ihn literarisch, wenn auch niemals umfassend so doch öfter annähernd umschreiben können. Und weiter möchte ich annehmen, daß diese unvollkommenen Umschreibungen in Palästina noch eher geneigte Augen finden könnten als die erheblichen „Versuche", auf welche sie sich beziehen. Erstere sind Ihnen zugänglich. Ich nehme leider nicht an, daß sie mehr über Sie vermögen werden als über Gerhard, welchen sie nur zu einem sehr bedeutungsvollen Schweigen und, wenn ich mich nicht irre, nicht einmal zu dem Erwerb der Schriften bewegen konnten, über die unsere Auseinandersetzung wohl nur vertagt ist, freilich, unbedingt, mit meinem Willen, auch vertagt sein soll.

Daß aber wir, auf eigene Faust, sie nicht aufnehmen, das wird sicher in Ihrem wie in meinem Sinne sein. Und somit würde ich mich getrost einigen Bemerkungen über Paris zuwenden, wenn sie nur halbwegs erfreulich ausfallen könnten. Das ist bisher nicht zu behaupten. Ich bin vielmehr geneigt, Ihren Affekten meine Anerkennung über die magischen Gewalten anzusprechen, die ihrer Befriedigung offenbar zu Gebote stehen. Denn sollte meine äußerst klägliche Ankunft in dieser Stadt nicht das Werk des „leichten Neids“ sein, dessen mich Ihr letzter Brief versichert? Ich kam mit einer schweren Malaria an. Das Fieber ist inzwischen überwunden und die Ermattung, welche sie zurückließ, läßt mir genau die Kraft, der trostlosen Lage inne zu werden, doch keineswegs die, sie zu überwinden, indem ich nicht einmal die Treppenstufen der billigen Hotels ersteigen kann in denen ich mein Unterkommen wählen muß. Was von Juden und für Juden hier geschieht, kann man vielleicht am besten als fahrlässige Wohltätigkeit bezeichnen. Es verbindet mit der Perspektive auf Almosen – die selten eingelöst werden – das Höchstmaß an Demütigungen und es bleibt für ehemalige Angehörige der Bürgerklasse ewig denkwürdig, deren mit Juden befaßten Außenforts zu studieren. Das ist denn auch die zur Zeit handgreiflichste Beschäftigung Ihres ergebenen Dieners, der im übrigen – trotz vielversprechender Korrespondenz mit der jüdischen Hochfinanz – weder einen Pfennig, noch eine Matratze, noch einen Scheit Holz von dieser bis dato bezogen hat.

Deutsche zu sehen, vermeide ich. Lieber spreche ich noch mit Franzosen, die zwar kaum etwas tun können oder mögen, aber die große Annehmlichkeit haben, einem nicht ihre Schicksale zu erzählen. Das gleiche Verhalten ist aber noch unverzeihlicher, wenn es die Überwindung von Entfernungen für sich in Anspruch nimmt und darum gedenke ich es nicht fortzusetzen.

Wir müssen uns also schon gedulden, bis die Anekdote wieder ihren Platz in meiner Existenz eingenommen hat. Und bis dahin wird – wie ich annehme – für Sie noch mancherlei Zeit und Gelegenheit sein, mich mit einem Gruß zu bedenken.

Mit den freundlichsten Gedanken Ihr Walter Benjamin

229 An Gretel Adorno

Paris, 30. Dezember 1933

Liebe Felizitas,

diese Grüße werden Dich – wenn schon nicht zu Neujahr so doch sicher – im Augenblicke Deiner Rückkehr nach Berlin erreichen. Denn ich denke, Du bist zu Neujahr noch in Frankfurt. Ich habe wieder Dank für Vieles zu sagen – auch für die frankfurter Ermahnung, von anderen, Wichtigeren nicht zu sprechen. Diese betreffend hatte ich gewisse Schritte vorher schon unternommen. Ich bin noch ohne Bescheid und habe allen Grund anzunehmen, daß sie vergeblich gewesen sind, wie das von Anfang an zu erwarten war. Natürlich macht es die damit verbundnen Folgen nicht leichter, sie vorhergesehen zu haben.

Und so läßt es sich nicht leugnen, daß ich nicht nur am Ende des alten Jahres sondern auch meines Lateins bin. Gewiß: ich habe – wie ich Dir wohl schrieb – vor kurzem meinen ersten Auftrag hier eingebracht – einen Aufsatz über den Seinepräfekten Haussmann [1], der Paris unter Napoleon III umgebaut hat. Auch sonst ist dies und jenes zu tun. Gegen die graue Perspektive und die noch grauere Einsamkeit, die jetzt um mich ist, kommt das alles nicht auf. Der Entschluß, zu dem ich vor allem die Kraft finden müßte, wäre von hier fortzugehen. Noch muß ich Einiges hier abwarten, noch hoffe ich – an erster Stelle – auf Dein Kommen, noch graut mir vor dem dänischen Winter, dem dortigen Angewiesensein auf einen Menschen, das sehr leicht eine andere Form der Einsamkeit werden kann, einer ganz unbekannten Sprache, die niederdrückend ist, wenn man für alle alltäglichen Verrichtungen selbst aufzukommen hat.

Das neue Schulgesetz gibt mir Bedenken für Stefan ein.

Die Arbeit hat augenblicklich fast keine bestätigende Kraft für mich, denn die, zu der es mich am meisten zieht – Fortsetzung der „Berliner Kindheit“ kann ich mir nicht leisten.

Über den „Tom“ das nächste Mal. „Vierhändig“ [2] habe ich mit Freude gelesen. So sonderbar es klingt, so müßte ja auch ich mich irgendwann an ähnliche Erinnerungen wagen. Ich habe auch Studien dazu gemacht, aber noch ist es nicht soweit.

[. . .]

Schreibe mir möglichst bald. Und einen sehr herzlichen Gedanken ins neue Jahr hinüber.

Dein Detlef

1 Ein Auftrag von Le Monde, aus dem dann nichts wurde. Vgl. aber „Zeitschrift für Sozialforschung“ 3 (1934), S. 442 f. und Schriften I, S. 419–422.

2 Ein Aufsatz von Theodor W. Adorno: Vierhändig, noch einmal, in: Vossische Zeitung vom 19. 12. 1933.

230 An Gerhard Scholem

Paris, 18. Januar 1934

Lieber Gerhard,

zu einem längeren Briefe ausholend, mache ich mir Mut durch das querköpfige Format. Vor allem danke ich Dir für den Brief vom 24ten Dezember und für das Buch. Du weißt mit welchem außerordentlichen Anteil ich alles lese, was mir von Agnon zugänglich ist. Auf diesen Band, den ich eben beendet habe, werde ich noch öfters zurückgreifen. [1] Zunächst weise ich darauf hin, wo es mir im Gespräch möglich ist. Schöneres habe ich nicht in ihm gefunden als „die große Synagoge“, die ich als ein gewaltiges Musterstück ansehe. Dann scheint mir noch die Geschichte vom Bücherwart ganz besonders bedeutsam. Musterhaft ist Agnon in jedem Stück und wenn ich „ein Lehrer in Israel“ geworden wäre – aber ebenso leicht hätte ich wohl ein Ameisenlöwe werden können – so hätte ich mir eine Rede über Agnon und Kafka nicht nehmen lassen. (Ich bemerke hier, daß, sollte ich je wieder in den Besitz meiner Bibliothek kommen, der „Prozeß“ darin fehlen wird. Man hat ihn mir schon vor Zeiten gestohlen. Wenn Du ihn auftreiben könntest, so wären die schlimmsten Verwüstungen gutgemacht, die der Hochstapler seinerzeit bei mir angerichtet hat. Das andere unverschmerzbare Stück – Brechts „Hauspostille“ im ersten Druck, von dem es nur 25 Stück gibt, habe ich hier dem Autor im Wege schwieriger Verhandlungen abgewonnen.)

Kafkas Name veranlaßt mich, Dir zu schreiben, daß ich hier einen Umgang mit Werner Kraft aufgenommen habe. Er sah mich auf der Bibliothèque Nationale und wandte sich daraufhin schriftlich an mich. Ich war überrascht, von ihm einige Arbeiten zu lesen, denen ich weder Zustimmung noch Respekt versagen kann. Zwei von ihnen sind Kommentar-Versuche zu kurzen Kafkaschen Stücken, zurückhaltende und keineswegs einsichtslose. Kein Zweifel, daß er sehr viel mehr als Max Brod von der Sache verstanden hat. – Es gibt unter den Maximen und Reflexionen, die sich in Goethes Nachlaß gefunden haben und von deren wichtigsten man wohl raten [kann], warum er sie nicht veröffentlicht hat, diese bemerkenswerte: „Gebranntes Kind scheut das Feuer; ein oft versengter Greis scheut, sich zu wärmen.“ Auf sie spiele ich an, um ohne viel Worte sagen zu können, welche die Stimmungen sind, gegen die ich oft wochenlang zu kämpfen habe, um zu einer Initiative zu kommen, die auf die Plazierung meiner Schriften gerichtet ist. Selten hat deren Überwindung in letzter Zeit zu etwas anderem geführt als meinen Hemmungen recht zu geben.

[...]

Schrieb ich Dir, daß mein Bruder zu Weihnachten aus dem Konzentrationslager Sonnenburg entlassen worden ist? Soweit ich weiß, schwebt aber noch ein Hochverratsverfahren gegen ihn. Wirtschaftlich ist er mit seinem einjährigen Sohn zur Not durch seine Schwiegereltern gesichert. Im übrigen muß ich es für fast sicher halten, daß er auf die eine oder die andere Weise die illegale Arbeit wieder aufnimmt. Dies natürlich in strengstem Vertrauen. Im übrigen magst Du aus dieser Stelle entnehmen, daß es in keiner Weise Angst vor einer Zensur – vor welcher? – ist, die mich gelegentlich von meinen eigenen Dingen mit einigem Lakonismus sprechen läßt. Was mich dazu veranlaßt sind die überaus bedrückenden Umstände. Und ich rede da nicht allein von den äußern. Ich bin kaum je so vereinsamt gewesen wie hier. Wenn ich Gelegenheiten suchen würde, mit Emigranten im Café zu sitzen – die wären leicht beschaffbar. Aber ich meide sie. Vergegenwärtige Dir, wie außerordentlich bedeutsam – aber auch wie außerordentlich klein – der Kreis war, der mein Dasein in den letzten berliner Jahren bestimmte. Von den Menschen, die sein Zentrum bildeten, ist – jetzt, nachdem die Hauptmann, Brechts Sekretärin, nach Amerika gefahren ist, nicht einer – von denen die seine Peripherie bildeten, sind zwei hier. Die Reise nach Dänemark schiebe ich nicht nur der Jahreszeit wegen auf. So nah ich Brecht befreundet bin, so hat doch das ausschließliche auf-ihn-angewiesen-sein, welches mir dort in Aussicht steht, seine Bedenken. Dazu kommt, daß man bei völliger Mittellosigkeit, doch gut tut jene Anonymität zu suchen, die einem eine große Stadt gibt.

[...]

1 „In der Gemeinschaft der Frommen; sechs Erzählungen aus dem Hebräischen", Berlin 1933. Drei der Erzählungen sind von Scholem übersetzt.

231 An Gretel Adorno

Paris, 3. März 1934

Liebe Felizitas,

endlich liegen wieder ein paar leichtere Tage und Wochen vor mir.

Und das danke ich Dir. Aber der Dank – vor allem aus so großer Ferne – ist ein schwacher Ausdruck. Wie lange werden wir noch auf ihn angewiesen bleiben? – Es war eine schreckliche Lage, aus der Du mir geholfen hast. Aus Deiner Hilfe sehe ich, daß Du sie verstanden hast und mir eine nähere Schilderung hast sparen wollen.

Die neue Initiative, die ich durch Dich und Teddie gewonnen habe, wende ich nun nach zweifacher Richtung auf. Über die eine – die der Passagenarbeit, die mich jetzt wieder viel beschäftigt, Näheres ein andermal. Die andere beruht darauf, daß man mir einen – ganz kleinen – Kunstsalon für einige Vorträge zur Verfügung stellen will. Ich würde dort, vor einem französischen Publikum und in französischer Sprache, einen Zyklus von Vorträgen aus meinem Arbeitskreis halten: so über Kafka, Ernst Bloch und einige andere im Rahmen einer geschlossenen Reihe sprechen. Natürlich steht es noch dahin, ob die Sache zustandekommt. Ich kann nur sagen, daß ich es sehr hoffe und alle Verbindungen, die ich hier habe, dafür zu mobilisieren suche.

So wenig mich der Durchschnitt der Erfahrungen, die ich mit alten französischen Bekannten bisher gemacht habe, zur Wiederaufnahme der ehemaligen Beziehungen ermutigt, so muß ich doch, eben im Interesse jenes Plans, Bedenken zurückstellen. Und in den nächsten Tagen werde ich auf die älteste, die ich hier habe, zurückgreifen. Ich weiß nicht, ob Dir der ehemalige Verleger François Bernouard[1] ein Begriff ist. Nach wechselvollen Schicksalen ist er jetzt wieder in den Besitz einer Druckerei gelangt. Auch eine – freilich problematischere – literarische Situation hat er sich wieder geschaffen, indem er sich zum animateur eines Literaturklubs – der amis de 1914 – machte. Da werde ich denn wohl eines dienstags erscheinen müssen; vorher aber bei einem Privatbesuch feststellen, wie der Wind weht.

Sylvia Beach, die schon gelegentlich erwähnte Verlegerin von Joyce habe ich neulich in ähnlicher Erwägung aufgesucht. Sie hat eine englische Leihbibliothek hier im Quartier. Nur gibt es – so sagt sie mir wenigstens – keine Engländer mehr in Paris. In der Tat war ihre boutique recht still und ich hatte alle Ruhe, mir schöne Porträts und Handschriften von Walt Whitmann, Oskar Wilde, George Moore, James Joyce und anderen zu besehen, die bei ihr an den Wänden hängen. Das englische Milieu bringt mich darauf, Dir viel Spaß bei der Lektüre der Maughamschen Kriminalgeschichten zu wünschen, die ich morgen an Dich abschicke. Neulich las ich, zufällig, in der Lu einen autobiographischen Rückblick dieses alten Mannes, der nun in Nizza auf seine vielen Erfolge zurücksieht. Und dieses Resumee klingt sehr melancholisch. Man entnimmt ihm immerhin, daß er für das intelligence service gearbeitet hat und seinen Mr Ashendon demgemäß nach dem Leben gezeichnet hat.

Vielen Dank für das Verzeichnis der Bücher, die Du zu schicken gedenkst. Nur nebenbei: befinden sich nicht vielleicht auch die „Trugbilder" sowie noch ein oder zwei andere Bücher der gleichen Kategorie bei Dir? Nein – ich sehe noch einmal in die Liste – da fehlen mir nur die Trugbilder (ein Buch mit komischen optischen Spielereien auf bunten Tafeln.) Im übrigen ist es nicht so sehr wichtig.

Ich bin froh, daß Dir der Agnon so nahe steht. Ja – meine beiden liebsten Geschichten sind der Bücherwart und die große Synagoge. Die letzere sollte vor ungefähr 15 Jahren unter den Beiträgen des ersten Heftes meines Angelus Novus (der geplanten Zeitschrift) sich befinden.

[...]

So fallen selbst alte Bekannte weg und der Wert der ganz wenigen, die bleiben, wird immer fühlbarer. Damit aber bin ich zum Ausgangspunkt dieses Briefes zurückgekehrt und mir bleibt nur, zum Schluß Dich zu erinnern, dem Zian recht brav zu folgen und mir sehr bald zu schreiben.

Alles Alte und Liebe Dein Detlef

1 W. B. hatte am 21. Juni 1929 einen Artikel über ihn in der „Literarischen Welt" veröffentlicht.

Paris, 5. 3. 1934

Lieber Brecht,

die Hauptmann[1] hat mir einen Brief geschrieben, in dem außer Grüßen für Sie auch einige Sie betreffende Zeilen stehen. Vor allem was den Gedichtband angeht:

„Ist der Band[2] schon heraus? Ich brauchte ihn so sehr. Aus lauter Verzweiflung macht man hier immer noch Kuhle Wampe[3]. Brecht könnte eine große Sache hier sein, aber ich habe nichts von ihm dabei. Wenn er herüberkäme, würde er keinerlei Schwierigkeiten haben, sich schnell und ziemlich breit durchzusetzen."

Wissing ist aus Berlin zurück. [. . .] Immerhin steht soviel fest, daß meine Bücher expediert worden sind – es handelt sich ungefähr um die Hälfte – aber die wichtigere Hälfte – der Bibliothek. Hoffentlich sind sie um diese Zeit schon auf See. Bitte lassen Sie mich doch die Ankunft des Transports in Svendborg gleich wissen. Der ganze Transport ist bezahlt; es könnten wohl höchstens Abrollgebühren in Svendborg noch zu erlegen sein. Wenn Sie die gegebnenfalls auslegen wollten, wäre ich Ihnen sehr dankbar. Daß die Bücher sogleich zu Ihrer Verfügung stehen, brauche ich wohl kaum zu bemerken.

Mit der Arbeit über Haußmann steht es so, daß ich mich nicht entschließen konnte, für Monde sie zu schreiben. Die Leute machten mir bei der zweiten Besprechung einen allzu unzuverlässigen Eindruck. Dagegen ist mein Material zu dieser Arbeit völlig komplett, so daß ich sie an jedem beliebigen Ort schreiben kann, ohne irgendein Buch einzusehen. Um mir aber einige Mittel zu beschaffen, bin ich auf einen andern Gedanken gekommen.

Ich kündige in den mir zugänglichen, und einigen andern französischen Kreisen eine Vortragsfolge „L'avantgarde allemande" an. Ein Zyklus von fünf Vorträgen – die Karten müssen für die ganze Folge subscribiert werden. Aus den verschiednen Arbeitsgebieten greife ich nur je eine Figur heraus, in der sich die gegenwärtige Situation maßgebend ausprägt.

1) le roman (Kafka)
2) l'essay (Bloch)
3) théâtre (Brecht)
4) journalisme (Kraus)

Vorangeht ein einleitender Vortrag „Le public allemand".

Soviel zu meinen derzeitigen Projekten.

Haben Sie das Weill-Interview, das ich Ihnen schickte, bekommen?

Alles Gute für Ihre Arbeit mit Eisler und herzliche Grüße

Ihr Walter Benjamin

1 Elisabeth Hauptmann, Mitarbeiterin Brechts.
2 Vermutlich „Lieder, Gedichte, Chöre", 1924 in Paris erschienen.
3 Film von Brecht.

233 An Gerhard Scholem

6. Mai 1934

Lieber Gerhard,

Dies, lieber Gerhard, stellt nicht den ersten Versuch dar, auf Deinen letzten Brief Dir zu antworten. Wenn aber der wiederholte Ansatz auf eine Schwierigkeit deutet, so liegt sie nicht im inhaltlichen Bescheid, den Du forderst, sondern in der Gestalt Deiner Forderung. Du kleidest sie in eine – vielleicht theoretische – Frage: „Soll das ein kommunistisches Credo sein?"

Solche Fragen ziehen – so scheint mir – auf dem Wege über den Ozean Salz an und schmecken dann dem Gefragten leicht bitter. Daß es mir so ergeht, leugne ich nicht. Ich kann es mir nicht vorstellen, was der fragliche Aufsatz Dich eigentlich Neues über mich hätte lehren können. Daß Du nun gar in ihm eine summa – oder ein credo, wie Du es nennst – finden willst, setzt mich in großes Erstaunen.

Aus Erfahrung wissen wir beide, welche Behutsamkeit der bedeutsame Briefwechsel fordert, den wir einer jahrelangen Trennung abringen. Diese Behutsamkeit schließt keineswegs aus, daß schwierige Fragen berührt werden. Aber das können sie doch nur als persönlichste. Soweit das geschehen ist, sind die betreffenden Stücke – das kannst Du sicher sein – in meiner „inneren Registratur" wohl aufbewahrt. Deiner letzten Frage kann ich das nicht versprechen: sie scheint mehr einer Kontroverse zu entstammen als unserm Briefwechsel.

Daß wir den kontrovers nicht führen können liegt auf der Hand. Und wenn in seinem Verlaufe Bestandstücke auftauchen, die so eine Behandlung nahe legen, so gibt es – scheint mir – hier für den Partner kein anderes Verfahren, als sich an das lebendige Bild zu wenden, das einer von dem andern in sich trägt. Ich denke, daß das meinige in Dir nicht das von einem Manne ist, der leicht und ohne Not sich auf ein „Credo" festlegt. Du weißt, daß ich wohl immer meiner Überzeugung gemäß geschrieben, selten aber, und nie anders als im Gespräch, den Versuch unternommen habe, den ganzen widerspruchsvollen Fundus, dem sie in ihren einzelnen Manifestationen entspringt, zum Ausdruck zu bringen.

Und da sollte mir eine Übersicht über französische Literaturprodukte das Stichwort bieten ?! – Das Stichwort ist mir, soweit ich zurückdenken kann, freilich einmal gegeben worden. Es konnte als ein solches gelten, weil es im Raum einer Kontroverse fiel. Ich fand es in Gestalt eines Briefes, den Max Rychner vor einigen Jahren an mich gerichtet hatte.[1] Es sollte mich nicht wundern, wenn Du die Kopie meiner Antwort seinerzeit von mir geschickt bekommen hättest. Wenn nicht, so kann ich das jetzt nicht nachholen. Dieser Brief liegt bei anderen Papieren in Berlin. Was sollte aber auch dieser Dir Neues sagen?! Daß mein Kommunismus von allen möglichen Formen und Ausdrucksweisen am wenigsten die eines Credos sich zu eigen macht, daß er – um den Preis seiner Orthodoxie – nichts, aber gar nichts ist, als der Ausdruck gewisser Erfahrungen, die ich in meinem Denken und in meiner Existenz gemacht habe. Daß er ein drastischer, nicht unfruchtbarer Ausdruck der Unmöglichkeit des gegenwärtigen Wissenschaftsbetriebes ist, meinem Denken, der gegenwärtigen Wirtschaftsform, meiner Existenz einen Raum zu bieten, daß er für den der Produktionsmittel ganz oder fast beraubten den naheliegenden, vernünftigen Versuch darstellt, in seinem Denken wie in seinem Leben das Recht auf diese zu proklamieren – daß er dies alles und vieles mehr, in jedem aber nichts anderes als das kleinere Übel ist (siehe den Brief von Kraus an jene Gutsbesitzerin, die sich über Rosa Luxemburg äußerte) – habe ich nötig Dir das zu sagen?

Nun wäre ich freilich bestürzt, wenn Du in diesen Worten etwas fändest, was einem Widerruf auch nur ähnlich sieht. Das Übel ist – im Vergleich zu denen, die uns umgeben – ein soviel kleineres, daß es in jeder praktischen, fruchtbaren Gestalt zu bejahen ist – nur in der unpraktischen, unfruchtbaren des Credos nicht. Und diese Praxis – im Falle des von Dir bezichtigten Aufsatzes eine wissenschaftliche – läßt der Theorie – dem Credo, wenn Du willst – eine ungleich größere Freiheit als die Marxisten ahnen. Leider scheinst Du in diesem Falle ihre Ahnungslosigkeit gut zu heißen.

Du zwingst mich, es auszusprechen, daß jene Alternativen, die offenkundig Deiner Besorgnis zu Grunde liegen, für mich nicht einen Schatten von Lebenskraft besitzen. Diese Alternativen mögen im Schwange gehen – ich leugne nicht das Recht einer Partei, sie kundzugeben – es kann mich aber nichts bewegen, sie anzuerkennen.

Wenn vielmehr etwas die Bedeutung kennzeichnet, die das Werk von Brecht – auf das Du anspielst, zu dem Du aber, soviel ich weiß, Dich zu mir nie geäußert hast, für mich besitzt, so ist es eben dies: daß es nicht *eine* jener Alternativen aufstellt, die mich nicht kümmern. Und wenn die nicht geringere Bedeutung des Werks von Kafka für mich feststeht, so ist es nicht zum wenigsten, weil nicht *eine* der Positionen, die der Kommunismus mit Recht bekämpft, von ihm eingenommen wird.

Soviel zu Deiner Frage. Und hier liegt nun der Übergang zu jenen Erwägungen Deines Briefes nahe, für die ich Dir vielen Dank sage. Wie viel mir an einem Auftrag, Kafka zu behandeln, gelegen wäre, brauche ich nicht zu sagen. Müßte ich seine Position im Judentum explizit behandeln, so wären mir dafür Fingerzeige von anderer Seite freilich unentbehrlich. Ich kann meine Unwissenheit da nicht zu Improvisationen ermutigen. Bisher hat Weltsch freilich noch nichts von sich hören lassen.

Daß Deine Bemühung bei Schocken vergeblich war, das beklage ich für uns beide, ohne es überraschend zu finden.

[...]

Für die kleine Bücherei [2], die Spitzer ediert, würde ich mich gewiß gern tätig erweisen; mir ist nur bisher kein brauchbarer Gedanken gekommen. Auf der anderen Seite erspare ich es uns, Dir eine Aufzählung der vielen – zum Teil gewiß geringwertigen – Versuche zu geben, mir hier eine Existenzgrundlage zu schaffen. Sie haben mich nicht gehindert, einen längern Essay – der Autor als Produzent [3] – zu schreiben, der zu aktuellen Fragen der Literaturpolitik Stellung nimmt. Ob er gedruckt erscheinen wird, weiß ich noch nicht.

Mit dem „Visionaire“ von Green habe ich eine große Enttäuschung erlebt. Zur Zeit beschäftigt mich eine *elende* Studie über Flauberts Ästhetik, die, in recht pretentiöser Gestalt, bei Klostermann in Frankfurt erschienen ist und von einem gewissen Paul Binswanger stammt [4]. Auf der andern Seite habe ich Freude an Brechts neuem politischen Drama „Die Rundköpfe und die Spitzköpfe“, das ich im endgültigen Manuscript vor einigen Tagen erhalten habe.

Welche Vorstellungen Du mit Deinem Vorschlag an mich, Leon Schestow hier aufzusuchen, verbindest, bitte ich Dich, mir wenigstens anzudeuten. Aus dem, was ich etwa in der „Kreatur“ von ihm gelesen habe, sind mir nicht genügend Anhaltspunkte für solchen Schritt geblieben. Ich kann keine konkreten Daten, die ihn betreffen, in meinem Gedächtnis vorfinden.

[...]

Und die herzlichsten Grüße! Dein Walter

1 Vgl. den Brief vom 7. März 1931 und die anschließenden Briefe.

2 Die Schocken-Bücherei, eine der wichtigsten Erscheinungen des Lebens der Juden in Deutschland von 1933–1938. Sie wurde von Dr. Moritz Spitzer (jetzt in Jerusalem) herausgegeben.

3 Ungedruckt. Im Nachlaß erhalten.
4 Von W. B. im Literaturblatt der FZ vom 12. Aug. 1934 besprochen.

234 An Robert Weltsch

Paris, 9. Mai 1934

Sehr geehrter Herr Dr. Weltsch,

mit bestem Dank und postwendend bestätige ich Ihnen Ihr Schreiben vom 4. Mai, das ich, auf dem Umweg über meine alte Adresse, erst gestern erhielt.

Für Ihre Aufforderung bin ich Ihnen sehr dankbar, insbesondere aber verpflichtet für die Anregung, mich über Kafka zu äußern[1]. Ich kann mir ein erwünschteres Thema nicht vorstellen; allerdings verkenne ich auch nicht die besonderen Schwierigkeiten, die in diesem Falle zu berücksichtigen sind. Ich halte es für loyal und zweckmäßig, auf diese kurz hinzuweisen.

Die erste und gewichtigste ist sachlicher Natur. Als Max Brod vor Jahren von Ehm Welk wegen Nichtbeachtung gewisser Kafka'scher Testamentvorschriften angegriffen wurde, habe ich Max Brod in der „Literarischen Welt" verteidigt.[2] Das hindert mich aber nicht, zu der Frage der *Interpretation* Kafkas ganz anders zu stehen als Max Brod. Insbesondere vermag ich methodisch mir in keiner Weise die gradlinige theologische Auslegung Kafkas (die, wie ich wohl weiß, nahe genug liegt) mir zueigen zu machen. Gewiß denke ich nicht im entferntesten daran, den von Ihnen vorgeschlagenen Artikel mit polemischen Ausführungen zu belasten. Auf der anderen Seite aber glaube ich, Sie darauf hinweisen zu müssen, daß mein Versuch, mich Kafka zu nähern – ein Versuch, der nicht von heute und gestern ist – mich Wege geführt hat, die von seiner gewissermaßen „offiziellen" Reception verschieden sind.

Die zweite und die dritte Schwierigkeit betreffen technische Fragen. Es hängt sehr viel vom Redaktionsschluß ab.

Ich würde Sie bitten – für den Fall, daß Sie in den vorstehenden Ausführungen kein Hindernis finden, mich mit der Arbeit zu betrauen, mir den Ablieferungstermin soweit wie irgend möglich hinauszurücken. Ein Aufsatz wie dieser stößt für mich, der ich leider meine Bibliothek hier nicht zur Verfügung habe, auf nicht geringe bibliographische Schwierigkeiten. Die Frage würde sich allerdings außerordentlich vereinfachen, wenn Sie, sehr geehrter Herr Weltsch, es für möglich hielten, mir gewisse hier kaum aufzutreibende Werke – Prozeß, Landarzt, Verwandlung, Amerika – durch die Redaktion der „Jüdischen Rundschau" auf kurze Zeit leihweise zur Verfügung zu stellen.

Mitglied der Reichsschrifttumskammer bin ich nicht. Ebensowenig bin ich aus den betreffenden Listen gestrichen worden: Ich bin nämlich überhaupt niemals Mitglied irgendeiner Schriftstellervereinigung gewesen.

In der Hoffnung, baldigst in den Besitz Ihrer Antwort zu gelangen

mit vorzüglicher Hochachtung Ihr sehr ergebener

Dr. Walter Benjamin

1 W. B.s Aufsatz erschien in der „Jüdischen Rundschau" vom 21. und 28. Dez. 1934. Die vollständige Fassung in Schriften II, S. 196–228.

2 „Kavaliersmoral" in der L. W. vom 22. Nov. 1929.

235 An Bertolt Brecht

Paris, 21. 5. 1934

Lieber Brecht,

es hat sehr lange gedauert, bis die Dinge hier übersehbar geworden sind. Ich wollte Ihnen etwas Endgültiges mitteilen und habe die Mitteilung darum immer wieder hinausgeschoben, Ihnen nicht einmal über die „Rundköpfe" geschrieben, die ich ungemein wichtig und vollkommen geglückt finde.

[. . .]

Vor ein paar Tagen sah ich Hanns [Eisler]. Er meinte, daß ich Ihnen ausdrücklich schreiben müsse, von welcher Wichtigkeit mir eine Aufführung des Stücks in London schiene. Ich denke, diese Wichtigkeit versteht sich angesichts des Umstands von selbst, daß man dem Publikum keine einleuchtendere, interessantere und faßlichere Darstellung des Gegenstands geben kann als Sie es tun. Damit übergehe ich alle andern Qualitäten des Stücks, die allerdings in diesem Tatbestand eingeschlossen sind.

Kennen Sie Go? ein sehr altes chinesisches Brettspiel. Es ist mindestens so interessant wie Schach – wir müßten es in Svendborg einführen. Beim Go werden Steine nie bewegt, nur auf das, anfänglich leere, Brett gesetzt. Diese Bewandtnis scheint es mir mit Ihrem Stück zu haben. Sie *setzen* jede Ihrer Figuren und Formulierungen an die richtige Stelle, von der aus sie von selber und ohne sich geberden zu müssen die richtige strategische Funktion ausüben. Ich glaube, daß die äußerst leichte und sichere Hand, die Sie bei diesem Verfahren beweisen, auf das Publikum – und besonders ein englisches – viel größeren Eindruck machen wird als die Prozeduren, mit denen das Theater sonst ähnliche Zwecke verfolgt.

Einige von den neuen Liedern bekam ich zu hören, die mir sehr gut gefallen haben.

Unter dem Titel „Der Autor als Produzent" habe ich versucht, nach Gegenstand und Umfang ein Pendant zu meiner alten Arbeit über das epische Theater zu machen. Ich bringe es Ihnen mit.

Auf sehr bald und mit herzlichen Grüßen

Ihr Walter Benjamin

Svendborg, 9. Juli 1934

Lieber Gerhard,

Ich habe nun Deine nach Paris gerichteten Zeilen vom 20ten Juni bekommen. Aus ihnen entnehme ich zunächst, daß mein Gedächtnis sich eine Blöße gegeben hat. In der Tat war ihm der fragende Brief [1] entschwunden, auf welchen Du Dich beziehst. [. . .]

Du wirst meine Ansicht teilen: es wäre unklug, die Aussichten einer – wenn auch vielleicht noch entfernten mündlichen Aussprache durch unzulängliche Versuche schriftlicher Auseinandersetzung zu vermindern.

Es stehen uns neben dem unmittelbaren so viele mittelbare Wege zur Verfügung. Und so scheue ich mich – einen dieser Wege beschreitend – nicht Dir die Bitte, einiges über Deine Reflexionen zu Kafka mir mitzuteilen, zu wiederholen.[2] Sie ist umso fundierter, als meine eigenen Überlegungen zu diesem Gegenstande Dir ja nun vorliegen. Wenn sie in ihren Hauptzügen auch dargelegt sind, so haben sie, seit meiner Ankunft in Dänemark, mich weiter beschäftigt und wenn ich mich nicht irre wird die Arbeit an ihnen mir noch für eine Weile aktuell bleiben. Mittelbar ist diese Arbeit durch Dich veranlaßt; ich sehe keinen Gegenstand in dem unsere Kommunikation näherliegend wäre. Und mir scheint nicht, daß Du meine Bitte abschlagen kannst.

[. . .]

Schreibe bitte baldigst. Mit herzlichen Grüßen und allen guten Wünschen für Eschas weitere Genesung

Dein Walter

1 Scholems oben abgedruckter Brief vom 30. März 1931.
2 In einem ungedruckten Brief vom 15. Mai 1934.

237 *[Aus einem Brief Scholems an Walter Benjamin, etwa 10. Juli 1934]*

Mit einem Exemplar von Kafkas „Prozeß"

Sind wir ganz von dir geschieden?
Ist uns, Gott, in solcher Nacht
nicht ein Hauch von deinem Frieden,
deiner Botschaft zugedacht?

Kann dein Wort denn so verklungen
in der Leere Zions sein –
oder gar nicht eingedrungen
in dies Zauberreich aus Schein?

Schier vollendet bis zum Dache
ist der große Weltbetrug.
Gib denn, Gott, daß der erwache,
den dein Nichts durchschlug.

So allein strahlt Offenbarung
in die Zeit, die dich verwarf.
Nur dein Nichts ist die Erfahrung,
die sie von dir haben darf.

So allein tritt ins Gedächtnis
Lehre, die den Schein durchbricht:
das gewisseste Vermächtnis
vom verborgenen Gericht.

Haargenau auf Hiobs Wage
ward gemessen unser Stand,
trostlos wie am jüngsten Tage
sind wir durch und durch erkannt.

In unendlichen Instanzen
reflektiert sich, was wir sind.
Niemand kennt den Weg im ganzen,
Jedes Stück schon macht uns blind.

Keinem kann Erlösung frommen,
dieser Stern steht viel zu hoch,
wärst du auch dort angekommen,
stündst du selbst im Weg dir noch.

Preisgegeben an Gewalten,
die Beschwörung nicht mehr zwingt,
kann kein Leben sich entfalten,
das nicht in sich selbst versinkt.

Aus dem Zentrum der Vernichtung
bricht zu Zeiten wohl ein Strahl,
aber keiner weist die Richtung,
die uns das Gesetz befahl.

Seit dies trauervolle Wissen
unantastbar vor uns steht,
ist ein Schleier jäh zerrissen,
Gott, vor deiner Majestät.

Dein Prozeß begann auf Erden;
endet er vor deinem Thron?
Du kannst nicht verteidigt werden,
hier gilt keine Illusion.

Wer ist hier der Angeklagte?
Du oder die Kreatur?
Wenn dich einer drum befragte,
Du versänkst in Schweigen nur.

Kann solch Frage sich erheben?
Ist die Antwort unbestimmt?
Ach, wir müssen dennoch leben,
bis uns dein Gericht vernimmt.

Skovbostrand per Svendborg, 20. Juli 1934

Lieber Gerhard,

gestern kam nun die lange erwartete Bestätigung meines „Kafka" von Dir. Sie war mir vor allem durch das sie begleitende Gedicht höchst wertvoll. Seit Jahren habe ich die Grenzen, die uns zur Zeit durch die aufs Schriftliche beschränkte Kommunikation auferlegt sind, nicht mit so großem Ungenügen empfunden wie hier. Ich bin sicher, daß Du dieses Ungenügen verstehst und nicht annimmst, ich könnte Dir unter Verzicht auf die mannichfachen Experimente der Formulierung, die nur das Gespräch ermöglicht, etwas Entscheidendes über das Gedicht sagen. Verhältnismäßig einfach liegt nur die Frage nach der „theologischen Interpretation". Ich erkenne nicht nur an diesem Gedicht die theologische Möglichkeit als solche unumwunden an sondern behaupte, daß auch meine Arbeit ihre breite – freilich beschattete – theologische Seite hat. Gewandt habe ich mich gegen den unerträglichen Gestus des theologischen professional, der – wie Du nicht bestreiten wirst – die bisherige Kafka-Interpretation auf der ganzen Linie beherrscht und uns seine suffisantesten Manifestationen noch zugedacht hat.
Um meine Stellung zu Deinem Gedicht – das sprachlich dem von mir so hoch gestellten auf den Angelus Novus nichts nachgibt – wenigstens noch etwas eingehender anzudeuten, will ich Dir nur die Strophen nennen, die ich mir ohne Vorbehalt zueigen mache. Das sind 7 bis 13. Vorher einige. Die letzte wirft das Problem auf, wie man im Sinne Kafkas die Projektion des jüngsten Gerichts in den Weltlauf sich zu denken habe. Macht diese Projektion aus dem Richter den Angeklagten? aus dem Verfahren die Strafe? ist es der Hebung oder dem Verscharren des Gesetzes gewidmet? Auf diese Fragen hat Kafka, so meine ich, keine Antwort gehabt. Die Form aber, in der sie sich ihm stellten und die ich durch meine Ausführungen über die Rolle des Szenischen und Gestischen in

seinen Büchern zu bestimmen suchte, enthält Hinweise auf einen Weltzustand, in dem diese Fragen keine Stellen mehr haben, weil ihre Antworten, weit entfernt, Bescheid auf sie zu geben, sie wegheben. Die Struktur dieser, die Frage weghebenden Antwort ist es, die Kafka gesucht und manchmal sie im Fluge oder im Traum erhascht hat. Jedenfalls kann man nicht sagen, er hat sie gefunden. Und darum scheint mir die Einsicht in seine Produktion unter anderem an die schlichte Erkenntnis gebunden, daß er gescheitert ist. „Niemand kennt den Weg im Ganzen, jedes Stück schon macht uns blind." Wenn Du aber schreibst: „Nur dein Nichts ist die Erfahrung, die sie von dir haben darf", so darf ich meinen Interpretationsversuch gerade an dieser Stelle mit den Worten anschließen: ich habe versucht zu zeigen, wie Kafka auf der Kehrseite dieses „Nichts", in seinem Futter, wenn ich so sagen darf, die Erlösung zu ertasten gesucht hat. Dazu gehört, daß jede Art von Überwindung dieses Nichts wie die theologischen Ausleger um Brod sie verstehen, ihm ein Gräuel gewesen wäre.

Ich glaube, Dir geschrieben zu haben, daß diese Arbeit noch eine Weile mir aktuell zu bleiben verspricht; darin besteht denn auch der Hauptgrund meiner Bitte um Rücksendung meines Manuscripts. Das in Deinen Händen befindliche ist schon jetzt an wichtigen Stellen überholt; denn, wie ich Dir bereits geschrieben habe, hat mich die Arbeit hier weiter beschäftigt. Ich bin aber bereit, Dir ein Manuscript der endgültigen Fassung für das Archiv zuzusagen.

[...]

Ich denke Dir geschrieben zu haben, daß ich begonnen habe, für die Nouvelle Revue Française einen Aufsatz über Bachofen[1] vorzubereiten. So komme ich zum ersten Male dazu ihn selbst zu lesen; bisher war ich vorwiegend auf Bernoulli und Klages angewiesen gewesen.

Zu den großen Annehmlichkeiten Svendborgs gehört ein Radio, das man jetzt besser brauchen kann als je vorher. So habe ich die Reichtagsrede von Hitler vernehmen können, und da es das erstemal überhaupt war, daß ich ihn hörte, so kannst Du Dir ein Bild von der Wirkung machen.

Dies für heute. Denn die Herkunft der Geschichte aus dem „Kafka“ [2] bleibt mein Geheimnis, das zu lüften Dir nur bei persönlicher Anwesenheit gelingen würde, wo ich Dir dann allerdings noch eine Anzahl gleich schöner versprechen könnte. Grüße Kitty Marx und mache sie darauf aufmerksam, daß ich den Pfeil, den sie durch Nichtbeantwortung meines letzten Briefes gegen mich gezielt hat, immer noch in der Brust trage.

Herzlichst Dein Walter

1 Erst 1954, überarbeitet von Maurice Saillet, in „Les Lettres Nouvelles“, S. 28–42 veröffentlicht. Das einzige französisch abgefaßte Essay W. B.s.

2 „Über Potemkin“ (Schriften II, S. 196 f.). Die Geschichte stammt aus Puschkins „Anekdoten“; bei ihm heißt der Kanzlist Petuschkow, nicht Schuwalkin.

239 An Werner Kraft

Svendborg, [Ende Juli 1934?]

Lieber Herr Kraft,

Herzlichen Dank für Ihre beiden Briefe und die Beilage.

Es ist mir sehr wertvoll hier, wo die Weltpolitik im Vordergrund der Interessen steht, durch Sie über Literarisches aus Paris informiert zu werden. So hat mich das, was Sie über Jouhandeau schreiben, veranlaßt, nach den Images de Paris mich umzutun. Übrigens weise ich Sie, was diesen Dichter angeht, nochmals auf die Novelle Leda hin, die in dem Band Prudence Hautechaume stehen dürfte.

[...] Es wird Sie nicht überraschen zu hören, daß ich – unbeschadet einer anderen Hauptbeschäftigung – noch immer mit Kafka befaßt bin. Den äußeren Anlaß dazu bietet die Korrespondenz mit Scholem, der begonnen hat, sich mit mir über diese Arbeit auseinanderzusetzen. Diese Überlegungen sind allerdings noch zu sehr im Fluß, um ein abschließendes Urteil zu ermöglichen. Immerhin wird es Sie interessieren, daß er seine Ansicht der Sache in einer Art von theologischem Lehrgedicht niedergelegt hat, das ich Ihnen bestimmt mitteilen werde, falls wir uns in Paris wiedersehen. Auf eine – wie Sie sich denken können – sehr unterschiedene Weise habe ich über den gleichen Gegenstand mich mit Brecht beraten können, und auch von diesen Besprechungen weist mein Text Niederschläge auf.

Im übrigen sind solche oder ähnliche Beratungen im Augenblick nicht allzu häufig, da die gemeinsamen Abende durchaus von der Aufmerksamkeit auf den Empfänger beansprucht werden. Noch stehe ich unter dem Eindruck der gestern um Mitternacht verlesenen Regierungserklärung von Starhemberg, die einen grandiosen Hohn auf die gesamte satirische Literatur von Juvenal bis Kraus darstellt. Übrigens gehen über die Stellung von Kraus recht verbürgte aber doch fast unglaubliche Nachrichten in dem Sinne um, daß er die Politik von Dollfuß als das kleinere Übel akzeptiert habe. (Immerhin sind die Bürgschaften keine lückenlosen, so daß ich Sie bitte, das streng für sich zu behalten!)

Gerade hier scheint mir die Stelle, mit einem Wort auf eine Formulierung Ihres letzten Briefes einzugehen. Sie gestehen, den Kommunismus „als Menschheitslösung" vor der Hand nicht annehmen zu wollen. Aber es handelt sich ja eben darum, durch die praktikablen Erkenntnisse desselben die unfruchtbare Prätension auf Menschheitslösungen abzustellen, ja überhaupt die unbescheidene Perspektive auf „totale" Systeme aufzugeben, und den Versuch zumindest zu unternehmen, den Lebenstag der Menschheit ebenso locker aufzubauen, wie ein gutausgeschlafener, vernünftiger Mensch seinen Tag antritt.

Soviel hiervon. Daß Ihnen die „Käuferin" [1] gefällt, freut mich sehr. Äußerst gespannt bin ich auf Ihr Urteil über den nun eben abgeschlossenen Drei-Groschen-Roman. Um zum Schluß über meine Beschäftigung ein Wort zu sagen, so wird sie augenblicklich vor allem durch das Studium von Bachofen bestimmt, zu dem mich der Teil meiner Bücher, die ich hier vorgefunden habe, vorzüglich ausrüstet. Die Erscheinung dieses Mannes ist faszinierend; ich wäre recht froh,

Gelegenheit zu haben, ihn in der Nouvelle Revue Française zu porträtieren.

[. . .]

1 Gedicht von Brecht.

240 An Gerhard Scholem

11. August 34

Lieber Gerhard,

den Augenblick, da ich die – nun wohl endgültig letzte – Hand an den „Kafka" lege benutze ich um explizit auf einige Deiner Einwendungen zurückzukommen, auch Fragen, Deinen Standort betreffend, anzuschließen.

Ich sage „explizit" – denn implizit geschieht dies in einigen Hinsichten durch die neue Fassung. Ihre Veränderungen sind erheblich, das in Deinem Besitz befindliche Manuscript ist, wie schon gesagt, überholt.. Ich erwarte es täglich. Das revidierte kann ich Dir aus technischen Gründen unmöglich schicken, ohne [daß] das ursprüngliche in meiner Hand ist.

Einige dringende Bitten voraus: 1) wenn irgend möglich mir „Hagadah und Halacha" von Bialik[1] baldigst zugänglich zu machen; ich benötige die Lektüre. 2) den Brief an Schoeps, an den Du mich erinnerst[2], als Unterlage der zurzeit zwischen uns anhängigen Aussprache mir zu senden.

Nun die paar Hauptpunkte:

1) Das Verhältnis meiner Arbeit zu Deinem Gedicht möchte ich versuchsweise so fassen: Du gehst vom „Nichts der Offenbarung" aus (vrgl. unten 7), von der heilsgeschichtlichen Perspektive des anberaumten Prozeßverfahrens. Ich gehe von der kleinen widersinnigen Hoffnung, sowie den Kreaturen denen einerseits diese Hoffnung gilt, in welchen andererseits dieser Widersinn sich spiegelt, aus.

2) Wenn ich als stärkste Reaktion Kafkas die Scham be-

zeichne, so widerspricht das meiner sonstigen Interpretation in keiner Weise. Vielmehr ist die Vorwelt – Kafkas geheime Gegenwart – der geschichtsphilosophische Index, der diese Reaktion aus dem Bereich der Privatverfassung heraushebt. Das Werk der Thora nämlich ist – wenn wir uns an Kafkas Darstellung halten – vereitelt worden.

3) Hiermit hängt die Frage der Schrift zusammen. Ob sie den Schülern abhanden gekommen ist oder ob sie sie nicht enträtseln können, kommt darum auf das gleiche hinaus, weil die Schrift ohne den zu ihr gehörigen Schlüssel eben nicht Schrift ist sondern Leben. Leben wie es im Dorf am Schloßberg geführt wird. In dem Versuch der Verwandlung des Lebens in Schrift sehe ich den Sinn der „Umkehr", auf welche zahlreiche Gleichnisse Kafkas – von denen ich „das nächste Dorf" und den „Kübelreiter" herausgegriffen habe, hindrängen. Sancho Pansas Dasein ist musterhaft, weil es eigentlich im Nachlesen des eignen wenn auch närrischen und donquichotesken besteht.

4) Daß die Schüler – „denen die Schrift abhanden gekommen ist" – nicht der hetärischen Welt angehören, ist von mir anfangs betont worden, indem ich sie gleich den Gehilfen zu denjenigen Kreaturen stellte, für die, nach Kafkas Wort, „unendlich viel Hoffnung" vorhanden ist.

5) Daß ich den Aspekt der Offenbarung für Kafkas Werk nicht leugne geht schon daraus hervor, daß ich – indem ich sie für „entstellt" erkläre – den messianischen für sie anerkenne. Kafkas messianische Kategorie ist die „Umkehr" oder das „Studium". Richtig vermutest Du, daß ich der theologischen Interpretation an sich nicht den Weg verlegen will – praktiziere ich sie doch selbst – sondern nur der frechen und leichtfertigen aus Prag. Die auf das Benehmen der Richter gestützte Argumentation habe ich als unhaltbar zurück gezogen (sogar noch ehe Deine Vorstellungen eintrafen).

6) Kafkas stetes Drängen auf das Gesetz halte ich für den toten Punkt seines Werkes, womit ich nur sagen will, daß es grade von ihm aus interpretativ mir nicht zu bewegen scheint. Mit diesem Begriff will ich mich in der Tat explizit nicht einlassen.

7) Ich bitte Dich um Erläuterung Deiner Umschreibung, Kafka stelle „die Welt der Offenbarung in jener Perspektive dar, in der sie auf ihr Nichts zurückgeführt wird."

Soviel für heute. Gute Besserung für Escha, alles Herzliche für Dich

Dein Walter

1 Diesen bedeutenden Aufsatz des großen Dichters Chajim Nachman Bialik (gest. 1934) hatte Scholem im „Juden" IV (1919), S. 61–77, aus dem Hebräischen übersetzt.

2 Vgl. den Brief vom 28. Februar 1933 (Nr. 215, S. 562).

241 An Gerhard Scholem

15. September 1934

Lieber Gerhard,

ich gestehe eigentlich vorgehabt zu haben, mit Schreiben auf die Bestätigung der letzten, numerisch eingeteilten Bemerkungen zu Kafka durch Dich zu warten. Aber nun verbietet mir schon die fällige dankende Bestätigung des Cheks für den Baader, diese Zeilen länger hinaus zu schieben. Auch bin ich Dir Dank für den Sonderdruck der Kritik an [Isaak] Breuer[1] und die Abschrift des an Schoeps gerichteten Briefes schuldig.

[...]

Damit soll nicht gesagt sein, daß [solchen Abschluß] der Kafka selber gefunden hat. Vielmehr gedenke ich ihn weiter aus einer Reihe von Betrachtungen zu speisen, die ich inzwischen fortgesponnen habe – und in denen mir eine bemerkenswerte Formulierung in Deinem Brief an Schoeps weiteres Licht zu geben verspricht. Sie heißt: „Nichts ... ist, auf historische Zeit bezogen, mehr einer Konkretisation bedürftig als ... die ... „absolute Konkretheit" des Offenbarungswortes. Ist doch das absolut Konkrete das Unvollziehbare schlechthin." Damit ist gewiß eine Kafka unbedingt betreffende Wahrheit ausgesprochen; gerade damit auch wohl eine Perspektive eröffnet, in der der geschichtliche Aspekt seines

Scheiterns am ersten sinnfällig wird. Bis aber diese und anschließende Überlegungen eine Gestalt finden, die sie definitiv mitteilbar macht, wird wohl noch einige Zeit hingehen. Und Dir wird das umso verständlicher sein, als die wiederholte Lektüre meiner Arbeit wie auch meine brieflichen Glossen zu ihr, Dir greifbar gemacht haben werden, daß gerade dieser Gegenstand alle Eignung hat, sich als Kreuzweg der Wege meines Denkens herauszustellen. Bei seiner gründlicheren Markierung werde ich übrigens auf den Aufsatz von Bialik bestimmt nicht verzichten können. Wäre es nicht möglich, das betreffende Heft des „Juden" leihweise für mich ausfindig zu machen?

[...]

Ja, die letzte „Fackel" ist auch in meine Hände gekommen[2]. Aber nach dieser Berührung könnten wohl auch die eines Galizianers ihre Beredtsamkeit einbüßen – von meinen Lippen garnicht zu reden. Hier ist wirklich ein neuer Timon aufgestanden, der den Erwerb seines Lebens hohnlachend unter die falschen Freunde verteilt!

Zum Schluß: Du bist so gut, Dich der französischen Übersetzung der „Berliner Kindheit" zu entsinnen. Davon bestehen 5 Stücke; an ihre Verwertung ist aber darum nicht zu denken, weil ich mit dem Mitarbeiter mich überworfen habe, aus Umständen die höchst pittoresk aber brieflicher Darstellung nicht zugänglich sind – im übrigen nichts mit dieser Arbeit zu tun haben[3]. Aber vielleicht wird es uns doch noch einmal so gut [gehen], daß ich Dir Glanz und Elend des letzten ibizenkischen Sommers in abendlicher Ruhe vormalen kann.

Soviel für heute [...]

Dein Walter

1 „Politik der Mystik", aus der „Jüdischen Rundschau" 1934, no. 57.
2 Das große Heft 890–905 der „Fackel" vom Juli 1934, mit dem Titel „Warum die Fackel nicht erscheint".
3 Vgl. die „Erinnerungen an W. B.", die der Übersetzer, Jean Selz, in der „Neuen Zürcher Zeitung" vom 8. Oktober 1961 veröffentlicht hat.

Skovbostrand per Svendborg, 16. Sept. 1934

Lieber Herr Horkheimer,

ohne eine Vorstellung davon zu haben, wo diese Zeilen Sie erreichen werden, will ich Ihnen – auf gut Glück – kurz Nachricht von meinem Sommer geben.

Durch Herrn [Friedrich] Pollock werden Sie gewiß erfahren haben, daß wir uns – nach einem abweichenden Projekt – auf eine Arbeit geeinigt haben, die die kulturwissenschaftliche und kulturpolitische Inventur der „Neuen Zeit" vornimmt. Es war natürlich nicht allein der glückliche Umstand, daß mir die Zeitschrift an Ort und Stelle vollständig zur Verfügung steht, der mich zu diesem Vorschlag bestimmte. Vielmehr traten zu diesem Umstand zwei Überlegungen.

Erstens scheint es mir naheliegend, einmal an einem praktischen Beispiel zu zeigen, wie kollektive Erzeugnisse des Schrifttums einer materialistischen Bearbeitung und Analyse besonders entgegenkommen, ja erst in solcher Bearbeitung einer vernünftigen Abschätzung zugänglich werden. Dafür ist eine Zeitschrift vom Format der „Neuen Zeit" ein Muster. Zweitens aber hatte ich die Absicht, durch eine Arbeit, deren dokumentarisches Interesse – ganz abgesehen vom Standpunkt des Verfassers – ein gesichertes ist, auch von der technischen Seite her den Zwecken des „Instituts für Sozialforschung" zu dienen.

Obwohl ich die Studie mit dem ersten Halbjahrsband von 1914 abschließe – während des Krieges tritt die Kulturpolitik in der Zeitschrift natürlich ganz zurück – ist das zu prüfende Material, das sich auf 32 Bände verteilt (und fast alle sind ja gedoppelt) recht umfangreich. Ich habe daher auch die Materialbeschaffung noch lange nicht abgeschlossen und werde aus diesem Grunde meinen Aufenthalt hier noch ausdehnen.

Immerhin ist das nur in gewissen Grenzen möglich und daher wüßte ich gern, ob die Zeitschrift, sei es komplett, sei es in größeren Teilen, etwa in Ihrer oder in einer sonstigen genfer Bibliothek vorhanden ist. Daß ich späterhin durch

Ihre freundliche Vermittlung Mehrings „Geschichte der Sozialdemokratie“ und einige andere Werke, die ich zur Ergänzung meiner Materialien heranziehen muß, bekommen kann, halte ich für sicher.

Wenn Sie Europa in absehbarer Zeit überhaupt wieder betreten, so werden wir uns – wie ich bestimmt hoffe – sehen und können dann an Hand meines Materials die Arbeit besprechen. Wahrscheinlich wäre es günstig, wenn das in Genf geschehen könnte, und von mir aus ist das vielleicht nicht ganz unmöglich, da ich unter Umständen meinen Sohn in der Schweiz treffen werde. In diesem Falle würde ich von hier direkt in die Schweiz gehen. Aber diese Dispositionen sind noch nicht übersichtlich; immerhin würde es mich sehr freuen, baldigst die Ihrigen zu erfahren.

Wollen Sie mir auch schreiben, ob Sie etwa durch Paris kommen, und wann?

Ihnen, und dem Institut, ist es, hoffe ich, in Amerika ganz nach Wunsch gegangen. Ich für mein Teil darf mit dem Sommer zufrieden sein. Zwar ist diese Südspitze von Fünen eine der abgelegensten Gegenden, die man sich denken kann und ihre Unerschlossenheit hat nicht nur Vorteile, aber durch vielfältige Besuche und einen guten Radioapparat ist der Kontakt mit der großen Welt hergestellt. Freilich hätte man gerade in diesem Sommer ja keinesfalls auf ihn verzichten können. Den österreichischen Putsch von Anfang an – er begann ja auf dem wiener Sender – mitzuerleben, wie es mir durch Zufall geschah, ist eine wirklich denkwürdige Erfahrung gewesen.

[...]

Ihnen und Ihrer Frau sende ich einen herzlichen Gruß und die besten Wünsche

Ihr Walter Benjamin

243 *An Werner Kraft*

Svendborg, 27. September 1934

[...] Zu den Einzelheiten der großen Darlegung der Fackel[1] kann ich mich noch nicht äußern, ja, ich muß dahingestellt sein lassen, ob ich es je werde tun können. Die Kapitulation vor dem Austrofaschismus, die Beschönigung des gegen die Wiener Arbeiter eingesetzten weißen Terrors, die Bewunderung für die – Lassalle ebenbürtige – Rhetorik von Starhemberg (dessen Worte ich zufällig selber im Rundfunk hörte) – all die hier einschlägigen Stellen – die ich las – machen die Befassung mit ferneren für mich zu einer unverbindlichen Sache, die – ob ich ihr nun nähertrete oder nicht – für mich sich in der Frage schon liquidiert hat: Wer kann nun eigentlich noch umfallen? Ein bitterer Trost – aber auf dieser Front werden wir keinen Verlust mehr haben, der neben diesem auch nur der Erwähnung wert wäre. Der Dämon ist stärker als der Mensch bezw. der Unmensch gewesen: er konnte nicht schweigen und so hat er – im Selbstverrat – den Untergang des Dämons gefunden. – Sehr dankbar wäre ich Ihnen für Bemerkungen zu meinem Kafka wie auch für sonstige sprachliche Glossen an meine Adresse, welche Sie mir in Aussicht stellten.

1 Es handelte sich um die von Karl Kraus eingenommene politische Stellung.

244 *An Gerhard Scholem*

Svendborg, 17. Oktober 1934

Lieber Gerhard,

mit Kafka geht es immer weiter, und ich bin Dir darum dankbar für Deine neuen Bemerkungen. Ob ich den Bogen jemals so werde spannen können, daß der Pfeil abschnellt, ist natürlich dahingestellt. Während aber meine sonstigen Arbeiten recht bald den Terminus gefunden hatten, an dem ich von ihnen schied, werde ich es mit dieser länger zu tun haben. Warum, deutet das Bild vom Bogen an: hier habe ich es mit zwei Enden zugleich zu tun, nämlich dem politischen und dem mystischen. Das soll übrigens nicht heißen, daß ich mich in den letzten Wochen mit der Sache befaßt hätte. Vielmehr wird die in Deinem Besitz befindliche Fassung für eine Weile unverändert ihre Geltung behalten. Ich habe mich darauf beschränkt zur späteren Reflexion einiges bereitzustellen.

[...]

Bedrohlich ist die Tatsache, daß das Institut für Sozialforschung nach Amerika übersiedelt. Eine Lösung, ja nur Lockerung meiner Beziehung zu seinen Leitern könnte leicht davon die Folge sein. Was das bedeutet, will ich nicht ausführen. – Wenn Du das Buch von Borkenau[1] gelesen hast, so bist Du übrigens mit der Aktivität des Instituts wohl besser vertraut als ich. Denn die Kreise, mit denen ich diesen dicken Band bisher von weitem umstrichen habe, enger zu ziehen, kommt nach Deinem Bericht nun für mich wohl kaum mehr in Frage.

Ich bin 14 Tage von hier fort, in Kopenhagen und in einer kleinen Provinzstadt gewesen, wo ich eine Bekannte aus Deutschland getroffen habe. Leider war ich die meiste Zeit meiner Abwesenheit bettlägerig. Immerhin habe ich in Kopenhagen das Etablissement eines Tätowierkünstlers entdeckt und die kleine Sammlung von Bilderbogen, die ich nach der Trennung von den Kinderbüchern mir angelegt habe, um einige herrliche Original-Tätowier-Vorlagen, von der Künstlerhand des Meisters, vermehrt. [...]

Ich hoffe Bloch demnächst zu begegnen. Von hier nämlich fahre ich in drei Tagen ab. Und zwar gehe ich zu Dora, die in San Remo ein Etablissement übernommen hat. Stefan ist noch in Deutschland, soll aber im nächsten Frühjahr ebenfalls herunterkommen. Ich schreibe mit klammen Fingern in einem eiskalten Zimmer und kann nicht mehr viel hinzufügen. Solltest Du Kraft sehen, so sage ihm bitte Dank für seinen Brief. Deine Neujahrsglückwünsche erwidere ich spät aber herzlich und habe umso triftigeren Grund, Dir die denkbar beste Gesundheit zu wünschen als Du – Deiner Äußerung nach – den Jakobsroman[2] lesen willst, wenn Du krank wirst.

Dein Walter

1 „Der Übergang vom feudalen zum bürgerlichen Weltbild", Paris 1934. Scholem hatte sich sehr kritisch dazu geäußert.
2 Von Thomas Mann.

245 *An Max Horkheimer*

San Remo [1934]

Lieber Herr Horkheimer,

Ihr Brief erreicht mich eben im Augenblick meiner Abreise von Paris. Herzlichen Dank für Ihre Anfrage! Die Möglichkeit, in Amerika, sei es an Ihren Forschungen, sei es an denen Ihnen befreundeter Institute tätig zu sein, würde ich auf das Dankbarste begrüßen. Ja ich darf sagen: Sie verfügen für jedes Arrangement, das Ihnen zweckmäßig erscheint, im voraus über meine Zustimmung.

So dankbar ich Ihrem Brief für die – wenn auch ungewisse – Aussicht bin, die er mir mit Ihrer Anfrage eröffnete, so schwer finde ich mich damit ab, unsere persönliche Begegnung auf lange hinausgeschoben zu sehen. Aus meinem letzten Briefe werden Sie entnommen haben, daß ich sie mit dem Winter in greifbare Nähe gerückt hoffte. – Das wäre zunächst für meine Arbeit sehr erwünscht gewesen. Es würde ihr gewiß zu statten kommen, wenn wir gemeinsam das umfängliche Material vornehmen könnten, das ich in den ungefähr vierzig Doppelbänden der „Neuen Zeit" gesammelt habe. Ich habe darauf Wert gelegt, es so zu wählen, daß es mehrfache Formen der Verarbeitung zuläßt. In der Tat würde ich mich nicht gern auf einen definitiven Text festlegen, ohne die Sache mit Ihnen durchgesprochen zu haben. Da auf der andern Seite die Zeitschrift noch mein großes Sammelreferat zur Sprachsoziologie im Manuscript besitzt[1], so könnte der Artikel über die „Neue Zeit“ vielleicht zu einem Termin angesetzt werden, der uns für eine mündliche Aussprache Zeit läßt.

So sehr mir diese Arbeit am Herzen liegt, so wenig stellt sie freilich den einzigen oder auch nur nächstliegenden Gegenstand einer Aussprache mit Ihnen dar. Wir hatten, als Sie im Frühjahr das letzte Mal durch Paris kamen, beide mit einem früheren Wiedersehen gerechnet. Sie ließen damals das Gespräch auch auf meine wirtschaftliche Lage kommen und waren so freundlich, mich Ihrer Hilfsbereitschaft auch für die Zeit Ihrer Abwesenheit zu versichern. Ich meinerseits versprach Ihnen, von ihr nicht ohne äußerste Notwendigkeit Gebrauch zu machen und so habe ich es auch gehalten. Einmal in dieser Zeit habe ich mich an Herrn Pollock gewandt und er hat mir auf meine Bitte den Betrag für meine Übersiedlung nach Dänemark und den inzwischen erfolgten Transport eines Teils meiner Bibliothek zur Verfügung gestellt. Inzwischen ist es mir den Sommer über gelungen, mit meiner kleinen Rate Haus zu halten, ja, durch Verkäufe aus meiner Bibliothek habe ich auch noch die große, kostspielige Reise bestreiten können, auf der ich mich eben befinde und von der Paris eine Etappe ist.

Ich kann nämlich, so leid es mir tut, hier nicht bleiben. Nichts wäre mir von Hause aus mehr erwünscht. Nachdem im Laufe dieses Sommers die letzten Möglichkeiten journalistischer Arbeit für mich weggefallen sind – aus Deutschland bekommt man ja keine Überweisungen mehr – würde nichts mehr im Wege stehen, jenes große, auf jahrelangen Studien über Paris beruhende Buch in Angriff zu nehmen, von dessen Plan ich Ihnen gelegentlich sprach. Ich habe mich im Sommer mit diesem Material weiter beschäftigt, und heute steht der klare Bau des Buches vor meinen Augen. Es wäre – nach dem Urteil eines pariser Freundes – sehr denkbar, hiesige Verleger für die Sache zu interessieren. Aber – ich bin im Augenblick nicht in der Lage, selbst meinen Aufenthaltsort zu bestimmen.

Ja, so dringend diese Arbeit Paris verlangt, so glücklich

muß ich auf der andern Seite darüber sein, daß sich durch ein kleines Pensionsunternehmen, das meine frühere Frau an der Côte d'azur sich eröffnet hat, mir die Möglichkeit bietet, ein oder zwei Monate dort ein Unterkommen zu finden. Eben diesem Umstand verdanke ich es, diese Zeilen nicht mit einer Bitte abschließen zu müssen. Aber es sind nur ein bis zwei Monate, die dergestalt als Ruhepause noch vor mir liegen und wenn dieser Brief Sie erreicht, wird ein Viertel dieser Frist schon verstrichen sein.

Ich habe Ihnen, lieber Herr Horkheimer, diese Darstellung gegeben, um Ihnen den vollen Sinn meines Einverständnisses mit Ihrer Anfrage zum Ausdruck zu bringen. Sollte freilich die amerikanische Möglichkeit sich vorläufig nicht realisieren, so würde ich – abgeschnitten von allen, auch den bescheidensten deutschen Hilfsquellen – in Kürze noch einmal über meine Existenzmöglichkeiten mit Ihnen zu Rate gehen müssen.

Mit herzlichen Wünschen für Sie und Ihre Frau sowie vielen Grüßen im Umkreis

Ihr Walter Benjamin

1 Erschien in der „Zeitschrift für Sozialforschung" 4 (1935), S. 248 bis 268.

246 An Werner Kraft

San Remo, 12. November 1934

Lieber Herr Kraft,

Unsere Korrespondenz hat mich im Laufe der letzten Monate gewaltig in Ihre Schuld versetzt und wenn ich eingehendere Nachrichten immer bis auf einen ruhigeren Zeitpunkt verschob, so kann ich doch selbst nun, da ich ihn für gekommen erachte, nicht alle aufnehmen, wie ich es gern täte. Für das Wesentlichste handelt es sich allerdings nur um Aufschub, wenn auch wohl einen geraumen. Denn Ihre letzten Briefe habe ich bei denjenigen Papieren aufbewahrt, die ich im Augenblick, da ich wieder an meinen Kafka gehen werde, wieder vornehme.

Ich weiß nicht, ob ich Ihnen schrieb, daß eine eingehende neue Befassung mit dieser Arbeit eigentlich schon im Moment ihres „letzten" Abschlusses bei mir feststand. Es kamen in solcher Überzeugung mehrere Umstände zusammen. An erster Stelle die Erfahrung, daß diese Studie mich an einen carrefour meiner Gedanken und Überlegungen gebracht hat und gerade die ihr gewidmeten weiteren Betrachtungen für mich den Wert zu haben versprechen, den auf weglosem Gelände eine Ausrichtung im Kompaß hat. Im übrigen – falls die Meinung einer Bestätigung bedurft hätte, so wäre sie mir in den lebhaften und verschiedenartigen Reaktionen geworden, die diese Arbeit bei Freunden hervorgerufen hat. Die Anschauungen, die Scholem über sie hegt, sind Ihnen bekannt; bemerkenswert war mir, wie treffsicher Sie die Opposition erraten haben, die von Brechts Seite gegen diese Studie zu erwarten war, wenn Sie auch von deren zeitweiliger Heftigkeit kaum eine Vorstellung haben. Die wichtigsten Auseinandersetzungen über diesen Gegenstand, die der Sommer gebracht hat, habe ich seinerzeit schriftlich festgehalten[1], und Sie werden ihrem Niederschlag wohl früher oder später im Text selbst begegnen. Im übrigen haben Sie sich ja diese Einwände bis zu einem gewissen Grade zu eigen gemacht. In der Tat kann man die Form meiner Arbeit als problematisch empfinden. Aber eine andere gab es für mich in dem Falle nicht; denn ich wollte mir freie Hand lassen; ich wollte nicht abschließen. Es dürfte auch, geschichtlich gesprochen, noch nicht an der Zeit sein, abzuschließen – am wenigsten dann, wenn man, wie Brecht, Kafka als einen prophetischen Schriftsteller ansieht. Wie Sie wissen, habe ich das Wort nicht gebraucht, aber es läßt sich viel dafür sagen, und das wird von meiner Seite vielleicht noch geschehen.

Je mehr freilich meine Arbeit sich dem lehrenden Vortrag nähern würde – ich glaube übrigens, daß das auch in der spätern Fassung nur in bescheidenen Grenzen der Fall sein könnte. Desto deutlicher werden in ihr Motive zutage treten, mit denen Sie sich wahrscheinlich weit schwerer befreunden werden als mit ihrer derzeitigen Form. Ich denke vor allem an das Motiv des Gescheitertseins von Kafka. Dieses hängt aufs engste mit meiner entschlossen pragmatischen Interpretation Kafkas zusammen. (Besser gesagt: es war diese Betrachtungsweise ein vorwiegend instinktiver Versuch, die falsche Tiefe des unkritischen Kommentars zu vermeiden, Beginn einer Deutung, die bei Kafka das Geschichtliche mit dem Ungeschichtlichen verbindet. Ersteres kommt in meiner Fassung noch zu kurz.) In der Tat glaube ich, daß jede Interpretation, die – im Gegensatz zu Kafkas eigenem, in diesem Falle unbestechlichen und lauteren, Gefühl – von der Annahme eines durch ihn realisierten mystischen Schrifttums ausginge statt von eben jenem Gefühl des Autors selbst, seiner Richtigkeit und den Gründen des notwendigen Scheiterns – den geschichtlichen Knotenpunkt des ganzen Werkes verfehlen würde. Erst an diesem Punkte ist eine Betrachtung möglich, die der legitimen mystischen Auslegung – die nicht als Auslegung seiner Weisheit sondern seiner Torheit zu denken ist – ihr Recht gibt. Das habe ich ihr in der Tat nicht gegeben; aber nicht, weil ich Kafka zu wenig, sondern weil ich ihm zu weit entgegengekommen bin. Immerhin hat Scholem die Grenzen, über die schon die gegenwärtige Niederschrift sich nicht zu bewegen gewillt ist, sehr deutlich empfunden, wenn er mir zum Vorwurf macht, an Kafkas Begriff der „Gesetze" vorüberzugehen. Ich werde – in einem späteren Zeitpunkt – den Versuch machen, aufzuzeigen, wieso – im Gegensatz zum Begriff der „Lehre" – der Begriff der „Gesetze" bei Kafka einen überwiegend scheinhaften Charakter hat und eigentlich eine Attrappe ist.

Für den Augenblick mag das genügen. Leid tut mir, daß ich Ihnen ein Exemplar der gegenwärtigen Fassung nicht zur Verfügung stellen kann und dies um so mehr als ja wohl nicht die geringste Aussicht besteht, die Arbeit in dieser oder sonst einer Form gedruckt zu sehen. Sie steht auch in äußerer Hinsicht somit an einem extremen Ort und ist wohl geeignet, mich hin und wieder zur Betrachtungsweise des „Essays" zurückzuführen, die ich im übrigen mit ihr abgeschlossen haben möchte. Dank für den Hinweis auf den Aufsatz von Margarete Susman.[2] Noch mehr Dank würde ich Ihnen schulden, wenn Sie mir Ihren Kommentar zum „Alten Blatt" senden.[3]

Daß wir unsere Betrachtungen über Kraus schriftlich nicht fortsetzen, schlagen Sie mit Recht vor. Ich möchte Sie aber auf einen kleinen Sonderdruck[4] aufmerksam machen, in dem, zu Kraus' sechzigstem Geburtstag, Freunde ihrem Dank und ihrer Anhänglichkeit Ausdruck gegeben haben, weil ich nicht weiß, ob er Ihnen zu Gesicht gekommen ist. (Vielleicht können Sie diesen Privatdruck durch Jaray in Wien bekommen.) Eine recht schöne Betrachtung von Viertel steht darin; übrigens auch ein Gedicht von Brecht.

Ja, schreiben Sie mir, was Sie sich zu Montaigne zurecht gelegt haben. Ich kenne ihn wenig, etwas näher allerdings den Lukrez, der nun in der Tat eine ganz wunderbare Figur ist. Ihm verdanke ich die schönsten Lesestunden, die mir nach meiner Knabenzeit noch gegeben waren. Das war im Sommer vor zwei Jahren, als ich jeden Morgen von meinem Zimmer am einsamen Strand von Ibiza um $1/2$ 7 ins Meer stieg, um zu baden und dann an einer unzugänglichen Waldstelle, in einem Polster von Moos und vor der schon heißen Sonne geschützt, eine Stunde lang, ehe ich zum Frühstück ging, Lukrez zu lesen. Und Lukrez ist vor mancherlei Sonnenpfeilen ein Schutz. Sein Kapitel über die Liebe gehört sicher zu den bemerkenswerten Dingen, die in der Weltliteratur darüber zu finden sind.

Ich würde mich freuen, bald Gutes von Ihnen zu hören. Natürlich ist mir auch an allem gelegen, was Sie mir über Ihre Wahrnehmungen und Betrachtungen über Palästina mitteilen können. – Leider muß ich fürchten, daß Ihre privaten Verhältnisse sich durch die neuen Devisenvorschriften von Deutschland nicht vereinfacht haben. Werden Sie vor der Hand drüben bleiben? Meine Adresse finden Sie untenstehend. Ich werde wohl einige Monate an der côte bleiben, sei es hier, sei es in Frankreich.

Ehe ich schließe, will ich Sie noch auf ein wenig bekanntes Buch hinweisen, das ich vor kurzem las und das ich an Bedeutung für mich über fast alle großen Romane, ja unmittelbar hinter die Chartreuse de Parme stelle. Es ist „der Junker von Ballantrae" von Stevenson. Verschaffen Sie sich das, wenn Sie können.

1 Das Heft mit der Aufzeichnung dieser Gespräche ist in W. B.s Nachlaß erhalten. Brecht erklärte, der Aufsatz leiste dem „jüdischen Faschismus" Vorschub.
2 Das Hiob-Problem bei Franz Kafka. In: „Der Morgen" V, 1, 1929.
3 In Kafkas „Landarzt".
4 Stimmen über Karl Kraus zum 60. Geburtstag, Wien 1934. Darin von Brecht „Über die Bedeutung des zehnzeiligen Gedichts in der 888. Nummer der Fackel (Oktober 1933)".

247 An Alfred Cohn

San Remo, 19. Dezember 1934

Lieber Alfred,

ich hatte die Freude, Deinen Brief an der angegebenen Stelle zu finden. Mit Ruhe und aller Aufmerksamkeit habe ich ihn gelesen und daraus entnommen, mit wie kluger Hand Du die zarte Flamme der Hoffnung vor dem Windstoß der Zeitgeschichte beschützt. Ich wünsche Dir einen häuslichen, wohlbestellten Kamin, in dem sie eines guten Tages zündet.

Und wie sieht es mit mir aus? So daß man wirklich Bedenken haben muß, einem lebensklugen Manne wie Dir im Langen und Breiten davon zu erzählen. Wenn mir einer erklärte, ich könne von Glück sagen, in der herrlichsten Gegend – und San Remo ist wirklich besonders schön – ohne tägliche Lebens- und Existenzsorgen meinen Gedanken promenierend oder schreibend nachgehen zu dürfen – was sollte ich dem Mann erwidern. Und wenn ein anderer sich vor mir aufbaute, um mir ins Gesicht zu sagen, es sei ein Elend und eine Schande, so gleichsam in den Trümmern seiner eignen Vergangenheit sich einzunisten [1], fern von allen Aufgaben, Freunden und Produktionsmitteln – vor dem Mann würde ich erst recht betreten schweigen.

Natürlich bin ich um das tägliche Pensum nicht in Verlegenheit. Aber es wäre an der Zeit, es wieder einmal von weitem und aus dem Ganzen her zu bestimmen; wie sehr, das erkenne ich, seitdem ich begonnen habe, meine Studien zu den „Passagen" genau und systematisch durchzugehen. Leider besteht nicht die geringste Aussicht, meinen Aufenthaltsort in absehbarer Zeit frei wählen zu können; ich werde froh sein müssen, wenn ich ihn wechseln kann. Ob es im übrigen wieder in nördlichem Sinne geschehen wird, ist zweifelhaft – seit Brecht in London ist – wo er sich offenbar immer noch aufhält – ist keinerlei Nachricht von ihm zu erhalten.

Kurz, um die Möglichkeit eines bürgerlich-geselligen Umgangs, der mir hier vollkommen abgeht, beneide ich Dich nicht wenig. Entschädigt werde ich in den nächsten Tagen durch Stefans Kommen werden, der die Weihnachtsferien hier zubringen wird, um Ostern, wenn irgend möglich, auf eine hiesige Schule überzugehen.

Daß Du von Deiner alten Gewohnheit, mich zu beschenken, noch immer nicht lassen kannst, habe ich mit seltner Freude vernommen. Ich hätte Lust, mich wieder einmal von Hand zu Hand bei Dir zu bedanken – beziehungsweise den Bilderbogen an Ort und Stelle in Empfang zu nehmen – aber es ist doch sehr zweifelhaft, ob die Küste mich bis zu Dir geleiten wird [2]. Dazu kommt, daß die so tief in mich eingegrabnen Linien Ibizas in der letzten Zeit in schmerzhaften Konfigurationen sich zusammengezogen haben. Damit meine ich nicht nur und nicht an erster Stelle den Tod von Jean Jacques Noeggerath [3] – weil aber dessen Lebensfaden zufällig durch einen Knoten des meinigen lief, hat mich dieser Tod doch viel mehr betroffen als es nach der Art unseres Umgangs vermutbar gewesen wäre.

Zur Literatur wüßte ich Dir heute nicht viel zu melden. Erst vom Hörensagen ist mir bekannt, daß im Verlag Oprecht und Helbling – dessen Lektor Bernhard von Brentano ist – das neue Buch von Bloch herausgekommen ist. Es soll – wie mir von einer freilich nicht unbedingt unfehlbaren Stelle mitgeteilt wurde – peinliche und bösartige Auseinandersetzungen mit mir enthalten [4]. Warten wir ab! Brechts Roman [5] ist bei

Allert de Lange in Amsterdam erschienen. Ein neues Buch von Simenon habe ich gelesen „Les suicidés", das mir gefallen hat. Daß ich seit drei Monaten nicht müde werde, von Stevensons Roman „Der Junker von Ballantrae" zu sprechen, wirst Du wohl schon gemerkt haben und ich werde Dich kaum auf ihn hinzuweisen brauchen. – Vielleicht interessiert Dich, daß Hessel, wie ich aus der Frankfurter Zeitung ersah, Greens „Visionnaire" übersetzt hat.

Soviel für diesmal. Es wäre schön, wenn ich nicht allzu lange auf neue Nachrichten von Dir warten muß. Dir und Grete die herzlichsten Grüße

Dein Walter

1 W. B. wohnte in der von seiner geschiedenen Frau geführten Pension Villa Verde.
2 Alfred Cohn lebte damals als Kaufmann in Barcelona.
3 Sohn von Felix Noeggerath.
4 „Erbschaft dieser Zeit", 1935. Über Benjamin vor allem S. 275 ff.
5 „Der Dreigroschenroman", 1934.

248 An Karl Thieme

San Remo, 25. Dezember 1934

Lieber Herr Thieme,

längst habe ich vorgehabt, für die mehrfachen und gewichtigen Beweise Ihres Gedenkens Ihnen den aufrichtigsten Dank zu sagen. Nun gibt das Eintreffen Ihrer letzten Sendung und die Nähe des neuen Jahres, zu dem Sie meiner besonders herzlichen Wünsche versichert sein sollen, dazu den doppelten Anlaß.

Weil ich diesem Dank keine gemäßere Form geben könnte als die der eingehenden Auseinandersetzung mit Ihrer bedeutsamen abendländischen Bildungsgeschichte[1], muß er freilich als ein schriftlicher und den Bedingungen solcher Äußerung unterworfener, sehr unvollständig ausfallen. Mag das Wenige, daß ich einer mündlichen Aussprache mit Ihnen, die ich mir sehr erhoffe, voranschicke, Ihnen trotzdem willkommen sein!

Mit etwas mir dem Anschein nach Abliegendem zu beginnen: je weiter ich in Ihrem Brief vorankam und zumal als ich der seinen ganzen letzten Teil erleuchtenden Kritik der *devotio moderna* begegnete, desto öfter mußte ich an meinen lange verstorbenen Freund Florens Christian Rang denken, der mich in langen Gesprächen, die kaum je den Gegenständen der Theologie galten, mit einer theologischen Gedankenwelt vertraut gemacht hat, die tiefe Kommunikationen mit der Ihrigen aufwies. Ich kann es nicht anders denken, als daß sein Name Ihnen durchaus vertraut und seine „Deutsche Bauhütte“[2] längst bekannt ist. Daß Sie diesem Manne nicht mehr begegnen konnten, scheint mir dennoch beklagenswert. Ihm lebte, so wie Ihr Buch es für Sie bekräftigt, die gesamte abendländische Kultur aus den Gehalten der jüdisch-christlichen Offenbarung und ihrer Geschichte. In einem umfangreichen Kommentar, der bestimmt zu den merkwürdigsten Hervorbringungen der Exegese gehört, hat er ihre Herrschaft noch auf der Höhe der Renaissancedichtung – in Shakespeares Sonetten – erweisen wollen.

Es liegt auf der Hand, daß mich bei einer ersten Lektüre Ihres Werks die theologische Analyse der seit dem Humanismus herrschenden Bildungsidee besonders gefesselt hat. Ihr Begriff der Gemein-Wahrheit eröffnet Ihnen, wie mir scheint, hier außerordentlich weittragende Erkenntnisse. Ihre Analyse des Neuhumanismus sowie der Klassik erscheint mir vollkommen durchgreifend; ich habe diese Seiten mit außerordentlicher Spannung gelesen. Und wenn ich Ihnen dies sage, so brauche ich Sie kaum daran zu erinnern, daß mein Begriff der Gemein-Wahrheit – einen solchen erkenne ich an! – nicht der Ihrige ist; merke ich es an, so geschieht es nur um anzudeuten, wie breit der Weg durch die Bresche gebahnt ist, die Sie in die hieratische Mauer der humanistischen Bildung gehauen haben.

Unmöglich kann ich auf die vielen, vielen Stellen verweisen, an denen Sie im Vorübergehen kleine Wegsteine aufrichten, von denen aus einem Verweilenden sich klare und wohlgebaute intellektuelle Landschaften oder auch von einem Strahl der Einsicht erhellte Klüfte auftun: Ihre wunderbare

Charakteristik des Jesuitenstils als eines unbeteiligt aufgestellten Prospektes erlaubter Weltlust, Ihre Erhellung der lutherischen Sündenlehre aus dem Begriff der „verdammten" Pflicht und Schuldigkeit, Ihre theologische Kennzeichnung des Welttriebs als innercalvinistischer Auseinandersetzung, die Konfrontierung des Calvinismus, der nicht „gefragt" war mit den ersten Christen, an welche die Frage erging oder Ihr schöner Ursprungsnachweis des Jüngerschen „Arbeiterkriegers".

Daß die Behutsamkeit und die Kraft, die Sie dem, was Sie zu sagen hatten, zugewandt haben, nirgends verloren waren, fühlt jeder halbwegs geweckte Leser Ihrer Sprache an. Nicht jeder aber – nur darum erlaube ich mir diesen Hinweis – wird merken – wie es zufällig mir geschah –, daß Sie an manchen Stellen so tief in die Sache eingehen, daß vergangene Sprachgebärden mit ihr zum Vorschein kommen. So die des Pietismus, die in Samuel Collenbusch unvergleichlich Gestalt annahm[3] und mit der dieser Mann selber auf Ihrer p 136 von neuem vernehmbar wird: „An die Stelle von Luthers aus Dankbarkeit für seine gnadenreiche Erlösung Gott das Gute zu Liebe tuendem Gläubigen . . ."

Ich habe genug gesagt, um Ihnen meinen Dank, im Zusammenhang Ihres eigenen meines Buches gedacht zu haben, ganz fühlbar zu machen; nicht genug – das weiß ich sehr gut – um die künftige Aussprache, zu der ich kraft eben dieses Danks mich gedrungen fühle, überflüssig oder auch nur weniger dringlich zu machen. Im Sinn einer solchen darf ich Sie vielleicht – gewiß nur behelfsweise – auf Fragmente einer größeren Arbeit „Franz Kafka" hinweisen, die eben in der „Jüdischen Rundschau" erscheinen. Mir sind Exemplare erst angekündigt, so daß ich Ihnen leider keines mitsenden kann.

Es erübrigt nur noch, Ihnen zu sagen, mit wie großem Interesse ich die vier ersten Berichte über die gegenwärtige Lyrik[4] gelesen habe, die Sie an mich gehen ließen. Ich habe ihnen viel Interessantes entnommen, freilich auch manche Einrede gegen sie anzumelden. Worin ich Ihnen mit besonderem Nachdruck zustimme, das ist die Verwahrung, die Sie gegen die Doktrin der Natur *tel quel* – vor allem in dem Abschnitt über Elisabeth Langgässer – einlegen und die so eingreifend in Ihrem Aufsatz über Franziskus[5] wieder zu Worte kommt.

Ich werde vermutlich noch eine ganze Weile in San Remo bleiben, wo die Arbeitsbedingungen gewiß absolut gesehen ungünstig, relativ gesehen aber ganz annehmbar liegen. Daß Sie in absehbarer Zeit in meine Nähe kommen, ist wohl wenig wahrscheinlich, desto mehr würde es mich freuen, von Ihnen Nachricht zu erhalten.

Mit herzlichem Gruß

Ihr Walter Benjamin

1 „Das alte Wahre. Eine Bildungsgeschichte des Abendlandes", 1934.
2 Erschien 1924.
3 Über Collenbusch hat W. B. in dem Vorwort zu dessen Brief an Kant in „Deutsche Menschen" gehandelt.
4 Sammelrezensionen in der FZ, vom 21. Sept., 11. Okt., 27. Nov. und 5. Dez. 1934.
5 „Der Patron der katholischen Aktion". In „Franziskanisches Leben", Jg. 12. 1936.

249 An Gerhard Scholem

San Remo, 26. Dezember 1934

Lieber Gerhard,

Dein nach Dänemark an mich gerichteter Brief hat vor zwei Wochen endlich den Weg zu mir gefunden. Nicht so eine in ihm angekündigte deutsche Arbeit, die sich verloren haben muß. Ich hoffe sehr, daß es Dir möglich ist, mir ein anderes Exemplar von ihr sehr bald hierher zu senden. Ich müßte sonst auf den Gedanken kommen, daß eine obere Kraft beflissen sei, von den Quellen des mystischen Schrifttums mich abzuschneiden – und nicht nur den lauteren, sondern auch den getrübteren. Da ist zum Beispiel seit Wochen Blochs „Erbschaft dieser Zeit" erschienen. Aber glaubst Du, ich hätte das Buch zu Gesicht bekommen? Nur soviel weiß ich, daß Unruhe und Gezänk im Schoße der Getreuen darüber sich vorbereitet, indem ich teils zu den im Text mir erwiesenen Ehren beglückwünscht, teils gegen die – angeblich in denselben Stellen enthaltenen – Schmähungen in Schutz genommen werde. Auch vom Verfasser selbst ist schon ein Brief eingetroffen. Nur eben fehlen die Unterlagen, die mir erlauben würden, aus dem allem mir einen Vers zu machen.

Am wenigsten aber wirst Du zögern dürfen, mich mit authentischen Dokumenten zu versehen wenn ich Dir anvertraue, daß ich ins Hauptquartier der wirklichen Zauberjuden gefallen bin. Es hat nämlich [Oskar] Goldberg sich hier ansässig gemacht und seinen Schüler Caspary in die Cafés, die „Wirklichkeit der Hebräer" in den hiesigen Zeitungskiosk delegiert, während er selbst – wer weiß – im Casino die Probe auf seine Zahlenmystik[1] anstellt. Überflüssig zu sagen, daß ich nach dieser Seite keine Kommunikationen aufgenommen habe. Weniger selbstverständlich – aber leider nicht weniger wahr – daß solche auch nach sonst keiner Richtung hier für mich bestehen oder absehbar sind.

[...]

Den Worten, mit denen Dein letzter Brief meine Lage streift, läßt sich ein Irrtum nicht nachsagen. Das Schlimmste ist, daß ich müde werde. Und dies ist weniger eine unmittelbare Einwirkung meiner ungesicherten Existenz als der Isolierung in die deren Zufälle mich versetzen. Sie war kaum je vollendeter als hier, in einem Bade- und Fremdenpublikum, von dem für mich schwerlich etwas Ersprießliches zu erwarten ist, zu dem ich aber die Distanz, unter den obwaltenden Umständen, täglich von neuem herzustellen habe.

Es bedürfte nicht soviel, um mir eine Reise nach Palästina als erwünscht erscheinen zu lassen; in der Tat wäre ja nichts angezeigter, als wenn wir die Fundamente unseres Briefwechsels der mit den Jahren zu einem Wolkenkratzer herangewachsen ist, einmal gemeinsam inspizieren würden. Auch würde ich das Fahrgeld wohl am Ende zusammen bringen, wenn die – Hin- und Rückreise bestreitende – Summe sich auf einen genügenden Zeitraum verteilen ließe. Schreibe mir bitte näher, wie Du die Gestaltung der Sache Dir denken würdest, ob ich sie mit Vorträgen kombinieren könnte, usw.

In diesen Tagen ist wie Du gewiß gesehen hast der erste Teil des „Kafka“ erschienen und was lange gewährt hat ist nun leidlich geworden. Mir wird diese Publikation ein Anstoß sein, demnächst das Dossier von fremden Einreden und eigenen Reflexionen zu öffnen, das ich mir – ein in meiner Praxis durchaus neuer Fall – zu dieser Arbeit angelegt habe. In absehbarer Zeit wird nun auch wohl, in der „Zeitschrift für Sozialforschung“ mein großes Sammelreferat zur Sprachtheorie erscheinen, das ich – wie Du vielleicht schneller merken wirst als mir lieb ist – als ein Lernender geschrieben habe. Immerhin habe ich aus diesem coram publico erfolgenden Lehrvorgang Nutzen gezogen, und zwar noch ganz neuerdings durch die Bekanntschaft mit Karl Bühlers „Sprachtheorie“.

[...]

Dein Walter

1 Eine Anspielung auf Goldbergs Jugendschrift „Die fünf Bücher Mosis, ein Zahlengebäude“, Berlin 1908.

250 *An Theodor W. Adorno*

San Remo, 7. 1. 1935

Lieber Herr Wiesengrund,

ich vermute Sie zurück und gehe daran, Ihren großen Brief vom 17ten Dezember zu beantworten. Nicht ohne Zögern – er ist so gewichtig und greift derart in die Mitte der Sache ein, daß ich keine Aussicht habe, ihm auf brieflichem Wege gerecht zu werden. Umso wichtiger ist, daß ich Sie vor allem andern noch einmal der großen Freude versichere, die Ihr lebendiger Anteil in mir erweckt hat. Ich habe Ihren Brief nicht nur gelesen sondern studiert; er verlangt es, Satz für Satz überdacht zu werden. Da Sie meine Intentionen[1] aufs genaueste erfaßt haben, so sind Ihre Fehlanzeigen von größtem Belang. Das gilt in erster Linie von den Bemerkungen, die Sie über die mangelnde Bewältigung des Archaischen machen; es gilt also in ausgezeichneter Weise von Ihren Bedenken zur Frage der Weltalter und des Vergessens. Im übrigen räume ich ohne weiteres Ihren Einwendungen gegen den Terminus „Versuchsanordnung" das Feld und werde mit den sehr bedeutsamen Bemerkungen zu Rate gehen, die Sie über den stummen Film machen. Einen Fingerzeig gab mir der Umstand, daß Sie so besonders nachdrücklich auf die „Aufzeichnungen eines Hundes" hinweisen. Gerade dieses Stück ist mir – wohl als das einzige – noch im Verlauf meiner Arbeit am „Kafka" fortdauernd fremd geblieben und ich wußte – habe es auch wohl Felizitas gegenüber ausgesprochen – daß es mir sein eigentliches Wort noch zu sagen hätte. Ihre Bemerkungen lösen diese Erwartung ein.

Nachdem nun zwei Teile – der erste und dritte – erschienen sind, ist der Weg für die Neufassung frei; ob er freilich auf ein Publikationsziel hinauslaufen und Schocken die erweiterte Fassung in Buchform herausbringen wird, ist noch fraglich. Die Umarbeitung wird, soviel ich jetzt sehe, besonders den vierten Teil zu betreffen haben, der trotz des großen – oder vielleicht wegen des allzugroßen – Akzents der auf ihm liegt, selbst Leser wie Sie und Scholem nicht zur Stellungnahme vermocht hat. Im übrigen fehlt unter den Stimmen, die bisher laut geworden sind, auch Brechts nicht; und so hat sich alles in allem eine Klangfigur um ihn gebildet, der ich noch manches abzulauschen habe. Vorläufig habe ich eine Sammlung von Reflexionen angelegt, um deren Projektion auf den Urtext ich mich noch nicht kümmere. Sie gruppieren sich um das Verhältnis „Gleichnis = Symbol", in dem ich die Kafkas Werke bestimmende Antinomie denkgerechter gefaßt zu haben glaube als mit dem Gegensatz „Parabel = Roman". Die nähere Bestimmung der Romanform bei Kafka, über deren Notwendigkeit ich mit Ihnen einig bin und die bisher fehlt, kann nur auf einem Umweg erreicht werden.

Ich würde wünschen – und es ist garnicht so unwahrscheinlich – daß manche dieser Fragen noch offen stehen, wenn wir uns das nächstemal sehen werden. Falls ich mir nämlich wirklich Hoffnung im Sinn einer Andeutung von Felizitas machen kann, nach der Sie eine Osterreise nach San Remo erwogen haben. Ich wäre darüber sehr froh – ja mehr als Sie es, ohne meine gegenwärtige Isolierung ermessen zu können, wohl mutmaßen. Im Augenblick steht hier allerdings eine kurze Unterbrechung bevor; ich erwarte Wissing und so werde ich vielleicht noch mittelbar Zeuge seiner letzten berliner Monate, deren Ausklang Sie unmittelbar erlebten. Und auch das läßt mich eine Begegnung mit Ihnen erhoffen.

Über den Ostertermin hinaus sehe ich nicht. Brecht hat mich wieder nach Dänemark gebeten, und zwar schon jetzt. Nun werde ich San Remo wohl keinesfalls vor dem Mai verlassen, auf der andern Seite aber mein Hiersein, so wertvoll es mir als refugium ist, nicht ununterbrochen andauern lassen, denn die Isolierung von Freunden und Arbeitsmitteln macht es auf die Dauer zu einer gefährlichen Belastungsprobe. Dazu tritt natürlich eine jeden Augenblick lähmend empfundene Bindung an das striktest Lebensnotwendige. Da mir nun – dies zur Antwort Ihrer freundschaftlichen Anfrage vom Dezember, für die ich Ihnen herzlich danke – unter den hiesigen Umständen dieses Lebensnotwendigste dank der 100 sfr des Instituts nicht abgeht, so ist es in der Tat wohl kaum angezeigt, meine Angelegenheiten an Fernerstehende heranzutragen. Wiewohl mir ein Mindestmaß von Bewegungsfreiheit, und damit ein großes von Initiative, gerade jetzt mit den kleinsten Mitteln zu verschaffen wäre. Wie aber?

Und auf der andern Seite wissen Sie aus Erfahrung, daß ein Höchstmaß von Initiative für die ersten Texte in fremder Sprache aufgebracht werden muß. Ich spüre es an dem „Bachofen", den ich zur Zeit für die Nouvelle Revue Française schreibe. Es ließe sich bei dieser Gelegenheit viel zu unsern eigensten Dingen sagen. Für Frankreich, wo niemand Bachofen kennt – keine seiner Schriften ist übersetzt – muß ich Informatorisches in den Vordergrund stellen. Ich will aber, gerade bei diesem Stichwort, nicht vergessen, Ihnen, was die Bemerkungen zu Klages und Jung betrifft, meine restlose Zustimmung zu Ihrem Brief vom 5ten Dezember zu sagen. Genau in dem Sinne, in den Sie deuteten, halte ich es für nötig, mir eine größere Kenntnis von Jung zu verschaffen. Haben Sie seine Studie über Joyce zufällig verfügbar?

Sagen Sie mir doch bitte, woher das stammt: „So gut wie nichts hat alles gut gemacht"?[2] Und wollen Sie mir nicht das Stück über die Fahrscheine Londons senden, auf das Sie anspielen? In jedem Fall erwarte ich sobald als nur möglich Ihr Stück über die Schallplatte zu lesen, das in so wichtige Zusammenhänge eingreift.

Das erste Exemplar von Blochs Buch, das an mich ging, muß mich verfehlt haben; der Verlag hat mir ein zweites angekündigt. Was ich sehr beklage ist, daß Bloch, der die Ausrichtung an sachkundigen Freunden gewiß nicht weniger nötig hat als irgend einer von uns, seine geräumigen Reisezirkel scheinbar ohne Rücksicht auf sie schlägt und sichs an der Gesellschaft seiner Papiere genug sein läßt.

Haben Sie den „Dreigroschenroman" gelesen? Mir erscheint er im höchsten Grade geglückt. Schreiben Sie mir, was Sie darüber denken. Geben Sie mir überhaupt recht ausführliche Nachricht und vergessen Sie nicht den Stand Ihrer eigenen Arbeiten.

Ich grüße Sie für heute aufs herzlichste.

Ihr Walter Benjamin

1 In dem Aufsatz über Kafka.
2 Aus Adornos „Tom Sawyer".

251 An Bertolt Brecht

San Remo, 9. 1. 1935

Lieber Brecht,

wie es mit Dänemark steht, ist noch nicht ganz klar. Horkheimer hat mir geschrieben, daß er in Amerika ein Stipendium für mich auftreiben will, mit dem ich auf ein Jahr hinüber kommen kann. Die Sache ist ganz unbestimmt. Aber ich habe natürlich geschrieben, daß ich annehmen würde.

Es ist sehr gut möglich, daß garnichts daraus wird, und dann käme ich sehr gerne. – Hier ist es im übrigen recht passabel was die äußeren Umstände angeht. Dagegen übersteigt die Isolierung – von Menschen, von Informationen, von Arbeitsmitteln – oft das Erträgliche.

Da haben Sie es in England anders gehabt. Gern wüßte ich näher, wie? Auch was über die Stücke und den Roman dort entschieden wurde?

Den [Dreigroschen-]Roman habe ich nun im Druck gelesen, und zwar mit immer wieder erneutem Vergnügen an vielen Stellen. Diesmal habe ich Walley besonders ins Herz geschlossen. – Das Buch scheint mir sehr dauerhaft. Ich hörte auch von G., daß es ihm vollkommen gelungen erscheint.

Klaus Mann hatte ich gebeten, mir für die Anzeige[1] die bisherigen Pressestimmen zu schicken. Es kann nützlich sein zu wissen, welchen Vers die Leute sich auf das Buch gemacht haben. Er schrieb, Landauer habe alles an Sie geschickt. Könnten Sie mir vielleicht die Ausschnitte auf acht Tage überlassen? Sie würden sie eingeschrieben zurückerhalten.

Das Buch über die Photographie[2] ist noch Manuscript. Ob ein Abzug verfügbar ist, weiß ich nicht. Es geht von den Anfängen bis an das Jahrhundertende. Wenn Sie wollen könnte ich der Verfasserin schreiben.

Bis Ostern werde ich sicher hierbleiben; dann wird Stefan auf die hiesige Schule kommen.

Haben Sie „Erbschaft dieser Zeit“ von Bloch gesehen? Sie sind darin behandelt.

Das nächste Heft der Zeitschrift für Sozialforschung wird ein sprachwissenschaftliches Referat von mir enthalten. Im übrigen bin ich dabei, meinen ersten größeren französischen Aufsatz – „Bachofen“ – abzuschließen. Eine Besprechung mit dem Redakteur der Nouvelle Revue Française war das einzige Ergebnis meiner pariser Tage. Die Emigranten sind niedergeschlagen; Kracauer war es besonders. Einige, wie Heinrich Mann und Kesten, haben eine Binnenemigration nach Nizza veranstaltet.

Wie geht es dem Auto? Gegebenenfalls legen Sie wohl in meinem Namen eine Blumenspende auf seinem erkalteten Motor nieder.

Die herzlichsten Grüße, bitte auch an Heli und die Kinder

Ihr Walter Benjamin

1 B. schrieb eine Rezension von Brechts Dreigroschenroman für die von Klaus Mann herausgegebene Zeitschrift „Die Sammlung"; obwohl der Aufsatz bereits gesetzt war, erschien er dort nicht, vgl. dazu die Briefe Nr. 257 und 258 an Scholem und Brecht. Er findet sich in: Bertolt Brechts Dreigroschenbuch. Frankfurt 1960. S. 187–193.

2 Wahrscheinlich Gisèle Freund: La photographie française au XIXe siècle. Paris 1936. Von W. B. in der „Zeitschrift für Sozialforschung" 7 (1938), Seite 296 besprochen.

252 *An Werner Kraft*

San Remo, 9. Januar 1935

[. . .] Warum schreiben Sie mir nicht mehr über den „Dreigroschenroman"? In meinem, modisch vielleicht zentralen, literarisch jedenfalls abgelegenen Winkel habe ich keinerlei Vorstellung von der Aufnahme, die das Buch ringsum gefunden hat. Da ich augenblicklich selbst an seiner Rezension arbeite, habe ich Brecht gebeten, mir Einblick in die Pressestimmen zu geben. Was übrigens dessen Gedicht in der Festschrift für Kraus betrifft, so weiß ich zufällig, daß dieses sich nicht ohne offenkundige Schroffheit hätte zurückziehen lassen. Daß aber Brecht eine solche nicht an den Tag legen wollte, erlaubt – bei seiner ungemeinen Höflichkeit – kaum weittragende Schlüsse.[1]

Noch weniger berechtigt aber ist die Mutmaßung Ihrer letzten Karte, Ihre brieflichen Bedenken gegen den „Kafka" könnten meine Empfindlichkeit verletzt haben. Darf ich Sie, ohne das Entsprechende nun Ihnen gegenüber zu riskieren, versichern, daß neben anderen Einwendungen, die erhoben worden sind, die Ihren wie gefiederte Pfeile unter Granatenwagen erscheinen (womit ich keineswegs insinuieren will, daß sie giftig seien). Eben die Kontroversen aber, die über diese Arbeit sich, wie über keine andere erhoben haben, bestätigten nur, daß auf ihrem Gelände eine Anzahl der strategischen Punkte heutigen Denkens liegen und meine Mühe, es weiter zu befestigen, keine unnütze ist.

Sie haben mir schon seit langem Reflexionen über Palästina angekündigt, die ich mit großem Interesse, hoffentlich bald, lesen werde. – Seume ist eine der bewundernswertesten Gestalten des Bürgertums und unter seinen Briefen gibt es unvergleichliche. – So feine Sachen wie die „Corona" kommen mir längst nicht mehr zu, es sei denn, Sie wären in der Lage, das Heft leihweise der von mir eingangs erbetenen Sendung beizuschließen. Auf alle Fälle sind Sie vielleicht so freundlich, mir die Adresse der Redaktion mitzuteilen.

Haben Sie Ernst Blochs „Erbschaft dieser Zeit" gesehen? Sie finden da auch ein Kapitelchen über mich, dessen Aspekte freilich, wie mir der Autor rechtzeitig brieflich versicherte, auf Vollständigkeit keinen Anspruch erheben.

PS Ein gewisser Julius Kraft hat ein Buch mit dem Titel „Die Unmöglichkeit der Geisteswissenschaften" erscheinen lassen. Ist das ein Verwandter von Ihnen?[2]

1 Die Unstimmigkeiten zwischen Brecht und Kraus gingen auf dessen Pamphlet „Warum die Fackel nicht erscheint" (Fackel 890–905) zurück. Brecht reagierte mit dem Gedicht „Über den schnellen Fall des guten Unwissenden".
2 Nein.

253 An Helene Weigel

San Remo, 3. Februar 1935

Liebe Heli,

ich habe mich über Ihren Brief sehr gefreut. Natürlich hätte ich gern erfahren, wie es Ihnen und Brecht in London ergangen ist. Aber da bleibe ich wohl auf die spärlichen Nachrichten meiner dortigen Korrespondenten angewiesen. Haben Sie Schoen gesehen?

Um das Wichtigste voranzuschicken: zum 66 habe ich niemanden. Die Leute sind hier viel zu gebildet zum Kartenspielen. Es ist mir eine Lehre: man soll nicht über seine Kreise hinausstreben! Nun bin ich freilich von unserm Stammtisch weit abgetrieben und es wird bestimmt einige Zeit dauern bis ich wieder an seinem Rande auftauche. Wenn mich das Genfer Institut nicht nach Amerika holt, so komme ich wohl im Laufe des Sommers. Leider hat Brecht mir keinerlei Ausschnitte über den Roman geschickt. Ich hätte sehr gern bei meiner Anzeige, an der ich eben bin, gewußt, was die Leute sich für einen Vers auf das Buch gemacht haben. Mir ist keine einzige Kritik zu Gesicht gekommen, weil ich nur französische und italienische Blätter lese. Vielleicht könnten Sie mir noch ein, zwei wichtige Stücke senden.

Das Buch, nach dem Sie fragen, heißt

Henri Damaye: Psychiatrie et Civilisation
Paris 1934 (Alcan)

Es handelt sich aber da nicht um *Massen*psychosen sondern um Bakterien als Erreger von Individualpsychosen. Insbesondere behauptet der Verfasser, daß bestimmte Formen des Kochschen Bazillus nicht Tuberkulose sondern Psychosen hervorrufen.

Lesen Sie Ilf und Petrow: Ein Millionär bei den Sowjets – wenn es deutsch zu haben ist. Ich lese es eben in der französischen Ausgabe und finde sehr lustige Sachen darin.

Recht herzliche Grüße!

Ihr Walter Benjamin

254 An Alfred Cohn

San Remo, 6. Februar 1935

Lieber Alfred,

ich ermanne mich aus einem fiebrigen Schnupfenabend, um Dir für Deine letzte Nachricht zu danken. Wenn das Februarwetter bei Euch dem hiesigen ähnlich sieht, so werdet Ihr alle Mühe haben, die Kinder wohlbehalten hindurchzusteuern. Die Vormittage, an denen die Sonne scheint, sind sehr warm; am nachmittag, wenn die Sonne verschwunden ist, setzt unvermittelt eine feuchte Kälte ein, mit deren unangenehmen Folgen ich mich seit einer Woche trage.

Dein letzter Brief sprach von einigermaßen erträglichen Verhältnissen und vor allem von Aussichten auf verbesserte. Es wäre sehr schön, wenn diese sich inzwischen eingestellt hätten. Hier hat sich indessen nichts für mich verändert, es sei denn, daß sich allmählich der Frühjahrstermin abzeichnet, über den hinaus ich meinen Aufenthalt wohl nicht ausdehnen werde. Solange werde ich mich indessen in die hermetische Isolierung ergeben müssen, mit der ich die relativ angenehmen Umstände äußern Lebens zur Zeit erkaufe. Diese geht weit über das Maß hinaus, in dem sie etwa meinen Arbeiten förderlich sein könnte und ich beschränke mich darauf halb handwerksmäßig und ohne mich sehr zu beeilen, ein Stück nach dem andern zurechtzuzimmern. Dazu kommt, daß einigermaßen konzentrierte Arbeit teils der Raumverhältnisse, teils der Temperatur wegen überhaupt nur im Bett möglich ist, auf das ich mich gelegentlich in der Tat völlig zurückziehe. Nur so habe ich schließlich den Bachofenessay, meine erste größere Arbeit in französischer Sprache, abschließen können, und ähnlich habe ich es mit der Rezension des „Dreigroschenromans" vor, die ich eben für die „Sammlung" unternehme.

Indessen hat, wie es scheint, die Stabilisierung in Deutschland ungeheure Fortschritte gemacht; und ich würde mich nicht wundern, wenn es dort bald zu einer Art – von den Quengeleien der Sozialdemokratie unbehelligten und der Reichswehr hörigen – Brüningregimes kommen würde. Das düsterste, und doch wohl das angemessenste Zukunftsbild. Was an persönlichen Bindungen zu Deutschland noch vorhanden war, lockert sich unter diesen Umständen völlig. Zu den Ausnahmen gehört die an Glück, mit dem ich zwar nicht im Briefwechsel stehe, den ich aber dies Jahr bestimmt wiederzusehen hoffe. Jula und Fritz dagegen lassen durchaus nichts hören. Auf der andern Seite werde ich auch über Ernst nur ganz gelegentlich durch eine gemeinsame Freundin verständigt. Merkwürdigerweise scheint sich etwas wie ein Zentrum für uns noch am ehesten in England gebildet zu haben. Wie schwer der französische Boden bestellbar ist, haben wir ja noch in gemeinsamer Erinnerung. Und doch wird mir nichts übrig bleiben als da immer wieder anzusetzen und manchmal frage ich mich, ob ich nicht à tout prix diesen Winter hätte in Paris sitzen müssen und glaube mir versäumte Gelegenheiten vorwerfen zu müssen. Auf der andern Seite – und um die Tragweite der eignen Ausfallserscheinungen nicht zu überschätzen – habe ich mich in letzter Zeit damit unterhalten, was mich betrifft eine ‚Liste der Fehler und Fehlschläge der beiden letzten Jahre' zu verfassen und es hat sich der schwache Trost ergeben, daß die erstern durchaus nicht immer die Bedingung der letztern waren.

Immerhin taucht die erste Emigrationszeit in Ibiza je weiter sie zurücktritt in umso farbigern Schimmer. Und ich sage das, um die folgenden Ibiza angehenden Fragen Dir besonders anzuempfehlen. Vielleicht ist es Dir möglich, sie mir wenigstens teilweise auf Grund eigner Erkundigungen zu beantworten. Ich möchte nämlich sehr gern wissen 1) ob Noeggeraths noch auf der Insel sind 2) wo etwa und 3) ob sie ihr Grundstück noch besitzen oder es gar bebaut haben. 4) Wie es dem Bildhauer Jokisch in Ibiza geht und 5) ob der Guy Selz noch seine Bar am Hafen hat?

Um nun auf Deine eigne Anfrage[1] zu kommen, so glaube ich nicht, daß der geeignete Weg, Deine Erkundigungen einzuziehen, über Scholem führt. Einen direkten weiß ich allerdings auch nicht. Aber ein naher – dem Namen nach Dir vertrauter – Bekannter, dessen Adresse ich Dir gebe, wird wenn Du ihm ausführlich und unter nachdrücklicher Bezugnahme auf mich schreibst, vielleicht durch Verwandte oder Freunde, die er dort hat, etwas für Dich in Erfahrung bringen können. Er selbst ist, wie Du weißt, nicht Kaufmann sondern Bibliothekar, so daß Du außer Zweifel stellen mußt, daß Du Dich nicht an seine persönliche Kompetenz (die hier fehlen würde) sondern durch ihn an etwaige Fachleute wendest. Werner Kraft Jerusalem Rechavja Ben Maimon Street 37 bei Rosenberg. Dies war noch nicht trocken, da kam die neue Adresse: Rechavja Alphasi Street 31.

Ich entwische, so oft ich kann, von hier nach Nizza. Nicht als ob es da viel Leute für mich gäbe, aber doch immerhin ein oder zwei. Und dann vernünftige Cafés, Buchhandlungen, gut versehene Zeitungskioske – kurz alles was hier in keiner Weise zu finden ist. Dort versehe ich mich auch mit Kriminalromanen, von denen ich nicht wenige brauche, da meine Nächte hier um 1/2 9 zu beginnen pflegen. Neben Simenon ist da neuerdings Pierre Véry ein sehr guter Mann. Sonst las ich (aus dem Russischen) Ilf et Petrow: Un millionaire au pays des Sovjets – im ersten Teil äußerst komisch, späterhin schwächer; Drieu la Rochelle: La Comédie de Charlesroi – mit der Novelle „Le Déserteur", in der ich mit Erstaunen die genaue Darstellung meiner eignen politischen Haltung fand; Montherlant: Les célibataires – die ich Dir wohl schon früher sehr anempfohlen habe; Guéhenno: Journal d'un homme de quarante ans, in dem einige Erfahrungen unserer Generation gut formuliert sind. Freilich nie so gut wie Wieland Herzfelde es tat als er mich im Sommer unvermutet in einem kleinen Vorort von Kopenhagen auftauchen sah: „Na ja – Benjamin. Sie sind doch auch 92er? Wir werden uns noch öfter sehen. Denn, wissen Sie, mit dieser Generation steht es doch so: die, die von zarterer Beschaffenheit waren, die sind schon vor 1914, die die von törichter waren zwischen 1914 und 18 verschwunden. Die da übrig geblieben sind, die bleiben noch eine Weile."

Das neue Buch von Bloch, das ich Dir geschickt habe, wirst Du bekommen haben. Ich wäre Dir dankbar, wenn Du mich etwas darüber hören ließest. Die undankbare, äußerst schwierige Aufgabe, ihm darüber zu schreiben, habe ich mit vielen Kunstgriffen immer wieder hinausgeschoben, werde sie nun aber nicht mehr lange umgehen können. Der schwere Vorwurf, den ich dem Buch mache (wenn auch nicht dem Verfasser machen werde) ist daß es den Umständen, unter denen es erscheint, in garkeiner Weise entspricht sondern so deplaziert auftritt wie ein großer Herr, der, zur Inspektion einer vom Erdbeben verwüsteten Gegend eingetroffen, zunächst nichts eiligeres zu tun hätte als von seinen Dienern die mitgebrachten – übrigens teils schon etwas vermotteten – Perserteppiche ausbreiten, die – teils schon etwas angelaufnen – Gold- und Silbergefäße aufstellen, die – teils schon etwas verschossenen – Brokat- und Damastgewänder sich umlegen zu lassen. Selbstverständlich hat Bloch ausgezeichnete Intentionen und erhebliche Einsichten. Aber er versteht es nicht, sie denkend ins Werk zu setzen. Seine übertriebnen Ansprüche hindern ihn daran. In solcher Lage – in einem Elendsgebiet – bleibt einem großen Herrn nichts übrig als seine Perserteppiche als Bettdecken wegzugeben und seine Brokatstoffe zu Mänteln zu verschneiden und seine Prachtgefäße einschmelzen zu lassen.

Die Liste der Zeitungsnummern, in denen die „Briefe" erschienen sind, lege ich Dir bei. Ich selbst habe mir leider durch die Stürme der Jahre nur zwei komplette Folgen erhalten können, deren eine ich jedenfalls solange in Reserve halten muß, als noch die leiseste Hoffnung einer Buchausgabe fortbesteht. Viele der Nummern sind leider vergriffen. So kann ich Dir leider in dieser Sache nicht weiter von Nutzen sein, obwohl ich der nächste dazu wäre.

Erläuterndes zum Kafka vielleicht ein andermal. Aber bestimmt nicht, bevor ich von Dir einen längeren Bericht über Dein Ergehen bekommen habe, auf den mir ein kräftiges Recht zu verschaffen in meinen Augen den Wert des vorstehenden bildet.

Mit den herzlichsten Grüßen

Dein Walter

1 Über kaufmännische Möglichkeiten in Palästina.

255 *An Max Horkheimer*

San Remo, 19. Febr. 1935

Lieber Herr Horkheimer,

ich danke Ihnen herzlich für Ihren Brief vom 28ten Januar.

Vor allem bin ich sehr froh über die Aussicht, daß wir nun in absehbarer Zeit zu einer mündlichen Aussprache gelangen werden.

Aber schon heute möchte ich Ihnen sagen, wie wichtig mir Ihr dringlicher Wunsch die Arbeit über Fuchs [1] angehend ist. Es ist mir nach Ihrem Brief selbstverständlich, sie allen anderen Projekten vorangehen zu lassen. Wenn sich das im Moment noch nicht auswirkt, so deshalb, weil ich Bedenken habe, Fuchs zur Sendung neuer Bücher – mehrere habe ich im vergangenen Sommer studiert – in einem Augenblick zu veranlassen, wo meine ferneren Dispositionen nicht übersehbar sind. Es ist leider, wie ich Ihnen schon schrieb, sehr fraglich, ob ich mich hier über Ostern hinaus halten kann, und was dann wird, darüber wage ich noch nicht einmal, mir Gedanken zu machen.

Es wäre für diese Arbeit unendlich viel wert, wenn ich sie in Paris machen könnte. Nicht nur um während ihrer Dauer mich in Fühlung mit Fuchs zu halten – obwohl auch das seinen großen Wert hätte – sondern auch um der Sache das breite Fundament des Vergleichs, das Sie selbst in Ihrem Briefe skizzieren, geben und ferner, um den Quellen von Fuchs nachgehen zu können, die ja erst den vollen Einblick in seine Methode erschließen.

Ich habe hier einige wichtige Arbeiten durchführen können – so vor allem einen größeren französischen Aufsatz über Bachofen geschrieben – aber jetzt fängt die Isolierung, in der ich mich hier befinde, an, auch in bibliographischer Hinsicht mir fühlbar zu werden. Immerhin gehen auch die folgenden Wochen nicht verloren, da ich das belletristische Referat zur französischen Literatur vorbereite.

Hin und wieder gelingt es mir sogar noch, aus Deutschland – von der Frankfurter Zeitung – einen Auftrag zu bekommen. Ich erwähne das nicht nur à titre de curiosité, sondern auch um Ihnen zu sagen, daß ich alles Erdenkliche unternehme, um die Lage zu meistern.

[...]

Der „Kafka“, nach dem Sie fragen, ist in der Jüdischen Rundschau erschienen, aber so fragmentarisch, daß ich, falls er Sie interessiert, Ihnen lieber bei einer Begegnung mein Manuscript als jetzt einen Abdruck aushändige.

Werde ich die Korrekturen des sprachsoziologischen Referats selbst lesen können?

Bitte, lieber Herr Horkheimer, lassen Sie mich jede nähere Gestaltung Ihrer europäischen Projekte umgehend wissen, da ich meine eignen Dispositionen so sehr wie möglich ihnen anpassen will.

In herzlicher Verbundenheit Ihr Walter Benjamin

1 „Eduard Fuchs, der Sammler und der Historiker“, „Zeitschrift für Sozialforschung“, 6 (1937), Seite 346–380. Jetzt in „Das Kunstwerk im Zeitalter seiner technischen Reproduzierbarkeit“. Frankfurt 1963, S. 95–156.

256 An Max Horkheimer

Nice, 8. April 1935

Lieber Herr Horkheimer,

vielen Dank für Ihren freundlichen Brief vom 19ten März.

Ich habe ihn mit einer Verspätung bekommen, deren Geschichte zugleich die letzte Phase der meinen in nuce darstellt. Viel früher als ich irgend vorhersehen konnte, habe ich nämlich mein Asyl in San Remo verlassen müssen. Ich wollte dann nach Paris gehen (wohin ich bereits meine Post dirigiert hatte). Aber als es dann so weit war, wurde meine Schwester, bei der ich dort allenfalls ein Unterkommen hätte finden können, schwer krank.

Wenn ich es unterließ, Ihnen von all dem Nachricht zu

geben, so war es, weil ich auch den Anschein, von neuem ausdrücklich mich an Ihre Hilfe zu wenden, vermeiden wollte. Ich tat das in dem Vertrauen, daß Sie ohnehin das irgend Mögliche tun, und Ihr letzter Brief bestätigt es mir. Ich sage Ihnen dafür meinen herzlichsten Dank. Es ist mir nichts dringlicher als meine Arbeit so eng und so produktiv wie möglich mit der des Instituts zu verbinden.

Es ist schade, daß Sie nicht nach Europa kommen. Andererseits nehme ich an, daß Ihre Unabkömmlichkeit ein gutes Zeichen für die Bedeutung ist, die das Institut drüben gewonnen hat. Ich werde nun in der Osterwoche meinen Arbeitsplan ausführlich mit Herrn Pollock besprechen und zu diesem Zweck ungefähr gleichzeitig mit ihm nach Paris kommen. Hoffentlich um da zu bleiben! Auch dafür werden die Möglichkeiten im Gespräch mit Herrn Pollock zu klären sein.

In diesen Tagen gehen Ihnen die Korrekturen meines Sammelreferats zu.

Ihre Arbeit über Autorität und Familie erscheint, wie ich annehme, in der Sammelschrift des Instituts [1]. Wann wird sie herauskommen? Die meinige über Bachofen wird Ihnen kaum sehr viel Neues sagen. Sie ist bestimmt, Bachofen, der in Frankreich gänzlich unbekannt und von dem nichts übersetzt ist, den Franzosen zu präsentieren. Ich habe zu diesem Zweck mehr ihn selbst zu porträtieren als seine Theorien wiederzugeben gesucht.

Nehmen Sie, mit Ihrer Frau, meine herzlichsten Grüße!

Ihr Walter Benjamin

1 Studien über Autorität und Familie. Forschungsberichte aus dem Institut für Sozialforschung. Paris 1936.

257 *An Gerhard Scholem*

20. Mai 1935

Lieber Gerhard,

du hast recht lange nichts von mir gehört. Die Ursache davon hast Du wohl erraten. Es trat mit der Übersiedlung nach Paris wieder eine höchst kritische Periode ein, akzentuiert durch äußere Mißerfolge. Ablehnung des Bachofen durch die NRF, die ihn an den Mercure de France weitergab, wo ich ihn jetzt liegen sehe; Auflösung meiner kurzen und doch zu langen literarischen Beziehung zu Klaus Mann, für den ich den Dreigroschenroman besprochen hatte, und der meine Rezension, die schon gesetzt war, zurücksandte, als ich ein unqualifizierbares Honorar ablehnte. Und noch dies und jenes derart: novissima meiner literarischen Laufbahn, nachdem sie in meiner bürgerlichen nun schon seit geraumer Zeit sich überbieten.

Dann trat, mit einer kleinen Atempause, ein weiterer Umstand ein, der meine gesamte Korrespondenz stillegte. Das Genfer Institut forderte, ganz unverbindlich, aus Höflichkeit möchte ich sagen, ein Exposé der „Passagen" ein, von denen ich dann und wann raunend etwas hatte vernehmen lassen ohne viel davon zu verraten. Da in die gleiche Zeit die clôture annuelle der Bibliothèque Nationale fiel, so war ich wirklich und seit vielen Jahren zum ersten Male, mit meinen Studien zu den Passagen allein. Und wie Dinge der Produktion oft um so unvorhergesehener eintreten je wichtiger sie sind, so ergab sich, daß mit diesem Exposé, das ich zugesagt hatte, ohne mir viel dabei zu denken, die Arbeit in ein neues Stadium eintrat, das erste, das sie – von fern – einem Buch annähert.

Ich weiß nicht, wieviel Jahre meine Entwürfe, die einem Aufsatze für den Querschnitt galten, der nie geschrieben wurde, zurückliegen. Ich würde mich nicht wundern, wenn es die klassischen neun Jahre wären, womit dann die Bogenspannung in der Entstehung des Trauerspielbuches übertroffen würde, wenn dies pariser seinerseits zu Entstehung käme.

Das aber ist natürlich die große Frage, da ich über meine Arbeitsbedingungen nicht Herr bin. Die Aussichten etwa das Institut in Genf tätig an diesem Buche zu interessieren, sind minimal. Es gestattet Konzessionen nach keiner Seite und wenn ich überhaupt etwas von ihm weiß, so dies, daß keine Schule sich beeilen wird, es für sich zu beanspruchen.

Im übrigen gebe ich ab und zu der Versuchung nach, in der innern Konstruktion dieses Buches Analogien zum Barockbuch mir zu vergegenwärtigen, von dessen äußerer es recht weit abweichen würde. Und ich will Dir soviel andeuten, daß auch hier die Entfaltung eines überkommenen Begriffs im Mittelpunkt stehen wird. War es dort der Begriff des Trauerspiels so würde es hier der des Fetischcharakters der Ware sein. Wenn das Barockbuch seine eigene Erkenntnistheorie mobilisierte, so würde das im mindestens gleichen Maße für die Passagen der Fall sein, wobei ich aber weder absehen kann, ob sie eine selbstständige Darstellung finden noch wieweit sie mir glücken würde. Endlich ist der Titel pariser Passagen verschwunden und der Entwurf heißt „Paris, die Hauptstadt des neunzehnten Jahrhunderts" [1] und im stillen nenne ich ihn Paris, capitale du XIXe siècle. Damit ist eine weitere Analogie angedeutet: wie das Trauerspielbuch das siebzehnte Jahrhundert von Deutschland aus, so würde dieses das neunzehnte von Frankreich aus aufrollen.

Von den Studien, die ich im Laufe sovieler Jahre gemacht hatte, hatte ich einen wer weiß wie großen Begriff und bekomme nun, wo ich etwas deutlicher ahne was ich eigentlich zu machen hätte, einen sehr kleinen von ihnen. Zahlreiche Fragen sind noch ungelöst. Allerdings bin ich in der ihnen entsprechenden Literatur, und bis in ihre bas fonds hinunter, so vollkommen zu Hause, daß sich für ihre Beantwortung früher oder später Handhaben finden werden. In den unglaublichen Schwierigkeiten, mit denen ich es zu tun habe, verweile ich manchmal mit nachdenklichem Vergnügen auf der Betrachtung, welche dialektische Synthesis aus Misere und Üppigkeit in diesen immer wieder unterbrochenen und durch ein Jahrzehnt immer wieder erneuerten, in die entlegensten Gegenden vorgetriebenen Studien liegt. Sollte die

Dialektik des Buchs sich als gleich solide erweisen, so könnte ich es mir gefallen lassen.

Daß der Gesamtplan nun vor mir steht, ist mittelbar übrigens wohl auch eine Folge meiner Begegnung mit einem der Institutsdirektoren, die gleich nach meiner Ankunft in Paris stattfand. Sie hat zur Folge gehabt, daß ich zunächst einen Monat ohne die landläufigen Tagesprobleme leben konnte. Aber der Monat ist um und ich weiß durchaus noch nicht wie mirs im nächsten gehen wird. Sollte ich grade jetzt mich in die Arbeit über [Eduard] Fuchs – die um die Wahrheit zu sagen noch nicht einmal angefangen ist – begeben müssen, so wäre mir das freilich doppelt anstößig. Auf der andern Seite aber wäre es ein Glücksfall, mit dem ich auf keine Art rechnen kann, daß das Institut etwa ein materielles Interesse an dem pariser Buch nähme.

Was ich mir wünschte wäre jetzt eine Reihe von Monaten auf der Bibliothek arbeiten und nach einem mehr oder weniger definitiven Abschluß meiner Studien im Oktober oder November nach Jerusalem gehen zu können. Wenn es aber auch wenige Umstände gibt die im Weltgeschehen geringere Spuren hinterlassen als meine Wünsche, so wollen wir doch deren zweite Hälfte gemeinsam festhalten. Vielleicht kann ich hier zur gegebenen Zeit das Reisegeld mit einigen Kunststücken doch heranschaffen.

Ich werde mit Spannung die Bücher erwarten, welche Du ankündigst; Dein Soharbändchen [2] an erster Stelle. Ich fürchte, daß es für Bloch zu spät kommt, wie es ja auch mit meinem Buch wenn es je geschrieben – und gar noch etwa gedruckt – werden sollte der Fall sein wird.

Auch an dem Buch von Leo Strauß [3] ist mir viel gelegen. Was Du mir von ihm sagst, paßt in das angenehme Bild, das ich mir immer von ihm gemacht hatte. – Wenn ich zur Zeit auch nichts außer Quellen lese, so fiel mir doch neulich ein Buch in die Hand, dessen Autor mir von Dir gelegentlich signalisiert wurde, die Potestas Clavium von Schestow. Näher konnte ich mich nicht mit ihm beschäftigen sondern nur feststellen, daß die darin befindliche Polemik gegen den platonischen Idealismus kurzweiliger ausfällt als die üblichen

Dinge von dieser Gattung. Berdjajew, den Dein letzter Brief erwähnt, habe ich nicht gelesen.

Ja, Stefan wird demnächst beginnen, die Schule in San Remo zu besuchen. Mein Bruder dagegen ist nach wie vor in Deutschland, wo seine Frau eine gutbezahlte Stellung bei der berliner Handelsvertretung der Sowjets hat. Er war nach seiner Entlassung aus dem Konzentrationslager einmal im Ausland, aber nur als Erholungsreisender. Er hat einen Sohn, der nach den Bildern, die ich gesehen habe, sehr gut aussieht. Recht elend, daß es um Deinen Bruder so traurig steht. Aber wessen Gesichtskreis wäre nicht von derartigen Bildern erfüllt!

Kraft schrieb mir einen beinahe rührenden Brief, in dem er sich erbietet, für mich einen einflußreichen Franzosen zu mobilisieren. Freilich kann ich davon keinen Gebrauch machen, weil die Voraussetzung dieser sehr problematischen Kombination eine Arbeit wäre die von dem, was mich jetzt beschäftigt, allzuweit abliegt. Er scheint eine weite Reise ins Land gemacht zu haben und schickt mir davon einen schönen Bericht.

Schreibe mir gelegentlich welche Angaben Dir zur Vorbereitung meines Kommens erforderlich wären.

Dir und Escha die herzlichsten Grüße Dein Walter

1 Schriften I, S. 406–422.
2 Siehe S. 696.
3 „Philosophie und Gesetz", Berlin 1935.

258 An Bertolt Brecht

Paris, 20. Mai 1935

Lieber Brecht,

über Asja habe ich vor 6 Wochen der Steffin von dem elenden Vorfall mit Klaus Mann berichtet, der mich um die Publikation meiner Anzeige Ihres Romans gebracht hat. Ich habe ihr gleichzeitig mein Manuskript in der Hoffnung geschickt, daß es, bei Ihrem russischen Aufenthalt, Ihnen zukommen würde.

Nun habe ich weder von Ihnen noch von ihr etwas gehört, so daß ich ungewiß bin, ob die Verbindung über Asja funktioniert hat.

Das kurze und lange von der Sache ist, daß ich – ohne die mindeste Neigung den Marktwert meiner Produktion zu überschätzen – den Honorarvorschlag von 150 fr frcs für ein zwölf Seiten umfassendes und von der Redaktion bestelltes Manuscript, als eine Frechheit betrachtete. Ich habe in einem kurzen Brief 250 fr frcs verlangt und es abgelehnt, unter diesem Entgelt das Manuscript ihm zu überlassen. Darauf habe ich es, obwohl es bereits gesetzt war, zurückbekommen.

Selbstverständlich hätte ich die Zumutung von Mann eingesteckt, wenn ich das Ergebnis vorausgesehen hätte. Ich habe mich für dieses Leben nicht klug genug erwiesen und das an einem Punkt, an welchem Klugheit mir viel wert gewesen wäre.

Das Manuscript der Rezension erhalten Sie mit gleicher Post. Auch an die „Neuen deutschen Blätter" geht eines ab. Mir ist es allerdings unwahrscheinlich, daß es jetzt noch dort erscheinen kann. Dagegen habe ich mich gefragt, ob jetzt – da das Buch auf tschechisch erscheint – nicht vielleicht eine Möglichkeit bestehen würde, meinen Artikel ins Tschechische übersetzen zu lassen. Stehen Sie in persönlicher Verbindung mit Ihrem Übersetzer?

Wie es in diesem Jahr mit Dänemark wird, davon habe ich überhaupt noch kein Bild. Vor allem müßte ich Ihre Dispositionen wissen. Werden Sie im Sommer in Svendborg sein? – Aber dazu kommt ein anderes: ich habe nach meinen ersten pariser Wochen festgestellt, daß mein Buch – das große, über das ich Ihnen einmal berichtete – so sehr weit es auch noch von Textgestaltung entfernt sein mag, ihr immerhin viel näher ist als ich geglaubt hatte. Und ich habe ein ausführliches Exposé darüber geschrieben. Auf dessen Grundlage habe ich mich über eine Reihe von Dingen zu informieren, und diese Informationen kann ich nur auf der Bibliothèque Nationale erhalten. Ich muß also um jeden Preis – und es ist verteufelt schwierig – versuchen, mich noch in

Paris zu halten. Schreiben Sie mir doch in jedem Fall Ihre Pläne von Ende Juli ab, falls Sie schon welche haben.

Die „Fünf Schwierigkeiten beim Schreiben der Wahrheit“[1] haben die Trockenheit und daher die unbegrenzte Konservierbarkeit durchaus klassischer Schriften. Sie sind in einer Prosa geschrieben, die es im Deutschen noch nicht gegeben hat. Domke[2] hatte vor, Ihnen darüber zu schreiben.

Grüßen Sie bitte Heli und die herzlichsten Grüße für Sie

Ihr Walter Benjamin

1 1934 illegal in: „Unsere Zeit“.

2 Martin Domke, geboren 1892, Rechtsanwalt in Berlin, später in Paris und Amerika, Lichtenberg-Sammler.

259 *An Werner Kraft*

Paris, 25. Mai 1935

Lieber Herr Kraft,

Ich habe habe Ihnen für mehrere Briefe, und für mehr als für Briefe, zu danken.

Es hat mich bewegt, daß meine wenigen Andeutungen Ihnen meine Lage so gegenwärtig gemacht haben, daß Sie trotz aller Schwierigkeiten der Ihrigen Ihre Gedanken ihr zugewendet haben.

Und es wird Ihnen paradox erscheinen, daß ein Mann in meiner Lage nicht jeder Möglichkeit, sei es die schattenhafteste, sei es die fernstliegende, nachgeht. Nun sind es ganz besondere Gründe, die mich dahin führen, mit einem besonders herzlichen Dank für Ihre Bereitschaft von dem Weg abzusehen, welchen sie weist. Und diese Gründe setze ich Ihnen auseinander, weil sie in das Zentrum meiner derzeitigen produktiven Situation führen, wobei ich freilich in Kauf nehmen muß, das sie auch das meiner materiellen noch einmal streifen.

Ich kann mir im Augenblick nicht davon Rechenschaft geben, ob gelegentliche Andeutungen, gewiß von der unbestimmtesten Art, Sie davon unterrichtet haben, daß ich seit einer langen Reihe von Jahren im stillen einer Arbeit nachhing, die in einem begrenzten Gegenstand die Anschauungen und Probleme zusammenfaßt, die sich in meinen Schriften verstreut finden. Es mag sein, daß diese Arbeit von mir nie erwähnt wurde. Die Studienmasse, die ihr zugrunde liegt, ist außerordentlich umfänglich. Aber nicht das war der Grund, der ihre produktive Durchdringung Jahre hinaus hintanhielt. Und auch die wirtschaftlichen Schwierigkeiten waren es nicht allein. Vielmehr haben sie mir eine Arbeitstechnik nahegelegt, die mir erlaubte, meinen Anteil an diesem Werk über die längsten Fristen hinweg lebendig zu halten.

Das saturnische Tempo der Sache hatte seinen tiefsten Grund in dem Prozeß einer vollkommenen Umwälzung, den eine aus der weit zurückliegenden Zeit meines unmittelbar metaphysischen, ja theologischen Denkens stammende Gedanken- und Bildermasse durchmachen mußte, um mit ihrer ganzen Kraft meine gegenwärtige Verfassung zu nähren. Dieser Prozeß ging im stillen vor sich; ich selber habe so wenig von ihm gewußt, daß ich ungeheuer erstaunt war, als – einem äußerlichen Anstoß zufolge – der Plan des Werkes vor kurzem in ganz wenigen Tagen niedergeschrieben wurde. Ich bemerke hier, daß Scholem von der Tatsache dieser Arbeit weiß, sonst aber in Palästina niemand, und daß ich Sie bitte, *nach keiner Seite* etwas von diesem Vorhaben verlauten zu lassen. Sollte ich im Winter nach Palästina kommen, was im Bereich der Möglichkeit liegt, so werden Sie Näheres davon erfahren. Für jetzt kann ich Ihnen nur eben den Titel nennen, aus dem Sie ersehen, wie weit dieser gegenwärtige, meinen Gedankenhaushalt diktatorisch beherrschende Gegenstand von der klassischen Tragödie Frankreichs abliegt [1]. Er heißt „Paris, die Hauptstadt des neunzehnten Jahrhunderts".

So weit auch immer meine Studien vorgetrieben sind oder eines Tages vorgetrieben sein mögen, so wird die eigentliche Niederschrift der Arbeit wohl nur in Paris erfolgen können. Da liegt die wirtschaftliche Bedrängnis: ich weiß nicht, wie lange ich meinen Aufenthalt in Paris zu finanzieren imstande bin. Jede episodische und gelegentliche Arbeit wäre mir zu diesem Zweck willkommen. Aber in solcher Richtung können weder Sie noch ich [Charles] Du Bos meines Erachtens um Rat angehen. Und noch weniger könnte ich das Projekt der erwähnten Arbeit selbst ihm verständlich machen. Es liegt – nicht himmel, aber erden – weit von seiner Gedankenwelt ab. Das hindert allerdings nicht, daß mir eine Nachricht über seinen derzeitigen Aufenthalt, ja – wenn er in Paris sein sollte – Ihre Mitteilung des meinigen an ihn von großer Wichtigkeit wäre. Der irgendwie förderlichen oder auch nur angenehmen Kommunikationen mit Franzosen gibt es ja weniger und weniger.

Es ist mir nicht überraschend gewesen, daß die Nouvelle Revue Française den Bachofen nicht genommen hat. Es war ein allzu billiges Wohlwollen einer dritten Stelle gewesen, dem nachgebend ich wider eigene Einsicht den Weg dieses Versuchs beschritten habe. Jetzt liegt die Arbeit beim Mercure de France, nicht ich sondern die Redaktion der NRF hat sie dort eingereicht.

Die unschöne Form der ersten Hälfte dieses Schreibens bitte ich Sie zu entschuldigen. Ich habe es in einem dazu wenig geeigneten Café bei Radiolärm begonnen. Nun aber will ich Ihnen vor weiterem für Ihre Zeitschriftensendung Dank sagen. Die Corona habe ich, bis auf den Aufsatz von Jünger, durchgesehen. Zu diesem hatte ich noch keine Zeit. Wie immer oder fast immer hatte ich nur an dem Aufsatz von Fritz Ernst[2] Freude. Das Wort der Rahel nach Goethes Tod, das er mitteilt, ist kaum vergleichlich. Weiter war mir sehr wertvoll, die frühen Glückwunschbriefe Kafkas an Brod kennen zu lernen. Über den Gesamteindruck der Huldigungsschrift[3] haben Sie alles gesagt und Sie haben auch zu dem Vorfall mit Klaus Mann das richtige Wort gefunden, dem ich meinerseits die Sentenz nachschicke „denn für dieses Leben ist der Mensch nicht klug genug“[4].

Ich denke, daß ich Ihnen, wenn schon nicht mit gleicher Post so demnächst, ein Exemplar meiner Rezension des Dreigroschenromans werde schicken können. Im Aprilheft der Münzenbergschen Zeitschrift „Die neue Zeit“, die in Prag und Paris erscheint, steht von Brecht „Fünf Schwierigkeiten beim Schreiben der Wahrheit" – ein klassisches Stück und die erste vollendete theoretische Prose, die ich von ihm kenne.

Die Frage des Aufenthaltes im Kriege, die Sie anschneiden, ist darum schwer zu beantworten, weil ich kaum damit rechnen kann, in solchem Augenblick, wo man wahrscheinlich ohnehin schon zu spät handelt, gewiß aber binnen weniger Stunden handeln muß, die äußere Möglichkeit zur Durchführung des mir richtig Erscheinenden zu haben. Ich kenne von meiner Nordlandreise her eine Gegend, wo das Leben hart ist, wo man sich aber gesichert nicht nur vor kriegerischen Aktionen sondern auch vor Hungersnot mit einigem Recht fühlen dürfte.[5] Im europäischen oder mittelmeerischen Zivilisationskreis hätte ich dies Gefühl nirgends.

Da wir bei der Politik stehen, so will ich immerhin einfügen, daß ich eben die Nachricht von dem ersten größeren Streik lese, der in Deutschland seit März 1933 bekannt geworden ist. Es streiken in den Chemnitzer [...?]-werken 6000 Arbeiter.

Das Gedicht, das Sie dem letzten Brief beilegten, scheint mir besonders rein zu klingen und einem wirklichen Glück der sprachlichen Erfüllung zu entstammen.[6] Ich danke Ihnen dafür wie auch für die Möglichkeit, mich gelegentlich von neuem mit dem „Stillen Herd"[7] zu beschäftigen.

1 Kraft hatte W. B. vorgeschlagen, ein Buch über dies Thema, als Gegenstück zu dem Trauerspielbuch, zu schreiben.
2 „Rahels Traum". Jetzt in „Essais" II, Zürich 1946, S. 211–227.
3 Zu Karl Kraus' 60. Geburtstag.
4 Aus der Dreigroschenoper.
5 W. B. dachte an die Lofoten. Sie wurden 1940 Kriegsschauplatz.
6 Garten am See. In: „Figur der Hoffnung"; Heidelberg 1955.
7 Ein Manuskript Krafts.

Paris, 31. 5. 1935

Lieber Herr Wiesengrund,

wenn diese Zeilen ein wenig auf sich haben warten lassen, so bringen sie Ihnen, in Verbindung mit dem sie Begleitenden, den vollkommensten Aufschluß über meine Arbeit, über meine innere und äußere Lage.

Ehe ich mit einigen kurzen Worten auf den Inhalt des Exposés eingehe, berühre ich die Rolle, die es in meiner Beziehung zum Institut einnimmt. Darüber ist schnell gesprochen. Denn sie beschränkt sich vorläufig auf den Umstand, daß den Anstoß zu seiner Abfassung ein Gespräch gab, das ich Ende April mit Pollock hatte. Daß dieser Anstoß ein äußerlicher und disparater war, ist selbstverständlich. Gerade darum aber war er imstande, in die große, so viele Jahre lang vor jeder Einwirkung von draußen sorgfältig behütete Masse jene Erschütterung zu bringen, die eine Kristallisation möglich macht. Ich betone sehr, daß in diesem Umstand, der in der gesamten Ökonomie dieser Arbeit ein legitimer und fruchtbarer ist, die Bedeutung äußerer und heterogener Faktoren sich erschöpft. Und dies zu betonen veranlassen mich die Besorgnisse Ihres Briefes, die mir verständlich und Ausdruck einer freundschaftlichsten Teilnahme, auch – nach so langer Unterbrechung unseres über Jahre sich ausdehnenden Gesprächs – als unvermeidlich anzusehen sind. Sie fanden noch heute früh einen treuen Widerhall in einem Brief, der von Felizitas eintraf. [...]

Ich weiß, daß das die Sprache der wahrsten Freundschaft ist, keiner geringern als der, die Sie zu Ihrer Formulierung führte, Sie würden es für ein wahres Unglück ansehen, wenn Brecht auf diese Arbeit Einfluß gewinnen sollte. Lassen Sie mich dazu das Folgende sagen:

Wenn ich meinen gracianischen Wahlspruch „Suche in allen Dingen die Zeit auf Deine Seite zu bringen", je ins Werk gesetzt habe, so denke ich in der Weise, in der ich es mit dieser Arbeit gehalten habe. Da steht an ihrem Beginn

Aragon – der Paysan de Paris, von dem ich des abends im Bett nie mehr als zwei bis drei Seiten lesen konnte, weil mein Herzklopfen dann so stark wurde, daß ich das Buch aus der Hand legen mußte. Welche Warnung! Welcher Hinweis auf die Jahre und Jahre, die zwischen mich und solche Lektüre gebracht werden mußten. Und doch stammen die ersten Aufzeichnungen zu den Passagen aus jener Zeit. – Es kamen die berliner Jahre, in denen der beste Teil meiner Freundschaft mit Hessel sich in vielen Gesprächen aus dem Passagenprojekt nährte. Damals entstand der – heute nicht mehr in Kraft stehende – Untertitel „Eine dialektische Feerie". Dieser Untertitel deutet den rhapsodischen Charakter der Darstellung an, die mir damals vorschwebte und deren Relikte – wie ich heute erkenne – formal und sprachlich keinerlei ausreichende Garantien enthielten. Diese Epoche war aber auch die eines unbekümmert archaischen, naturbefangenen Philosophierens. Es waren die frankfurter Gespräche mit Ihnen und ganz besonders das „historische" im Schweizerhäuschen, danach das gewiß historische um den Tisch mit Ihnen, Asja, Felizitas, Horkheimer, die das Ende dieser Epoche heraufführten. Um die rhapsodische Naivität war es geschehen. Diese romantische Form war in einem raccourci der Entwicklung überholt worden, von einer andern aber hatte ich damals und noch auf Jahre hinaus keinen Begriff. Im übrigen begannen in diesen Jahren die äußern Schwierigkeiten, welche es mir geradezu als providentiell haben erscheinen lassen, daß die innern mir eine abwartende, dilatorische Arbeitsweise schon vorher nahe gelegt hatten. Es folgte die einschneidende Begegnung mit Brecht und damit der Höhepunkt aller Aporien für diese Arbeit, der ich mich doch auch jetzt nicht entfremdete. Was aus dieser jüngsten Epoche für die Arbeit Bedeutung gewinnen konnte – und es ist nicht gering – das konnte allerdings keine Gestalt gewinnen, ehe nicht die Grenzen dieser Bedeutung unzweifelhaft bei mir fest standen und also „Direktiven" auch von dieser Seite ganz außer Betracht fielen.

Alles was ich hier andeute, wird gerade für Sie seinen sinnfälligen Niederschlag im Exposé haben, dem ich jetzt ein paar Worte nachschicke. Das Exposé, das in keinem Punkt meine Konzeptionen verleugnet, ist natürlich noch nicht in allen ihr vollständiges Äquivalent. Wie die abgeschlossene Darstellung der erkenntnistheoretischen Grundlagen des Barockbuches ihrer Bewährung im Material folgte, so wird das auch hier der Fall sein. Damit will ich mich allerdings nicht dafür verbürgen, daß sie auch diesmal in der Form eines besondern Kapitels erscheinen wird – sei es am Schluß, sei es am Anfang. Diese Frage bleibt offen. Auf diese Grundlagen selbst aber enthält das Exposé entscheidende Hinweise, die am wenigsten Ihnen entgehen werden und in denen Sie Motive wiedererkennen werden, die Ihr letzter Brief anschlägt. Weiterhin: sehr viel deutlicher als in jedem vorhergehenden Stadium des Plans (ja, in mir überraschender Weise) treten die Analogien des Buchs zu dem Barockbuch zu tage. Sie müssen mir erlauben in diesem Umstand eine besonders bedeutsame Bestätigung des Umschmelzungsprozesses zu sehen, der die ganze, ursprünglich metaphysisch bewegte Gedankenmasse einem Aggregatszustand entgegengeführt hat, in dem die Welt der dialektischen Bilder gegen alle Einreden gesichert ist, welche die Metaphysik provoziert.

In diesem Stadium der Sache (und freilich in diesem zum ersten Mal) kann ich mit Gelassenheit dem entgegensehen, was etwa von Seiten des orthodoxen Marxismus gegen die Methode der Arbeit mobil gemacht werden mag. Ich glaube, im Gegenteil, in der marxistischen Diskussion mit ihr à la longue einen soliden Stand zu haben, sei es auch nur weil die entscheidende Frage des geschichtlichen Bildes hier zum ersten Male in aller Breite behandelt wird. Da nun die Philosophie einer Arbeit nicht sowohl an die Terminologie als an ihren Standort gebunden ist, so glaube ich schon, daß dieses Exposé das der „großen philosophischen Arbeit" ist, von der Felizitas spricht, wenn mir diese Bezeichnung auch nicht die angelegentlichste ist. Mir geht es, wie Sie wissen, vor allem um die „Urgeschichte des 19ten Jahrhunderts".

In dieser Arbeit sehe ich den eigentlichen, wenn nicht den einzigen Grund, den Mut im Existenzkampf nicht aufzugeben. Schreiben kann ich sie – soviel ist mir heute und unbeschadet der großen sie fundierenden Masse von Vorarbeiten vollkommen klar – vom ersten bis zum letzten Wort nur in Paris. Natürlich, zunächst, einzig in deutscher Sprache. Mein Minimalverbrauch in Paris sind 1000 frs im Monat; soviel hat mir Pollock im Mai zur Verfügung gestellt, soviel soll ich nochmals für Juni erhalten. Aber soviel brauche ich auf eine Weile, um weiter arbeiten zu können. Schwierigkeiten machen sich ohnehin genug bemerkbar; heftige Migräneanfälle halten mir oft genug meine prekäre Daseinsart gegenwärtig. Ob und unter welchem Titel das Institut an der Arbeit sich interessieren kann, ob es unter Umständen nötig wäre, seinem Interesse Anhaltspunkte durch andere Arbeiten zu geben – das werden Sie vielleicht im Gespräch mit Pollock eher klären können als ich. Ich bin zu jeder Arbeit bereit; aber jede von irgendwelcher Bedeutung, insbesondere die über Fuchs, würde verlangen, daß ich für die Dauer ihrer Darstellung die Passagen zurückstelle. (Der Arbeit über die „Neue Zeit" würde ich im Augenblick nicht gern nähertreten. Darüber gelegentlich.)

Daß die Arbeit „so wie sie eigentlich konzipiert ist", vom Institut herausgegeben werden könne, habe ich so wenig angenommen, daß ich Pollock noch im April mündlich meinerseits das Gegenteil davon versichert habe. Eine andere Frage ist es jedoch wieweit die neuen und eingreifenden soziologischen Perspektiven, die den gesicherten Rahmen der interpretativen Verspannungen hergeben, einen Anteil des Instituts an dieser Arbeit begründen können, die ohne ihn weder so noch anders Wirklichkeit werden würde. Denn eine Distanz, die im gegenwärtigen Stadium sich zwischen Entwurf und Gestaltung einschieben würde, wäre wahrscheinlich mit einschneidenden Gefahren für jede spätere Darstellung verbunden. Der Rahmenentwurf dagegen enthält zwar längst nicht an allen Stellen, aber doch an den mir entscheidenden, diejenigen philosophischen Begriffsbestimmungen, die jene fundieren. Wenn gerade Sie manches Stichwort vermissen werden – den Plüsch, die Langeweile, die Bestimmung der „Phantasmagorie" – so sind gerade das Motive, denen ich nur ihren Ort zu geben hatte; ihre Gestaltung, die bei mir teilweise sehr weit gediehen ist, gehörte in dieses Exposé nicht hinein. Dieses viel weniger aus Gründen seiner äußern Zweckbestimmung als seiner innern: es hatte die alten, mir gesicherten Bestände mit den neuen zu durchdringen, die ich mir im Laufe der Jahre erworben habe.

Den Entwurf, den Sie erhalten, bitte ich Sie ausnahmslos niemandem zu zeigen und mir alsbald zurückzuschicken. Er dient nur meinen eigenen Studien. Ein anderer, der in Kurzem fertiggestellt sein wird, und zwar in mehreren Exemplaren, wird Ihnen später zugehen.

San Remo dürfte als Ort einer Begegnung für uns dieses Jahr wohl nicht in Betracht kommen. Können Sie nicht einrichten, den Weg von Oxford nach Berlin über Paris zu nehmen? Erwägen Sie das doch bitte eingehend!

Sowohl Lotte Lenja wie Max Ernst würde ich gern sehen. Können Sie etwas veranlassen, so sind Sie meiner Zustimmung sicher.

Ich höre mit Freude, daß die Textgestaltung Ihrer Arbeit[1] absehbar geworden ist. Um Näheres von ihr zu erfahren, muß ich wohl auf unsere Aussprache warten?

[...]

Nehmen Sie meine herzlichsten Grüße!

Ihr Walter Benjamin

1 Das erst 1956, unter dem Titel „Zur Metakritik der Erkenntnistheorie", erschienene Buch.

261 An Max Horkheimer

Paris, 10. Juli 1935

Lieber Herr Horkheimer,

ich war längst ungeduldig, Ihnen das mit gleicher Post abgehende Exposé zu schicken. Sie werden zwar von Herrn Pollock einige Andeutungen darüber erhalten haben, aber ich konnte es infolge seiner verfrühten Abreise nicht, wie es unsere Absicht war, mit ihm durchgehen.

[...]

Ich füge hinzu, daß ich auf Herrn Pollocks Veranlassung gleichzeitig ein Exemplar meiner Studien zu dieser Arbeit in Photocopie habe anfertigen lassen. Es ist an einem sichern Ort hinterlegt und steht Ihnen jederzeit zur Verfügung.

Dem Exposé selbst möchte ich zunächst sachlich nichts hinzufügen. Seit Mitte Mai arbeite ich aufs intensivste auf der Bibliothèque nationale und dem Cabinet des Estampes an dem Abschluß meiner Dokumentation. Dank der Erleichterung meiner Lage in den letzten Monaten, die ich Ihnen und Herrn Pollock verdanke, ist es mir gelungen, diese Dokumentation dem Abschluß sehr erheblich zu nähern.

Ich werde freilich gegen Anfang August, wenn ich keine andern Weisungen von Ihnen erhalte, das Buch wieder zurückstellen, um den Aufsatz über Fuchs zu schreiben. Bei meinem letzten Zusammensein mit ihm habe ich mir vielerlei Interessantes aus seinen Anfängen unter dem Sozialistengesetz erzählen lassen. Im Interesse dieses Aufsatzes wie meines Buches will ich versuchen, mich so lange wie möglich in Paris zu behaupten.

[...]

Im letzten Heft der Zeitschrift habe ich zu meiner Freude Ihren Aufsatz über die philosophische Anthropologie[1] gefunden. Unter seinen mehrfach entscheidenden Formulierungen hat mir den größten Eindruck die über den Zusammenhang von egoistischer Triebstruktur mit dem Bedürfnis metaphysischer Sicherung gemacht. [...]

Ich höre von Frau Favez[2], daß Sie im Begriff sind, New York für eine Weile zu verlassen, wenn Sie es nicht schon getan haben. Ich wünsche Ihnen eine recht nachhaltige Erholung.

Mit herzlichen Grüßen Ihr Walter Benjamin

1 Max Horkheimer: Bemerkungen zur philosophischen Anthropologie, in: „Zeitschrift für Sozialforschung" 4 (1935), S. 1–25.

2 Sekretärin des Instituts für Sozialforschung in Genf.

Paris, 18. Juli 1935

Lieber Alfred,

wenn ich Dir fast postwendend auf Deinen Brief vom 12ten antworte, so vor allem, weil ich mit der sehr herzlichen Erwiderung Deiner Geburtstagswünsche nicht allzusehr mich von dem Tag entfernen möchte, dem sie bestimmt sind. Schreibe mir doch, ob mir der 21te richtig vorschwebt oder, wenn nicht, an welchem Tage Ihr ihn gefeiert habt.

Von einer Feier konnte bei mir wohl die Rede nicht sein. Desto zufriedener war ich, daß er in eine Reihe von Tagen fiel, die mir die langentbehrte Annehmlichkeit einer Wohnung brachten. Meine Schwester ist seit kurzem verreist – sie ist auf Mallorca – und hat mir für die Wochen ihrer Abwesenheit ihre Wohnung eingeräumt. Damit bin ich bei der Stelle Deines Briefes, die ein Geburtstagsgeschenk in seiner schönsten Gestalt enthält: ich meine Eure Einladung in das freistehende Zimmer. Wenn ich sie für den Augenblick nicht gut annehmen kann, einerseits weil ich meiner Schwester zugesagt habe, die Wohnung nicht leerstehen zu lassen, andererseits weil ich gerade jetzt die Arbeiten auf der Bibliothèque Nationale nicht unterbrechen kann, so will ich Dir doch mit mehr als dem herzlichen Dank, der auch Grete gilt, antworten. Ich will es in Gestalt der Frage, ob Du glaubst, daß eine Möglichkeit, Euch zu besuchen, etwa noch gegen die zweite Septemberhälfte bestehen könnte. Daß Du die Frage jetzt kaum mit Bestimmtheit wirst beantworten können, ist mir klar. Immerhin sollst Du wissen, daß um diese Zeit wohl die Möglichkeit zu Euch nach Barcelona zu kommen bei mir bestehen würde und ich brauche Dir nicht zu sagen, wie gern ich es täte.

Bis dahin werde ich, wie ich hoffe, diejenigen Studien, für die ich an die Bibliothek gebunden bin, im Großen und Ganzen zuende geführt haben. Ich habe mir jetzt, da es dem Abschluß zugeht, noch zwei Arbeitsfelder eröffnet. Das eine ist das Cabinet des estampes, in dem ich die Anschauungen von

Gegenständen und Verhältnissen, die ich mir aus Büchern gebildet habe, an Bildern zu kontrollieren suche und das andere der Enfer der Bibliothek[1], für die [sic] das Recht auf Benutzung erwirkt zu haben einer der wenigen Erfolge ist, die ich auf diesem Boden für mich verzeichnen kann. Es ist außerordentlich schwer zu erhalten.

Es wäre freilich für mich ein großes Vergnügen, Dir von der Arbeit zu erzählen. Daß ich vor einigen Wochen den ersten zusammenfassenden Entwurf zu ihr geschrieben habe, werde ich Dir berichtet haben. Dazu habe ich meine Studien, um sie zu sichern, photographieren lassen. Meinen literarischen Kollegen, selbst Freunden, gegenüber lasse ich dagegen nichts von dieser Arbeit verlauten; nichts Näheres. Sie ist in einem Stadium, in dem sie allen denkbaren Unbilden, nicht zum wenigsten den[en] des Diebstahls, besonders ausgesetzt wäre. Daß mich Blochs „Hieroglyphen des 19ten Jahrhunderts"[2] etwas scheu gemacht haben, wirst Du begreifen.

Im übrigen hat meine Aussprache mit ihm nun stattgefunden. Und wenn ich vor der schwierigen Aufgabe stand, unsere Beziehungen aus der kritischen Verfassung der letzten Jahre herauszuführen ohne ihn im Unklaren über meine wesentlich negative und sehr negative Stellung zu seinem letzten Buch zu lassen, so kann ich – unberechenbare verspätete Reaktionen auf seiner Seite vorbehalten – hoffen, diese Aufgabe gelöst zu haben. Das erforderte natürlich eine große Loyalität auch von seiner Seite und ich freue mich, daß ich auf sie gestoßen bin.

Es ist schön von Dir, daß Du an meine „Briefe" und vor allem an die „Berliner Kindheit um neunzehnhundert" denkst. Aber damit ist es traurig bestellt. Die verschiedenen „Interessenten", die der Teufel holen soll, haben nichts weiter zustande gebracht, als mich aller Exemplare zu berauben. Mir verbleibt gerade das meinige, das abschreiben zu lassen ich kein Geld habe.

Ich meine, Dir nicht geschrieben zu haben, seit hier der Kongreß der antifaszistischen Schriftsteller „zur Rettung der Kultur" stattfand. Bei dieser Gelegenheit war auch Brecht hier und diese Begegnung war, wie Du Dir denken wirst, für mich das erfreulichste – fast das einzig erfreuliche – Element der Veranstaltung. Brecht selber ist weit besser auf seine Kosten gekommen; kein Wunder, da er seit Jahren mit dem Plan eines großen satirischen Romans über die Intellektuellen[3] umgeht. Unbestreitbar interessant war mir die eingehende physiognomische Bekanntschaft, die man mit einzelnen Schriftstellern machen konnte. Allen voran *Gide*, dessen *habitus* auf dem Kongreß nicht nur im Reden sondern genau so im Schweigen die Bewunderung aller aufmerksamen Beobachter war. Aber auch Figuren wie diesen [Alfred] Kantorowi[c]z, den Du so richtig identifizierst, konnte man in Muße studieren.

Mich fesselt sehr, was Du über Rosenzweig schreibst. Daß das eine sehr bemerkenswerte Erscheinung war, steht ja fest. Die Briefe[4] sind mir noch nicht in die Hand gekommen, aber ich werde mir das Buch merken. Einen Vorbehalt will ich zu dem machen, was Du in diesem Zusammenhang über Buber sagst. Es ist nicht das wenigst merkwürdige an meinem Verhältnis zu Rosenzweig – dessen „Stern der Erlösung" mich seinerzeit sehr beschäft[igt] hat und von dem ich von Scholem oft gehört habe – daß seine Freundschaft mit Buber meiner ungemein tief wurzelnden Abneigung gegen diesen letzten niemals hat Abbruch tun können. Vielleicht fällt es uns doch einmal ein, über diese Dinge miteinander zu reden.

Ich beglückwünsche Dich zu einem Freund. Es hat seit Ibiza für mich keine eingreifende Bekanntschaft mehr gegeben, selten gibt es unter den neuen eine erfreuliche wie es unlängst die von John Heartfield[5] war, mit dem ich ein wirklich schönes Gespräch über Photographie hatte. Noch weniger kann ich von neuer Lektüre berichten, da meine Lesestunden ausschließlich den Materialien zur Passagenarbeit zugute kommen. Eine Ausnahme machte ich nur für den Roman von Bredel „Die Prüfung", den mir der Malikverlag zusandte. Dieses Buch ist bestimmt lesenswert. Die Frage, warum der Verfasser in seiner Darstellung eines Konzentrationslagers es zu keinem restlosen Gelingen gebracht hat, legt lehrreiche Überlegungen nahe.

Mir bleibt noch übrig, Dir einen recht baldigen und vor

allem recht stetigen Erfolg in Deiner Tätigkeit zu wünschen, Grete, deren Grüße ich herzlich erwidere, den Kindern und Dir eine gute Gesundheit und uns allen Kurage.

Herzlichst Dein Walter

1 Magazin der BN, in dem „schlüpfrige" Bücher aufbewahrt werden.
2 „Erbschaft dieser Zeit", 1935, Seite 288 ff.
3 Der sogenannte Tui-Roman.
4 Franz Rosenzweig, „Briefe", 1935.
5 Dem Bruder von Wieland Herzfelde.

263 Theodor W. Adorno an Benjamin

Hornberg i. Schwarzwald, 2. August 1935

Lieber Herr Benjamin,

lassen Sie mich heute, endlich, versuchen, Ihnen einiges zu dem Exposé zu sagen, das ich aufs eingehendste studiert und nochmals mit Felizitas durchgesprochen habe, die denn auch an meiner Antwort voll mitbeteiligt ist. Es scheint mir der Wichtigkeit des Gegenstandes – die ich, wie Sie wissen, aufs höchste einsetze – angemessen, wenn ich in voller Aufrichtigkeit spreche und ohne Präambeln an die zentralen Fragen herangehe, die ich ja als für uns beide in gleichem Sinne zentral betrachten darf – nicht aber ohne der kritischen Diskussion vorauszuschicken, daß mir bereits das Exposé, so wenig gerade bei Ihrer Arbeitsweise Umriß und „Gedankengang" eine zureichende Vorstellung vermitteln können, der wichtigsten Konzeptionen voll zu sein scheint, von denen ich nur die großartige Stelle über Wohnen als Spuren hinterlassen, die entscheidenden Sätze über den Sammler und die Befreiung der Dinge vom Fluch nützlich zu sein [...] hervorheben möchte. Ebenso scheint mir der Entwurf des Baudelairekapitels als Deutung des Dichters und die Einführung der Kategorie der nouveauté S. 418 [1] voll gelungen.

Sie werden danach erraten, was Sie ohnehin kaum anders

erwartet haben, daß es sich mir nämlich wiederum um den Komplex handelt, der durch die Stichwörter Urgeschichte des neunzehnten Jahrhunderts, dialektisches Bild, Konfiguration von Mythos und Moderne bezeichnet wird. Wenn ich dabei von einer Scheidung in „materiale“ und „erkenntnistheoretische“ Frage absehe, so dürfte das, wenn schon nicht mit der Außendisposition des Exposés, so doch jedenfalls mit der philosophischen Kernmasse korrespondieren, in deren Bewegung ja eben gleichwie in den beiden tradierten neueren Entwürfen von Dialektik jene Entgegensetzung verschwinden soll. Lassen Sie mich zum Ausgang nehmen das Motto auf S. 408: Chaque époque rêve la suivante, das mir insofern ein wichtiges Instrument scheint, als um den Satz alle jene Motive der Theorie des dialektischen Bildes sich ankristallisieren, die mir grundsätzlich der Kritik zu unterliegen scheinen, und zwar als *undialektisch;* so, daß mit der Eliminierung jenes Satzes eine Bereinigung der Theorie selbst gelingen könne. Denn er impliziert dreierlei: die Auffassung des dialektischen Bildes als eines – ob auch kollektiven – Bewußtseinsinhaltes; seine geradlinige, fast möchte ich sagen: entwicklungsgeschichtliche Bezogenheit auf Zukunft als Utopie; die Konzeption der „Epoche“ als eben des zugehörigen und in sich einigen Subjekts zu jenem Bewußtseinsinhalt. Es dünkt mir nun höchst belangvoll, daß mit dieser Fassung des dialektischen Bildes, die eine immanente heißen darf, nicht bloß die Ursprungsgewalt des Begriffes, die eine theologische war, bedroht ist, und eine Simplifizierung eintritt, die hier nicht die subjektive Nuance, sondern den Wahrheitsgehalt selber angreift – sondern eben damit auch gerade jene gesellschaftliche Bewegung im Widerspruch verfehlt wird, um deretwillen Sie das Opfer der Theologie bringen.

Wenn Sie das dialektische Bild als „Traum“ ins Bewußtsein verlegen, so ist damit nicht bloß der Begriff entzaubert und umgänglich geworden, sondern hat eben damit auch jene objektive Schlüsselgewalt eingebüßt, die gerade materialistisch ihn legitimieren könnte. Der Fetischcharakter der Ware ist keine Tatsache des Bewußtseins, sondern dialektisch in dem eminenten Sinne, daß er Bewußtsein produziert. Das besagt aber, daß das Bewußtsein oder Unbewußtsein ihn nicht einfach als Traum abzubilden vermag, sondern mit Wunsch und Angst gleichermaßen ihn beantwortet. Durch den sit venia verbo Abbild-Realismus der jetzigen immanenten Fassung des dialektischen Bildes geht aber gerade jene dialektische Macht des Fetischcharakters verloren. Um auf die Sprache des glorreichen ersten Passagenentwurfes zu rekurrieren: wenn das dialektische Bild nichts ist als die Auffassungsweise des Fetischcharakters im Kollektivbewußtsein, so mag sich zwar die Saint Simonistische Konzeption der Warenwelt als Utopie, nicht aber deren Kehrseite enthüllen, nämlich das dialektische Bild des neunzehnten Jahrhunderts als Hölle. Nur diese aber vermöchte das Bild des goldenen Zeitalters an die rechte Stelle zu bringen und gerade einer Interpretation Offenbachs könnte dieser Doppelsinn sich höchst schlüssig herausstellen: nämlich der von Unterwelt und Arkadien – beides sind explizite Kategorien Offenbachs und bis in Details der Instrumentation herein zu verfolgen. So scheint mir die Aufgabe der Höllenkategorie des Entwurfes und zumal der genialen Stelle über den Spieler – für die die Stelle über Spekulation und Glücksspiel keinen Ersatz bietet – nicht nur eine Einbuße an Glanz, sondern auch an dialektischer Stimmigkeit. Nun verkenne ich am letzten die Relevanz der Bewußtseinsimmanenz fürs neunzehnte Jahrhundert. Aber nicht kann aus ihr der Begriff des dialektischen Bildes gewonnen werden, sondern Bewußtseinsimmanenz selber ist, als „Intérieur" das dialektische Bild fürs neunzehnte Jahrhundert als Entfremdung; darin muß ich den Einsatz des zweiten Kierkegaardkapitels[2] auch beim neuen jeu stehen lassen. Nicht also wäre danach das dialektische Bild als Traum ins Bewußtsein zu verlegen, sondern durch die dialektische Konstruktion wäre der Traum zu entäußern und die Bewußtseinsimmanenz selber als eine Konstellation des Wirklichen zu verstehen. Gleichsam als die astronomische Phase, in welcher die Hölle durch die Menschheit hindurchwandert. Erst die Sternkarte solcher Wanderschaft vermöchte, so scheint mir, den Blick auf die Geschichte als Urgeschichte freizugeben. – Lassen Sie mich den Einwand, genau den gleichen, vom extremen Gegenpunkt aus nochmals zu formulieren suchen. Im Sinne der Immanenzfassung des dialektischen Bildes (der ich, um das positive Wort zu nennen, Ihren früheren *Modell*begriff kontrastieren möchte) konstruieren Sie das Verhältnis des Ältesten und Neuesten, das ja schon im ersten Entwurf zentral stand, als eines der utopischen Bezugnahme auf „klassenlose Gesellschaft". Damit wird das Archaische zu einem komplementär Hinzugefügten anstatt das „Neueste" selber zu sein; ist also entdialektisiert. Zugleich aber wird, ebenfalls undialektisch, das klassenlose Bild in den Mythos zurückdatiert anstatt hier wahrhaft als Höllenphantasmagorie transparent zu werden. So scheint mir denn die Kategorie unter welcher die Archaik in der Moderne aufgeht weit weniger das goldene Zeitalter als die Katastrophe. Ich habe einmal notiert, das Jüngstvergangene stelle allemal sich dar als ob es durch Katastrophen vernichtet sei. Hic et nunc würde ich sagen: damit aber als Urgeschichte. Und gerade hier weiß ich mich mit der kühnsten Stelle des Trauerspielbuches in Übereinstimmung.

Wenn die Entzauberung des dialektischen Bildes als „Traum" es psychologisiert, so verfällt sie aber ebendadurch dem Zauber der bürgerlichen Psychologie. Denn wer ist das Subjekt zum Traum? Im neunzehnten Jahrhundert gewiß nur das Individuum; aus dessen Träumen aber weder der Fetischcharakter noch dessen Monumente unmittelbar abbildlich gelesen werden können. Daher wird denn das Kollektivbewußtsein hergeholt, von dem ich freilich bei der gegenwärtigen Fassung fürchte, daß es vom Jungschen sich nicht abheben läßt. Der Kritik ist es von beiden Seiten offen: vom gesellschaftlichen Prozeß her, indem es archaische Bilder dort hypostasiert, wo dialektische durch den Warencharakter, nur eben nicht in einem archaischen Kollektivich, sondern in den bürgerlich entfremdeten Individuen produziert werden; von der Psychologie aus, indem, wie Horkheimer sagt, das Massenich nur bei Erdbeben und Massenkatastrophen existiert, während sonst der objektive Mehrwert gerade in Einzelsubjekten und gegen sie sich durchsetzt. Das Kollektivbewußtsein wurde nur erfunden um von der wahren Objektivität und ihrem Korrelat, nämlich der entfremdeten Subjektivität abzulenken. An uns ist es, dies „Bewußtsein" nach Gesellschaft und Einzelnem dialektisch zu polarisieren und aufzulösen und nicht es als bildliches Korrelat des Warencharakters zu galvanisieren. Daß im träumenden Kollektiv keine Differenzen für die Klassen bleiben, spricht deutlich und warnend genug.

Die mythisch-archaische Kategorie des „goldenen Zeitalters" aber hat endlich – und das scheint mir gerade gesellschaftlich entscheidend – auch verhängnisvolle Konsequenzen für die Warenkategorie selber. Wird am goldenen Zeitalter die entscheidende „Zweideutigkeit" (ein Begriff übrigens, der selber der Theorie höchst bedürftig ist und keinesfalls bloß stehen bleiben darf), nämlich die zur Hölle, unterschlagen, so wird dafür die Ware als die Substanz des Zeitalters zur Hölle schlechthin und in einer Weise negiert, welche in der Tat die Unmittelbarkeit des Urzustandes als Wahrheit möchte erscheinen lassen: so führt die Entzauberung des dialektischen Bildes geradeswegs in ungebrochen mythisches Denken und wie dort Jung so meldet hier Klages als Gefahr sich an. Nirgends aber bringt der Entwurf mehr an Remedien mit als gerade an dieser Stelle. Hier wäre der zentrale Ort der Lehre vom Sammler, der die Dinge vom Fluch nützlich zu sein befreit; hierhin gehört auch, wenn ich recht verstehe, Haussmann, dessen Klassenbewußtsein gerade durch die Vollendung des Warencharakters in einem Hegelschen Selbstbewußtsein die Sprengung der Phantasmagorie inauguriert. Die Ware als dialektisches Bild verstehen, heißt eben auch sie als Motiv ihres Unterganges und ihrer „Aufhebung" anstatt der bloßen Regression aufs Ältere zu verstehen. Ware ist einerseits das Entfremdete, an dem der Gebrauchswert abstirbt, andererseits aber das Überlebende, das fremd geworden die Unmittelbarkeit übersteht. An den Waren und nicht für die Menschen haben wir das Versprechen der Unsterblichkeit und der Fetisch ist – um die von Ihnen mit Recht statuierte Beziehung zum Barockbuch weiterzutreiben – fürs neunzehnte Jahrhundert ein treulos letztes Bild wie nur der Totenkopf. An dieser Stelle scheint mir der entscheidende

Erkenntnischarakter Kafkas, insbesondere des Odradek als der nutzlos überlebenden Ware zu liegen: in diesem Märchen mag der Surrealismus sein Ende haben wie das Trauerspiel im Hamlet. Innergesellschaftlich sagt das aber, daß der bloße Begriff des Gebrauchswertes keinesfalls genügt, den Warencharakter zu kritisieren, sondern nur aufs vorarbeitsteilige Stadium zurücklenkt. Das war stets mein eigentlicher Vorbehalt gegen Berta[3] und ihr „Kollektiv" sowohl wie ihr unmittelbarer Funktionsbegriff sind mir darum stets suspekt gewesen, nämlich selber als „Regression". Vielleicht sehen Sie aus dieser Überlegung, deren sachlicher Gehalt genau die Kategorien trifft, die im Exposé Berta gemäß sein mögen, daß mein Widerstand gegen diese nicht insulare Rettungsversuche für autonome Kunst oder irgend Ähnliches sind, sondern mit jenen Motiven unserer philosophischen Freundschaft aufs tiefste kommunizieren, die mir die ursprünglichen dünken. Wenn ich mit einem gewagten Griff den Bogen meiner Kritik zusammenfassen dürfte, so müßte er, und wie könnte es anders sein, um die Extreme sich schließen. Eine Restitution der Theologie oder lieber eine Radikalisierung der Dialektik bis in den theologischen Glutkern hinein müßte zugleich eine äußerste Schärfung des gesellschaftlich-dialektischen, ja des ökonomischen Motivs bedeuten. Das wäre zumal auch historisch zu nehmen. Der fürs neunzehnte Jahrhundert *spezifische* Warencharakter d. h. die industrielle Warenproduktion müßte material weit schärfer herausgearbeitet werden, da es ja seit dem beginnenden Kapitalismus, d. h. dem Manufakturzeitalter, eben dem Barock, Warencharakter und Entfremdung gibt – wie denn andererseits die „Einheit" der Moderne seitdem eben im Warencharakter liegt. Erst eine genaue Bestimmung der industriellen Warenform als einer historisch von den älteren scharf abgehobenen könnte aber die „Urgeschichte" und Ontologie des neunzehnten Jahrhunderts voll liefern; alle Beziehungen auf die Warenform „als solche" verliehen dieser Urgeschichte einen gewissen Charakter des Metaphorischen, der in diesem Ernstfall nicht geduldet werden kann. Ich möchte vermuten, daß, wenn Sie sich hier Ihrer Verfahrungsweise, der blinden

Materialarbeit, ganz überlassen, die größten Interpretationsergebnisse zu erzielen sind. Wenn meine Kritik sich demgegenüber in einer gewissen theoretischen Abstraktionssphäre bewegt, so ist das gewiß eine Not, aber ich weiß, daß Sie diese Not nicht als eine von „Weltanschauung" betrachten und damit meine Vorbehalte beseitigen werden.

Immerhin erlauben Sie mir noch einige konkretere Einzelbemerkungen, die freilich nur vor jenem theoretischen Hintergrund etwas bedeuten mögen. Zum Titel möchte ich vorschlagen: Paris Hauptstadt des neunzehnten Jahrhundert; nicht „die Hauptstadt" – falls nicht doch mit der Hölle der Passagentitel auferstehen sollte. Die Kapiteleinteilung nach Männern scheint mir nicht ganz glücklich; von ihr geht ein gewisser Zwang zur systematischen Außenarchitektur aus, der mir nicht recht behagen will. Gab es da nicht früher Abschnitte nach Materialien wie „Plüsch", „Staub" usw.? Gerade die Beziehung Fourier – Passage will nicht recht einleuchten. Ich könnte mir als die geeignete Anordnung hier eine Konstellation der verschiedenen städtischen und Warenmaterialien denken, die sich in den späteren Teilen als das dialektische Bild und dessen Theorie zugleich déchiffriert. – Im Motto S. 406 gibt das Wort portique sehr schön das Motiv von „Antike"; vielleicht wäre zum Neuen als Ältesten hier eine Formenlehre des Empire elementar abzuhandeln (wie im Barockbuch etwa die Melencholia). Auf S. 407 wäre jedenfalls die Auffassung vom Staat als Selbstzweck im Empire als bloße Ideologie voll durchsichtig zu machen, als welche sie ja nach der Fortsetzung wohl von Ihnen gedacht wird. Ganz unerhellt steht hier der Begriff der Konstruktion, der, als Materialentfremdung *und* Materialbeherrschung, bereits eminent dialektisch und nach meinem Dafürhalten auch sogleich dialektisch zu exponieren ist (scharfe Grenze zum gegenwärtigen Konstruktionsbegriff; wahrscheinlich bietet der sehr ins 19. Jahrhundert fallende Terminus ingenieur die Handhaben!). Der Begriff des kollektiven Unbewußten, der hier auftritt und zu dem ich prinzipiell schon einiges sagte, ist übrigens in seiner Einführung und Exposition nicht ganz durchsichtig. – Zu S. 407 möchte ich fragen, ob Gußeisen wirklich der erste künstliche Baustoff ist (Ziegelsteine!); überhaupt ist mir beim „Ersten" manchmal nicht recht wohl. Vielleicht ließe sich hier komplementär formulieren: Jede Epoche träumt sich als durch Katastrophen vernichtete. – S. 408. Die Formel daß „das Neue sich mit dem Alten durchdringt" ist mir höchst bedenklich im Sinne meiner Kritik am dialektischen Bild als einer Regression. Nicht wird darin aufs Alte zurückgegriffen, sondern das Neueste ist, als Schein und Phantasmagorie, selber das Alte. Hier darf ich vielleicht ohne Zudringlichkeit an einige Formulierungen, auch über Zweideutigkeit, im Intérieurabschnitt des Kierkegaard erinnern. Noch möchte ich hier ergänzen: dialektische Bilder sind als Modelle keine gesellschaftlichen Produkte, sondern objektive Konstellationen, in denen der gesellschaftliche Zustand sich selbst darstellt. Infolgedessen kann dem dialektischen Bild niemals eine ideologische oder überhaupt soziale „Leistung" zugemutet werden. Mein Einwand gegen den bloß negativen Ansatz der Verdinglichung – die Kritik am „Klages" des Entwurfes – stützt sich hauptsächlich auf die Stelle über die Maschine auf S. 408. Die Überbewertung der Maschinentechnik und der Maschine als solcher ist stets bürgerlich retrospektiven Theorien eigentümlich gewesen: es werden damit die Produktionsverhältnisse durch abstrakten Rekurs auf die Produktionsmittel überdeckt. – Zu 409 f. gehört der Hegelsche, von Georg Lukács und anderen seitdem aufgenommene und sehr wichtige Begriff der zweiten Natur. Der diable à Paris könnte wohl in die Hölle geleiten. – Zu 410: daß der Arbeiter „zum letzten Mal" außerhalb seiner Klasse als Staffage usf. erscheine, möchte ich sehr bezweifeln. – Die Idee einer Urgeschichte des Feuilletons, zu der Ihr Kraus soviel enthält, ist höchst bestechend; hier wäre auch Heines Standort. Mir fällt dazu ein alter Ausdruck der Journalistensprache ein: „Schablonstil", dessen Ursprung wohl nachzugehen wäre. Der Terminus Lebensgefühl ist, als einer der Kultur- oder Geistesgeschichte, sehr anrüchig. – Die gläubige Hinnahme des Urerscheinens der Technik scheint mir mit der Überwertung des Archaischen als solchem zusammenzuhängen. Ich notierte die Formel: Mythos ist nicht die klassenlose Sehnsucht der wahren Gesellschaft, sondern der objektive Charakter der entfremdeten Ware selber. – S. 411. Die Konzeption der Geschichte der Malerei im 19. Jahrhundert als Flucht vor der Photographie (der eine der Musik als Flucht vorm „Banalen" übrigens streng korrespondiert) ist sehr großartig aber auch undialektisch d. h. der Anteil der in die Warenform nicht eingehenden Produktivkräfte an den malerischen Funden ist so nicht konkret, sondern bloß im Negativ der Spur zu fassen (der präzise Ort dieser Dialektik ist wahrscheinlich Manet). Das scheint mir mit der mythologisierenden oder archaistischen Tendenz des Exposés zusammenzuhängen. Die malerischen Funde werden als vergangene gewissermaßen zu geschichtsphilosophischen Fixsternbildern, aus denen der Anteil der Produktivkraft entwichen ist. Unterm undialektisch mythischen Blick, dem der Meduse, entweicht der subjektive Anteil der Dialektik. – Das goldene Zeitalter von S. 412 ist vielleicht der wahre Übergang zur Hölle. – Die Beziehung der Weltausstellungen auf die Arbeiterschaft will mir nicht einleuchten und wirkt als Konjektur; sie ist sicher nur mit größter Vorsicht zu behaupten. – Zu 412f. gehört natürlich eine große Definition und Theorie der Phantasmagorie. – S. 413 war mir ein Mene Tekel. Ich erinnere mich mit Felizitas des überwältigenden Eindruckes, den uns seinerzeit das Saturnzitat machte; das Zitat hat die Ernüchterung nicht überstanden. Nicht müßte der Saturnring zum gußeisernen Balkon werden, sondern dieser zum leibhaften Saturnring und hier bin ich glücklich, Ihnen nichts Abstraktes entgegenzuhalten, sondern Ihr eigenes Gelingen: das unvergleichliche Mondkapitel der „Kindheit", dessen philosophischer Gehalt hier seine Stelle hätte. Mir fiel hier ein, was Sie einmal von der Passagenarbeit sagten: sie könne nur dem Raum des Wahnsinns abgezwungen werden: daß sie von diesem sich entfernte anstatt ihn zu unterwerfen bezeugt die Deutung des Saturnzitats die davon abprallt. Hier sitzen meine eigentlichen Widerstände. [...] hier muß ich um des ungeheuren Ernstes der Sache willen so brutal reden. – Der Fetischbegriff der Ware muß, wie es wohl auch in Ihrer Absicht liegt, mit den zuständigen Stellen dessen belegt werden der ihn fand. – Der ebenfalls S. 413 auftretende Begriff des Organischen, der auf eine statische Anthropologie usw. weist, kann wohl auch nicht gehalten werden oder nur so, daß es lediglich vorm Fetisch als solches existiert, also selbst historisch ist, wie etwa die „Landschaft". – Zu S. 414 gehört wohl jenes dialektische Warenmotiv des Odradek. – Die Arbeiterbewegung scheint hier wieder ein wenig deus ex machina-haft; freilich mag hier wie bei manchen analogen Formen die Abkürzungsweise des Exposés Schuld tragen – dies ein Vorbehalt der vielen meiner Vorbehalte gegenüber zu machen ist. Mir ist zu der Stelle über die Mode, die mir sehr bedeutend scheint, aber in ihrer Konstruktion vom Begriff des Organischen wohl abgelöst und aufs Lebendige bezogen werden müßte – d. h. also nicht auf vorgesetzte „Natur" bezogen – noch eingefallen der Begriff des Changeant, des schillernden Stoffes, der wohl für das 19. Jahrhundert Ausdrucksbedeutung hat, wohl auch an industrielle Verfahren gebunden ist. Vielleicht gehen Sie dem einmal nach, sicherlich weiß Frau Hessel, deren Berichte in der FZ wir stets mit großem Interesse verfolgen, damit Bescheid. – S. 414 ist die Stelle, zu der ich insbesondere das Bedenken gegen den zu abstrakten Gebrauch der Warenkategorie anzumelden habe: als sei sie als solche „erstmals" im 19. Jahrhundert erschienen (beiläufig gesagt gilt der gleiche Einwand auch gegen Intérieur und Soziologie der Innerlichkeit im Kierkegaard und gerade hier habe ich alles, was ich gegen Ihr Exposé vorbringe, auch gegen die eigene ältere Arbeit zu sagen). Ich glaube, daß die Warenkategorie sich bereits durch die spezifisch modernen Kategorien Welthandel und Imperialismus sehr konkretisieren ließe. Dazu etwa: die Passage als Basar, auch etwa Antiquitätenläden als Welthandelsmärkte fürs Zeitliche. Die Bedeutung der Hereingeholten Ferne – vielleicht das Problem der Gewinnung intentionsloser Schichten und die imperiale Eroberung. Ich gebe nur Einfälle; natürlich können Sie hier im Material unvergleichlich viel Bündigeres zutage fördern und die spezifische Gestalt der Dingwelt des 19. Jahrhunderts bestimmen (vielleicht von ihrer Rückseite, Abfällen, Resten, Trümmern her). – Auch die Stelle über das Kontor dürfte der historischen

Bestimmtheit entraten. Mir erscheint es weniger als blanker Gegensatz zum Intérieur denn als Relikt älterer Stubenformen, wohl barocker (cf. Globen darin, Wandkarten, Barrière und andere Materialformen). – S. 415. Zur Theorie des Jugendstiles: wenn ich mit Ihnen darin übereinstimme, daß er eine entscheidende Erschütterung des Intérieurs bedeutet, so schließt das für mich aus, daß er „alle Kräfte der Innerlichkeit mobilisiert". Vielmehr sucht er sie durch „Veräußerlichung" zu retten und zu verwirklichen (hierher gehört die Theorie insbesondere des Symbolismus, vor allem Mallarmés Intérieurs, die genau die umgekehrte Bedeutung haben als etwa Kierkegaards). Anstelle von Innerlichkeit steht im Jugendstil Sexus. Auf ihn wird rekurriert, gerade weil einzig in ihm das private Individuum sich nicht als innerlich, sondern leibhaft begegnet. Das gilt für alle Kunst des Jugendstils von Ibsen bis Maeterlinck und d'Annunzio. Der Ursprung ist denn auch Wagner und nicht die Kammermusik Brahmsens. – Beton scheint mir für den Jugendstil uncharakteristisch, gehört wohl in den merkwürdigen Leerraum um 1910. Ich halte es übrigens für wahrscheinlich, daß der eigentliche Jugendstil mit der großen Wirtschaftskrise um 1900 zusammenfällt; Beton gehört in die Vorkriegskonjunktur. – S. 415. Ich möchte Sie auf die höchst merkwürdige Interpretation des Baumeister Solness in Wedekinds Nachlaß aufmerksam machen. Psychoanalytische Literatur über das Erwachen kenne ich nicht, tue mich aber danach um. Aber: gehört nicht die traumdeutende, erwachende Psychoanalyse, die sich ausdrücklich polemisch gegen die Hypnose absetzt (Belege bei Freud in den Vorlesungen) selber zum Jugendstil, mit dem sie zeitlich koinzidiert? Hier dürfte eine Frage ersten Ranges liegen, die vielleicht sehr weit führt. Korrektiv zu der prinzipiellen Kritik möchte ich hier einfügen: wenn ich den Gebrauch des Kollektivbewußtseins ablehne, so natürlich nicht, um das „bürgerliche Individuum" als eigentliches *Substrat* stehen zu lassen. Es ist auf Intérieur als soziale Funktion transparent zu machen und seine Geschlossenheit als Schein zu enthüllen. Aber als Schein nicht gegenüber einem hypostasierten kollektiven Bewußtsein, sondern gegenüber dem realen gesellschaftlichen Prozeß selber. Das „Individuum“ ist dabei ein dialektisches Durchgangsinstrument, das nicht wegmythisiert werden darf, sondern nur aufgehoben werden kann. – Nochmals möchte ich die Stelle von der „Befreiung der Dinge von der Fron nützlich zu sein“ als den genialen Wendepunkt zur dialektischen Rettung der Ware aufs nachdrücklichste akzentuieren. – S. 416 wäre ich froh, wenn die Theorie des Sammlers und des Intérieurs als Etui möglichst weit ausgeführt würden. – S. 417 möchte ich Sie auf Maupassants La nuit aufmerksam machen, die mir das dialektische Schlußstück zu Poes Mann der Menge als Grundstein erscheint. Die Stelle über die Menge als Schleier finde ich wunderbar. – S. 418 ist der Ort der Kritik am dialektischen Bild. Daß die hier gegebene Theorie dem ungeheuren Anspruch der Sache noch nicht gerecht wird, wissen Sie fraglos besser als ich. Ich möchte nur noch sagen, daß nicht Zweideutigkeit die Übersetzung der Dialektik ins Bild ist, sondern dessen „Spur“, die selber durch die Theorie erst durchzudialektisieren ist. Ich meine mich zu erinnern, daß es hierzu im Intérieurkapitel des Kierkegaard einen brauchbaren Satz gibt. Zu S. 418 vielleicht die Schlußstrophe der großen Femmes damnées aus den Pièces condamnées. – Der Begriff falsches Bewußtsein erheischt m. E. vorsichtigsten Gebrauch und ist keinesfalls mehr ohne Rekurs auf den Hegelschen [!] Ursprung zu benutzen. – Snob ist ursprünglich gerade kein ästhetischer, sondern ein sozialer Begriff; er ist durch Thackeray arriviert. Zwischen Snob und Dandy ist aufs schärfste zu unterscheiden; wohl auch der Geschichte des Snobs selber nachzugehen, wozu Sie ja durch Proust das großartigste Material haben. – Die These auf S. 419 über l'art pour l'art und Gesamtkunstwerk scheint mir in dieser Form nicht zu halten. Gesamtkunstwerk und Artismus im prägnanten Sinne sind die extrem entgegengesetzten Versuche, aus dem Warencharakter auszuweichen, und nicht identisch: so ist Baudelaires Beziehung zu Wagner so dialektisch wie die Gemeinschaft mit der Hure. – S. 419 f. will die Theorie der Spekulation mich durchaus nicht befriedigen. Hier fehlt einmal die Theorie des Glücksspiels, die im Passagenentwurf so großartig stand; andererseits die wirkliche ökonomische Theorie des Spekulanten. Die Spekulation ist der negative Ausdruck der Irrationalität der kapitalistischen ratio. Vielleicht wäre auch dieser Stelle durch „Extrapolation auf die Extreme“ beizukommen. – S. 420 wäre wohl eine explizite Theorie der Perspektive fällig; ich glaube, in den Urpassagen gab es etwas dazu. Es gehört dazu das Stereoskop, das zwischen 1810 und 1820 erfunden wurde. – Die schöne dialektische Konzeption des Haußmannkapitels könnte vielleicht in der Darstellung prägnanter herauskommen als das Exposé sie macht, aus dem man sie erst interpretieren muß.

Nochmals muß ich Sie bitten, die meckernde Form dieser Glossen zu entschuldigen; aber ich meine doch Ihnen wenigstens einige Lokalisierungen der prinzipiellen Kritik schuldig zu sein. [...]

In wahrhafter Freundschaft.

1 Im folgenden sind die Seitenzahlen des Manuskripts ersetzt worden durch die des Abdrucks in Schriften 1.
2 Von Adornos Kierkegaardbuch.
3 Deckname für Brecht; der Brief ist aus dem nationalsozialistischen Deutschland an seinen Adressaten in Paris gegangen.

264 *An Gerhard Scholem*

9. August 1935

[...]

Ich habe einige Wochen intensiver Arbeit in der Bibliothek hinter mir. Sie haben die Dokumentation für mein Buch sehr gefördert. Nun aber werde ich sie – ohne ihren Abschluß erreicht zu haben – für einige Zeit unterbrechen müssen. Mich rettet vor der Arbeit über Fuchs kein Gott mehr. Ja, ich habe mehr denn je Grund, mich den Anregungen des Instituts gegenüber gefügig zu zeigen. Denn das Entgegenkommen, das ich bei meinen Verhandlungen im Mai gefunden habe, kam nicht zustande ohne daß ich die Aussicht, einige

Monate in Palästina zu verschwinden und seiner Fürsorge enthoben zu sein, meinem Partner eröffnet hatte. Ihm, wie Du Dir denken kannst, eine lockende Perspektive, die ihm nunmehr zerstreuen zu müssen mich vor eine bedenkliche Aufgabe stellt. Daß es mir im übrigen aus bessern und menschlichern Gründen sehr leid tut, unsere Begegnung hinausgeschoben zu sehen, wird Dich nicht überraschen. Und wir werden uns von einem Wiedersehen in Europa, das doch wohl nur ein flüchtiges sein können wird, nicht das versprechen dürfen, was uns einige Wochen in Palästina gegeben hätten. Mir den Einblick in Dein Wirken und seine Umstände; Dir den in meine Arbeit, von deren Charakter Dir eine Anschauung zu verschaffen nicht allein brieflich ganz unmöglich, sondern selbst im Gespräch nur dann tunlich wäre, wenn es keine, allzu gelegentliche, vereinzelte ist. Dann allerdings dürfte es für uns beide um so viel lohnender sein als dies Buch von mir mit ungewöhnlicher Vorsicht ins Werk gesetzt wird und – je einsamer meine Arbeit an ihm verläuft, im gegenwärtigen Stadium um so mehr gewillt und fähig ist alle Belehrung, die ihm aus freundschaftlichem Gespräch kommen kann, fruchtbar zu machen. Ich glaube, daß seine Konzeption, so sehr persönlich sie in ihrem Ursprung ist, die entscheidenden geschichtlichen Interessen unserer Generation zum Gegenstand hat. Danach bedarf es nicht eines Wortes mehr, um Dir anzudeuten, wie gern ich Dich mit ihr vertraut machen würde.

Sachlich liegen die Dinge so, daß ein Exposé für das Institut – will sagen zu äußerlichem, ja äußerlichstem, Gebrauch –, das seit einiger Zeit vorliegt, mir selbst auf das genaueste den Ort vergegenwärtigt hat, an dem die konstruktive Arbeit, die zugleich die Entscheidung über die schriftstellerische Form und deren Gelingen einschließt, eines Tages ihren Anfang zu nehmen hätte. Dieser Tag ist noch nicht gekommen. Umstände die, so widerwärtig sie sind, mich darin zu ihrem Komplizen haben, verzögern ihn. Wenn ich ihn aber noch je erlebe, so will ich mich nicht mehr über vieles beklagen.

Ich will den Gegenstand nicht verlassen, ohne Dir zu sagen, daß die alternativen Vermutungen, welche Du an ihn schließt, beide zutreffen. Die Arbeit stellt sowohl die philosophische Verwertung des Surrealismus – und damit seine Aufhebung – dar wie auch den Versuch, das Bild der Geschichte in den unscheinbarsten Fixierungen des Daseins, seinen Abfällen gleichsam festzuhalten.

Die Adresse meiner Schwester, die augenblicklich die meinige ist, habe ich Dir, wenn ich mich recht entsinne, schon auf meiner letzten Karte mitgeteilt. Ohne zu wissen, ob ich bei Rückkunft von Frau Marx-Steinschneider noch hier wohnen werde, bitte ich Dich, sie ihr mitzuteilen [...]

Paris ist zur Zeit klimatisch sehr angenehm; gesellschaftlich weniger, weil von den wenigen Bekannten entblößt. Selbst die Emigranten nehmen ihre paar Groschen zur Hand und machen Sommer.

[...]

Laß also aufs baldigste von Dir hören und nimm die herzlichsten Wünsche für Dein großes hebräisches Unternehmen. Grüße an Dich und Escha.

Dein Walter

265 An Gretel Adorno

16. August 1935

Liebe F.

Ich glaube recht zu tun, wenn ich diese wenigen Zeilen in Deine Hände lege. Sie enthalten keine Auseinandersetzung mit Eurem großen und denkwürdigen Brief vom 2. Diese wird späterem – und gewiß nicht einem Brief, sondern einer Reihe von solchen im Laufe unserer Korrespondenz vorbehalten sein – einer Korrespondenz, die sich in ihren vielen Strömen und Rinnsalen dann freilich doch eines nicht hoffentlich zu fernen Tages in das Bett gemeinsamer Gegenwart ergießen soll – nein – das ist keine Auseinandersetzung, sondern, wenn Ihr so wollt, eine Empfangsanzeige. Aber sie soll nicht nur sagen, daß die Hände es sind, die dieses Schreiben empfangen haben. Und es ist auch nicht nur der Kopf, mit ihnen. Sondern was ich Euch vorab und ehe irgend ein Einzelnes berührt wird, versichern will, das ist, wie beglükkend für mich die Bestätigung unserer Freundschaft und die Erneuerung so vieler freundschaftlicher Gespräche ist, die Euer Brief vornimmt.

Das Außerordentliche und bei aller Genauigkeit und Dringlichkeit Eurer Einwendung für mich so höchst Besondere und Befruchtende in Eurem Brief ist, daß er die Sache überall im engsten Zusammenhang mit ihrem von mir erfahrenen Gedankenleben betrifft; daß jede Eurer Reflektionen – oder so gut wie jede – in das produktive Zentrum hinein – kaum eine daneben weist. In welcher Gestalt sie also in mir auch fortwirken werden und so wenig ich über dieses Fortwirken weiß, so scheint mir doch zweierlei davon festzustehen:

1) daß es nur ein Förderliches,

2) nur ein unsere Freundschaft Bestätigendes und Bekräftigendes sein kann.

Wenn es nach mir ginge, so wäre das alles, was ich für heute sagte; denn alles weitere führt vorläufig noch leicht ins Ungeklärte und nicht zu Begrenzende. Aber da ich gerade von diesen Zeilen nicht möchte, daß Sie Euch hart erscheinen, so seien einige, ganz provisorische und ganz wenige Glossen gewagt – nicht ohne zu hasardieren. Daß sie einen mehr konfessionshaften als einen unmittelbar sachlichen Charakter tragen, das müßt Ihr in Kauf nehmen.

Und so sei vorabgesagt: Wenn Euer Brief mit so nachdrücklichen Wendungen auf den „1" Passagenentwurf verweist, so ist zu konstatieren: Es ist von diesem „1" Entwurf nichts aufgegeben und kein Wort verloren. Und was Euch vorlag, das ist, wenn ich so sagen darf, nicht der „2" Entwurf, sondern der *andere*. Diese beiden Entwürfe haben ein polares Verhältnis. Sie stellen Thesis und Antithesis des Werkes dar. Es ist daher dieser „2" für mich alles andere als ein Abschluß. Seine Notwendigkeit ruht darauf, daß die im „1" vorhandenen Einsichten unmittelbar keinerlei Gestaltung zuließen – es sei denn eine unerlaubt „dichterische". Daher der, längst preisgegebene, Untertitel im ersten Entwurf. „Eine dialektische Feerie".

Nun habe ich die beiden Enden des Bogens – aber noch nicht die Kraft, ihn zu spannen. Diese Kraft kann nur ein langes Training verschaffen, für das die Arbeit im Material ein Element, neben anderen, darstellt. Meine unglückliche Lage bringt es mit sich, daß die anderen Elemente zu Gunsten des einen genannten in dieser zweiten Epoche der Arbeit bisher zurücktreten müssen. Das weiß ich. Und dieser Erkenntnis trage ich in der dilatorischen Art meines Vorgehens Rechnung. Ich will keinem Fehler Gelegenheit geben, auf den Kalkül einzuwirken.

Welches sind diese anderen Elemente des Trainings? Die konstruktiven. Wenn W. Bedenken gegen die Kapiteleinteilung hat, so hat er ins Schwarze getroffen. Dieser Disposition fehlt das konstruktive Moment. Ich lasse dahin gestellt, ob es in der Richtung zu suchen ist, die Ihr andeutet. So viel ist sicher: das konstruktive Moment bedeutet für dieses Buch, was für die Alchimie der Stein der Weisen bedeutet. Es läßt sich im übrigen davon für jetzt nur das eine sagen: daß es den Gegensatz, in dem das Buch zur bisherigen und überkommenen Geschichtsforschung steht, auf eine neue, bündige und sehr einfache Weise wird resümieren müssen. Wie? steht dahin.

Nach diesen Sätzen werdet Ihr Euch nicht des Verdachts zu erwehren brauchen, als mische sich meinem Widerstand gegen andere Einwendungen etwas wie Eigensinn bei. Ich wüßte keine Untugend, von der ich in dieser Sache weiter entfernt wäre. Und ich übersehe, für spätere Betrachtung die aufsparend, viele Punkte, in denen ich mit Euch einig bin. (Selten bin ich es so sehr wie in den Reflektionen, die W. zum Thema des „Goldenen Zeitalters" anstellt.) Nein – woran ich im Augenblick denke, das ist die Saturnstelle Eures Briefes. Daß „der gußeiserne Balkon zum Saturnring werden" müßte, das will ich zwar ganz und gar nicht in Abrede stellen. Wohl aber werde ich erklären müssen: Daß diese Verwandlung zu vollbringen keineswegs Aufgabe einer einzelnen Betrachtung – und am wenigsten der der betreffenden Zeichnung

Grandvilles – sein kann, sondern daß dies ausschließlich *dem Buche als Ganzen* obliegt. Formen, wie die „Berliner Kindheit" sie mir darbietet, darf gerade dieses Buch an keiner einzigen Stelle und nicht im geringsten grade in Anspruch nehmen: diese Erkenntnis in mir zu fundieren ist eine wichtige Funktion des zweiten Entwurfs. Die Urgeschichte des neunzehnten Jahrhunderts, die im Blick des auf seiner Schwelle spielenden Kindes sich spiegelt, hat darin ein ganz anderes Gesicht, als in den Zeichen, welche sie auf der Karte der Geschichte eingraben.

Diese gänzlich vorläufigen Bemerkungen beschränken sich auf einige allgemeine Fragen. Ohne diese ihrem Umkreis nach abzuschreiten, lassen sie alles Einzelne aus dem Spiel. Vieles davon werde ich bei späteren Gelegenheiten berühren. Zum Schluß aber erlaubt mir, auf die Gefahr hin, auch dies in der Form der confession zu tun, auf eine mir entscheidende Problematik hinzuweisen. Indem ich sie aufwerfe, deute ich zweierlei an, wie zutreffend mir Ws. Bestimmung des dialektischen Bildes als „Konstellation" erscheint – und wie unveräußerlich mir gleichwohl gewisse Elemente dieser Konstellation scheinen, auf die ich hinwies: nämlich die Traumgestalten. Das dialektische Bild malt den Traum nicht nach – das zu behaupten lag niemals in meiner Absicht. Wohl aber scheint es mir, die Instanzen, die Einbruchsstelle des Erwachens zu enthalten, ja aus diesen Stellen seine Figur wie ein Sternbild aus den leuchtenden Punkten erst herzustellen. Auch hier also will noch ein Bogen gespannt, eine Dialektik bezwungen werden: die zwischen Bild und Erwachen. – – –

266 An Max Horkheimer

Paris, 16. Oktober 1935

Lieber Herr Horkheimer,

ich danke Ihnen vielmals für Ihren Brief vom 18. September. Natürlich war er für mich eine große Freude. Die Anzahl derer, vor denen meine Arbeit mich ausweisen kann, ist seit der Emigration klein geworden. Jahre und Lebenslage bewirken es andererseits, daß diese Arbeit im Haushalt des Lebens einen immer größeren Raum einnimmt. Daher die besondere Freude durch Ihren Brief.

Gerade weil Ihre Stellungnahme zum Exposé von so großer Wichtigkeit ist und mir eine Hoffnung eröffnet, hätte ich diesem Brief gern jedes Eingehen auf meine Verhältnisse ferngehalten. In der Hoffnung auf ein „Wunder", die in solchen Fällen verzeihlich ist, habe ich ihn denn auch aufgeschoben. Nun aber, da ich den Ertrag einiger kleiner Geschichten, die ich für die Schweizer Presse geschrieben hatte[1] in einer Anzahl von Franken beisammen habe, die ich mir an den Fingern abzählen kann, ist auch ein Brief, der sich einmal gänzlich auf meine Arbeit beschränken könnte, ein unerschwinglicher Luxus geworden. Als ich das letzte Mal mit Herrn Pollock sprach, sagte ich ihm, daß mehr als das Ausmaß jeder gegenwärtigen Hilfe die Möglichkeit mir bedeute, in ausweglosen Situationen auf Sie zurückzugreifen. Er verstand das, und wenn die letzte Entscheidung des Instituts mir eine wirklich eingreifende Erleichterung für ein volles Vierteljahr brachte, so wird Sie das, wie ich zuversichtlich hoffe, nicht hindern, meine Sache im Sinn der Worte zu prüfen, die ich damals Herrn Pollock sagte.

Meine Situation ist so schwierig, wie eine Lage ohne Schulden es überhaupt sein kann. Ich will mir damit nicht etwa das geringste Verdienst zuschreiben, sondern nur sagen, daß jede Hilfe, die Sie mir gewähren, eine unmittelbare Entlastung für mich bewirkt. Ich habe, verglichen mit meinen Lebenskosten im April, als ich nach Paris zurückkam, mein Budget außerordentlich beschränkt. So wohne ich jetzt bei Emigranten als Untermieter. Es ist mir außerdem gelungen, Anrecht auf einen Mittagstisch zu bekommen, der für französische Intellektuelle veranstaltet wird. Aber erstens ist diese Zulassung provisorisch, zweitens kann ich von ihr nur an Tagen, die ich nicht auf der Bibliothek verbringe, Gebrauch machen; denn das Lokal liegt weit von ihr ab. Nur im Vorbeigehen erwähne ich, daß ich meine Carte d'Identité erneuern müßte, ohne die dafür nötigen 100 Francs zu haben.

Auch den Beitritt zur Presse Étrangère, den man mir aus administrativen Gründen nahegelegt hat, habe ich, da die Gebühr 50 Francs beträgt, noch nicht vollziehen können.

Es ist an dieser Lage das Paradoxe, daß meine Arbeit wahrscheinlich nie einer öffentlichen Nützlichkeit näher gewesen ist als eben jetzt. Durch nichts ist Ihr letzter Brief mir so ermutigend gewesen als durch die Andeutungen, die er in diesem Sinn macht. Der Wert Ihrer Anerkennung ist mir proportional der Beharrlichkeit, mit der ich in guten und bösen Tagen an dieser Arbeit festhielt, die nun die Züge des Plans annimmt. Und zwar neuerdings in besonders entschiedener Gestalt.

Wenn Herr Pollock mir bei seinem Hiersein den Anstoß gab, das Exposé niederzuschreiben, so war Ihr letzter Brief die Veranlassung, das historische Bild der Sache, das nun provisorisch fixiert war, zugunsten konstruktiver Überlegungen beiseite zu setzen, die das Gesamtbild des Werkes bestimmen werden. So vorläufig nun ihrerseits diese konstruktiven Überlegungen in der Gestalt sein mögen, in der ich sie fixiert habe, so darf ich doch sagen, daß sie in der Richtung einer materialistischen Kunsttheorie einen Vorstoß machen, der seinerseits weit über den Ihnen bekannten Entwurf hinausführt. Diesmal handelt es sich darum, den genauen Ort in der Gegenwart anzugeben, auf den sich meine historische Konstruktion als auf ihren Fluchtpunkt beziehen wird. Wenn der Vorwurf des Buches das Schicksal der Kunst im neunzehnten Jahrhundert ist, so hat uns dieses Schicksal nur deswegen etwas zu sagen, weil es im Ticken eines Uhrwerks enthalten ist, dessen Stundenschlag erst in *unsere* Ohren gedrungen ist. Uns, so will ich damit sagen, hat die Schicksalsstunde der Kunst geschlagen, und deren Signatur habe ich in einer Reihe vorläufiger Überlegungen festgehalten, die den Titel tragen „Das Kunstwerk im Zeitalter seiner technischen Reproduzierbarkeit“ [2] Diese Überlegungen machen den Versuch, den Fragen der Kunsttheorie eine wahrhaft gegenwärtige Gestalt zu geben: und zwar von innen her, unter Vermeidung aller *unvermittelten* Beziehung auf Politik.

Diese Aufzeichnungen, die fast nirgends auf historisches

Material Bezug nehmen, sind nicht umfangreich. Sie haben einen lediglich grundsätzlichen Charakter. Ich könnte mir denken, daß sie in der Zeitschrift an ihrem Platze wären. Was mich betrifft, so ist es selbstverständlich, daß ich diesen Ertrag meiner Arbeit von Ihnen am liebsten publiziert sähe. Keinesfalls will ich ihn drucken lassen, ohne Ihre Stimme darüber gehört zu haben.

Wenn Sie berücksichtigen, daß die erwähnten Arbeiten zeitlich im Hintergrund meines Tagesprogramms stehen, das in seinem Hauptteile von der Studie über Fuchs bestimmt wird, und daß ich späterhin einen Vortrag für das Institut des Études Germaniques vorbereite, so sehen Sie, daß meine Zeit gut ausgefüllt ist. Es wäre mir, um unter solchen Umständen einen Fixpunkt zu haben, lieb, wenn Sie selbst mir einen Termin für das Manuskript über Fuchs vorschlagen wollten.

Ein anderer und entscheidender Fixpunkt wird für mich Ihre Europareise sein. Ich bin gewiß, daß sich dann für uns die Gelegenheit zu einer eingehenden Beratung ergeben wird. Zu den Härten meiner hiesigen Existenz gehört auch die, über die wichtigsten Gedanken der Arbeit mich mit keinem Anwesenden verständigen zu können. In dem Stadium, in welchem sie sich befinden, darf ich mit ihnen nicht leichtfertig verfahren. Daher habe ich das Exposé niemandem hier gezeigt. Mir fiel in Ihrem Brief besonders ein Satz über das, was „nicht weggelassen werden darf", auf. Darüber hoffe ich von Ihnen, am liebsten mündlich, noch mehr zu hören.

Ich bin höchst gespannt auf Ihren Essay über Dialektik und hoffe vieles aus ihm zu lernen. Die beiden letzten Nummern der Nouvelle Revue Française bringen einen Aufsatz über das gleiche Thema. [...]

Ich gebe diesem Brief meine Hoffnung mit und meine herzlichsten Grüße.

Ihr Walter Benjamin

1 W. B. „Die Warnung" in den Basler Nachrichten vom 26. Sept. 1935 und „Rastelli erzählt..." in der NZZ vom 6. Nov. 1935.

2 „Zeitschrift für Sozialforschung" 5 (1936) S. 40–66 (in der Übersetzung von Pierre Klossowski). Jetzt Schriften I, S. 366–405.

Paris, Ende Oktober 1935

Liebe Grete,
diesmal hat es mit meiner Antwort etwas lange gedauert – aber was lag auch alles zwischen dem Empfang Ihres ersten Briefes und heute. Vor allem wieder einmal ein Umzug – die neue Adresse finden Sie am Ende –, dazu besondere Schwierigkeiten, wenn auch der gebräuchlichsten Art und in solcher ihn begünstigenden Lage ein Aufstand der Objekte im ganzen Umkreis: beginnend, da ich im siebenten Stock wohne, mit einem Streik des Fahrstuhls, fortgesetzt durch eine Massenabwanderung der paar Habseligkeiten, auf die ich halte, gipfelnd in dem Verschwinden eines sehr schönen, für mich unersetzlichen Füllfederhalters. Es war eine ansehnliche Misere.

Jetzt, da ich Ihnen schreibe, ist – ohne daß sich an der Lage etwas geändert hätte – meine Verstörung abgezogen, vielleicht fortgefegt von den tollen Herbststürmen, die tagaus tagein mein(e) Höhe umpfeifen. Ein Trost wäre es gewesen, wenn die Ankunft Ihres Tabaks in diese Tage gefallen wäre. Aber auf die dürfen wir nicht mehr rechnen und auch keinen Versuch mehr machen, sonst kommen die Zollbeamten garnicht aus dem Rauchen heraus. Aber sehr vielen Dank für Ihre Ausdauer!

Und dann weiß ich nicht einmal, ob ich Ihnen schon für Ihre ausgezeichnete Abschrift des „Epischen Theaters" gedankt habe. Ich bin sehr froh, daß Sie mir dieses wichtige Manuscript derart gesichert haben.

Nun zu den Brechtschen. Zuerst bekam ich die „Bemerkungen über die chinesische Schauspielkunst". Es liegt auf der Hand, daß das ein ganz ausgezeichnetes Stück ist. Unübertreffliche Formulierungen sind darin, wie die vom Gesicht als dem leeren Blatt, das durch den Gestus beschrieben wird, die vom Nachbar, nicht dem Beschauer, der dargestellt wird – und andern. Jetzt ist das Unglück, daß ich hier persönliche Beziehungen nicht zu einem einzigen Übersetzer habe. Auf der andern Seite kann Adrienne Monnier, Herausgeberin von Mesures, in die ich diesen Text sehr gern bringen würde, keine Silbe deutsch. Und am bedenklichsten ist die bedenkliche Art ihres Gewährsmannes für die deutschen Sachen. Mit alledem will ich nur sagen, daß ich genötigt sein werde, auf verschlungenen Wegen voranzugehen und daß es nicht sicher ist, ob ich ankomme. Der Versuch jedenfalls lohnt unbedingt und ich werde ihn bei nächster Gelegenheit unternehmen.

Es war sehr schön im Lehrstück vor Augen zu haben, wie Brecht die Erfahrungen mit der chinesischen Bühne seiner eignen Sache zunutze macht. In der Tat scheint mir das letzte Stück unter allen der Art das vollkommenste. Ohne Zögern äußere ich mich zu der Frage, die Sie mir mit Bezug auf die beiden Fassungen der Szene von dem [Schluß fehlt]

268 An Gerhard Scholem

Paris, 24. Oktober 1935

Lieber Gerhard,

Der Empfehlung, mich bald vernehmen zu lassen, mit der Dein Augustbrief schließt, habe ich trotz des besten Willens nicht entsprechen können. Es war um mich zu düster und ungewiß, als daß ich die dürftigen Stunden inneren Gleichgewichts meiner Arbeit zu entziehen gewagt hätte. Ein neuer Umzug, mit allem, was unter solchen Umständen ihm vorangeht und folgt, fiel in die gleiche Epoche. Endlich konnte mich in etwas die Möglichkeit entlasten, Dir einen mündlichen Gruß durch Kitty Steinschneider zukommen zu lassen.

Der unmittelbarste Anlaß, Dir heute zu schreiben ist, Dir für den Empfang des Soharkapitels[1] zu danken. Es kann keine Rede davon sein, daß ich das Buch – von Deiner Vorrede abgesehen – von Anfang bis zu Ende gelesen hätte. Wohl aber habe ich genug darinnen gelesen, um Dich zu dem, was Du zustande gebracht hast, aufs höchste beglückwünschen zu können. Und zwar kann ich das, ohne die – zweifellos immense – technische Kunstleistung, die diese Übersetzung darstellt, im geringsten beurteilen zu können. Denn neben ihr besteht unverkennbar die eminente Humanität, die aus dem erfolgreichen Vorsatz spricht, einen derart hermetischen Text dem ungeschulten, auf nichts als seine Aufmerksamkeit gestellten Verstande in die zweckdienlichste und zugleich überraschendste Nähe zu rücken. Die Übersetzung des Dir vorliegenden Textes war bestimmt nicht leichter als die eines vollkommenen Gedichts. Nur verfügen die Übersetzer von Dichtung für gewöhnlich nicht über die Entsagung, die hier Bedingung des Gelingens ist und zugleich die methodische Weisung gibt, mit der Übersetzung den Kommentar zu verbinden. Insofern halte ich Deine Leistung für vorbildlich über die Grenzen der Materie hinaus.

Es wird Dich hoffentlich nicht überraschen von mir zu hören, daß diese Materie mir noch immer sehr nahe steht, wenn Du auch wohl das kleine Programm, in dem dieser Umstand in Ibiza seinen Niederschlag fand – „Über das mimetische Vermögen" – nicht in diesem Sinne verstanden hast. Wie dem auch sei, der dort entwickelte Begriff der unsinnlichen Ähnlichkeit findet vielfache Illustration in der Art wie der Soharautor die Lautbildungen, und mehr wohl noch die Schriftzeichen als Depositen von Weltzusammenhängen auffaßt. Freilich scheint er an eine Entsprechung zu denken, die auf keinerlei mimetischen Ursprung zurückführt. Das dürfte mit seiner Bindung an die Emanationslehre zusammenhängen, zu der in der Tat meine Mimesistheorie den stärksten Antagonismus darstellt.

Viele Stellen sind mir schon jetzt aufgefallen über die ich mit Dir sprechen müßte. Gern wüßte ich mehr über die „Kleinen Gesichter" der Keruwim. Gern wüßte ich, welche Gedanken Du Dir über den Ursprung der sehr sonderbaren Mondtheorie p. 80/81 machst. Sehr wichtig wäre ferner, sich die Lehre von der Hölle anzusehen. Im Vorwort hat mich besonders die Ausführung über Mose de Leon interessiert. Und dann die Stelle über die primitive und volkstümliche Seite der Sohar-Dämonologie.

[...]

Dein Kafkagedicht hast Du mir im Druck[2] nicht geschickt, und ich würde es gerne haben. Wenn von mir lange nichts gekommen ist, so liegt das einmal daran, daß so gut wie nichts publiziert wird, zum andern, daß die Blätter wegen der Krise meist nur ein einziges Belegexemplar schicken, so z. B. die Neue Züricher Zeitung.

Ungeachtet dieser Umstände habe ich, um auch hier das Meine lieber doppelt und dreifach zu tun, einen kleinen Stoß Novellen geschrieben. Eine von ihnen sollte, wenn mich nicht alles täuscht, leicht einen Platz finden und Du wirst sie dann von mir geschickt bekommen. Manchmal träume ich den zerschlagenen Büchern nach – der berliner Kindheit um neunzehnhundert und der Briefsammlung – und dann wundere ich mich, woher ich die Kraft nehme, ein neues ins Werk zu setzen. Freilich mit sovielen Umständen, daß sein Schicksal noch unabsehbarer ist als die Gestaltung meiner eigenen Zukunft. Auf der andern Seite ist es doch gleichsam das Wetterdach, unter das ich trete, wenn es draußen zu schlimm wird. Zu diesen Unbilden des draußen gehört auch der Fuchs. Aber mit der Zeit härte ich mich gegen seinen Text ab, dem ich zudem weiterhin nur unter mannichfachen Vorkehrungen mich aussetze. Im übrigen berücksichtige ich seine Bücher ausschließlich soweit er das neunzehnte Jahrhundert behandelt. So entfernt er mich nicht allzusehr von meiner eigentlichen Arbeit.

Diese ist in der letzten Zeit durch einige grundlegende Feststellungen kunsttheoretischer Art in entscheidender Weise gefördert worden. Zusammen mit dem historischen Schematismus, den ich vor ungefähr vier Monaten entworfen habe, werden sie – als systematische Grundlinien – eine Art Gradnetz bilden, in das alles einzelne einzutragen sein wird. Diese Überlegungen verankern die Geschichte der Kunst im neunzehnten Jahrhundert in der Erkenntnis ihrer gegenwärtigen von uns erlebten Situation. Ich halte sie sehr geheim, weil sie zum Diebstahl unvergleichlich besser als die meisten meiner Gedanken geeignet sind. Ihre vorläufige Aufzeichnung heißt „das Kunstwerk im Zeitalter seiner technischen Reproduzierbarkeit".

Im Februar werde ich im Institut des Études Germaniques einen Vortrag über die Wahlverwandtschaften halten. Wie lange bei alldem meine Widerstandskräfte noch ausreichen werden, das weiß ich nicht, denn ich verfüge *höchstens* vierzehn Tage im Monat über das Nötigste. Jede geringste Anschaffung aber ist auf das Eintreten eines Wunders angewiesen. Statt dessen ereignete es sich vor einigen Tagen, daß ich meinen Füllfederhalter – ein kostbares Geschenk – vielmehr Erbstück verlor. Und das war kein Wunder, vielmehr das natürlichste Ergebnis tiefster Verstimmtheit und zudem eine lehrreiche Bestätigung des Satzes, daß dem, der nichts hat, das Seine genommen wird.

Für heute werde ich, wie es scheint, den Weg zu lustigern Betrachtungen nicht mehr zurück finden, und so kommt der Schluß nicht zu früh. Schreibe mir bald und nimm, mit Escha, die herzlichsten Grüße

Dein Walter

1 „Die Geheimnisse der Schöpfung, ein Kapitel aus dem Sohar", Berlin 1935.
2 In der „Jüdischen Rundschau". 22. März 1935.

269 An Kitty Marx-Steinschneider

Paris, 24. Oktober 1935

Chère amie,

gestern ist Ihr Brief gekommen, und ich will Ihnen danken, ohne Zeit verstreichen zu lassen. Daß in solchen Dingen der „Erfolg" keineswegs das Maß des Danks sein kann, wissen Sie gut genug, um den meinen so zu verstehen, wie er beschaffen ist.

Habe ich nicht gleichzeitig eine Gelegenheit, Ihnen zu sagen, daß mir das große Gespräch mit Ihnen besonders vertraut im Gedächtnis geblieben ist?

Sehr lieb war mir, von Ihnen zu vernehmen, daß Sie das

Gespräch mit aller der Sache dienlichen Vorsicht geführt haben; freilich war ich dessen vollkommen gewiß, ehe ich sie an Sie herantrug. In der Tat werde ich mit nicht verminderter sondern vermehrter Spannung auf das warten, was Sie eines frühern oder spätern Tages werden enträtseln können.

An den allgemeinen Aspekten der Lage hat sich für mich in der letzten Zeit nichts geändert. Ich bin in den letzten Wochen mit den Fixierungen einiger eingreifender Überlegungen zur Kunsttheorie beschäftigt, deren Ausgangspunkt jenes vormittägliche Gespräch mit Ihrem Mann in der Bar gewesen ist. Es ist als ob diese Überlegungen, die sich immer in den Frühen des abnehmenden Tages verborgen gehalten hatten, mir erst greifbar geworden waren, als sie einmal ins Mittagslicht herausgelockt worden sind. Bitte sagen Sie Ihrem Mann in dieser Erinnerung die schönsten Grüße.

Schreiben Sie mir doch wieder sobald Sie mögen und können. Neuigkeiten wie die Buber angehenden, finden bei mir immer ein gewaltig gespitztes Ohr.

Mit recht herzlichen Grüßen

Ihr Walter Benjamin

270 *An Werner Kraft*

Paris, 28. Oktober 1935

Lieber Herr Kraft,

Es hat mehrere Gründe, wenn ich Ihre letzten Nachrichten und Sendungen weniger bald bestätige als ich es mir gewünscht hätte. Mindestens der erste von ihnen wird mich entschuldigen. Er ist in den besonderen und zeitweise bedrohlich getürmten Schwierigkeiten meiner Existenz zu suchen. Ich sehe davon ab, deren Auswirkung Ihnen im Einzelnen darzustellen; eine von diesen kommt Ihnen in Gestalt meiner veränderten Adresse ohnehin zu.

Solche Umstände verlangen, wie Ihnen leicht verständlich sein wird, ihre eigene Diätetik, und so war es mir nicht ohne weiteres möglich, Ihren letzten Karten mit derjenigen Spontaneität zu antworten, die diese Form der Korrespondenz verlangt.

Ich komme zuerst auf Ihr Gedicht [1] zurück, das mir tiefen Eindruck gemacht hat. In seinen vier ersten Strophen scheint es mir so vollkommen, daß es die Einwendung, die sich gegen die fünfte bei mir erhebt, sollte tragen können. Das Gedicht ist mit dem Wort „Ende" zuende. Die Frage – so scheint mir – mit der Sie es schließen, vermag den tiefen Resonanzboden, den die vorhergehenden Strophen gebaut haben, nicht zu füllen.

Im übrigen gehen mich diese Zeilen in der Traurigkeit, die sie enthalten, gewiß nicht weniger an als in ihrer Kunstgestalt. Und das veranlaßt mich zu der Frage, ob es Ihnen nicht möglich sein sollte, mir einen einigermaßen pragmatischen Bericht über Ihr Leben drüben – oder über das Leben drüben zu geben, und wie ich ihn, frei gestanden, schon so lange von Ihnen erwarte. Im Zusammenhang sagen Sie mir vielleicht auch mit einem Wort, welche Art von Arbeit Sie drüben gefunden haben. [...]

Im übrigen unterliege ich kaum der Nötigung, mir auf diesen Weltzustand im großen und ganzen einen Vers zu machen. Es sind auf diesem Planeten schon sehr viele Kulturen in Blut und Grauen zugrunde gegangen. Natürlich muß man ihm wünschen, daß er eines Tages eine erlebt, die beide hinter sich gelassen hat – ja, ich bin, ganz wie Scheerbart, geneigt, anzunehmen, daß er darauf wartet. Aber ob *wir* ihm dieses Geschenk auf den hundert oder vierhundertmillionsten Geburtstagstisch legen können, das ist eben furchtbar fraglich. Und wenn nicht, so wird er uns schließlich zur Strafe, als seinen unaufmerksamen Gratulanten, das Weltgericht auftragen lassen.
Was mich betrifft, so bemühe ich mich, mein Teleskop durch den Blutnebel hindurch auf eine Luftspiegelung des neunzehnten Jahrhunderts zu richten, welches ich nach den Zügen mich abzumalen bemühe, die es in einem künftigen, von Magie befreiten Weltzustand zeigen wird. Natürlich muß ich mir zunächst einmal dieses Teleskop selber bauen und bei

dieser Bemühung habe ich nun als Erster einige Fundamentalsätze der materialistischen Kunsttheorie gefunden. Ich bin augenblicklich dabei, sie in einer kurzen programmatischen Schrift auseinanderzusetzen.

Für den Februar bereite ich einen Vortrag im Institut des Études germaniques an der Sorbonne vor. Ich habe eine kleine Tournée bei den Professoren gemacht, von der mir geteilte Eindrücke zurückgeblieben sind. Den ungünstigsten erhielt ich von [Henri] Lichtenberger.

Sonst wenig Neues. Und vor allem eigentlich seit Monaten keine Lektüre, da die Arbeit meine gesamte Zeit beansprucht. Eine Ausnahme machte ich mit den Horatiern und Kuriatiern, einem neuen Lehrstück von Brecht, das ich vor kurzem im Manuscript zu sehen bekam. Es stellt eine hervorragende Verwertung gewisser Techniken des chinesischen Theaters dar, das er bei seinem letzten moskauer Aufenthalt kennen gelernt hat. Für das, was Sie mir über die Anzeige des Dreigroschenromans sagten, vielen Dank! Und geben Sie recht bald eine ausführliche Nachricht.

1 „Wahnes Frage". In „Figur der Hoffnung".

271 An Werner Kraft

Paris, 27. Dezember 1935

Lieber Herr Kraft,

Ich danke Ihnen sehr herzlich für Ihren inhaltsreichen, wertvollen Brief vom 9. November. Er gab mir erstmals ein, wenn auch im Umriß gehaltenes Bild von Ihrer palästinensischen Situation.

Ich beglückwünsche Sie zu Ihrer anthologischen Arbeit für die Schockenbücherei. Es ist mir leicht zu denken, daß sie Ihnen Freude macht und daß etwas Schönes dabei herauskommen wird. Daß Sie auf der andern Seite mancher Erscheinung und mancher Anforderung mit „heimlichem Widerstreben" antworten, das ist mir in keiner Weise erstaunlich. So unzulänglich meine Kenntnisse von der materiellen und geistigen Lage Palästinas sind, so kann ich mir doch aus vielerlei Symptomen zusammenreimen, daß der geistige Lebensraum dort viel enger ist als seine relativ komfortable politische Verfassung es annehmen läßt.

Sie erwähnen – im Zusammenhang Ihres schönen Gedichts – Leo Schestow. Es ist recht möglich, daß ich ihm nächstens einmal begegne. „Auf Hiobs Wage" steht neben mir im Regal. Ich habe freilich noch keine rechte Zeit, mich hineinzulesen, gefunden. Und in diesem Zusammenhang bitte ich Sie, es nicht als Oberflächlichkeit zu verstehen, wenn ich heute auf dieses Gedicht nicht zurückkomme. Ich habe es – hoffentlich ohne Ihren Willen zu verletzen – einem Freunde zur Abschrift geliehen. [...]

Zum Schluß möchte ich noch anmerken, daß ich eine programmatische Arbeit zur Kunsttheorie abgeschlossen habe. Sie heißt „Das Kunstwerk im Zeitalter seiner technischen Reproduzierbarkeit". Sie steht stofflich in keinem Zusammenhang mit dem großen Buch, dessen Plan ich erwähnt habe, methodisch aber im engsten, da jeder geschichtlichen Arbeit, besonders wenn sie beansprucht, vom historischen Materialismus sich herzuschreiben, eine genaue Fixierung des Standorts der Gegenwart in den Dingen vorhergehen muß, deren Geschichte dargestellt werden soll: ... das Schicksal der Kunst im neunzehnten Jahrhundert.

272 *An Theodor W. Adorno*

Paris, 27. 12. 1935

Lieber Herr Wiesengrund,

bevor ich Ihnen von Max [Horkheimer] ausrichte, was der erste Anstoß zu diesen Zeilen war, lassen Sie mich Ihnen sagen, daß ich mit tiefem Anteil Ihrer gedacht habe, als mich gestern die Nachricht vom Tod Alban Bergs erreichte.

Sie wissen, wie sein Werk das einzige ist, in dessen Zeichen unsere Gespräche auf dem mir sonst ferner gelegenen Gebiet die gleiche Intensität erreichten wie auf den andern und besonders das nach der Wozzek-Aufführung wird auch Ihnen noch in Erinnerung sein. –

Max bittet Sie, unter keinen Umständen den Kontinent zu verlassen, ohne ihm telegrafisch Nachricht gegeben zu haben, wo Sie vor Ihrer Überfahrt zu erreichen sind. Es liegt ihm außerordentlich daran, Sie auf dem Festland zu sprechen, sei es in Holland, sei es in Paris. (Daß gerade dieses letztere mir sehr erfreulich und wichtig wäre, können Sie denken.)

Und zwar erbittet er die Nachricht an mich, da er mich fortlaufend über seine Adresse und zumal über die Ausdehnung seines holländischen Aufenthaltes, den er Ende der Woche antritt, auf dem Laufenden halten wird.

Im übrigen weiß natürlich auch Max, wie sehr ich mir wünsche, daß wir uns hier in Paris zu dritt sprächen.

Die herzlichsten Grüße für Sie und Felizitas

Ihr WB

273 An Alfred Cohn

Paris, 26. Januar 1936

Lieber Alfred,

leider sind die beiden kurzen Ankündigungen eines Briefs, für die ich Dir herzlich danke, im neuen Jahr noch ohne Folge geblieben. Und nun komme ich ihm mit ein paar Worten zuvor.

Meine Gedanken wurden erst vor wenigen Tagen wieder auf Dich zurückgelenkt – und zwar: indem auf freilich unsichere, zu mindest nicht ganz verbürgte Weise mir die Nachricht zukam, daß Noeggerath Vorlesungen in Barcelona abhält. Etwas Genaueres habe ich nicht erfahren können – um Vorlesungen an der Universität kann es sich nicht handeln;

davon hätte P L Landsberg, der Schüler von Scheler, der an der Universität Barcelona liest, und den ich nach Noeggerath fragte, wissen müssen.

Ich will Dir Noeggeraths Anwesenheit in der Stadt jedenfalls signalisiert haben; es ist wohl gewiß, daß er sich aus der münchner Frühzeit an Grete erinnert und daß er mit Freude eine Beziehung zu Euch aufnehmen würde. Ob dies auch in Eurem Sinne liegt, darüber kann ich mir allerdings keine Ansicht bilden und das dürfte auch von seiner Verfassung abhängen, die als ich Ibiza verließ, leider nicht viel Ermutigendes hatte. Inzwischen, so wurde mir weiter gesagt, hat er die Insel endgültig verlassen. Und damit wäre nach wenigen Jahren die Vorstellung in Erfüllung gegangen, die mir ein in *grande compagnie* unternommener Besuch der entlegnen Baustelle, die er sich für sein Haus auf der Insel gesichert hatte, geradezu zwingend aufgenötigt hatte.

Meinerseits denke ich immer noch viel an die Insel zurück. Aber ich bezweifle, ob, wenn ich mich wieder einmal von Paris für einige Zeit losmache, der Weg mich nach Süden führen wird. Eher werde ich vielleicht diesen Sommer nach Dänemark kommen. Irgendwelche Anschauung davon habe ich aber noch nicht; spüre nur, daß nach so langer, mir ungewohnter Seßhaftigkeit eine Ortsveränderung nur willkommen wäre.

Auf lange Dauer werde ich Paris vorläufig nicht verlassen – es sei denn, daß politische Umstände es erzwingen – weil ich durch die Arbeit an meinem Buch auf die Bibliothèque Nationale weiterhin angewiesen bleibe. Zunächst werde ich allerdings die Studien dort auf eine gewisse Zeit unterbrechen, um mich an einem oder mehreren Gesamtentwürfen zu dem Buch zu versuchen. Meine Schrift über „das Kunstwerk im Zeitalter seiner technischen Reproduzierbarkeit“ ist jetzt fertig geworden. Sie fixiert den gegenwärtigen Standort, dessen Gegebenheiten und Fragestellungen maßgebend für den Rückblick ins neunzehnte Jahrhundert sein sollen. Diese Programmschrift soll in der Zeitschrift des Instituts und zwar auf französisch erscheinen. Die Arbeit an dieser Übersetzung wird in den Händen eines besonders befähigten Mannes liegen; trotzdem wird es ohne Beeinträchtigung des Textes bei der Sache wohl schwerlich abgehen. Auf der andern Seite ist das Erscheinen des französischen Textes mir aber mit Rücksicht auf meine hiesige Position sehr erwünscht.

Diese letztere scheint sich ungefähr zu der gleichen Zeit als ich zu der Einsicht gekommen bin auf unmittelbare französische Fixierung meiner Gedanken mindestens bis auf weiteres verzichten zu müssen, auf andere Weise etwas zu bessern. Das hängt auf der einen Seite mit dem Entschluß des Instituts zusammen, in Frankreich eine etwas intensivere Aktion an den Tag zu legen, auf der andern mit der wachsenden Bedeutung von Adrienne Monnier im hiesigen Literaturbetrieb; zu der Monnier bin ich im Laufe der Zeit in ein Verhältnis getreten, das sich einem freundschaftlichen im deutschen Sinne sehr nähert. Du wirst Dich vielleicht der ungewöhnlichen Sympathie erinnern, die ich seit jeher für sie bekundet habe.

Diese Sympathie ist gesteigert worden durch die politische Position, die sie im Laufe des letzten Jahres eingenommen hat. In dessen zweite Hälfte fällt die Gründung von „Vendredi", das Dir vielleicht einmal in die Hände gekommen ist. „Vendredi" ist eine sehr billige Wochenzeitung, die heute schon eine Auflage von 300 000 Stück haben soll. Sie macht seit langer Zeit den ersten Versuch, die linke literarische Produktion in einem umfassenden Sinne mobil zu machen, und einen im ganzen sehr glücklichen. Meines Wissens hat Gide sachlich und materiell an diesem Versuch großen Anteil. Die sehr wichtige Tatsache, daß dem Faschismus literarische Wegbereiter so gut wie abgehen, ist zwar keine auf Frankreich beschränkte. Aber in Frankreich zum ersten Mal wird sie – und vielleicht doch noch rechtzeitig – ins rechte Licht gerückt. Das ist die wichtigste Leistung von „Vendredi". Das beste an dieser Zeitung ist, abgesehen von der erwähnten Klarstellung, zu erweisen, daß es eine Kommunistenfurcht selbst bei der intellektuellen Vorhut des Liberalismus hier nicht mehr gibt. An der gleichen Stelle an der Autoren wie Gide oder Rolland ihre politische Haltung fixieren, stößt man auf Leute wie Julien Benda, Alain, Jules Romain mit kaum weniger energischen, jedenfalls unzweideutigen Kundgebungen. Weiter ist für uns, die wir gerade eine politische Reaktion gegen den Kryptofaschismus in der Belletristik in Deutschland so gänzlich vermißt haben, die rabiate Polemik, die Vendredi gegen Leute wie Louis Bertrand, Camille Mauclair, Henri Béraud, Paul Morand führt, etwas außerordentlich Erfreuliches. Adrienne Monnier arbeitet von Zeit zu Zeit an „Vendredi" mit und spielt, ohne der Redaktion anzugehören, bei dieser eine schwerlich geringe Rolle.

Um diese literarischen Informationen mit einer weniger gewichtigen abzuschließen: versäume nicht „Les Pitard" von Simenon zu lesen, falls Dir das Buch in die Hände fällt. Es ist ein Unterhaltungsroman ersten Ranges.

Von uns nächstliegendem zu reden: Weißt Du, ob Ernst [Schoen] nach Moskau, beziehungsweise Leningrad gefahren ist? Ich habe übrigens zur Zeit den erwähnten Programmaufsatz in Moskau liegen und bin äußerst gespannt, ob man ihn in Rußland publizieren wird. Es ist möglich. Immerhin würde mich eine positive Entscheidung mehr wundern als eine negative.

Brecht ist aus Amerika abzureisen im Begriff. Ich habe erzählen hören, die Aufführung der „Mutter" sei drüben ein großer Erfolg gewesen. Etwas Genaueres weiß ich darüber bisher noch nicht. Ich denke die Tatsache meines Briefes spricht eindringlich genug, um mir am Schluß die Bitte um recht baldige Nachricht von Dir fast ersparen zu können. So nimm für heute nur die herzlichsten Wünsche und Grüße.

Dein Walter

274 An Werner Kraft

Paris, 30. Januar 1936

Lieber Herr Kraft,

Heute sollen es nur wenige Zeilen werden, die die Aufgabe haben, Ihnen für Ihre letzten Nachrichten und besonders für das schöne Gedicht zu danken und in Kürze von mir berichten.

Mich hat interessiert, was Sie über Heine und Brecht schreiben. Mir scheint viel Wahres darinnen, wenn ich auch, bei meiner geringen Kenntnis von Heine verständlich, keine Verse von ihm im Sinne habe, die an Brecht genau erinnern könnten. Weniger folge ich Ihnen, wenn die Frage, ob ein Dichter traditionslos schaffen könne, Sie anläßlich Brechts beschäftigt. Da ist gewiß Tradition vorhanden. Nur wird man in einer Richtung suchen müssen, in der wir uns wenig umgetan haben: ich denke vor allem an bayrische Volkspoesie; zu schweigen von manifesten Zügen, die auf die lehrhafte und parabolische Predigt des süddeutschen Barock zurückführen.

Zufällig bin ich jetzt auf meine Weise dabei, in Heine zu geraten. Ich lese die Prosa, soweit sie sich mit französischen Zuständen beschäftigt. Sehr dankbar wäre ich Ihnen, wenn Sie mir angeben wollten, wo die Beschäftigung mit diesen Zuständen etwa in seiner Poesie einen Niederschlag gefunden hat.

Zu Ihrer Bemerkung über mein sprachtheoretisches Referat, dem seine Grenzen durch die Form vorgeschrieben waren: es präjudiziert nichts über eine „Metaphysik" der Sprache. Und es ist von mir, wenn auch keineswegs manifest, so eingerichtet, daß es genau an die Stelle führt, wo meine eigene Sprachtheorie, die ich auf Ibiza vor mehreren Jahren in einer ganz kurzen programmatischen Notiz niedergelegt habe, einsetzt. Ich war sehr überrascht, bedeutende Korrelationen zwischen dieser Theorie und Freuds Essay „Telepathie und Psychoanalyse" zu finden, den Sie im psychoanalytischen Almanach auf 1935 finden.

Die Arbeit über „das Kunstwerk im Zeitalter seiner technischen Reproduzierbarkeit" wird zunächst französisch erscheinen. Die Arbeit liegt in der Hand eines für sehr gut geltenden Übersetzers; aber auch für ihn werden die Schwierigkeiten außergewöhnliche sein. Wo ich den deutschen Text publizieren kann, steht noch dahin. Augenblicklich bin ich beschäftigt, zu dieser Arbeit eine Anzahl von Anmerkungen zu schreiben.

Soweit ich Zeit für mein Buch finde, wende ich sie gegenwärtig dem Studium im Cabinet des Estampes zu, wo ich auf den großartigsten Porträtisten der Stadt Paris, Charles Meryon, gestoßen bin, einen Zeitgenossen Baudelaires. Seine Radierungen gehören zu den erstaunlichsten Blättern, die je eine Stadt ins Leben gerufen hat; es ist ein ungeheurer Verlust, daß der Plan, sie von Baudelaireschen Erläuterungen begleiten zu lassen, infolge von Meryons Schrullen nicht ausgeführt wurde.

Nehmen Sie für heute mit diesem Blatt vorlieb.

PS. Ich denke noch rechtzeitig daran, Ihnen zu sagen, mit welchem Interesse ich Ihren Aufzeichnungen über Sprache entgegensehe.

Und haben Sie vielen Dank für die schönen Sätze von Mallarmé.[1]

1 Nach Erinnerungen von Henri de Regnier in dem Buch „Donc", Paris 1927.

275 *An Werner Kraft*

Paris [Frühjahr 1936]

Lieber Herr Kraft,

Ich bestätige Ihnen mit herzlichem Dank Ihre besonders schöne Arbeit über Else Lasker-Schüler.[1] Unter Ihrer Lektüre gewann mich mehr und mehr das Gefühl, daß von dieser Dichterin nie vorher mit soviel Liebe und Einsicht gesprochen worden ist. Sie haben gleich zu Beginn den glücklichen (dialektischen) Griff ins Unzulängliche dieser Erscheinung hinein: das will aber hier besagen in ihr Tiefstes und ihr Lebendigstes. So bekommt in Ihrer Darstellung das dichterische Gelingen der Frau etwas von der Seligkeit, das es dem Fliegenden ist, der der Schwerkraft seinen Platz abgewinnt.

Bei Gelegenheit will ich mir das „Konzert"[2] verschaffen,

indessen glauben, daß Weniges sich darin schöner darstellt denn die Zitate im Zusammenhang Ihres Textes. Es tut mir besonders leid, nichts zu seiner Publikation tun zu können. Was die „Zeitschrift für Sozialforschung" betrifft, so handelt es sich um ein dreimal jährlich erscheinendes Fachorgan, mit genau abgestecktem Interessenkreis, mit dem dieser Essay schon seinem Gegenstand nach nichts Gemeinsames hat. [. . .]

Ihren Brief vom 15. Februar, für den ich Ihnen sehr herzlich danke, werde ich zu meinen Arbeitspapieren legen, um seine vielen wertvollen Hinweise auf Heine nach Maßgabe des Fortschritts in meinen Studien verwerten zu können.

Sie erwähnen im gleichen Brief Bemerkungen von mir über Brecht und die Tradition. Da es sich einerseits wahrscheinlich nur um ganz wenige Zeilen handelt, andererseits deren Inhalt mir gänzlich entfallen ist, mute ich Ihnen vielleicht mit der Bitte, mir die paar Worte aus meinem Brief zu kopieren, nichts allzu Lästiges zu. Im Augenblick, da ich diese Bitte tue, ist es mir besonders leid Ihre Frage nach Brechts Stellung zu meinem Kafka-Aufsatz unbeantwortet lassen zu müssen. Aber sie beantworten hieße ein Dutzend Seiten meines dänischen Tagebuchs – das die wichtigsten Gespräche enthält, die ich im Sommer 1934 mit Brecht geführt habe – kopieren![3] Davon hoffentlich mündlich einmal.

Leider ist Du Bos wieder sehr krank. Er hat seine Vorlesungen und Empfänge absagen müssen. – Ich hörte bei Freunden eine herrliche Vorlesung von Paul Valéry. Er trug unter anderm „Le Serpent" vor. Über eine Begegnung mit Gide, die, bei ähnlicher Gelegenheit, schon länger zurückliegt, würde ich Ihnen ebenfalls am liebsten mündlich berichten.

[...]

PS Eben erhalte ich Ihr schönes Gedicht „Die Flöte"[4]. Herzlichsten Dank.

1 In Krafts „Wort und Gedanke", Bern 1959, wiederabgedruckt.

2 Erschien Berlin 1932.

3 Veröffenlicht in: Walter Benjamin „Versuche über Brecht", Frankfurt am Main 1966, S. 117–135.

4 Ungedruckt.

Paris, 27. Februar 1936

Lieber Herr Wiesengrund,

ich hätte gedacht, diese Begleitzeilen zu meiner Arbeit eher an Sie abgehen lassen zu können. Es war aber vor Abschluß der französischen Übersetzung kein deutsches Exemplar frei zu machen. Wenn nun das Ihnen zugehende die Spuren der Übersetzungsarbeit trägt, so bitte ich Sie das zu entschuldigen.

Wäre im übrigen diese Übersetzungsarbeit eine in jeder Hinsicht endgültig abgeschlossene, so würden Sie gleichzeitig mit dem deutschen den französischen Text erhalten. Wie aber die Sache liegt muß ich den letzteren, trotzdem er schon in Druck gegangen ist, noch kurze Zeit hier behalten, um ihn ein letztes Mal mit dem Übersetzer durchzugehen.

Durch diese Umstände ist auch mein Dank für die Zusendung Ihrer Gedenkaufsätze zum Tode von Alban Berg[1] hintangehalten worden. Hätte ich nicht in der Tat 14 Tage lang mich den Tag und einen größeren Teil der Nacht über an die Fersen meines Übersetzers heften müssen, so hätten Sie über diese außerordentlichen Arbeiten schon früher ein Wort vernommen. Sie wissen, daß mir die zweite von ihnen ihrer vertrauteren Sphäre nach die zugänglichere ist. Sie hat mich darum am meisten beschäftigt und in der Tat scheint sie mir von außerordentlicher Schönheit zu sein. Sie tritt mir an vielen einzelnen Stellen gesammelt entgegen.

So gleich am Anfang in der Beschreibung der „steinern zarten" Züge, die so wunderbar der Totenmaske entspricht und dann der wirklich erstaunliche ja mich geradezu betreffende Satz: „Er hat die Negativität der Welt mit der Hoffnungslosigkeit seiner Phantasie unterboten" – eine Perspektive in der mir die Begegnung mit der Musik des „Wozzeck" von neuem ganz gegenwärtig geworden ist. Über anderen Sätzen lasse ich mich so weit gehen, mir einzubilden Sie könnten bei ihnen vaguement an mich gedacht haben; und vor allem natürlich beim Hinweis auf die „Freundlichkeit des Menschenfressers“. Ungemein habe ich mich auch an dem Zusammenhang gefreut, in dem Sie Bergs Satz über den Blechbläseraccord citieren.

Hoffentlich werde ich nicht allzu lange auf Ihren Brief warten müssen. Wie kurz auch immer, so sicher mit Ungeduld. Die zweiwöchentliche überaus intensive Arbeit mit meinem Übersetzer hat mir dem deutschen Text gegenüber eine Distanz gegeben, die ich gewöhnlich nur in längeren Fristen gewinne. Ich sage das nicht um im Geringsten von ihm abzurücken, vielmehr weil ich erst aus dieser Distanz *ein* Element in ihm entdeckt habe, das ich gerade bei Ihnen als Leser gern zu einiger Ehre gelangen sehen würde: eben die menschenfresserische Urbanität, eine Umsicht und Behutsamkeit in der Destruktion, die wie ich hoffe etwas von der Liebe zu den, Ihnen vertrautesten, Dingen verrät, die sie freilegt.

Ich erwarte die Sammlung von Max [Horkheimers] Aufsätzen[2] für deren Übersetzung ich Sorge tragen werde. Wenn diese Arbeit organisiert wird, so werden wir uns, wie ich bestimmt annehme hier sehen. Ich denke und hoffe, bald.

Mit den herzlichsten Grüßen Ihr Walter Benjamin

1 Zur Lulu-Symphonie, und: Erinnerung an den Lebenden; beide Aufsätze erschienen unter dem Pseudonym Hektor Rottweiler in der Wiener Musikzeitschrift „23“, Heft 24/25, Februar 1936.
2 Die Ausgabe kam nicht zustande.

277 An Kitty Marx-Steinschneider

Paris, 15. April 1936

Liebe Freundin,

es steht mit uns hoffentlich so, daß mein Schweigen in all der Zeit Ihnen nicht die geringsten unbegründeten Zweifel geweckt hat. Allenfalls zeitweilige Zweifel an meinem Ergehen, die nicht notwendig stets unbegründet gewesen sind. Auf der anderen Seite wird es Sie nicht verwundern, wenn ich windstille Stunden wähle, um Ihnen von mir zu erzählen. Die sind nicht häufig und brauchen es nicht zu sein.

Es ist inzwischen Frühling geworden; das Lebensbäumchen indessen kümmert sich garnicht um die Jahreszeit, weigert sich, die geringsten Blüten zu tragen und bildet allenfalls kleine Früchte. Einige wenige Naturfreunde schauen zu deren letzter herauf, die Ihnen ja bereits angesagt worden ist. Sie wird Ihnen in französischer Textverpackung, in ungefähr einem Monat ins Haus kommen. Was die Naturfreunde angeht, so ist es ein zusammengewürfeltes Grüppchen – bestehend aus einigen Emigranten, ein oder zwei französischen Amateuren, einem Russen, der den Kopf zu der Sache schüttelt und einigen Personen verschiedenen Herkommens und Geschlechts, die weniger der Frucht als dem Bäumchen Neugier bezeigen.

In diesem Sinnbildchen erhalten Sie einen ziemlich genauen Begriff von den derzeitigen Produktionsbedingungen. Eigentlich gesprochen hat erst die Leitung der ungemein schwierigen Übersetzungsarbeit, dann die Bereinigung redaktioneller und technischer Verwicklungen in den letzten zwei Monaten den Hauptteil meiner Kraft (wennschon nicht meiner Zeit) beansprucht. Für vielen Verdruß, der mit solchen Interventionen fast immer verbunden ist, bin ich durch den Reiz entschädigt, der mit der Beobachtung der frühesten, an charakteristischer Prägung oft der spätern gleichsam offiziellen überlegenen, Reaktionen auf eine derartige Arbeit verbunden ist. Ich hätte fast Grund, aus ihnen zu schließen, daß sie dort, wohin sie zuständig ist, in Rußland, am wenigsten ausrichten wird. Dagegen wird hier einiges in die Wege geleitet, um die Arbeit Gide, Paul Valéry und andern unter den wichtigsten Schriftstellern Frankreichs auf eine ihr entsprechende Weise zu präsentieren. Sie wird ein programmatisches Begleitschreiben erhalten, an dem ich eben jetzt arbeite.

Sonst beschäftigt mich eine aus leidigen Umständen eingegangene Verpflichtung, eine Arbeit über den russischen Dichter Ljesskow zu schreiben – einen wenig bekannten, sehr bedeutenden Zeitgenossen von Dostojewski. – Kennen Sie ihn? Die Werke sind, bruchstückweise, des öftern ins Deutsche übersetzt worden. Diese Arbeit mache ich für „Orient und Okzident", eine von dem ehemaligen Bonner Theologen Fritz Lieb geleitete Zeitschrift[1]. Dieser Lieb ist Schweizer, einstiger Schüler von Karl Barth und einer der weitaus besten Leute, die ich hier kennen gelernt habe. Außerdem ist er ein Mann von außergewöhnlichem Mut, der schon bei dem Schweizer Aufstand von 1918 eine Rolle gespielt hat. Ich lese eben seine Schrift „Das geistige Gesicht des Bolschewismus", die mir einen Schlüssel für seine neuere ebenso interessante wie gewinnende – bisweilen faszinierende Entwicklung verschaffen soll.

Da ich im übrigen garkeine Lust habe, mich in Betrachtungen der russischen Literaturgeschichte einzulassen, so werde ich bei Gelegenheit Ljesskows ein altes Steckenpferd aus dem Stall holen und versuchen, meine wiederholten Betrachtungen über den Gegensatz von Romancier und Erzähler und meine alte Vorliebe für den letzteren an den Mann zu bringen.

Ob Ihnen Ljesskow im übrigen im Sinn Ihrer Bitte um literarische Hinweise von Nutzen sein kann, ist mir nicht recht entscheidbar. Wenn sich ein oder der andere Novellenband einmal auf Ihrem Weg findet, sollten Sie ihn aber jedenfalls mitnehmen. Im übrigen bin ich, was vernünftige Ratschläge angeht, in rechter Verlegenheit. Das ist nicht verwunderlich. Auf der einen Seite lese ich die Sachen, die mir durch meine Arbeiten mehr oder weniger vorgeschrieben sind – das meiste davon steht in selten benutzten Rayons der Magazine der Bibliothèque Nationale. Auf der anderen Seite gewinne ich dadurch die Freiheit, von allen literarischen Rücksichten unbeschwert meinem simplen Vergnügen als Leser nachzugehen. Und da beim simplen Vergnügen immer der private Geschmack mitspricht, und garnicht wenig, so ist es mit der Empfehlung solcher Lektüre um nichts zuverlässiger bestellt als mit der von Gerichten. Mit solcher reservatio will ich Ihnen mitteilen – sollte ich es nicht schon getan haben? – daß ich jeden neuen Roman von Georges Simenon lese und unter seinen letzten Les Pitard, Le Locataire, L'Evadé am besten finde. „Gehobenere“ Literatur der Zeit lese ich, wie Sie sich denken mögen, so gut wie garnicht. Es gibt aber Abenteuerromane, die es längst mit ihr aufnehmen können. Einer der großartigsten, die mir in der letzten Zeit unterkamen – er ist aber längst bekannt und in deutscher Übersetzung bei Knaur erschienen – ist Philipp Macdonald: Tod in der Wüste. (Man hat einen Film danach gedreht, der des Buches nicht ganz unwürdig ist.) –

Sie müssen nicht annehmen, daß ich die „Jüdische Rundschau“ regelmäßig bekomme. Und nicht im Traume können Sie meinen, daß das, was ich da finde, mich entfernt soviel angeht, wie das, was Sie mir auf einer Briefseite über palästinensische Dinge schreiben können. – Mit dem Stellen von Fragen hat es freilich seine Schwierigkeiten. Denn mich interessiert ja wohl immer wieder das Gleiche: wo gehen die Hoffnungen, die Palästina erweckt, über die hinaus, zehntausenden von Juden, hunderttausenden von Juden ein Leben zu fristen. Ein Umstand, bei dem, so unerläßlich er ist, es sein Bewenden nicht haben dürfte, ohne daß er unter den Gefahren, welche dem Judentum drohen, sich als eine neue und katastrophale erweisen müßte.

(Die Besprechung sprachphilosophischer Theorien, die Sie gelesen haben, hat auch Scholem bekommen, ohne daß ich darauf von ihm das Geringste vernommen hätte. Ich habe ihm kürzlich geschrieben und ihm dabei auch die neue kunsttheoretische Arbeit angekündigt, nicht ohne ihm freimütig zu sagen, wie vorsichtig ich die Chance beurteile, sie günstig von ihm aufgenommen zu sehen. Das matte Kolorit seiner seltenen Nachrichten und die langen Pausen, die zwischen ihnen verstreichen kann ich mir kaum mehr anders als durch Schwierigkeiten erklären, mit denen er selbst sich auseinanderzusetzen hat. Die Aussichten seiner Europareise in diesem Jahr, auf die er im vorigen zu rechnen schien, werden damit wohl auch zu ungewissen geworden sein – von denen unserer Begegnung zu schweigen.)

Seit einem Jahr bin ich nicht aus Paris herausgekommen und ich brauche eine Erholung sehr. Wenn möglich, will ich in einem Monat nach Dänemark zu Brecht fahren. Aber ob das möglich sein wird, steht sehr dahin. Mir wäre es schon der politischen Lage wegen sehr lieb, den Sommer in Dänemark sitzen zu können. Hier fühlte ich mich manchmal schon recht ungemütlich. Und von dort oben würde ich Ihnen Berichte schicken, die Ihnen die Möglichkeit gegebenenfalls in höhern Breiten „dem Frieden und dem Fischfange" nachzugehen, als entschieden vernünftiger erweisen sollten, als Ihrem „Schicksal" nicht zu entgehen.

Wenn wir aber von Ihrem Schicksale reden, so wollen wir annehmen, als nächstes verhänge es über Sie, mir bald mit einem langen Briefe zu antworten.

Die nun schon gewohnten sehr herzlichen Grüße

Ihr Walter Benjamin

1 Erschien im Oktober 1936, S. 16–33. Jetzt Schriften II, 229–258.

278 An Gerhard Scholem

2. Mai 1936

Lieber Gerhard,

es ist ein trauriger Epilog, den die letztjährige Periode unseres Briefwechsels mit Deinem Schreiben bekommen hat.[1] Ein Epilog bei dem ich dazu nicht mehr als einen stummen Hörenden abgeben kann, der ihm, auch wo er sich in Andeutungen bewegt, zu gut folgen kann, um ihm mit Worten ohne Gewicht in die Rede zu fallen. Das wenige, das sich aussprechen läßt lege ich in den Wunsch, daß die Einsamkeit, wenn sie sich einstellen sollte, ihre Befristung von außen und ihre Befruchtung von innen erfahre.

Ist es in dieser letzten Zeit unserm Briefwechsel nicht besser als Dir ergangen, so kannst Du mir keinesfalls das Zeugnis versagen, ihm mit Geduld zur Seite gestanden zu haben. Es war nicht umsonst, wenn er mit der Zeit etwas von seinem alten Adam zurückgewinnt. Darum müssen wir beide wünschen, daß diejenigen Elementargeister unseres Daseins und unserer Produktion, die ein Anrecht auf unser Gespräch haben, nicht unbegrenzt lange mehr auf der Schwelle zu warten haben. Andererseits darf man freilich ihre Chance nicht außer acht lassen, dank einer fälligen Bereinigung weltpolitischer Differenzen aus unseren Leibeszonen befreit miteinander konversieren zu können.

[...]

Deine Mitteilungen über das Geschick Deines Bruders habe ich mit Entsetzen gelesen. Ich kenne ihn nicht; aber schon einen Namen mit solchem Dasein verbinden zu müssen, ist furchtbar. Auch mein Bruder ist nach wie vor in Deutschland, aber in Freiheit. Er hat, da meine Schwägerin in der russischen Handelsvertretung in Berlin arbeitet, keine unmittelbare Not zu leiden.

Was meine eigene Arbeit betrifft, so wird ihr jeweiliger Stand von Deinen ihr zugewandten Gedanken offenbar stets weit überflügelt. Jedenfalls nehme ich an, daß Du unter dem großen Vorhaben, das Du erwähnst, die „Pariser Passagen" verstehst. Da bleibt es bei der alten Sache, daß vom eigentlichen Text noch kein Sterbenswort existiert, wenn auch das Ende der Studien zu ihm absehbar geworden ist. Auch liegt im Augenblick der Akzent nicht auf diesen, sondern auf der Planung des Ganzen, die ihrerseits ungemein überdacht sein will und gewiß noch lange zu diesem und jenem Versuche Veranlassung geben wird. Meine letzte Arbeit, deren französische Fassung in drei Wochen erscheinen soll, ist aus diesen Planungen mit hervorgegangen. Sie berührt sich mit der großen Sache thematisch nur wenig, gibt aber für verschiedene ihrer Untersuchungen den Fluchtpunkt an. Unter den erwähnten Versuchen eines Gesamtplans ist bisher nur einer fixiert.

Ist Leo Strauß in Palästina? Ich hätte Neigung, mich mit seinen Büchern[2] in der Zeitschrift „Orient und Okzident" – für die ich den „Ljesskow" schreibe – zu beschäftigen. Vielleicht siehst Du den Autor und kannst ihn veranlassen, mir die Bücher zu schicken. Für heute schließe ich mit recht herzlichen Grüßen

Dein Walter

1 Sch. hatte ihm seine Scheidung mitgeteilt.
2 Es handelte sich um „Philosophie und Gesetz; Beiträge zum Verständnis Maimunis". Berlin Schocken, 1935.

279 An Alfred Cohn

4. Juli 1936

Lieber Alfred,

ich lasse keinerlei Zeit verstreichen, um Dir zu sagen, wie sehr mich Dein letzter Brief gefreut hat. Als besonderer Anlaß des Schreibens kommt Dein Geburtstag hinzu.

Habe ich den ersten Juli richtig im Sinn? Ich nehme es an, und hätte Dir also früher geschrieben, wenn Dein Schweigen mich nicht in einige Ratlosigkeit versetzt hätte. Ich habe mich also doppelt gefreut, von Dir zu hören.

Gern hätte ich in Deinen Zeilen ein Wort gefunden, das in Deinen äußern Umständen eine gewisse Wendung zum Bessern andeutet. Daß Du diese Umstände nicht berührst, läßt mich vermuten, daß sich in dieser Hinsicht noch nichts geändert hat; und das ist der einzige Schatten, der auf Deinen Brief fällt.

Am meisten von allem, was Du zu meiner Arbeit schreibst, hat mich gefreut, daß Du trotz ihrer neuen, vielfach gewiß auch überraschenden Tendenz ihre Kontinuität mit meinen frühern Versuchen erkannt hast – eine Kontinuität, die wohl vor allem darin begründet ist, daß ich mir durch all die Jahre hindurch einen immer genauern und kompromißlosern Begriff von dem, was ein Kunstwerk ist, zu machen gesucht habe.

Mein Versuch, die Arbeit unter den hiesigen emigrierten Schriftstellern zur Debatte zu stellen, war zu sorgfältig vorbereitet, um nicht einen reichen informatorischen Ertrag zu bringen. Dieser aber war nahezu sein einziger. Am interessantesten war das Bestreben der Parteimitglieder un[ter] den Schriftstellern, wenn schon nicht den Vortrag so die Debatte meiner Arbeit zu hintertreiben. Das gelang ihnen nicht und so beschränkten sie sich darauf, die Sache schweigend zu verfolgen, soweit sie ihr nicht ganz fern blieben. Es ist der Instinkt der Selbsterhaltung, der in solchen Fällen die Mängel der Auffassungsgabe kompensiert: diese Leute fühlen ihren so wohl eingespielten belletristischen Betrieb durch mich gefährdet, dürfen sich aber eine Auseinandersetzung mit mir sowohl vorläufig sparen als auf die Dauer nicht zutrauen. Im übrigen dürfen sie sich wohl mit einigem Recht solange in Sicherheit wiegen als auch Moskau das A und O der Literaturpolitik in der Förderung linker Belletristik erblickt, wie die neue Gründung „Das Wort“ [1] es mich fürchten läßt.

Genaueres über diese Zeitschrift werde ich in kurzer Zeit von Brecht, der mit Feuchtwanger und Bredel zu ihrem Redaktionskomitee gehört, vernehmen. Ich denke, daß ich im Laufe des Juli nach Dänemark fahre. Sehr lange habe ich mit dem Gedanken gespielt, auf eine Zeitlang wieder nach Ibiza zu gehen. Ich fühle mich sehr erholungsbedürftig und habe von einem dänischen Aufenthalt mehr

[Rest des Briefes nicht erhalten]

1 Die erste Nummer des „Wortes“ erschien im Juli 1936 in Moskau.

280 An Max Horkheimer

Skovsbostrand per Svendborg, 10. Aug. 1936

Lieber Herr Horkheimer,

mit vielem Dank bestätige ich Ihnen Ihre Briefe vom 13ten und vom 25ten Juli, die mir hierher nachgesandt wurden.

Ich bin seit einer Woche bei Brecht. Mein Kommen fiel in eine Regenperiode; seit gestern ist schönes Wetter, und ich freue mich auf die lang entbehrte ländliche Lebensweise.

Über die Auswirkungen meines Aufsatzes im letzten Heft der Zeitschrift wollte ich Ihnen schon ehe ich den ersten Ihrer beiden Briefe bekam, kurz schreiben. Die interessanteste habe ich im Wortlaut noch nicht zu Gesicht bekommen. Es ist eine Äußerung von Malraux auf dem Londoner Schriftstellerkongreß vom vorigen Monat, bei dem er das Hauptreferat hatte. Da Etiemble der Generalsekretär des Kongresses war, werde ich ihren Text von diesem erhalten.

Malraux ist vor dem Kongreß auf meine Überlegungen eingegangen und hat mir dies bei einem Zusammentreffen in Paris bekräftigt. Er ging soweit, mir eine genauere Bezugnahme auf den Aufsatz in seinem nächsten, offenbar theoretischen, Buch in Aussicht zu stellen. Natürlich würde ich mich darüber freuen. Man darf aber nicht vergessen, daß Malraux sehr temperamentvoll ist; nicht jeder seiner oft impulsiven Vorsätze kommt zur Ausführung.

Der Aufsatz hat weiter Anlaß zu einer Aussprache zwischen Jean Wahl und Pierre Jean Jouve, der ein bedeutender Dichter ist, gegeben. Ich war nicht zugegen; es ist mir davon berichtet worden. Der Buchhändler Ostertag vom Pont de l'Europe erzählte mir, das Heft der Zeitschrift sei, mit Hinweis auf meinen Aufsatz, mehrfach bei ihm gekauft worden. Schließlich weiß ich, daß Jean Paulhan, der Redakteur der NRF, nachhaltig auf die Arbeit hingewiesen worden ist. Man hat ihm nahe gelegt, in seiner Zeitschrift mit einer Notiz auf sie einzugehen. Ob er das tun wird, ist mir zweifelhaft. Der Kreis um die NRF ist von jener Impermeabilität, die eine ganz bestimmte Art von Zirkeln seit jeher, und dreifach, wenn es literarische sind, kennzeichnet.

Natürlich gilt das alles in allem nur von der Zeitschrift, nicht vom Verlag. Insbesondere von G.[1] nicht. Dennoch macht sich die Unzuverlässigkeit, die durch diese Gruppierung in die Personen, und die Verwicklung, die durch sie in die Sachen getragen wird, abgeschwächt noch im Umkreis bemerkbar. Man weiß unter diesen Umständen selten, welche Abreden man als verbindlich anzusehen hat, welche nicht. Sie haben aus meinen letzten Berichten gesehen, wie leid es mir ist, alledem jetzt in Ihrer Sache zu begegnen, und wie es andererseits meinen Willen spannt, mit diesen Widernissen zu Rande zu kommen.

Vor allem, scheint mir, müßte es den Leuten unmöglich gemacht werden, die Verhandlungen unter Berufung auf den mit Ihnen nötigen Schriftwechsel dilatorisch zu führen. Eben dazu wäre wohl in der Tat ein offiziell von Ihnen Bevollmächtigter allein imstande. Der zu sein, bin ich jederzeit, wie ich Ihnen gewiß nicht zu sagen brauche, bereit. Es ist aber zu überlegen, ob es nicht zweckmäßiger ist, einen Franzosen an diesen Platz zu stellen. Er überblickt ein weiteres Feld und kann vielleicht besser vorgehen. Groethuysen kommt allerdings kaum in Frage und auch Etiemble würde sich in einer Doppelstellung vielleicht befangen fühlen.

Bitte, lassen Sie mich Ihre Meinung hierüber wissen.

An Wiesengrund schreibe ich, um ihn zu bitten, so zu disponieren, daß wir uns Anfang Oktober in Paris sehen. Um diese Zeit will auch Etiemble zurückkommen und wir werden dann die Redaktion des Bandes in Angriff nehmen. – –

Einige Angaben, die Ihr Bild von der Septembertagung in Pontigny deutlicher machen können, sandte ich Ihnen mit meinem letzten Brief. Informationen, die ich mir seitdem verschafft habe, machen mir die Reserve, die aus Ihrem letzten Brief spricht, besonders verständlich. [...]

Sollte sich für das Institut meine Berichterstattung lohnen, so würden Sie mir gewiß die Teilnahme der Tagung im Rahmen der Angaben meines letzten Briefes ermöglichen. Andernfalls würde ich noch in den September hinein in Dänemark bleiben, um den fertigen Aufsatz über Fuchs nach Paris mitzubringen.

Sie fragen mich nach meinem Vetter, Dr. [Egon] Wissing.

Von ihm selbst wissen Sie, daß wir seit langen Jahren befreundet sind. (Die beiderseitige Leidenschaft für alte Bücher war das Erste, was uns zusammenführte, trotzdem wir Verwandte waren.) Unsere Freundschaft wurde um die Wende der dreißiger Jahre zu einer sehr nahen, so daß der Tod von Wissings Frau, der dann bald (1933) eintrat, auch mich schwer traf.[2]

Für Wissing war dieser Tod leider nur das schmerzlichste in einer Kette von Mißgeschicken, die ihm die letzten Jahre gebracht haben. Er hat sich, trotz begründeter depressiver

Hemmungen, immer wieder mit großer Mannhaftigkeit und (wie sein letztes deutsches Intermezzo beweist) nicht minder großem Geschick aus allen Verstrickungen befreit. [...] Nach den bisherigen Briefen, die er mir aus New York schrieb, scheint ihm der Aufbau seiner Existenz wirklich zu glücken. [...]

Jedenfalls betrachte ich es als eine große Hoffnung, daß Sie ein Verhältnis zu einander gefunden haben und daß er an Ihnen und Ihrer Frau eine Stütze besitzt.

Nehmen Sie in Gemeinschaft mit Ihrer Frau und Ihren Freunden meine herzlichen Grüße

Ihr Walter Benjamin

1 Wahrscheinlich Bernhard Groethuysen, der damals bei Gallimard tätig war.
2 Sie starb 1934.

281 An Werner Kraft

Svendborg, 11. August 1936

Lieber Herr Kraft,

Leider bin ich auf mehrfache Weise in Ihrer Schuld. Längst hätte ich sie, soweit das in meinen Kräften steht, abgetragen, wenn nicht der vorige Monat mir die Ruhe verweigert hätte, die selbst für eine flüchtige Äußerung auf so große Entfernung erforderlich ist.

Auf andere Weise berührt die gleiche Schuld aber wohl auch eine Grenze der derzeit mir zur Verfügung stehenden Kraft. Ich meine die Kraft, mich für kurze Zeit geistig mehr oder weniger entschieden zu expatriieren. Eben das hatte Ihr „Heine“ erfordert – nicht Ihre Auswahl sondern die ihr zu Grunde liegenden Materien.[1] Was die Materien angeht, so sind mir gegenwärtig einzig und allein seine politischen in etwas assimilierbar – nicht dagegen, wie ich mir eingestehen muß, seine poetischen. Der Text war mir wertvoll und unterrichtend, aber es hieß vermutlich das Unmögliche von ihm verlangen, derzeit die Stimmung von Heines dichterischem Klang in mir zu erwecken. Nicht daß dies mich vom aufmerksamen Lesen Ihres Bandes abgehalten hätte – sondern vielmehr hat dessen aufmerksame Lektüre es mir ganz klar gemacht. Daß darin kein Urteil, sondern eine gänzlich unmaßgebliche und sehr bedingte Reaktion zu sehen ist, brauche ich Ihnen nicht zu sagen.

Im übrigen wird niemandem klarer als Ihnen sein, daß gerade heute die Aufrechterhaltung einer selbst bescheidensten Arbeitsdisposition verlangt, gewissen subjektivsten Reaktionen Raum zu gewähren. Wir alle können uns fragen, wie lange wir uns der Hälfte der Erdkugel, auf welcher wir uns befinden, selbst unter Aufbietung äußersten Leichtsinns – wie gegenwärtig – noch werden anvertrauen können. Und ob wir nach Ablauf einer gewissen Frist noch Zeit haben werden, diese Hälfte mit der anderen zu vertauschen.

Ich weiß nicht, ob die palästinensischen Vorgänge Ihnen ermöglichen, den spanischen eine erhebliche Aufmerksamkeit zuzuwenden. Immerhin werden Sie darin mit mir einig sein, daß der dortige Kampf von großer Bedeutung auch für uns werden kann. (Es war übrigens ein sonderbares Gefühl, das mich gestern bei der Nachricht überkam, daß auch Ibiza Schauplatz des Bürgerkrieges geworden ist.) Ich entbehre es, hier keine französischen Zeitungen zu finden. Weniges ist ja bedeutsamer als die Wirkung der spanischen Dinge auf die französischen. Ich bin auf die Übersetzungen aus dänischen Zeitungen und auf den Rundfunk angewiesen.

Hier werde ich bis Ende des Monats, wenn möglich noch länger bleiben. Es kann immerhin sein, daß ich genötigt sein werde, Anfang September einen Kongreß in der Bourgogne zu besuchen. Gestern traf das zweite Heft des „Wort" – der neuen in Moskau deutsch erscheinenden Literaturzeitschrift – hier ein. Brecht war, wie Sie sich denken können, sehr unwillig in dem ungezeichneten und daher die Verantwortlichkeit der Redaktion, der auch er angehört, angehenden „Vorwort" einige sehr törichte und respektlose Worte über Kraus zu lesen. Sie unterschieden sich allzuwenig von dem schamlosen Text, den Benkard aus Anlaß des Todes in der Frankfurter Zeitung hat drucken lassen. Daß dieser Tod Sie hart trifft, verstehe ich wohl. Ich bin Ihnen dankbar für die Kopie der Briefstelle seiner Freundin.

Ob unter Umständen wie den angedeuteten die Redaktion des „Wort" ihre gegenwärtige Zusammensetzung lange beibehalten wird, weiß ich nicht. Ich wäre daran interessiert, daß sie es wenigstens solange tut, bis der Versuch, den nur Brecht unternehmen kann, meine Arbeit über das „Kunstwerk im Zeitalter seiner technischen Reproduzierbarkeit" in deutscher Fassung dort erscheinen zu lassen, gemacht worden ist.

Hiermit komme ich auf einen zweiten Umstand, der der Entschuldigung bedarf. Die Notwendigkeit, den französischen Text der Arbeit einer Anzahl von Pariser Interessenten zu senden, hat sich so ausgewirkt, daß mir für meine Freunde kaum Exemplare bleiben. Eines habe ich an Scholem gesandt, da er ein fast vollständiges Archiv meiner Schriften besitzt. Ich habe ihn gebeten, Ihnen den Druck auf Wunsch zugänglich zu machen. Es wäre mir sehr wichtig zu hören, was Sie von dieser Arbeit halten.

1 Heine, Gedicht und Gedanke. Berlin 1936.

282 *An Max Horkheimer*

Skovbostrand per Svendborg, 31. Aug. 1936

Lieber Herr Horkheimer,

ich danke Ihnen für Ihren freundlichen Brief vom 17ten August. Meinen ersten aus Dänemark werden Sie inzwischen erhalten haben.

Es ist mir zuguterletzt sehr willkommen gewesen, daß Sie mir bezüglich der Tagung in Pontigny freie Hand gelassen haben und ich habe Ursache, Ihnen besonders dafür zu danken.

Ich werde nicht an ihr teilnehmen. Die Schiffsverbindungen mit dem Kontinent liegen so, daß ich, um rechtzeitig zum Kongreß zu kommen, eine volle Woche vorher von hier abfahren müßte. Diese Woche ginge sowohl für meine Erholung wie für meine Arbeit (die hier erfreulicherweise zusammenfallen) verloren; auch wüßte ich, da ich mein pariser Zimmer bis Ende September vermietet habe, nicht recht, wo ich sie zubringen sollte. So werde ich vorderhand in Dänemark bleiben.

Es ist im übrigen, darin werden wir gewiß gleich empfinden, ein düsterer Sommer. Ich verfolge die Ereignisse in Rußland natürlich sehr aufmerksam. Und mir scheint, ich bin nicht der einzige, der mit seinem Latein zuende ist. [...]

Aber wer weiß, was auf der weltpolitischen Tagesordnung steht, wenn wir uns in hoffentlich nicht ferner Zeit wiedersehen.

Ich hoffe, daß Sie, ungeachtet der Hitze, zum Genuß Ihres Sommeraufenthalts kommen. Hier macht sich die Sonne eher rar.

Mit den herzlichsten Grüßen, die ich Sie bitte auch Ihrer Frau und Herrn Pollock zu sagen

Ihr Walter Benjamin

283 An Max Horkheimer

Paris, 13. Oktober 1936

Lieber Herr Horkheimer,

bevor ich meinen Bericht aufnehme, möchte ich Ihnen meinerseits herzlichen Dank dafür sagen, daß Sie den hiesigen Aufenthalt von Wiesengrund möglich gemacht haben. Unsere Aussprache, die doch jahrelang angestanden hatte, ließ eine Gemeinschaft in den wichtigsten theoretischen Intentionen erkennen, die sehr erfreulich war, ja belebend wirkte. Diese Übereinstimmung hatte, angesichts unserer langen Trennung, bisweilen etwas beinahe Erstaunliches.

Das unserer Aussprache zugrundeliegende Material: der Jazz-Essai[1], die Reproduktionsarbeit, der Entwurf meines Buchs und eine Anzahl methodischer Reflexionen dazu von Wiesengrund – dies Material war groß genug, um die grundsätzlichsten Fragen in Angriff zu nehmen. Und die uns zur Verfügung stehende Zeit war im Verhältnis zu den anhängigen Fragen so kurz, daß wir den Komplex der materialistischen Erkenntniskritik, wie Wiesengrund sie sich in der Oxforder Arbeit[2] vorgesetzt hat, kaum hätten angreifen können, selbst wenn uns das Manuskript vorgelegen hätte. Unser nächstes Gespräch wird hoffentlich um dieses Fundament bereichert sein, ebenso wie um gewisse Abschnitte meines Buchs, die ich nach Abschluß der Fuchs-Arbeit in Angriff zu nehmen gedenke.

Die abgelaufene Woche hat in mir den regsten Wunsch erweckt, die Beratung über die wissenschaftliche Linie des Instituts, die Sie in Ihrem Brief v. 8. September ins Auge fassen, möchte in absehbarer Zukunft stattfinden. So nötig sie durch die Zeitumstände geworden ist, so viel verspreche ich mir von ihr.

Ich bin mit Wiesengrund übereingekommen, meinerseits Ihnen eingehend über den Stand der Übersetzerfrage zu berichten, während er Ihnen die Situation bei Gallimard darstellt. Ich neide ihm seine Aufgabe nicht. Dennoch will ich mit einem Wort auf die Dinge eingehen, soweit mein Anteil an ihnen in Frage kommt.

[...] Groethuysen hat sich [...] zu einer Initiative erbötig gemacht, ohne sie im geringsten durchdacht zu haben. Es dürfte ihm einzig und allein darauf angekommen sein, einen präsumptiven Einfluß vor Ihnen ins Licht zu rücken. Als er auf Schwierigkeiten stieß, änderte er (offenbar allmählich und ohne irgendwelche bewußte Kontrolle) seine Verhaltungsweise.

In welchem Maße Groethuysen unkontrollierten Reflexen ausgeliefert ist, ergab sich recht kraß in der letzten Verhandlung. Es kam da die Subventionsfrage zur Sprache, die, wie Sie wissen, seit Monaten in allen Détails geklärt war. Groethuysen dagegen bot, als ich eine diesbezügliche Frage von ihm mit dem Hinweis darauf erledigte, den Anblick eines Mannes, der nun endlich freie Bahn vor sich sieht. Das hinderte ihn im übrigen nicht, sich weiter jeder entschiedenen Auskunft zu entziehen. Es handelt sich um „Fehlleistungen", in deren Mechanismus kein wirklicher Einblick zu gewinnen war, solange Etiemble die Übersetzung in der Hand behalten hatte und Groethuysen alles in allem doch Kurs auf die N. R. F. hielt.

[. . .]

Mit einem Wort möchte ich Ihnen zum Schluß von dem großen Eindruck sprechen, den „Egoismus und Freiheitsbewegung"[3] auf mich gemacht hat. Von allen, z. T. mir sehr wichtigen Einzelheiten sehe ich dabei ab: von der geschichtlichen Perspektive der Redekunst, die Sie von Sokrates über die Predigt bis in die gegenwärtige Volksversammlung verfolgen; von Ihren Ausführungen über „die medizinmännische Gewichtigkeit" unseres Kulturbetriebs; von Ihrer Entlarvung des beliebten Appells an die Jugend. Das Eine, worauf es mir ankommt, darf ich vielleicht so formulieren: daß der Geist jener Notizen, die ich zuerst im Beisein von Asja Lacis bei Ihnen in Cronberg hörte, in dieser Arbeit den Konstruktionszusammenhang selbst bestimmt. Es handelt sich, wenn ich recht sehe um einen doppelten Tatbestand.

Einmal ist es die Transparenz, mit der die konventionelle Moral als Faktotum in der Denkökonomie des neurotischen Individuums erscheint. Zum andern ist es die Kritik der französischen Revolution nach ihrer ideologischen Seite. Und das Entscheidende – der Zusammenhang dieser beiden Momente. Die Einsichtigkeit, mit der der anthropologische Typus, den Sie kennzeichnen, als Mißgeburt dem Schoße der bürgerlichen Revolution entsteigt. Ich glaube, daß die politische Prägung Ihrer These, die den Revers ihrer philosophischen Wahrheit darstellt, niemandem eindrücklicher sein kann, als dem, der unter den hiesigen französischen Intellektuellen zu Hause ist, und mit den Illusionen Bekanntschaft gemacht hat (und mit den Folgen dieser Illusionen wer weiß welche Bekanntschaft noch machen wird!), die sich aus dem Kult der großen Revolution ergeben, oder ihn vielmehr bilden.

Ich schließe mit sehr herzlichen Grüßen an Sie, Ihre Frau und an Ihre Freunde

Ihr Walter Benjamin

1 [Adorno:] Über Jazz; unter dem Pseudonym Hektor Rottweiler erschienen in der Zeitschrift für Sozialforschung 5 (1936), S. 235–259.
2 Erst zwanzig Jahre später veröffentlicht: Zur Metakritik der Erkenntnistheorie. Studien über Husserl und die phänomenologischen Antinomien. Stuttgart 1956.
3 Zeitschrift für Sozialforschung 5 (1936), S. 161–234.

284 *An Max Horkheimer*

Paris, 24. Dezember 1936

Lieber Herr Horkheimer,

zweifach und herzlichst möchte ich Ihnen danken. Einmal für Ihren Brief vom 15ten des Monats, in dem Sie mir die Hinweise meines Sohnes wegen geben.

[...]

Vorgestern habe ich Ihren Aufsatz[1] über Haecker gelesen. Das von Ihnen besprochene Buch kenne ich nicht. Dagegen habe ich mich vor mehreren Jahren in der „Literarischen Welt" mit Haeckers „Vergil" befaßt[2]. Ihr Aufsatz atmet – so scheint mir – bei aller Mäßigung die unbeirrbare Entschlossenheit dessen, der gewillt ist, nun einmal deutsch zu reden. Sehr bedeutsam steht die chinesische Geschichte darinnen. – Was Sie über die Schwermut des Materialisten sagen, berührt mich von einer besonderen Seite: ich meine, in meiner alten Liebe zu Gottfried Keller. Dessen großartige Traurigkeit war wirklich die von bunten Fäden der Lust durchzogene materialistische:

„Langsam und schimmernd fiel ein Regen,
in den die Abendsonne schien."

Aber das ist ein langes Kapitel. Sicherlich ist es mir von allen, die für das materialistische Lesebuch vorgesehen sind, dasjenige, dessen Funde die überraschendsten sein könnten.

Auf andere Weise spielt Ihr Aufsatz in das Gespräch hinein, das sich gestern, bei unserer ersten Bekanntschaft, zwischen [Franz] Neumann und mir entspann. Neumann sprach von einer gegenwärtig unter der jungen Generation amerikanischer Juristen verbreiteten Parole, in der Rechtswissenschaft so sehr wie möglich die Terminologie – nicht die überkommene allein sondern jedwede wissenschaftliche – zu vermeiden, um sich ganz und gar an die Sprache des Alltags anzuschließen. Daß das Rechtswesen dergestalt für jede beliebige Demagogie mobilisiert zu werden droht, liegt auf der Hand. Trotzdem scheint mir hier eine Tendenz vorzuliegen, die in andern Bereichen nicht unter allen Umständen so zweischneidig sein muß wie im juristischen. Ich denke besonders an das philosophische und frage mich (das wurde auch bei Wiesengrunds Hiersein verhandelt), wieweit der „Abbau der philosophischen Terminologie" ein Nebeneffekt des dialektisch-materialistischen Denkens ist.

Die materialistische Dialektik scheint mir unter anderm dadurch von den Schullehren abzuweichen, daß sie von Fall zu Fall neue Begriffsbildungen verlangt; weiterhin aber dadurch, daß sie solche verlangt, die tiefer in den Sprachschatz eingebettet sind als die Neologismen der Fachsprache. Sie gibt dem Denken damit eine gewisse Schlagfertigkeit und das Bewußtsein davon verleiht ihm eine Ruhe und Überlegenheit, aus der es sich nicht leicht provozieren läßt. Die materialistische Dialektik so will ich sagen, könnte auf eine gewisse Frist sehr wohl den Gewinn eines Vorgehens haben, das seinerseits von der Taktik bedingt sein mag.

Ich breche hier ab in der Meinung, Sie werden erkennen, wie sehr mir gerade Ihre letzten Texte zu diesen Überlegungen verholfen haben.

Zum Schluß nochmals meinen Dank und meine herzlichsten Grüße.

Ihr Walter Benjamin

1 Zu Theodor Haecker: Der Christ und die Geschichte, in: Zeitschrift für Sozialforschung 5 (1936), S. 372–383.
2 Jetzt Schriften II, S. 315–323.

Paris, 31. Jan. 1937

Lieber Herr Horkheimer,

ich danke Ihnen vielmals für Ihre Briefe vom 30ten Dezember und 11ten Januar und für die freundlichen Wünsche, die Sie zu Beginn des zweiten aussprechen.

[...]

Was mich betrifft, so bin ich ausschließlich mit der Arbeit über Fuchs beschäftigt. In drei Wochen soll der Text vorliegen. Zur Grundlage der Darstellung mache ich die Doppelnatur des Mannes, die er als Popularisator und Sammler entfaltet hat. Ich hoffe so neben den nicht zu übersehenden Grenzen seiner Leistung die bedeutsamen Züge seiner Natur zur Geltung zu bringen.

In meinem letzten Brief habe ich etwas leichtfertig einen Gegenstand berührt, den ich zunächst nur redend zur Sprache hätte bringen sollen. Eine Abschaffung der philosophischen Terminologie kann natürlich nicht zur Debatte stehen. Wenn Sie sagen, daß geschichtliche Tendenzen, „die in bestimmten Kategorien aufbewahrt sind, auch im Stil nicht verloren gehen" dürfen, so mache ich mir das durchaus zu eigen. Nur möchte ich damit eine weitere Überlegung verbinden; und vielleicht korrigiert sie das Mißverständliche meiner Formulierungen. – Ich meine, es gibt einen Gebrauch der philosophischen Terminologie, der einen nicht bestehenden Reichtum vortäuscht. Er übernimmt die Termini ohne Kritik. Dagegen schließt die konkrete dialektische Analyse des jeweiligen Gegenstandes der Untersuchung die Kritik der Kategorien ein, in denen er in einer früheren Schicht der Wirklichkeit und des Denkens bewältigt wurde. (Ich hatte neulich nicht nur das Gespräch mit Neumann im Sinn sondern auch das trübe Exempel von Mannheims „Mensch und Gesellschaft", das ich durch Wiesengrund kennen lernte.)

Im übrigen kann gewiß Allgemeinverständlichkeit kein Kriterium sein. Nur wohnt der konkreten dialektischen Analyse wohl eine gewisse Transparenz im Einzelnen inne. Die

Allgemeinverständlichkeit des Ganzen steht freilich auf einem andern Blatt. Hier gilt es der Tatsache ins Auge zu sehen, die Sie kennzeichnen: daß auf lange maßgeblich für die Bergung und Überlieferung der Wissenschaft und der Kunst kleine Gruppen sein werden. Es ist in der Tat nicht an der Zeit, das was wir, wohl nicht ganz mit Unrecht, in Händen zu halten glauben, in Kiosken zur Schau zu stellen; vielmehr scheint es an der Zeit, an seine bombensichere Unterbringung zu denken. Vielleicht liegt die Dialektik der Sache darin: der nichts weniger als glatt gefügten Wahrheit ein Gewahrsam zu geben, das glatt gefügt ist wie eine Stahlkassette.

[...]

Das Buch von Gide hatte ich gerade vor als Ihr Hinweis darauf in meine Hände kam. Die Stelle über die Religion ist ausgezeichnet; wohl die beste des Buches. – Zu den gegenwärtigen Vorgängen in der Union fehlt mir jeder Schlüssel.

Für heute schließe ich mit herzlichen Grüßen

Ihr Walter Benjamin

286 An Gerhard Scholem

Paris, 4. April 1937

Lieber Gerhard,

es hat mich außerordentlich gefreut, daß Du Charakter und Intention des Briefbuchs so durchaus verstanden hast. Genau der Dir unerfüllt gebliebene Wunsch war der meine: das Buch auf den doppelten Umfang zu bringen. Diesen Wunsch in der Emigration zu verwirklichen, konnte ich nicht mehr hoffen; allenfalls hätte ich es, auf die schweizer Bibliotheken oder die des Britischen Museums gestützt versuchen können – in Paris niemals. Es tut mir auch um manchen Kommentars willen leid – schwerlich hätte ich einen lieber geschrieben als den zu dem unvergleichlichen Briefe der Rahel beim Tod von Gentz.

Ich freue mich, daß Dein Leben nun bald wieder seinen

bestimmten Rahmen haben wird und gratuliere Dir und Deiner Frau zu der neuen Wohnung. Die Grüße Deiner Frau erwidere ich herzlich. Wenn dieses Jahr ohne den Ausbruch des Krieges zu bringen hingeht, so kann man in die allernächste Zukunft vielleicht ein wenig getroster sehen und daß ich in solch hellere Farbe mit Freude unser Wiedersehen getaucht sähe brauche ich Dir nicht zu sagen – sei es daß die Zinnen Jerusalems sei daß die graublauen Fassaden der Boulevards seinen Hintergrund ausmachen.

Schmücke mich nunmehr vor Deinem geistigen Auge mit einer Heroldsrüstung und versetze mich an den Bug eines die Mittelmeerbrandung pfeilschnell durchschneidenden Viermasters, denn nur so kann die große Kunde gebührend zu Dir getragen werden: der „Fuchs" ist beendet. Sein fertiger Text hat nicht ganz den Charakter der Penitenz, als die Dir die Arbeit an ihm, mit großem Anschein des Rechts, erschienen ist. Er enthält vielmehr in seinem ersten Viertel eine Anzahl von wichtigen Überlegungen zum dialektischen Materialismus, die provisorisch auf mein Buch abgestimmt sind. Meine folgenden Arbeiten werden sich auf dieses Buch nun wohl unmittelbarer zu bewegen.

Der „Fuchs" hat großen Beifall gefunden. Ich habe keinen Grund zu verschweigen, daß der mit ihm geleistete tour de force ebenso beträchtlich wie unbeträchtlich sein Anlaß ist. Ich hoffe, daß Du den Aufsatz vor Ablauf des Jahres noch im Druck erhalten wirst. Mich freut jedes Mal, von der Obhut zu hören, die Du der Sammlung meiner Schriften zuteil werden läßt. Bange Ahnungen sagen mir, daß eine lückenlose Sammlung von ihnen heute vielleicht nur unsere vereinten Archive darstellen könnten. Denn so exakt ich in der Verwaltung des meinen bin, so habe ich durch den überstürzten Aufbruch aus Berlin und die unstete Existenz der ersten Emigrationsjahre vermutlich doch einige Stücke eingebüßt. Freilich von eignen Arbeiten gewiß nur sehr weniges. Dagegen eine verhältnismäßig vollständige Sammlung der über mich erschienenen öffentlichen Äußerungen vorläufig ganz. Für die kannst freilich auch Du keinen Ersatz stellen. Aus der letzten Zeit fehlt Dir Nummer 5 vom ersten Jahrgang des „Wort"

(Moskau), in dem ich einen Essay über faschistische Kunsttheorie habe[1]. Ich gebe meine Bemühungen ihn Dir zu verschaffen, noch nicht auf.

Der von Dir angekündigte hebräische Text[2] steht noch aus.

Hier ist herrliches Wetter. „Ich wollte, daß jemand käme, und mich mitnähme" – hinaus.

[...]

Damit will ich für heute schließen. Schreibe recht bald.

Herzlichst Dein Walter

4. April 1937

PS Sehr genau wurde ich über die letzten Lebenswochen von Karl Kraus letzthin unterrichtet. Sie sind dieses großen Lebens würdig; und nachdem man von ihnen vernommen hat, erscheint einem das Ende Timons von Athen wie eine Dichtung von Frieda Schanz, verglichen mit dem shakespearischen Weltgeist der das von Kraus dichtete.

1 Pariser Brief. André Gide und sein neuer Gegner. Das Wort 1936, Heft 5, S. 86–95.

2 Ein umfangreicher Essay über die häretische Theologie der jüdischen Anhänger Sabbatai Zwis: „Erlösung durch Sünde".

287 An Gerhard Scholem

San Remo, 2. Juli 1937

Lieber Gerhard,

leider habe ich die Hoffnungen, die Du im Brief vom 7. Mai aussprichst, nicht erfüllen, nicht bald von mir Nachricht, geschweige am Tage nach Eingang Deines Schreibens einen Bericht über Karl Kraus geben können.

Die letzten pariser Monate sind etwas turbulent verlaufen; die so richtig von Dir vermutete Verschlechterung des ökonomischen Klimas in Paris – mehr eine Folge der französischen Finanzpolitik als der Weltausstellung – hat mir eine Reihe mühseliger Demarchen aufgenötigt. Und ich bin, ihrer ungeachtet, noch immer nicht dazu gelangt, mich der bescheidenen Verbesserung des Lebensstandards, den mir das Frühjahr zu bringen schien, auch weiterhin zu versichern – und sei es in engsten Grenzen. Vielmehr sehe ich beklommen in die Abflucht der nächsten Monate.

Daß dies alles recht eigentlich zu nehmen ist, wirst Du verstehen, wenn ich Dir erzähle, daß ich bisher noch keinen Schritt auf das Gelände der Weltausstellung getan habe. Was mich in etwa sonst vom Briefschreiben abhalten konnte, wird Dir hoffentlich noch in diesem Jahre gedruckt vor Augen kommen. Für diesmal will ich nur berichten, daß die sanremeser Wochen gänzlich dem Studium C G Jungs vorbehalten sind. Es ist mein Wunsch, mir methodisch gewisse Fundamente der „Pariser Passagen" durch eine Kontroverse gegen die Lehre von Jung, besonders die von den archaischen Bildern und vom kollektiven Unbewußten zu sichern. Das hätte neben seiner internen methodischen Bedeutung eine öffentlichere politische; vielleicht wirst Du gehört haben, daß Jung neuerdings mit einer eigens ihr reservierten Therapie der arischen Seele an die Seite gesprungen ist. Das Studium seiner Essaybände aus dem Anfang dieses Jahrzehnts – deren einzelne Stücke teilweise ins vorige zurückreichen – belehrt mich darüber, daß diese Hilfsdienste am National-Sozialismus von langer Hand vorbereitet waren. Ich gedenke bei dieser Gelegenheit der besondern Figuration des ärztlichen Nihilismus in der Literatur – Benn, Céline, Jung – nachzugehen. Allerdings steht es noch nicht fest, daß ich mir den Auftrag für diese Arbeit zu sichern vermögen werde.

Den „Erzähler" wirst Du erhalten haben; der nächste Text, den ich Dir zukommen lassen kann, wird vermutlich der „Eduard Fuchs" sein.

[...]

Die herzlichsten Grüße Dein Walter

San Remo, 9. 7. 1937

Lieber Fritz Lieb,

dieses befremdliche Briefpapier mag Dir ankündigen, daß ich aus der Fremde schreibe – wenigstens wenn ich Paris als Heimat setze. Denn in anderm Sinn bin ich zur Zeit „zu Haus" – im Hause meiner früheren Frau in San Remo. Wir erwarten Stefan [...].

Säßen wir beisammen: Du in der Verfassung, in der Du Deinen Brief an mich richtetest, ich, wie ich gegenwärtig an diesem schreibe – wir hätten uns der harmonischsten Verdrossenheit zu erfreuen gehabt. Ob ich aber die meine so gediegen verwerten kann, wie Du in der wundervollen Beschreibung von Basel die Deinige, steht dahin. Ich frage mich, ob es nicht vielleicht eine Art von weltgeschichtlichem Halljahr gibt, in dem statt der Unfreien die Dämonen sich ihres Daseins freuen und ob wir nicht in ein solches hineingerieten. Ich kann mir vorstellen, daß wir durch unsere Lebensbedingungen spätern Geschlechtern so entstellt vorkommen, als schleppten wir einen Knäuel von Mißgeburten als dämonische Parasiten mit uns herum.

Und aus welchem Fenster wir immer blicken, es geht ins Trübe. Von dem ökonomischen Guckloch, das einem bleibt, nicht zu reden. Mir winkte, vorübergehend, ein wenig Blau darinnen; inzwischen hat es sich wieder bedeckt. Die Hoffnung auf Besserung ist hinausgerückt; was aber nicht auf sich warten läßt, ist die Teuerung. Erinnerst Du Dich an unsern gemeinsamen quatorze juillet? Wie durchdacht erscheint jetzt das Mißvergnügen, das wir damals nur halblaut zu äußern wagten. Willst Du aber Deine Anschauung von der Politik der Volksfront noch weiter fördern, so wirf in die französische Presse der Linken einen Blick: sie alle hängen nur an dem Fetisch der „linken" Majorität und es stört sie nicht, daß diese die Politik macht, mit der die Rechte Aufstände provozieren würde. Nichts ist in dieser Hinsicht aufschlußreicher als die Entwicklung von Vendredi, den ich seit zwei Jahren jede

Woche lese. Niveau und Intelligenz seiner Mitarbeiter (der immer gleichen!) sinken proportional mit der Dislocierung der hinter ihnen stehenden Massen.

Auch arbeitstechnisch macht der Zustand der Dinge sich bis in das mindeste Faktum fühlbar. So wird vorläufig mein großer Essay über Eduard Fuchs nicht erscheinen, um dessen endlose Verhandlungen um die Freigabe seiner Sammlung mit den deutschen Behörden nicht ungünstig zu beeinflussen, gleichzeitig sehe ich einen Lieblingsplan seine fast greifbare Gestalt wieder verlieren. Ich hatte eine Kritik der Jung'schen Psychologie vor, deren faschistische Armatur ich mir aufzuzeigen versprochen hatte. Auch das ist aufgeschoben. Ich wende mich jetzt einer Arbeit über Baudelaire zu.

Über die Emigration weiß ich wenig zu sagen: von hier aus noch weniger als von Paris aus. Die zerstörende Wirkung der russischen Ereignisse wird notwendig immer weiter um sich greifen. Und dabei ist das Schlimme nicht die schnellfertige Entrüstung der unentwegten Kämpfer für die „Gedankenfreiheit"; viel trauriger und viel notwendiger zugleich scheint mir das Verstummen der Denkenden, die sich, eben als Denkende, schwerlich für Wissende halten können. Das ist mein Fall, auch wohl der Deine.

Gide hat sein neues Buch „Retouches"[1] herausgegeben, das sich mit seiner russischen Reise beschäftigt. Mir ist es noch nicht zu Gesicht gekommen.

Hier lasse ich eine Bitte einfließen: Du hast, glaube ich, manche Gelegenheit, Leute, die etwas davon halten können, mit meinen „Deutschen Menschen" bekannt zu machen. Versäume sie nicht.

Mit welcher Freude ich den Leßkow erhalten habe, brauche ich Dir kaum zu sagen. Groß ist meine Betrübnis, daß er zur Auskehr aufspielt.

Kommst Du im Oktober bestimmt nach Paris? Dann mußt Du jetzt schon zwei (in Ziffern: 2) Abende für uns reservieren. Hoffentlich hast Du bis dahin einige von den sieben Fakultätsschwaben mit dem Morgenstern Deines „Weigel"[2] niedergeblitzt!

Nur weil ich Wert darauf lege, bei Theophrast[3] als ein

Ehrenmann zu gelten, lege ich die 35 cts-Marke bei. Ich trenne mich schwer von ihr, weil sie Stefan gewiß fehlt. Damit er aber sieht, daß ein Ehrenmann ein gentilhomme ist, lege ich ihm noch ein paar andere dazu.

Leider werde ich Ende des Monats, zum Philosophenkongreß, wieder in Paris sein müssen. Schreibe mir, bald und noch hierher.

Und sei herzlich bedankt für Deine Einladung. Nur denke ich, leider, kaum, so bald in die Schweiz zu kommen. Und dieser Dank gilt Deiner Frau ebenso. Grüße sie von mir und sei selbst herzlichst gegrüßt.

Dein Walter Benjamin

1 André Gide: Retouches à mon Retour de l'U.R.S.S. Paris 1937.

2 Liebs Buch, Valentin Weigels Kommentar zur Schöpfungsgeschichte und das Schrifttum seines Schülers Benedikt Biedermann. Eine literarkritische Untersuchung zur mystischen Theologie des 16. Jahrhunderts', das erst 1962 in Zürich erschien; der Autor widmete es dem „Gedenken an meine beiden Pariser Freunde aus dem Hause Israel, Lev Isaakovitsch Schestov und Walter Benjamin".

3 Liebs Sohn, der, wie Benjamins Sohn Stefan, Briefmarken sammelte.

289 An Gerhard Scholem

San Remo, 5. August 1937

Lieber Gerhard,

diese Zeilen, die für Deinen Brief vom 10. Juli meinen Dank sagen, schreibe ich in Paris, um 6 Uhr morgens. In Paris, weil ich zur Berichterstattung über den hiesigen Philosophenkongreß von San Remo abberufen wurde; um 6 Uhr morgens, weil eben dieser Kongreß mir tags keine freie Minute läßt.

Es wäre gewiß verführerisch, Dir ein paar Worte über diesen Kongreß zu schreiben; weit einladender ist aber von ihm zu reden. Damit komme ich zu dem Teil des Briefes, dem mein Dank an Dich und an Deine Frau an erster Stelle gilt.

Ich käme in der Tat, unter den von Dir angegebenen Bedingungen und für die gedachte Frist gerne zu Dir, gerne nach Palästina. Und ich würde Dir heute schon eine Zusage schicken, wäre ich in meinen Dispositionen unabhängig. Rebus sic stantibus berichte ich dieser Tage ans Institut, was ich vorhabe. Schwierigkeiten – dann allerdings solche, die mich bestimmen würden, den Plan aufzugeben – werden wohl nur entstehen, falls einer der Leiter im Winter Europa zu besuchen gedenkt.

In ungefähr einem Monat hoffe ich Dir zusagen zu können. Konstellationen, deren Darstellungen zu weit führen würden, haben es mit sich gebracht, daß ich besonders genau den Tagungen des Sonderkongresses gefolgt bin, den die wiener logistische Schule – Bernay, Neurath, Reichenbach – in diesen Tagen abhielt. Molière n'a rien vu – darf man da sagen. Die vis comica seiner debattierenden Ärzte und Philosophen verblaßt neben der dieser „empirischen Philosophen". Auf dem Hauptkongreß den deutschen Idealisten Arthur Liebert zu hören, habe ich mir nicht nehmen lassen. Er hat kaum die ersten Worte laut werden lassen, da fand ich mich um fünfundzwanzig Jahre zurückversetzt, in eine Luft freilich, in der man alle Fäulnis der Gegenwart schon hätte wittern können. Ihre Produkte saßen leibhaftig in Gestalt der deutschen Delegation vor mir. [Alfred] Bäumler ist eindrucksvoll: seine Haltung kopiert die von Hitler bis in das Einzelne und sein Specknacken ist das vollendete Komplement einer Revolvermündung. – Leider versäumte ich die alte Tumarkin (aus Bern) zu hören.[1]

Ich fahre mitte nächster Woche für ungefähr einen Monat nach San Remo zurück.

[...]

Mir bleibt unter den eingangs erwähnten Umständen nichts übrig als mich kurz zu fassen. Zu der Dir bevorstehenden – oder inzwischen erfolgten – Einladung nach New-York sage ich Dir meine herzlichsten Glückwünsche. (Kannst Du unter Umständen von dort aus mit mehr Aussichten auf Erfolg etwas für Deinen Bruder versuchen?) Mich freut an dieser Einladung vor allem, daß sie uns für den Fall, daß ich nicht sollte kommen können, eine Begegnung in Aussicht stellt.

Ich wende mich einer neuen Arbeit zu die Baudelaire gilt. En attendant habe ich in San Remo begonnen mich in die Psychologie von Jung zu vertiefen – echtes und rechtes Teufelswerk, dem man mit weißer Magie zu Leibe zu rücken hat.

Soviel für heute. Schreibe doch bitte baldigst. Viel Glück zu den Prolegomena für das Kabbalawerk, von dem mich besonders freut, daß es mir zugänglich wird.[2]

Herzlichst Dein Walter

1 Anna Tumarkins Vorlesungen hatten W. B. und Scholem 1918 gehört.

2 Die in Scholems New Yorker Vorlesungen gegebene Zusammenfassung seiner vieljährigen Studien über die Kabbala erschien als Buch („Major Trends in Jewish Mysticism") erst 1941, ein halbes Jahr nach W. B.'s Tod. So trägt das Buch, das 1957 auch deutsch erschien, nur noch die Widmung „Dem Andenken an Walter Benjamin, dem lebenslänglichen Freunde, in dessen Genius die Tiefe des Metaphysikers, das Eindringen des Kritikers und das Wissen des Gelehrten sich trafen".

290 An Max Horkheimer

Paris [10. 8. 37]

Lieber Herr Horkheimer,

diesen Augenblick höre ich zu meiner Freude, daß Sie im Laufe des August nach Europa kommen. Ich hoffe, das bedeutet, daß ich Sie noch in diesem oder Anfang des nächsten Monats sehe.

Ich stelle darum die Gegenstände, über die ich Ihnen dieser Tage brieflich berichten wollte, zurück und beschränke mich darauf, Ihnen zu sagen, wie sehr ich mich über das bevorstehende Erscheinen des „Fuchs" freue.

Ihren Aufsatz „Traditionelle und kritische Theorie"[1] habe ich gelesen; wie Sie vermuten werden mit gänzlicher Zustimmung. Wie Sie die Atmosphäre, in der unsere Arbeit vor sich geht, kennzeichnen und welche Ursachen Sie ihrer Isolierung geben, betrifft mich besonders. Wir werden gewiß auch von diesen Dingen sprechen.

Ich verlasse Paris vermutlich am gleichen Tage wie Wiesengrund, nämlich am 12ten. Mein Sohn ist mittlerweile in San Remo angekommen. Ich werde mir selbst ein Urteil über seine jüngste Entwicklung zu bilden suchen. [...]

Darf ich Sie bitten, mir sogleich nach Ihrer Ankunft – wenn nicht noch von New York aus – zu schreiben, wo und wann ich Sie treffen kann?

Bitte gehen Sie davon aus, daß ich ohne Schwierigkeiten von einem Tag auf den andern kommen kann, und zwar ebensowohl nach Genf wie nach Paris.

Mit herzlichem Gruß Ihr Walter Benjamin

1 Zeitschrift für Sozialforschung 6 (1937), S. 245–294.

291 An Karl Thieme

Boulogne, 10. Oktober 1937

Lieber Herr Thieme,

die Umstände stellen mich vor ein unliebsames Dilemma, das ich, indem ich Sie von ihm unterrichte, entscheide. Ich hatte die Wahl, diese Zeilen auf unbestimmte Zeit hinauszuschieben oder aber ihnen das zu entziehen, was ihnen in Ihren Augen zur Not einigen Wert hätte geben können: Bemerkungen, die ich zu Ihrem Aufsatz „Marxismus und Messianismus“ [1] zu machen gedachte.

Als ich aus den Sommerferien heimkehrte fand ich durch eine nicht vorherzusehende Machination meiner ehemaligen Wirtsleute mein Zimmer unter fremder Okkupation. Ich hatte alle Hände voll zu tun, meine wichtigsten Papiere in Sicherheit d. h. in ein provisorisches Quartier überzuführen. Mit meiner Bibliothek konnte ich das noch nicht durchführen und somit bin ich derzeit noch ohne die Möglichkeit, den Text Ihres Essays mir zum zweitenmal zu vergegenwärtigen.

Ich weiß, daß er mir bei der ersten Lektüre zu Reflexionen Anlaß gab, die ich mir vorsetzte, Ihnen mitzuteilen. In dieser Sache müssen wir uns demnach noch gedulden. Dafür kann ich Ihnen, unterm unmittelbaren Eindruck Ihrer Kritik an Weidlé mein Einverständnis zumindest mit der grundsätzlichsten Ihrer Reserven gegen das Buch mitteilen: ich meine mit Ihrer Verwahrung gegen den simplen Anschluß an die vorliegenden, zumeist von Mode und Kompromissen beeinflußten Versuche christlich-religiöser Kunst. Was ich mir allenfalls dazugewünscht hätte, wäre ein Wort über die besonders fahrlässige Handhabung des Begriffes „Stil" bei Weidlé gewesen. Er hat keine Vorstellung davon, wie sehr das was wir Stile nennen mitbestimmt von dem jahrhundertelangen Überdauern der Produkte ist, an denen wir ihn vorfinden. Er scheint mir überhaupt keinerlei Einblick in die Dimension des Historischen zu haben und es ist sein planes Argumentieren aus einer „Zeitlage" heraus, das mir den journalistischen Einschlag seiner Darlegungen auszumachen scheint, der in einigem Mißverhältnis zu seinen säkularen Maßstäben steht.

Wenn ich für einen Augenblick auf den „Erzähler" zurückkommen darf, so merke ich an, daß der Hinweis auf die apokatastasis des Origenes bei mir lediglich als immanente Explikation von Leßkows Vorstellungswelt gedacht war. Ich selbst wollte zu dem Gegenstand nicht das Wort ergreifen. Im übrigen könnte ich mir denken, daß ich es früher getan hätte; daß Wiesengrund es getan hat, entnehme ich Ihrem Brief. Wo findet sich dieser Begriff der „opferlosen" Erfüllung"[2] bei ihm? – Für alles, was Sie mir künftig etwa zur Lehre vom „Aufschub" des Gerichts mitteilen können, bleibe ich Ihnen sehr verpflichtet.

Begegnet Ihnen in Basel Fritz Lieb gelegentlich? Dann grüßen Sie ihn bitte von mir. Zur Zeit ist Brecht hier. Er hat sich ein wenig um eine französische Neueinstudierung der Drei-Groschen-Oper gekümmert und studiert derzeit mit seiner Frau ein kleines Stück ein, das im spanischen Bürgerkriege spielt[3].

Dank für Ihre Nachfrage nach den „Deutschen Menschen“. Es scheint, daß sie ihren Weg machen. Je verschlungener der sich durchs deutsche Land windet, je weniger er sich mit den Landstraßen überschneidet, desto besser!

Mich selber weist alles noch mehr als sonst auf den eingeschränkten Kreis weniger Freunde und den engern oder weitern der eignen Arbeit hin.

Mit meinen herzlichen Grüßen –

Ihr Walter Benjamin

1 Vermutlich „Gemeinsamkeiten und Unterschiede zwischen frühchristlicher und marxistischer Eschatologie“. In: Religiöse Besinnung, Jg. 4, 1931.

2 Wohl in einem Brief von Adorno gebraucht.

3 „Die Gewehre der Frau Carrar“. Uraufführung am 16. Oktober 1937.

292 An Gerhard Scholem

[20. November 1937]

Lieber Gerhard,

Ich vermeide diesmal auch die kleinste Frist verstreichen zu lassen, ehe ich Dir auf den letzten Brief antworte. Er enthielt die Ankündigung Deines Kommens und die Kritik am „Fuchs“. Für mich verschränken sich beide Gegenstände – nicht anders als auch für Dich. Es wäre in der Tat dringlich, es ist fast unaufschiebbar, daß wir bald miteinander reden. Nicht als ob die Bedenken, die Du dem „Fuchs“ entgegenhältst, mich im mindesten überraschen. Aber der Gegenstand dieser Arbeit gibt – gerade durch seine Fadenscheinigkeit – eine Gelegenheit über die durchscheinende Methode zu verhandeln, die sich so günstig vielleicht nicht bald präsentieren wird. Sie ist geeignet, uns den Zugang zu den Bereichen zu erschließen, in denen unsere Debatte ursprünglich zu Hause ist.

Unter diesen Umständen stellen die Termine, die Du für Deinen europäischen Aufenthalt ins Auge faßt, für mich – nach den mannichfachen gescheiterten Projekten meines

Erscheinens in Palästina – eine ganz erhebliche Enttäuschung dar.[1]

[. . .]

Ich habe mein altes Logis nicht wiederbekommen und mich seit zwei Monaten mit einem jämmerlichen beholfen, das mir unentgeltlich zur Verfügung gestellt wurde. Es liegt zu ebner Erde an einer der Haupt-Ausfallsstraßen außerhalb von Paris und ist von früh bis spät vom Lärm zahlloser Lastwagen umbraust. Meine Arbeitsfähigkeit hat unter diesen Umständen sehr gelitten. Ich bin bei dem „Charles Baudelaire", den ich vorbereite, über die Durchsicht der Literatur noch nicht hinausgekommen.

Vom 15. Januar ab läuft meine Miete für eine eigene Wohnung. Sie hat nur ein Zimmer[2]. Dennoch stellt ihre Einrichtung ein derzeit ungelöstes Problem für mich dar. In der Zwischenzeit bitte ich Dich, mir an die Adresse meiner Schwester eine hoffentlich erwünschtere Nachricht baldigst zu geben. Wenn Du täglich 65 bis 70 Francs zur Verfügung hast, so kannst Du in Paris recht bequem auskommen.

Herzlichst Dein Walter

1 W. B. und Sch. waren Mitte Februar 1938 fünf Tage zusammen.
2 In der rue Dombâsle 10. Dies war seine letzte Wohnung in Paris.

293 An Max Horkheimer

San Remo, 6. Jan. 38

Lieber Herr Horkheimer,

wie Sie wissen haben Wiesengrunds unsern alten Plan, uns in der Pension meiner früheren Frau zu treffen, kurz vor Toresschluß realisieren können. Gleichzeitig ist mein Sohn hier. Ich bin vor zehn Tagen angekommen und werde noch einige Tage länger als Wiesengrunds bleiben, die leider übermorgen abreisen.

Über Italien geht augenblicklich eine rabiate Kältewelle.

Wir müssen uns viel im Hause halten. Hoffentlich kommt der Aufenthalt der Erholung von Teddie[1] und seiner Frau dennoch zu gute; ein wenig beschattet ihn gelegentlich beider Angst vor der Seereise.

Für unsere gemeinsamen Anliegen sind diese Tage gewiß fruchtbar. Teddie hat mir eine Anzahl von Studien zum „Wagner"[2] vorgelesen. Das ergreifend Neue an ihnen war für mich, daß sie musikalische Tatbestände, die für niemanden entlegener sein können als für mich, in mir unbekannter Weise gesellschaftlich transparent machen. Von einer andern Seite her hat mich *eine* Tendenz dieser Arbeit besonders interessiert: das Physiognomische unmittelbar, fast ohne psychologische Vermittlung, im gesellschaftlichen Raum anzusiedeln. – Ich bin gespannt darauf, das Ganze, motivisch vielfach verschlungene, vor mir zu sehen.

Mehrfach haben sich unsere Gespräche um die Vorarbeiten zu dem „Baudelaire" bewegt. Mir ist in den letzten Wochen ein seltener Fund zugefallen, der die Arbeit entscheidend beeinflussen wird: ich bin auf die Schrift gestoßen, die Blanqui in seinem letzten Gefängnis, dem Fort du Taureau als seine letzte geschrieben hat. Es ist eine kosmologische Spekulation. Sie heißt „L'éternité par les astres"[3] und ist, soviel ich sehe, bis heute so gut wie unbeachtet geblieben. (Gustave Geffroy in seiner vorbildlichen Blanqui-Monographie „L'enfermé"[4] erwähnt sie, ohne zu erkennen, womit er es zu tun hat.) Es ist zuzugeben, daß die Schrift beim ersten Blättern sich abgeschmackt und banal anläßt. Indessen sind die unbeholfenen Überlegungen eines Autodidakten, die ihren Hauptteil ausmachen, nur die Vorbereitung einer Spekulation über das Universum, deren man von niemandem weniger als von diesem großen Revolutionär sich versehen würde. Wenn die Hölle ein theologischer Gegenstand ist, kann man diese Spekulation eine theologische nennen. Die Weltansicht, die Blanqui in ihr entwirft, indem er der mechanistischen Naturwissenschaft seine Daten entnimmt, ist in der Tat eine infernalische – ist zugleich in der Gestalt einer naturalen das Komplement der gesellschaftlichen Ordnung, die Blanqui an seinem Lebensabend als Sieger über sich erkennen mußte.

Das Erschütternde ist, daß diesem Entwurf jede Ironie fehlt. Er stellt eine vorbehaltlose Unterwerfung dar, zugleich aber die furchtbarste Anklage gegen eine Gesellschaft, die dieses Bild des Kosmos als ihre Projektion an den Himmel wirft. Das Stück hat in seinem Thema: der ewigen Wiederkunft, zu Nietzsche die merkwürdigste Beziehung; eine verborgenere und tiefere zu Baudelaire, an den es an einigen großartigen Stellen fast wörtlich anklingt. Diese letzte Beziehung werde ich mich bemühen, ins Licht zu setzen.

Gide hat recht, wenn er schreibt, es sei über keinen Dichter des neunzehnten Jahrhunderts stupider geredet worden als über Baudelaire. Die Signatur der Baudelaire-Literatur ist, daß sie in allem Wesentlichen so hätte abgefaßt werden können, wenn Baudelaire die „Fleurs du Mal" nie geschrieben hätte. Ihr ganzer Umfang wird in der Tat von seinen theoretischen Schriften, von den memorabilien und, vor allem, von der chronique scandaleuse bestritten. Das rührt daher, daß man die Schranken des bürgerlichen Denkens, auch gewisse bürgerliche Reaktionsweisen, hinter sich gelassen haben muß – nicht, um an dem einen oder andern dieser Gedichte Gefallen zu finden, wohl aber um in den Fleurs du Mal zu hause zu sein . . . Schwer genug, übrigens, wenn das die einzige Bedingung wäre; es gibt andere, die auf der Hand liegen, und für den nicht leichter erfüllbar sind, dessen Muttersprache nicht das Französische ist. Einmal nach Paris zurückgekehrt, werde ich trachten, mir Baudelaire-Gedichte von einigen befreundeten Franzosen lesen zu lassen.

Gemeinsam haben wir uns hier gelegentlich an dem Aufsatz für „Maß und Wert" [5] versucht, sind aber über Bruchstücke nicht hinausgekommen. Ich nehme an, daß Sie mich Ihre Ansicht über den Brief von [Ferdinand] Lion bald werden wissen lassen.

Für Ihren Brief vom 5ten Dezember sage ich Ihnen herzlichen Dank. Ihre Enttäuschung beim Empfang von „Mesures" ist mir sehr verständlich. Die Zeitschrift hat erheblich lesenswertere Nummern herausgebracht. Dem gedachten Salon präsidiert übrigens weniger eine Dame als ein Herr des Hauses, ein Mäzen namens Church, der derart seine eigenen scripta zum Druck befördert. Adrienne Monnier hat auf die Redaktion wenig Einfluß; mit dem Ende des Jahres hat sie, wie ich unlängst erfuhr, auch die Administration an die Buchhandlung Joseph Corti abgegeben. Von den nächsten Heften will ich sehr hoffen, daß sie sich besser präsentieren. Im übrigen hat Fräulein Monnier den Plan nicht ganz aufgegeben, wieder zu einer eigenen Zeitschrift zu kommen, wie dies vor Jahren das „Navire d'argent" war.

Zu erfahren, daß Monsieur Lyonnet Ihnen etwas gesagt hat, war eine besondere Freude für mich. Der Verfasser schreibt meist für Kinder. Diesen Roman hat er wohl nie übertroffen.

[...]

Darf ich Sie bitten, die Antwort auf Ihre freundliche Erkundigung nach meinen persönlichen Verhältnissen noch um einige Wochen verschieben zu dürfen? Ich werde erst nach meiner Rückkehr in Verhältnisse kommen, die mir erlauben, mein Budget genau zu kalkulieren. Es kommt hinzu, daß nach einem in der letzten Sitzung der Kammer angenommenen Gesetz die gesetzlich geregelten Mieten wieder in Fluß geraten. Ich werde erst in Paris erfahren, wieweit das für mich von Bedeutung ist.

Zum Schluß will ich die Hoffnung aussprechen, daß Ihre Zeit Ihnen erlaubt hat, sich dem Montaigne[6] zuzuwenden. Eine gesellschaftliche Kritik der Skepsis ist Neuland, und ich denke sehr kennenswertes.

Wollen Sie Herrn Pollock meine besten Grüße und Wünsche für die Gesundheit seiner Frau sagen und mit der Ihren nochmals alles Freundliche zum neuen Jahre von mir entgegennehmen?

Ihr Walter Benjamin

1 Adorno.

2 Jetzt: Versuch über Wagner. Berlin, Frankfurt am Main 1952.

3 Paris 1872.

4 Paris 1897.

5 Diesen Aufsatz über die Zeitschrift für Sozialforschung schrieb B. dann allein; er erschien in: Maß und Wert 1 (1937/38), S. 818–822.

6 Max Horkheimer: Montaigne und die Funktion der Skepsis, in: Zeitschrift für Sozialforschung 7 (1938), S. 1–54.

Paris, 9. März 1938

Lieber Herr Thieme,

Ihr Brief vom Dezember, selbst Ihre gehaltreiche Sendung liegen schon eine längere Zeit vor mir. Sie werden des gespannten Anteils mit dem ich Ihre Auseinandersetzung mit Buber-Rosenzweigs Bibelübersetzung [1] gelesen habe, im vorhinein sicher gewesen sein und die Verzögerung meiner Antwort auf Umstände, die nicht in dieser Sache liegen, zurückgeführt haben.

Um solche handelt es sich in der Tat. Zu ihnen gehörten eine Reihe sehr dringlicher Arbeiten – insbesondere aber die vielfachen Zersplitterungen der Aufmerksamkeit, die meine Übersiedlung in eine kleine Wohnung – meine erste seit den Emigrationsjahren – mit sich brachte. Ich bin in meinem neuen Logis weit entfernt, die erwünschtesten Bedingungen für meine Arbeit vorzufinden; es wird von vielerlei Geräuschen tagaus tagein belagert. Immerhin erlaubt es mir, einmal meine Papiere, soweit ich sie gerettet habe, mehr oder minder vollzählig um mich zu versammeln; zum andern, Freunde bei mir zu sehen.

Ich hoffe mit Bestimmtheit, daß, wenn Ihr Weg Sie das nächste Mal nach Paris führt, einige ruhige Stunden bei mir uns in Aussicht stehen.

Einer der ersten, der sich hier herauffand, war Gerhard Scholem; nach Newyork, wo er Gastvorlesungen abzuhalten hat, unterwegs, hat er in Paris einige Tage Station gemacht. Wir haben unter anderem auch von Buber gesprochen, zu dem wir seit mehr als einem Jahrzehnt auf einigermaßen verschiedene Weise Stellung nehmen. Ich selbst, von Sachkenntnis leider kaum belastet, habe es leichter, mich eindeutig dabei zu formulieren als er. Ihnen gegenüber gilt für meine Stellungnahme natürlich das gleiche. In Erinnerung an den flüchtigen Einblick, den ich in den Jahren in die Bibelbände genommen habe, möchte ich heute sagen, daß mir im innersten Gefühl zweifelhaft war, ob die Jahre, in denen dieses

Unternehmen zustande kam, wirklich die weltgeschichtliche Stunde darstellten, zu der es gewagt werden dürfte. Über den grundsätzlichen Wert solchen Wagens denke ich – das wissen Sie aus meiner „Aufgabe des Übersetzers" – wie Sie. Aber eben im Anschluß an diese Arbeit möchte ich, dringlicher als Sie es tun, die Frage nach dem zeitlichen Index so eines Versuches stellen. Mich überzeugen die Beispiele, mit denen Sie Ihre Einwendungen gegen deutsche Wortfügungen problematischer Art bei Buber stützen, durchaus. Ich glaube, ich beurteile dergleichen Verstöße noch strenger als Sie – besser gesagt: ich bin geneigt, sie als symptomatisch anzusehen und aus ihnen die gewichtigsten Vorbehalte gegen die historische Berechtigung des Versuches, den Buber machte, im gegenwärtigen Augenblick abzuleiten.

Vielleicht liegt auch dies in Ihren eignen Reflexionen eingeschlossen; dergleichen öffentlich auszusprechen, ist ja ohnehin um so weniger möglich, je besser es durch die öffentlichen Verhältnisse illustriert wird. Es ist selbstverständlich, daß es mit Ihrem eignen Unternehmen, das im ausgezeichneten Sinn ein christliches ist, eine vollkommen andere Bewandtnis haben wird. In dem Prospekt haben mich ganz besonders die Bemerkungen angezogen, mit denen Sie den Text im pneumatologischen Sinne begleiten, kaum weniger die grundsätzlichen, mit denen Sie die Sprache so deutlich gegen die kunstgewerblichen Unarten in Schutz nehmen, die viele Übersetzer ihr zumuten.

Irre ich nicht, und läßt sich nach der einen Probe urteilen, so wissen [Richard] Seewalds Holzschnitte das Kunstgewerbliche leider nicht ebenso streng zu meiden. Gern vernähme ich bei Gelegenheit Ihre Meinung über diese.

Was Roeßler[2] angeht, so habe ich mir sagen lassen, es sei derzeit eine gebräuchliche Sitte – oder Unsitte – der Verleger, das dritte oder vierte Hundert von einem Buche als „neue Auflage" figurieren zu lassen. Trotz alledem wird es mir schwer, mir vorzustellen, daß von dem Buch – wie seine Abrechnung sagt – nur 200 Exemplare in 1¹/₄ Jahren an den Mann gekommen sein sollen.

Für das Buch von Grete de Francesco[3] habe ich mich hier

leider ohne den gewünschten Erfolg umgetan. Die hiesigen Verleger fürchten die Kosten, die ein anständig illustriertes Buch ihnen bei der Herstellung macht.

Ich wünschte sehr, von Ihnen recht bald zu hören, und Gutes. Vielleicht kann ich Ihnen in absehbarer Zeit wieder irgend ein Separatum senden. Aber bitte lassen Sie mich mit einer Nachricht so lange lieber nicht warten!

Mit herzlichen Grüßen

Ihr Walter Benjamin

PS Lassen Sie mich bitte wissen, ob und wann von Ihren Basler Vorlesungen etwas im Druck erscheint. Mein Interesse an der Figur des Erzählers hat nicht nachgelassen. – Das Buch von Jolles[4], auf das Sie mich hinwiesen, lasse ich derzeit suchen.

Und teilen Sie mir doch, wenn die Mühe Sie nicht verdrießt, einige Worte über die neuern Erfahrungen mit Roeßler mit, auf die Sie hindeuten.

1 „Das ewige Wort in der Sprache unserer Zeit". In „Schweizer Rundschau", Februar 1938.
2 Gehörte zum Vita Nova Verlag in Luzern.
3 „Die Macht des Scharlatans", 1937. Von W. B. in der „Zeitschrift für Sozialforschung" 7 (1938), S. 296 ff., besprochen.
4 Vermutlich André Jolles, „Einfache Formen", 1930.

295 An Karl Thieme

Paris, 27. März 1938

Lieber Herr Thieme!

Im gleichen Sinne, wenn auch nicht mit der gleichen Begründung wie Sie es in Ihrem letzten Briefe tun, bitte ich Sie, mich zu entschuldigen, wenn ausnahmsweise die Maschine zwischen uns in ihre Rechte tritt.

Ihr Brief vom 12. hat mich in seiner leidenschaftlichen Reaktion auf die österreichischen Ereignisse sehr bewegt; ich möchte die Antwort nicht lange hinausschieben. Auf der anderen Seite bin ich mit meiner Korrespondenz derart in Rückstand, daß ich in außerordentliche Prozeduren meine

Zuflucht suchen muß. Ich kann es nicht verhüten, daß eine lakonische Äußerung auf Ihre Zeilen Ihnen neben einem Begriff von meiner Denkungsweise einen von meiner Stimmung gibt. Ich fürchte die Ihre nimmt sich daneben fast hellgetönt aus.

Für meine Person weiß ich, rund gesagt, kaum woher noch einen Begriff *sinnvollen* Leidens und Sterbens nehmen. Das Furchtbare scheint mir im Falle Oesterreich nicht minder wie im Falle Spanien, daß das Martyrium nicht im Namen der eigenen Sache, sondern vielmehr im Namen eines Kompromißvorschlages erlitten wird: sei es der Kompromiß der kostbaren österreichischen Stammeskultur mit einem verruchten Wirtschafts- und Staatsbetrieb, sei es der Kompromiß des revolutionären Gedankens in Spanien mit dem Machiavellismus der russischen und dem Mammonismus der einheimischen Führerschaft.

Kurz ich mag mein Blickfeld soweit ausspannen wie ich will: ich finde den Horizont ebenso verhangen wie die mir vor Augen liegenden Existenzen. Bei alledem muß ich selbst noch von Glück sagen, daß mein Sohn, der bis vor kurzem in Wien war, inzwischen bei seiner Mutter in Italien ist.

Was den österreichischen Juden bevorsteht, von denen nun nicht einmal dem bemittelten Teil, wie es in Deutschland der Fall war, die Flucht offensteht, so ist der Gedanke an sie nur schwer erträglich. Es bleibt vielleicht nicht einmal der mesquine Trost, der uns einflüstert, Sie und ich in gleicher Lage wären klüger gewesen. Ich glaube das nämlich nicht.

Haben Sie einmal einen Gedanken daran verloren, daß mit der Einnahme Wiens $1/5$ oder $1/6$ des europäischen Kunstschatzes in den Händen der Nationalsozialisten ist?

Ich freue mich sehr, in Bälde Ihre Bibel erwarten zu dürfen.

Über meine Sommermonate weiß ich noch nichts. Es ist immerhin recht möglich, daß ich in Paris bin, falls Sie im August kommen.

Dank für Ihre Mitteilung über Roeßler und recht herzliche Grüße

Ihr Walter Benjamin

14. April 1938

Lieber Gerhard,

deine erste Nachricht aus Amerika hat geraume Zeit auf sich warten lassen.

Sie enthält vieles, was mich freut.

Zuerst die Mitteilung über den Erfolg Deiner Vorlesungen. Der bedeutet ja wohl, daß der Aufenthalt drüben, sprachlich zumindest von geringerer Problematik für Dich ist als Du angenommen hast. In Deinen nächsten Mitteilungen hoffe ich davon zu profitieren, indem Du „Kultur- und Reisebilder" aus den verschiedenen Landstrichen und Bevölkerungsschichten vor mir entrollst. „Reisebilder" von Theodor Dielitz waren eines meiner bevorzugten Knabenbücher, und die handelten auch von drüben.

Weiter erwarte ich von Dir ins Geheimnis der jüdischen Sterngeburt eingeweiht zu werden; dem vereinten Zaubrerpaar[1] freundliche Erwiderung seiner Grüße.

Wirklich hat Mercy auf meine Bitte Brods Kafkabiographie und dazu den Band geschickt, der mit der „Beschreibung eines Kampfes" beginnt.

[...]

Ich komme aber auf Kafka an dieser Stelle weil besagte Biographie in ihrer Verwebung Kafkaschen Nichtwissens mit Brodschen Weisheiten einen Distrikt der Geisterwelt zu öffnen scheint, wo weiße Magie und fauler Zauber aufs erbaulichste ineinander spielen. Ich habe übrigens noch nicht sehr viel darin lesen können, mir aber alsbald die Kafkasche Formulierung des kategorischen Imperativs „handle so, daß die Engel zu tun bekommen" daraus zugeeignet.

Meine Lektüre ist eine intermittierende, weil meine Aufmerksamkeit und Zeit jetzt fast ungeteilt dem „Baudelaire" zugewandt ist. Noch ist kein Wort davon geschrieben; seit einer Woche bin ich aber dabei, das Ganze zu schematisieren. Die Einrichtung ist, wie sich versteht, entscheidend. Ich will Baudelaire, wie er ins neunzehnte Jahrhundert eingebettet ist, zeigen und der Anblick davon muß ebenso neu erscheinen, auch eine ebenso schwer definier[t]e Anziehung ausüben, wie der eines seit Jahrzehnten im Waldboden ruhenden Steins, dessen Abdruck, nachdem wir ihn mit mehr oder weniger Mühe von der Stelle gewälzt haben, überaus deutlich und unberührt vor uns liegt.

Deine Schilderung des Gesprächs mit den beiden Tillichs[2] hat mein höchstes Interesse erregt, aber in geringerem Maß als Du denkst, meine Überraschung. Denn hier geht es gerade darum, daß Dinge, die de part et d'autre derzeit ihre Stelle im Schatten haben, durch jederlei künstliche Beleuchtung ins falsche Licht träten. Ich sage „derzeit", weil diese Epoche, die so vieles unmöglich macht, dies ganz gewiß nicht ausschließt: daß im historischen Sonnenumlauf auf eben diese Dinge ein rechtes Licht fällt. Ich will weiter gehen und sagen, daß unsere Arbeiten an ihrem Teile Meßinstrumente sein können, die, wenn sie glücklich funktionieren, kleinste Bruchstücke dieses unvorstellbar langsamen Umlaufes messen.

Ich möchte aus diesen Gründen Deiner Begegnung mit Horkheimer und mit Wiesengrund, die vielleicht bei Empfang dieser Zeilen schon stattgefunden, wenn nicht sich wiederholt hat, mit einigem Vertrauen entgegensehen. Dies wird gesteigert durch die Begegnung mit dem Mitdirektor des Instituts, die ich vor einigen Tagen hatte und die sich ebenso herzlich gestaltete als sie kurz war.

Ich kann meine sommerlichen Dispositionen noch nicht genau überblicken. Soviel ich sehe, wäre alles ganz einfach, wenn Du noch die zweite Augusthälfte für Paris zur Verfügung hättest [...] Berichte mir über „die Wege und Begegnungen", die die Deinen waren. Richte meinen New Yorker Freunden meine herzlichen Grüße aus, wenn sich das ergibt und vergiß keinesfalls, sie Moses Marx[3] zu sagen.

Alles Herzliche Dein Walter

1 Erich und Lucie Gutkind. Anspielung auf G's „Siderische Geburt".
2 Paul und Hannah Tillich.
3 Moses Marx, der hebräische Sammler und Freund Scholems aus den Berliner Jahren, war seit 1927 Bibliothekar in Cincinnati. Kitty Marx-Steinschneider ist seine Nichte.

Paris, 16. 4. 1938

Lieber Herr Horkheimer,

Dies schreibe ich Ihnen drei Tage nach meiner Begegnung mit Herrn Pollock. Sie verlief wie ich es mir nur wünschen konnte. Wir hatten zwei schöne Stunden in einem kleinen Restaurant bei Notre Dame, das ich – als alter Pariser! – durch ihn kennenlernen mußte.

Unsere Aussprache, so kurz sie war, wird eine mir, wie ich hoffe, nützliche Bekanntschaft im Gefolge haben. Herr Pollock hörte von mir, wie erwünscht ein gelegentlicher Gedankenaustausch mit einem Ökonomen mir sein würde, und ich werde durch seine Vermittlung Herrn [Otto] Leichter kennenlernen.

Natürlich steht dieser Wunsch im Zusammenhang mit meiner Arbeit, um die unser Gespräch sich eine zeitlang bewegte. Sie ist gegenwärtig der Vorbereitung des „Baudelaire" zugewandt. Es hat sich – und das erzählte ich Herrn Pollock – bei ihr ergeben, daß diese Darstellung zu einer umfangreicheren wird, in der wesentlichste Motive der „Passagen" konvergieren. Das liegt ebensowohl am Sujet wie daran, daß dieser als ein zentraler Abschnitt des Buchs geplante als erster geschrieben wird. Diese Tendenz des „Baudelaire", sich zu dessen Miniaturmodell zu entwickeln, hatte ich in den Gesprächen mit Teddie vorausgesehen. Seit San Remo hat sich das über mein Erwarten hinaus bestätigt.

Nun bat mich Herr Pollock, Ihnen das mitzuteilen, weil Sie ursprünglich ein Manuskript vom üblichen Umfang erwartet hätten. Das habe ich gewußt, glaubte aber, es sei nur umso besser, wenn einer meiner Aufsätze einmal das Format einer größeren Arbeit annehme. Ich hoffe auch heute noch, daß dem keine entscheidenden Bedenken entgegenstehen; ich wüßte in der Tat nicht, wie ich dem Gegenstande auf 30 oder 40 Seiten seine maßgebenden Aspekte abgewinnen könnte. Als Maximalumfang schwebt mir – ich spreche von Manuskriptseiten – das dreifache, etwa das doppelte als Minimalumfang vor. Es würde also im letzteren Fall die Arbeit im Umfang von der Reproduktionsarbeit sich nicht allzusehr unterscheiden.

Die Schematisierung des Aufsatzes ist im Gange, die Bereitstellung des Materials abgeschlossen. Es bot sich in Fülle. Ich werde meine Ehre darein setzen, Zitate aus der heutigen Baudelaireliteratur so sparsam wie möglich zu geben. Weniges von dem, was über Baudelaire gesagt worden ist, werde ich zu wiederholen, ebensowenig auf die Biographie einzugehen haben. Ausgiebig zitiert werden die Fleurs du Mal. Ich habe vor, einzelne Stellen davon zu kommentieren; das ist bisher in anderer als anekdotischer Absicht nicht unternommen worden.

Die Arbeit soll drei Teile haben. Ihre projektierten Titel sind: Idee und Bild; Antike und Moderne; Das Neue und Immergleiche. Der erste Teil wird die maßgebende Bedeutung der Allegorie in den Fleurs du Mal zeigen. Er stellt die Konstruktion der allegorischen Anschauung bei Baudelaire dar, wobei die fundamentale Paradoxie seiner Kunstlehre – der Widerspruch zwischen der Theorie der natürlichen Korrespondenzen und der Absage an die Natur – transparent werden soll. – Eine Einleitung stellt die methodische Beziehung der Arbeit zum dialektischen Materialismus in Gestalt einer Konfrontation der „Rettung" mit der landläufigen „Apologie" her.

Der zweite Teil entwickelt als Formelement der allegorischen Anschauung die Überblendung, kraft deren die Antike in der Moderne, die Moderne in der Antike zum Vorschein kommt. Dieser Vorgang bestimmt die poetischen tableaux parisiens wie die prosaischen. In diese Transposition von Paris wirkt die Masse in entscheidender Weise hinein. Die Masse legt sich als Schleier vor den flaneur: sie ist das neueste Rauschmittel des Vereinsamten. – Die Masse verwischt, zweitens, alle Spuren des Einzelnen: sie ist das neueste Asyl des Geächteten. – Die Masse ist, endlich, im Labyrinth der Stadt das neueste und unerforschlichste Labyrinth. Durch sie prägen sich bislang unbekannte chthonische Züge ins Stadtbild ein. – Diese Aspekte von Paris zu eröffnen stand dem

Dichter als Aufgabe vor Augen. Der Begriff dieser Aufgabe teilt die Struktur, von der die Rede ist. Nichts kommt im Sinne Baudelaires in seinem eigenen Jahrhundert der Aufgabe des antiken Heros näher als der Moderne Gestalt zu geben.

Der dritte Teil behandelt die Ware als die Erfüllung der allegorischen Anschauung bei Baudelaire. Es erweist sich, daß das Neue, welches die Erfahrung des Immergleichen, in deren Bann der spleen den Dichter geschlagen hat, sprengt, nichts anderes als die Aureole der Ware ist. Hier haben zwei Exkurse ihren Platz. Der eine verfolgt, in wieweit in Baudelaires Konzeption des Neuen der Jugendstil präformiert erscheint; der andere hat es mit der Dirne als der die allegorische Anschauung am vollkommensten erfüllenden Ware zu tun. Die Zerstreuung des allegorischen Scheins ist in dieser Erfüllung angelegt. Die einzigartige Bedeutung Baudelaires besteht darin, als erster und am unbeirrbarsten die Produktivkraft des sich selbst entfremdeten Menschen im doppelten Sinne des Wortes dingfest gemacht – agnosziert und durch die Verdinglichung gesteigert – zu haben. Die vereinzelten Formanalysen, die die Arbeit in ihren verschiedenen Abschnitten gibt, treten damit in einen einheitlichen Zusammenhang.

Während im ersten Teil die Figur Baudelaires in monographischer Isolierung auftaucht, stehen im zweiten seine wichtigsten virtuellen und realen Begegnungen – die mit Poe, die mit Meryon, die mit Victor Hugo – im Vordergrund. Der dritte Teil hat es mit der historischen Konfiguration zu tun, in die die Fleurs du Mal durch die idée fixe des Neuen und Immergleichen mit der Eternité par les astres von Blanqui und dem Willen zur Macht (der ewigen Wi[e]derkunft) von Nietzsche treten.

Wenn ich in einem Bilde sagen darf, was ich vorhabe, so ist es, Baudelaire zu zeigen, wie er ins neunzehnte Jahrhundert eingebettet liegt. Der Abdruck, den er darin hinterlassen hat, muß so klar und so unberührt hervortreten, wie der eines Steins, den man, nachdem er jahrzehntelang an seinem Platz geruht hat, eines Tages von der Stelle wälzt.

Ich erhoffe Ihr Einverständnis damit, die Arbeit nach dem Schema abzufassen, das sich täglich deutlicher vor mir darstellt. Die etwaige Problematik der Publikation wird wie mir scheint, leichter zu bewältigen sein als eine neuentstehende für den inneren Aufbau.

Neuerscheinungen Angehendes weiß ich für heute nicht zu berichten. Gides Auseinandersetzung mit Céline im Aprilheft der nrf werden Sie vielleicht gesehen haben. „S'il fallait voir dans ‚Bagatelles pour un Massacre'[1] autre chose qu'un jeu, Céline en dépit de tout son génie, serait sans excuse de remuer les passions banales avec ce cynisme et cette désinvolte légèreté." (p. 634) Le mot ‚banal' en dit long. Durch den Mangel an Ernst bei Céline war, wie Sie sich erinnern werden, auch ich frappiert worden. Im übrigen sieht Gide als der Moralist, der er ist, nur auf die Absicht, nicht auf die Folgen des Buchs. Oder hat er als Satanist, der er auch ist, gegen diese nichts einzuwenden?

Da ich einmal in sumpfiges Gelände geraten bin, möchte ich Ihnen eine besonders bizarre und giftige Blüte einlegen, die in dieser Gegend gewachsen ist. „Derrière Kant", heißt es im „Stupide XIXe siècle" von Léon Daudet, „il y a le juif Hamann, auquel Kant emprunte la fameuse distinction de phénomène et noumène." (p. 185) Das Buch ist 1922 erschienen. – Wann wird das Bündnis der Unwissenheit mit der Niedertracht, das eben damals in Deutschland geschlossen wurde, auch hier in Aktion treten?

Nebenbei bemerkt finden Sie auf S. 96/97 des gleichen Buches einen Vergleich zwischen Montaigne und Renan. Ich teile Ihnen das mit, obwohl er mir zu uninteressant erschien, um ihn zu kopieren. Sollte er Ihre Neugier reizen, so lassen Sie es mich bitte wissen.

Über das Telegramm, aus dem ich ersah, daß die Notiz für „Maß und Wert" Ihnen gefallen hat, habe ich mich wirklich gefreut. Ich danke Ihnen dafür und bestätigte Ihnen gleichzeitig Ihre Briefe vom 7., 15. und 28. März. – Gestern bekam ich das Heft[2], in dem meine Notiz in Gestalt einer Anzeige der „Zeitschrift für Sozialforschung" und im Umfang von vier Druckseiten erschienen ist. Es geht Ihnen mit gleicher Post zu. – Ich bin froh, daß das unter Dach und Fach ist, weil ich es bis zum letzten Moment für möglich hielt, von Lion vor ein fait inaccompli gestellt zu werden. [...]

[...]

Ich freue mich auf Ihren „Montaigne". Werde ich ihn im nächsten Heft finden?

Bitte teilen Sie mit Ihrer Frau und den Freunden meine herzlichsten Grüße

Ihr Walter Benjamin

1 Célines antisemitisches Buch, 1937.
2 Von „Maß und Wert".

298 An Karl Thieme

Paris, 1. Mai 1938

Lieber Herr Thieme,

mit wie bescheidener Erwartung Sie diesen Brief auch eröffnen mögen, so wird er Ihnen, wie ich fürchte, immer eine kleine Enttäuschung bringen. Mich jedenfalls bedrückt es, Ihnen den Dank für das Geschenk, das Sie mir mit Ihrer Bibelausgabe[1] gemacht haben, nur unangemessen sagen zu können.

Ich will nicht so anmaßend sein zu meinen, nur der könne Ihnen geziemend danken, dem ein Einblick in den gewaltigen Arbeitsprozeß freisteht, der hinter Ihnen liegt. Aber zumindest hätte ich über alles gern meinem Dank das Zeugnis einer stetigen Lektüre in diesem Werk verflochten. Meine eigene Arbeit bringt es mit sich, daß das derzeit nicht möglich ist.

Immerhin habe ich in den letzten 14 Tagen einige ausgedehntere Arbeitspausen an die Lektüre wenden können. Ein *Urteil*, das auch nur den Anflug der Sachkenntnis prätendiert, steht mir gewiß nicht zu. Immerhin will ich Ihnen sagen, daß ich den *Eindruck* hatte, mit einer hervorragend nützlichen Sache Bekanntschaft zu machen. Ich nenne das Buch nützlich, weil es etwas sehr Wichtiges und sehr Schwieriges mir zustandezubringen scheint: sich vor der Lese- und in der Lebensweise des heutigen Menschen zu behaupten. Ich habe eine hohe Verführung von Ihrer Texteinrichtung auf mich ausgehen gefühlt.

Das schlechthin Bedeutungsvolle war für mich die Deutlichkeit mit der die epischen und didaktischen Fundamente des Textes sich in Ihrer Interpretation und in Ihren Interpolationen herausheben. Dadurch hat der Laie auf Schritt und Tritt das Gefühl, etwas zu lernen. Und ihm dieses Gefühl zu wecken, dürfte heute das A und O einer Bibellektüre sein.

Ich muß es, aus Achtung vor Ihrem Werke, bei so vorläufigen Worten bewenden lassen, zumindest bis mich ein sachlicher Anlaß zu genauerem Studium der einen oder andern Passage führt. Erkennen Sie dennoch in meinem Dank den herzlichsten! –

Der Freund, dessen Besuch Sie mir ansagten, hat sich bisher bei mir nicht gemeldet. Er dürfte nach Ihrem Brief einer freundlichen Aufnahme, auch ohne als Kenner meiner Schriften sich auszuweisen, gewiß sein.

Ist Ihnen die Zeitschrift Ordo, sous Comité juif des études politiques, 22 rue Caumartin Paris IX zu Gesicht bekommen [sic]. Was die Leute wollen, erscheint mir noch ungeklärt.[2] Von ihrer Kritik am öffentlichen Auftreten und an den öffentlichen Reaktionen der Juden will mir scheinen, daß sie häufig den Nagel auf den Kopf trifft. Ich wollte, Sie würden der Sache ansichtig und teilten mir Ihre Meinung von ihr mit.

Ich lese *Bendas* „Un régulier dans le siècle". Sie haben sich gewiß längst mit dem Mann beschäftigt und mir wäre willkommen zu wissen, welche Figur er vor Ihnen macht? Eine Frage zum Schluß. Im Jahre 1932 habe ich begonnen ein schmales Buch „Berliner Kindheit um neunzehnhundert" zu schreiben. Vielleicht sind Ihnen Teile davon, die vor Hitler in der Frankfurter Zeitung erschienen sind, zu Gesicht gekommen. Dieses Buch habe ich in den letzten Wochen vermehrt und eingehend überarbeitet. Es wird seines Sujets wegen schwer einen Verleger finden. Findet es einen, so könnte das Buch ein namhafter buchhändlerischer Erfolg werden. Es hat tausenden von vertriebenen Deutschen etwas zu sagen. Nur daß ein Verleger das vielleicht schwerer erkennt als ein Durchschnittsleser.

Haben Sie einen Begriff von dem Buch? Würde Ihnen, im andern Falle, mit der Überlassung seiner 100 Manuscriptseiten auf vierzehn Tage gedient sein? Sehen Sie in Ihrem Wirkungsbereich einen Menschen, den Sie an der Sache Anteil zu nehmen vermögen könnten?

Mit sehr herzlichem Gruß

Ihr Walter Benjamin

1 Herders Laienbibel, 1938.

2 Ordo verfolgte jüdisch-territorialistische aber antizionistische Tendenzen. Zu ihren Mitarbeitern gehörten u. a. Alfred Döblin (in der Zeit vor seiner Konversion) und Victor Zuckerkandl.

299 An Gerhard Scholem

Paris, 12. Juni 1938

Lieber Gerhard,

auf Deine Bitte schreibe ich Dir ziemlich ausführlich, was ich von Brods „Kafka" halte; einige eigene Reflektionen über Kafka findest Du anschließend.

Du mußt von vornherein wissen, daß dieser Brief ganz allein diesem uns beiden gleich sehr am Herzen liegenden Gegenstande vorbehalten sein wird; für Nachrichten von mir vertröste ich Dich auf einen der nächsten Tage.

Das Buch von Brod ist durch den fundamentalen Widerspruch gekennzeichnet, der zwischen der These des Verfassers einerseits seiner Haltung andererseits obwaltet. Dabei ist die letztere danach angetan, die erstere einigermaßen zu diskreditieren; zu schweigen von den Bedenken, die sich gegen diese sonst erheben. Die These ist, daß Kafka sich auf dem Wege zur Heiligkeit befunden habe. (S. 65) Die Haltung des Biographen ihrerseits ist die vollendeter bonhommie. Der Mangel an Distanz ist ihre markanteste Eigentümlichkeit.

Daß sich *diese* Haltung zu *dieser* Ansicht des Gegenstands finden konnte, beraubt das Buch von vornherein seiner Autorität. *Wie* sie es tat, das illustriert z. B. die Redewendung, mit der (S. 127) „unser Franz" dem Leser auf Photo vor Augen geführt wird. Intimität mit dem Heiligen hat ihre bestimmte religionsgeschichtliche Signatur: nämlich den Pietismus. Brods Haltung als Biograph ist die pietistische einer ostentativen Intimität; mit andern Worten die pietätloseste, die sich denken läßt.

Dieser Unreinlichkeit in der Ökonomie des Werks kommen Gepflogenheiten zugute, die der Verfasser sich in seiner Berufstätigkeit hat erwerben mögen. Jedenfalls ist es kaum möglich, die Spuren journalistischen Schlendrians bis hinein in die Formulierung seiner These zu übersehen: „Die Kategorie der Heiligkeit ... ist überhaupt die einzig richtige, unter der Kafkas Leben und Schaffen betrachtet werden kann." (S. 65) Ist es nötig, anzumerken, daß Heiligkeit eine dem Leben vorbehaltene Ordnung ist, der das Schaffen unter gar keinen Umständen zugehört? und bedarf es des Hinweises darauf, daß das Prädikat der Heiligkeit außerhalb einer traditionell begründeten Religionsverfassung einfach eine belletristische Floskel ist?

Es fehlt Brod jedes Gefühl für die pragmatische Strenge, die von einer ersten Lebensgeschichte Kafkas zu fordern ist. „Von Luxushotels wußten wir nichts und waren dennoch unbeschwert lustig." (S. 128) Infolge eines auffallenden Mangels an Takt, an Sinn für Schwellen und Distanzen fließen Feuilletonschablonen in einen Text ein, der durch seinen Gegenstand zu einiger Haltung verpflichtet wäre. Das ist minder der Grund als ein Zeugnis dafür, wie sehr jede originäre Anschauung von Kafkas Leben Brod versagt geblieben ist. Besonders anstößig wird dieses Unvermögen, der Sache selbst gerecht zu werden, wo Brod (S. 242) auf die berühmte testamentarische Verfügung zu sprechen kommt, in der Kafka ihm die Vernichtung seines Nachlasses auferlegt. Hier wenn irgendwo wäre der Ort gewesen, grundsätzliche

Aspekte von Kafkas Existenz aufzurollen. (Er war offenbar nicht gewillt, vor der Nachwelt die Verantwortung für ein Werk zu tragen um dessen Größe er doch wußte).

Die Frage ist seit Kafkas Tod vielfach erörtert worden; es lag nahe, hier einmal innezuhalten. Allerdings hätte sie für den Biographen die Einkehr bei sich selbst mit sich geführt. Kafka mußte den Nachlaß wohl dem vertrauen, der ihm den letzten Willen nicht würde tun wollen. Und weder der Testator noch auch sein Biograph würden bei solcher Betrachtung der Dinge zu Schaden kommen. Aber sie verlangt die Fähigkeit, die Spannungen zu ermessen, von denen Kafkas Leben durchzogen war.

Daß diese Fähigkeit Brod abgeht, erweisen die Stellen, an denen er unternimmt, Kafkas Werk oder Schreibweise zu erläutern. Es bleibt da bei dilettantischen Ansätzen. Die Sonderbarkeit in Kafkas Wesen und Schreiben ist gewiß nicht, wie Brod meint, eine „scheinbare“ und ebenso wenig kommt man den Darstellungen Kafkas mit der Erkenntnis bei, daß sie „nichts als wahr“ sind. (S. 68) Derartige Exkurse über Kafkas Werk sind danach angetan, Brods Auslegung seiner Weltanschauung von vornherein problematisch zu machen. Wenn Brod von Kafka aussagt, daß dieser etwa auf der Linie von Buber gestanden habe (S. 241), so heißt das, den Schmetterling in dem Netz suchen über das er im Hin- und Herflattern seinen Schatten wirft. Die „gleichsam realistisch-jüdische Deutung“ des „Schlosses“ unterschlägt die abstoßenden und die grauenhaften Züge, mit denen die obere Welt bei Kafka ausgestattet ist, zugunsten einer erbaulichen Auslegung, die gerade dem Zionisten suspekt sein müßte.

Gelegentlich denunziert sich diese Bequemlichkeit, die ihrem Gegenstande so wenig ansteht, selbst einem Leser, der es nicht genau nimmt. Es ist Brod vorbehalten geblieben, die vielschichtige Problematik von Symbol und Allegorie, die ihm für die Auslegung Kafkas erheblich scheint, am Beispiel des „standhaften Zinnsoldaten“ zu illustrieren, der ein vollgültiges Symbol darum vorstelle, weil er nicht nur „viel ... in die Unendlichkeit Verlaufendes ausdrückt“, sondern „uns auch mit seinem persönlich detaillierten Schicksal als Zinnsoldat" nahekommt (S. 237). Man möchte wohl wissen, wie sich das Davidsschild im Lichte einer solchen Symboltheorie ausnimmt.

Ein Gefühl für die Schwäche seiner eigenen Kafka-Interpretation macht Brod gegen die Interpretationen von andern empfindlich. Daß er das nicht so törichte Interesse der Surrealisten an Kafka wie die teilweise bedeutenden Auslegungen der kleinen Prosa durch Werner Kraft mit einer Handbewegung beiseiteschiebt, wirkt nicht angenehm. Darüber hinaus sieht man ihn bemüht, auch die künftige Kafka-Literatur zu entwerten. „So könnte man erklären und erklären (man wird es auch noch tun) doch notwendigerweise ohne Ende" (S. 69). Der Akzent, der auf der Klammer liegt, fällt ins Ohr. Daß die „vielen privaten akzidentellen Mängel und Leiden Kafkas" zum Verständnis seines Werkes mehr beitragen als „theologische Konstruktionen" (S. 213), hört man von dem jedenfalls nicht gern, der Entschlossenheit genug besitzt, seine eigene Darstellung Kafkas unter dem Begriff der Heiligkeit vorzunehmen. Die gleiche wegwerfende Gebärde gilt allem, was Brod bei seinem Zusammensein mit Kafka störend vorkommt – der Psychoanalyse ebenso wie der dialektischen Theologie. Sie erlaubt es ihm. Kafkas Schreibweise der „erlogenen Exaktheit" Balzacs (S. 69) zu konfrontieren (wobei er nichts anderes als jene durchsichtigen Radomontaden im Sinne hat, die von Balzacs Werk und seiner Größe gar nicht zu trennen sind).

Das alles stammt nicht aus Kafkas Sinn. Brod verfehlt allzu oft die Fassung, die Gelassenheit, die diesem eigen war. Es gibt keinen Menschen, sagt Joseph de Maistre, den man nicht mit einer maßvollen Meinung für sich gewinnen könnte. Brods Buch wirkt nicht gewinnend. Es überschreitet das Maß sowohl in der Art, in welcher er Kafka huldigt, als in der Vertrautheit, mit der dieser von ihm behandelt wird. Beides hat wohl in dem Roman sein Vorspiel, dem seine Freundschaft zu Kafka als Vorwurf diente. Ihm Zitate entnommen zu haben, stellt unter den Mißgriffen dieser Lebensbeschreibung keineswegs den geringsten dar. Daß in diesem Roman Fernerstehende eine Verletzung der Pietät gegen den Verstorbenen sehen konnten, wundert den Verfasser, wie er gesteht. „Wie alles mißverstanden wird, so auch dies ... Man entsann sich nicht, daß Platon sich auf ähnliche, allerdings weit umfassendere Art sein ganzes Leben lang seinen Lehrer und Freund Sokrates als lebendig weiterwirkend, als mitlebenden, mitdenkenden Wegbegleiter dem Tode abgetrotzt hatte, indem er ihn zum Helden fast aller Dialoge machte, die er nach des Sokrates Tode schrieb." (S. 82)

Es ist wenig Aussicht, daß Brods „Kafka" einmal unter den großen gründenden Dichterbiographien, in der Reihe des Schwabschen Hölderlin, des Bächtholdschen Keller, wird genannt werden können. Desto denkwürdiger ist sie als Zeugnis einer Freundschaft, die nicht zu den kleinsten Rätseln in Kafkas Leben gehören dürfte.

Du ersiehst aus dem Vorstehenden, lieber Gerhard, warum Brods Biographie mir ungeeignet scheint, mein Bild von Kafka – wäre es auch nur auf polemische Weise – in der Befassung mit ihr durchblicken zu lassen. Ob es den folgenden Notizen gelingt, dieses Bild zu skizzieren, lasse ich natürlich dahingestellt. Auf jeden Fall werden sie Dir einen neuen, von meinen früheren Reflektionen mehr oder minder unabhängigen Aspekt darauf nahelegen.

Kafkas Werk ist eine Ellipse, deren weit auseinanderliegende Brennpunkte von der mystischen Erfahrung (die vor allem die Erfahrung von der Tradition ist) einerseits, von der Erfahrung des modernen Großstadtmenschen andererseits, bestimmt sind. Wenn ich von der Erfahrung des modernen Großstadtmenschen rede, so begreife ich in sie verschiedenes ein. Ich spreche einerseits vom modernen Staatsbürger, der sich einer unübersehbaren Beamtenapparatur ausgeliefert weiß, deren Funktion von Instanzen gesteuert wird, die den ausführenden Organen selber, geschweige dem von ihnen behandelten ungenau bleiben. (Es ist bekannt daß eine Bedeutungsschicht der Romane, insbesondere des „Prozesses", hierin beschlossen liegt.) Unter dem modernen Großstadtmenschen spreche ich andererseits ebensowohl den Zeitgenossen der heutigen Physiker an. Liest man die folgende Stelle aus Eddingtons „Weltbild der Physik", so glaubt man Kafka zu hören.

„Ich stehe auf der Türschwelle, im Begriffe, mein Zimmer zu betreten. Das ist ein kompliziertes Unternehmen. Erstens muß ich gegen die Atmosphäre ankämpfen, die mit einer Kraft von 1 Kilogramm auf jedes Quadratzentimeter meines Körpers drückt. Ferner muß ich auf einem Brett zu landen versuchen, das mit einer Geschwindigkeit von 30 Kilometer in der Sekunde um die Sonne fliegt; nur den Bruchteil einer Sekunde Verspätung, und das Brett ist bereits meilenweit entfernt. Und dieses Kunststück muß fertiggebracht werden, während ich an einem kugelförmigen Planeten hänge, mit dem Kopf nach außen in den Raum hinein, und ein Ätherwind von Gott weiß welcher Geschwindigkeit durch alle Poren meines Körpers bläst. Auch hat das Brett keine feste Substanz. Darauftreten heißt auf einen Fliegenschwarm treten. Werde ich nicht hindurchfallen? Nein, denn wenn ich es wage und darauf trete, so trifft mich eine der Fliegen und gibt mir einen Stoß nach oben; ich falle wieder und werde von einer anderen Fliege nach oben geworfen, und so geht es fort. Ich darf also hoffen, das Gesamtresultat werde sein, daß ich dauernd ungefähr auf gleicher Höhe bleibe. Sollte ich aber unglücklicherweise trotzdem durch den Fußboden hindurchfallen oder so heftig emporgestoßen werden, daß ich bis zur Decke fliege, so würde dieser Unfall keine Verletzung der Naturgesetze sondern nur ein außerordentlich unwahrscheinliches Zusammentreffen von Zufällen sein ... Wahrlich, es ist leichter, daß ein Kamel durch ein Nadelöhr gehe denn daß ein Physiker eine Türschwelle überschreite. Handle es sich um ein Scheunentor oder einen Kirchturm, vielleicht wäre es weiser, er fände sich damit ab, nur ein gewöhnlicher Mensch zu sein, und ginge einfach hindurch, anstatt zu warten, bis alle Schwierigkeiten sich gelöst haben, die mit einem wissenschaftlich einwandfreien Eintritt verbunden sind."

Ich kenne in der Literatur keine Stelle, die im gleichen Grade den Kafkaschen Gestus aufweist. Man könnte ohne Mühe fast jede Stelle dieser physikalischen Aporie mit Sätzen aus Kafkas Prosastücken begleiten, und es spricht nicht wenig dafür, daß dabei viele von den „unverständlichsten" unterkämen. Sagt man also, wie ich das eben getan habe, daß die entsprechenden Erfahrungen Kafkas in einer gewaltigen Spannung zu seinen mystischen standen, so sagt man nur eine halbe Wahrheit. Es ist das eigentlich und im präzisen Sinne *Tolle* an Kafka, daß diese allerjüngste Erfahrungswelt ihm gerade durch die mystische Tradition zugetragen wurde. Das ist natürlich nicht ohne verheerende Vorgänge (auf die ich sogleich komme) innerhalb dieser Tradition möglich gewesen. Das Kurze und Lange von der Sache ist, daß offenbar an nichts Geringeres als an die Kräfte dieser Tradition appelliert werden mußte, sollte ein Einzelner (der Franz Kafka hieß) mit *der* Wirklichkeit konfrontiert werden, die sich als die unsrige theoretisch z. B. in der modernen Physik, praktisch in der Kriegstechnik projiziert. Ich will sagen, daß diese Wirklichkeit für den *Einzelnen* kaum mehr erfahrbar, und daß Kafkas vielfach so heitere und von Engeln durchwirkte Welt das genaue Komplement seiner Epoche ist, die sich anschickt, die Bewohner dieses Planeten in erheblichen Massen abzuschaffen. Die Erfahrung, die der des Privatmanns Kafka entspricht, dürfte von großen Massen wohl erst gelegentlich dieser ihrer Abschaffung zu erwerben sein.

Kafka lebt in einer *komplementären Welt*. (Darin ist er genau mit Klee verwandt, dessen Werk in der Malerei ebenso wesenhaft *vereinzelt* dasteht wie das von Kafka in der Literatur). Kafka gewahrte das Komplement, ohne das zu gewahren, was ihn umgab. Sagt man, er gewahrte das Kommende, ohne das zu gewahren, was heute ist, so gewahrt er es doch wesentlich als der *Einzelne* von ihm betroffene. Seinen Geberden des Schreckens kommt der herrliche *Spielraum* zu gute, den die Katastrophe nicht kennen wird. Seiner Erfahrung lag aber die Überlieferung, an die sich Kafka hingab, allein zugrunde; keinerlei Weitblick, auch keine „Sehergabe". Kafka lauschte der Tradition, und wer angestrengt lauscht, der sieht nicht.

Angestrengt ist dieses Lauschen vor allem darum, weil nur Undeutlichstes zum Lauscher dringt. Da ist keine Lehre, die man lernen, und kein Wissen, das man bewahren könnte.

Was im Fluge erhascht sein will, das sind Dinge, die für kein Ohr bestimmt sind. Dies beinhaltet einen Tatbestand, welcher Kafkas Werk nach der negativen Seite streng kennzeichnet. (Seine negative Charakteristik wird wohl durchweg chancenreicher sein als die positive). Kafkas Werk stellt eine Erkrankung der Tradition dar. Man hat die Weisheit gelegentlich als die epische Seite der Wahrheit definieren wollen. Damit ist die Weisheit als ein Traditionsgut gekennzeichnet; sie ist die Wahrheit in ihrer hagadischen Konsistenz.

Diese Konsistenz der Wahrheit ist es, die verloren gegangen ist. Kafka war weit entfernt, der erste zu sein, der sich dieser Tatsache gegenüber sah. Viele hatten sich mit ihr eingerichtet, festhaltend an der Wahrheit oder an dem, was sie jeweils dafür gehalten haben; schweren oder auch leichteren Herzens verzichtleistend auf ihre Tradierbarkeit. Das eigentlich Geniale an Kafka war, daß er etwas ganz neues ausprobiert hat: er gab die Wahrheit preis, um an der Tradierbarkeit, an dem hagadischen Element festzuhalten. Kafkas Dichtungen sind von Hause aus Gleichnisse. Aber das ist ihr Elend und ihre Schönheit, daß sie *mehr* als Gleichnisse werden mußten. Sie legen sich der Lehre nicht schlicht zu Füßen wie sich die Hagada der Halacha zu Füßen legt. Wenn sie sich gekuscht haben, heben sie unversehens eine gewichtige Pranke gegen sie.

Darum ist bei Kafka von Weisheit nicht mehr die Rede. Es bleiben nur ihre Zerfallsprodukte. Deren sind zwei: einmal das Gerücht von den wahren Dingen (eine Art von theologischer Flüsterzeitung, in der es um Verrufenes und Obsoletes geht); das andere Produkt dieser Diathese ist die Torheit, welche zwar den Gehalt, der der Weisheit zueigen ist, restlos vertan hat, aber dafür das Gefällige und Gelassene wahrt, das dem Gerücht allerwege abgeht. Die Torheit ist das Wesen der Kafkaschen Lieblinge; von Don Quijote über die Gehilfen bis zu den Tieren. (Tiersein hieß ihm wohl nur, aus einer Art von Scham auf die Menschengestalt und -weisheit verzichtet haben. So wie ein vornehmer Herr, der in eine niedere Kneipe gerät, aus Scham darauf verzichtet, sein Glas auszuwischen.) Soviel stand ohne Frage für Kafka fest: erstens, daß einer, um zu helfen, ein Tor sein muß; zweitens: eines Toren Hilfe allein ist wirklich eine. Unsicher ist nur: verfängt sie am Menschen noch? Sie hilft vielleicht eher den Engeln (vgl. die Stelle VII, S. 209 über die Engel, die etwas zu tun bekommen) für die es auch anders ginge. So ist denn, wie Kafka sagt, unendlich viel Hoffnung vorhanden, nur nicht für uns. Dieser Satz enthält wirklich Kafkas Hoffnung. Er ist die Quelle seiner strahlenden Heiterkeit.

Ich überliefere Dir dieses auf gefährliche Weise perspektivisch verkürzte Bild umso ruhiger, als Du es durch die Ansichten verdeutlichen magst, die von andern Aspekten her meine Kafkaarbeit in der „Jüdischen Rundschau" entwickelt hat. Was mich heute gegen diese am meisten einnimmt, ist der apologetische Grundzug, welcher ihr innewohnte. Um Kafkas Figur in ihrer Reinheit und in ihrer eigentümlichen Schönheit gerecht zu werden, darf man das Eine nie aus dem Auge lassen: es ist die von einem Gescheiterten. Die Umstände dieses Scheiterns sind mannigfache. Man möchte sagen: war er des endlichen Mißlingens erst einmal sicher, so gelang ihm unterwegs alles wie im Traum. Nichts denkwürdiger als die Inbrunst, mit der Kafka sein Scheitern unterstrichen hat. Seine Freundschaft mit Brod ist für mich vor allem ein Fragezeichen, das er an den Rand seiner Tage hat malen wollen.

Damit wäre für heute der Kreis geschlossen, und ich setze die herzlichsten Grüße an Dich in seinen Mittelpunkt.

Dein Walter

300 An Gerhard Scholem

Svendborg, 8. Juli 1938

Lieber Gerhard,

mein Weitblick vom Frühjahr hat leider recht behalten und unsere Herbstbegegnung wird zu meiner – und gewiß auch Deiner – Betrübnis nicht statt haben können. Die Ursache davon, gegen die nichts ankommt, ist meine Arbeit. Mein hiesiger Aufenthalt kommt einer Klausur gleich; und wäre er nur das, die lange Reise wäre gerechtfertigt. Ich brauche diese Abgeschiedenheit; ich kann es in der Tat nicht wagen, eine größere Unterbrechung, geschweige einen Milieuwechsel eintreten zu lassen, bevor die Arbeit im großen und ganzen abgeschlossen vorliegt. Hinzukommt, daß die hiesigen Arbeitsbedingungen nicht nur durch die Abgeschiedenheit denen in Paris überlegen sind. Ich habe einen großen Garten zu ungestörter Verfügung und meinen Schreibtisch an einem Fenster mit freiem Blick über den Sund. Die Schiffchen, die ihn passieren, stellen denn auch, von der täglichen Schachpause mit Brecht abgesehen, meine einzige Zerstreuung dar.

[...]

Könnte ich mit dem Verzicht auf unsere Begegnung wenigstens den in New York gewünschten Termin für die Beendigung der [Baudelaire-] Arbeit realisieren! Ich fürchte trotz allem werde ich ihn überschreiten müssen. Hier könntest Du ein gutes Werk tun, wenn Du gelegentlich Wiesengrund in diesem Sinne unterrichtetest.

Unter den Gründen, die mir das Mißlingen unseres Vorhabens betrübend machen, steht neben meinem Wunsch, Deine Frau kennen zu lernen an erster Stelle der, mit Dir über den Baudelaire sprechen zu können. Ich hätte mir davon viel versprochen. Liegt es doch so, daß der Gegenstand notwendig die ganze Masse der Gedanken und der Studien in Bewegung setzt, in denen ich mich seit geraumen Jahren ergangen habe. In diesem Sinne kann ich sagen, daß im Falle des Gelingens ein sehr genaues Modell der Passagenarbeit erstellt sein würde. Welche Gewähr es für dieses Gelingen gibt, ist eine andere Frage. Noch immer ist die beste, die ich kenne, Behutsamkeit, und so verwende ich denn eine lange Kette von Reflexionen an die Komposition (die in der der Wahlverwandtschaftenarbeit ihr Vorbild haben wird).

[...]

Daß Deine Ausbeute[1] so reichlich ausgefallen ist, freut mich sehr. Laß mich hoffen, daß Du mir, liegt die Jagdzeit einmal hinter Dir, ausführlich über die vielen Dinge berichten wirst, die nun – auf wer weiß wie lange – wieder unserer

Korrespondenz anheimgestellt bleiben. Vor allem habe ich hierbei meinen Kafkabrief und Deine bevorstehende Institutsvisite im Sinne.

Mit den herzlichsten Grüßen

Dein Walter

1 Beim Studium kabbalistischer Manuskripte in Amerika.

301 An Kitty Marx-Steinschneider

Skovsbostrand, 20. Juli 1938

Liebe Freundin,

Sie haben, wie Sie mir sagen, fünf Briefe von mir; ich weiß nicht, wie ich es in ihnen mit der Anrede gehalten habe. Mit der gegenwärtigen webe ich einen Faden Ihres letzten Briefes in den meinen hinein – und ein besseres Material habe ich nicht.

Ich habe mir lange einen Brief von Ihnen gewünscht und als er, nach freilich noch längerer Zeit, kam, fand sich, daß der Wunsch nur in leichten Schlummer gefallen war, aus dem er, bei der ersten Berührung erwachte. Wenn aber ich meinerseits Ihnen nicht schon viel früher geschrieben hatte, so wird es vielleicht in dem Gefühl gewesen sein, wie gezählt unsere ersten persönlichen und auch brieflichen Begegnungen waren und in dem Wunsche, ihnen nicht den Reichtum dieses Mangels zu entziehen. Nun lassen mich die Jahre und die vielen Hindernisse, die Ihr letzter Brief hinter sich gebracht hoffen, daß er den Anfang einer etwas dichteren Reihe macht.

Diese Hindernisse waren nicht alle überwunden, als er mich eines Morgens erreichte. Denn das geschah eben in der Zeit als ich nach Monaten unsteter Existenz und vielfältiger Abhaltungen mich einer größeren Arbeit zugewendet hatte. Durch die plötzliche Einbuße meines Logis war ich im vergangenen Herbst in Schwierigkeiten gekommen. Eine Weile war ich in San Remo, bei meiner früheren Frau; endlich Ende Januar gelang es mir, eine kleine Wohnung zu beziehen.

Da ich alle dazu erforderlichen Dinge in Berlin im Stich hatte lassen müssen, so gab das Arbeit auf eine Reihe von Wochen. Meine laufenden Arbeiten waren in Rückstand gekommen und das führte zu immer mehr oder minder verzettelter Schreiberei, die mich wieder für eine ganze Zeit in Atem hielt.

Als Ihr Brief kam, war es gerade einige Tage her, daß ich zu einem fundierten Plan zurückgekehrt war, einem Essay über Baudelaire, der ein Teil der Arbeit über das vorige Jahrhundert ist, die ich seit mehr als zehn Jahren im Sinne führe. Der Aufsatz den ich schreibe und der seiner Anlage nach eher ein Buch darstellt, soll davon einen Teil unter Dach und Fach bringen.

Ich habe meine Siebensachen im Juni eingepackt und bin nun seit vier Wochen in Dänemark, sitze an einem geräumigen schweren Tisch in einer Dachstube, zur linken Hand das Ufer und den stillen und schmalen Sund, den auf der Gegenseite der Wald begrenzt. Es ist leidlich still; die Motoren der Kutter, die hier vorbeifahren, machen ein Geräusch, das man umso lieber hat, als es einem erlaubt, einmal aufzuschauen und das Schiffchen in Augenschein zu nehmen.

Nebenan liegt das Haus von Brecht; da gibt es zwei Kinder, die ich gerne habe; das Radio; das Abendbrot; die freundlichste Aufnahme und nach dem Essen ein oder zwei ausgedehnte Schachpartien. Die Zeitungen kommen hierher mit so großer Verspätung, daß man sich etwas eher das Herz nimmt, sie aufzuschlagen.

Scholem habe ich kurz vor meiner Abreise in Paris gesehen. Die fällige philosophische Auseinandersetzung ist in guter Form vor sich gegangen. Irre ich mich nicht, so hat sie ihm von mir ungefähr das Bild eines Mannes gegeben, der sich in einem Krokodilsrachen, den er mittels eiserner Verstrebungen geöffnet erhält, häuslich niedergelassen hat.

Wir hatten ursprünglich vorgehabt, uns nach seiner Rückkehr aus Amerika in Paris noch einmal zu treffen. Aber ich darf meine Arbeit nicht unterbrechen und werde keinesfalls vor Anfang September[1] nach Paris zurückkehren. Darum bitte ich Sie, mir hierher zu schreiben.

Ich gäbe Vieles darum, wenn Sie einmal in dieses Zimmer eintreten könnten. Darin hause ich wie in einer Zelle. Es ist nicht das Mobilar, das es dazu macht sondern die Umstände, unter denen ich es bewohne. Sie nötigen mir eine Art Klausur auf. Bei aller Freundschaft mit Brecht muß ich dafür sorgen, meine Arbeit in strenger Abgeschiedenheit durchzuführen. Sie enthält ganz bestimmte Momente, die für ihn nicht zu assimilieren sind. Er ist lange genug mit mir befreundet, um das zu wissen und ist einsichtig genug es zu respektieren. So geht das denn auch sehr gut von statten. Aber nicht immer ist es ganz leicht, das in Gesprächen zurückzustellen was einen tagaus tagein beschäftigt. So gibt es Augenblicke, in denen ich einen Brief wie den Ihren noch einmal lese, um entschlossen zur Arbeit zurückzukehren. Und ich denke, dies müßte mir zu einem neuen verhelfen können.

Hoffentlich tragen die Verhältnisse im Lande nicht allzu große Unruhe in Ihr Dasein; schreiben Sie mir auch darüber.

Und lassen Sie mich mit recht herzlichen Grüßen schließen.

Ihr Walter Benjamin

[1] Er blieb bis Mitte Oktober, als Scholem schon wieder in Jerusalem war.

302 *An Gretel Adorno*

Skovsbostrand per Svendborg, 20. Juli 1938

Liebe Felizitas,

hättet Ihr geglaubt, daß Eure Geburtstagswünsche gerade am 15ten, um 12 Uhr mittags, bei mir eintreten würden? So taten sie es, mit dem Briefträger. Es ist schlimm, daß zugleich mit meiner Freude so das Bewußtsein meiner neulichen Versäumnis auch intensiver wurde. Für die kann es nur eine Verzeihung, keine Entschuldigung geben. Nun werde ich das Datum desto besser im Sinn behalten, und da ist es gut aufgehoben.

Ich stelle mir vor, daß Ihr euer Eingedenken, aus nächstliegendem Anlaß, am 15ten werdet erneuert haben. (Bei dieser Vorstellung ergibt sich mir sehr natürlich der Wunsch zu erfahren, ob Deine Schwester[1] geheiratet hat oder ob das bevorsteht. Du hattest mir davon eingehender geschrieben, ich Dir geantwortet. Ich glaube, es war in meinem letzten Briefe, auf den ich noch nichts von Euch vernommen habe.)

Wie es hier mit mir steht, darüber hast Du vielleicht von Egon [Wissing] gehört, dem ich vor vierzehn Tagen geschrieben habe. Ich bewohne ein leidlich stilles Zimmer in der nächsten Nachbarschaft von Brechts Haus. Zum Schreiben habe ich einen großen stabilen Tisch – wie schon seit Jahren keinen – und einen Blick auf den gemächlichen Sund, an dessen Ufern Segelboote und auch kleinere Dampfer vorbeiziehen. So lebe ich in der contemplation opiniâtre de l'œuvre de demain, wie Baudelaire sagt, um den es sich in dem fraglichen œuvre handelt.

Ich habe ihm nun einen Monat lang täglich seine acht bis neun Stunden zugewandt und habe vor, das Manuscript in der Rohfassung abzuschließen ehe ich nach Paris zurückkehre. Darum habe ich die geplante Begegnung mit Scholem, so leid mir das tut, aufgeben müssen: die Unterbrechung wäre in einen allzuwichtigen Arbeitsabschnitt hinein gefallen. Wahrscheinlich habt Ihr das inzwischen von ihm gehört.

Hieran schließt sich ein Neues an, was ich mit Widerstreben Dir anvertraue – Dir als erster und minder zu treuen Händen als zu verständigen. Ich werde den 15. September-Termin bei allem Bemühen nicht einhalten können.

In einem Briefe, den ich von hier an Pollock schrieb, sprach ich ihm davon, daß eine geringe Terminüberschreitung sich vielleicht als notwendig erweisen könnte. Inzwischen habe ich mich entschließen müssen, die Schematisierung der Arbeit, die ich mir in Paris in einer Periode chronischer Migräneanfälle gewaltsam auferlegt hatte, neu einzurichten.

Wir sind uns ja darin einig, daß in Arbeiten wie dem Baudelaire Entscheidendes von der Konzeption abhängt; die ist es, an der nichts forciert werden und in der nirgends fünf als gerade passieren darf. Es kommt hinzu, daß einige der grundlegenden Kategorien der Passagen hier zum ersten Male entwickelt werden. Unter diesen Kategorien steht, wie ich Euch wohl in San Remo bereits erzählte, die des Neuen und Immerwiedergleichen an erster Stelle. Weiter treten in der Arbeit – und das gibt Dir vielleicht am besten einen Begriff von ihr – Motive erstmals in Beziehung zueinander, die sich mir bisher nur in von einander mehr oder minder isolierten Denkfeldern präsentiert hatten: die Allegorie, der Jugendstil und die Aura. – Je dichter der begriffliche Kontext ausfällt, desto mehr Urbanität muß natürlich der sprachliche an den Tag legen.

Dazu die Schwierigkeiten, die nicht in der Sache sondern in der Zeit* liegen. Was gäbe ich darum, Dich – und wäre es für nur eine Woche – zu sehen! Da Du mich oft auf ein halbes Wort schon verstehen würdest, wie würdest Du mir, eben dadurch, erlauben, dessen anderer Hälfte mich zu bemächtigen. Von ähnlichem kann hier nicht die Rede sein. Auf der andern Seite empfinde ich die Einsicht sehr wohltätig, die Brecht der Notwendigkeit meiner Isolierung entgegenbringt. Ohne die würden die Dinge sich weniger angenehm anlassen. Aber eben hat sie es mir ermöglicht, mich in dem Grade auf meine Arbeit zurückzuziehen, daß ich selbst seinen neuen Roman[2], der zur Hälfte vollendet ist, noch nicht gelesen habe. Natürlich ist es nicht sowohl die Zeit die mir fehlt als die Möglichkeit, in das einzutreten, was meiner Arbeit fern liegt.

Der gleiche herrische Charakter, der ihre Inkompatibilität mit jeder andern Beschäftigung zur Folge hat, macht es mir schwer, sie in allzuenge Termingrenzen einzuschließen. So selbstverständlich mir ihre Fertigstellung vor Ablauf des Jahres ist – ich würde den 15. November als den spätesten Termin ansetzen –, so töricht wäre es von mir, nicht jetzt schon es auszusprechen, daß ich ohne eine Fristverlängerung von mindestens fünf Wochen nicht werde zu Rande kommen können.

Es wird mir natürlich nichts übrig bleiben als das auch Max mitzuteilen. Weil meine Nachricht ihn aber erst erheb-

---

* will sagen: in der Epoche

lich später erreichen würde als Dich die vorliegende, weil ich, weiterhin, Pollock erst kürzlich in der Sache geschrieben habe, weil ich mich – und das ist das Entscheidende – in dieser redaktionellen Schwierigkeit mit Deinem Verständnis und Deiner Hilfe auch der von Teddie versichern möchte – darum schreibe ich Dir, und das so ausführlich.

Damit bin ich noch nicht am Ende. Ich will vielmehr gleich eine Bitte anschließen, die Dir meinen ganzen Schreibtisch vor Augen zaubern mag. Ich habe herausbekommen, daß der berühmte R L Stevenson über Gasbeleuchtung geschrieben hat; es gibt von ihm einen essai on gaz-lamps. Bisher war alle meine Mühe umsonst, ihn aufzutreiben. Es erübrigt sich jedes Wort über die Wichtigkeit, die dieser essai für mich haben könnte. Magst Du versuchen, ihn für mich aufzutreiben? – Zu guterletzt: ist es Dir möglich, mir die französischen Bücher, die Du noch von mir hast, im Laufe der nächsten Wochen hierher zu senden, so würde mir das die Zollschwierigkeiten ersparen, die die französischen Behörden bei Büchersendungen zu erheben lieben. Sie werden von hier mit meiner übrigen Bibliothek per Fracht nach Paris abgehen.

Ist es wahr, daß Ernst Bloch, wie mir zu Ohren gekommen ist, in New-York ist? Berichte mir, falls das wahr sein sollte – und grüße ihn. Nach dem letzten Heft der Zeitschrift zu schließen, gibt es dort auch Joachim Schumacher, seinen Schüler. Seine Beiträge im Besprechungsteil scheinen mir nicht uneben; (dagegen ist ein Buch „Die Angst vor dem Chaos", das er erscheinen ließ, kein gutes Zeugnis für die Lehre, die er genossen hat.)

Mir kommt hier etwas mehr linientreues Schrifttum vor Augen als in Paris und so geriet ich neulich an ein Heft der „Internationalen Literatur" [3] in dem ich, anläßlich eines Teils meiner Wahlverwandtschaftenarbeit als Gefolgsmann von Heidegger figuriere. Die Misere in diesem Schrifttum ist groß. Ihr werdet, denke ich, Gelegenheit haben zu vernehmen, welchen Vers Bloch sich darauf macht. Was Brecht betrifft, so macht er sich die Gründe der russischen Kulturpolitik durch Spekulationen über die Erfordernisse der dortigen Nationalitätenpolitik klar so gut er kann. Aber das hindert ihn selbstverständlich nicht, die theoretische Linie als katastrophal für alles das zu erkennen, wofür wir uns seit 20 Jahren einsetzen. Sein Übersetzer und Freund war, wie Du weißt, Tretjakoff. Er ist höchstwahrscheinlich nicht mehr am Leben.

Das Wetter ist trübe und verlockt wenig zu Spaziergängen; desto besser, denn es gibt keine. Mein Schreibtisch ist auch klimatisch bevorzugt: er steht unter einem abgeschrägten Dach, wo die Wärme, die spärliche Sonnenstrahlen manchmal abgeben, etwas länger vorhält als anderswo. Ein oder zwei Partien Schach, die etwas Abwechslung in das Leben bringen sollten, nehmen ihrerseits die Farbe des grauen Sundes und der Gleichförmigkeit an: denn ich gewinne sie nur sehr selten.

Lebe recht wohl, meine liebe Felizitas; bedenke, daß ich unter der Arbeit zum Briefschreiben ganz besonders ermuntert werden muß; tue dies, indem Du mir viel berichtest – Deine Briefe sind *immer* kurz – und grüße den Teddie sowie die andern aufs Herzlichste.

Dein Detlef

Neulich sah ich – zum ersten Mal! – Katharina Hepburn. Die ist großartig und hat sehr viel von Dir. Hat man Dir das noch nie gesagt?

1 Liselotte Karplus, Egon Wissings zweite Frau.
2 Die Geschäfte des Herrn Julius Cäsar. Postum, Berlin 1957.
3 1930–1945 in Moskau erschienene deutschsprachige Zeitschrift; Johannes R. Becher war Hauptschriftleiter.

303 An Max Horkheimer

Kopenhagen, 28. September 1938

Lieber Herr Horkheimer,

vor allem sage ich Ihnen herzlichen Dank für Ihre Zeilen vom 6. September. Oft frage ich mich, ob und unter welchen Umständen wir in absehbarer Zeit einander begegnen werden. Der Geist, vor der Zukunft scheu, blickt in die Ferne.

Sie erhalten mit gleicher Post den zweiten Teil des Buches über Baudelaire [1]. Er umfaßt drei Abteilungen. Von der ersten fehlen am Anfang einige Seiten; ich mußte sie der Fertigstellung des restlichen Textes zum Opfer bringen und entschloß mich dazu nicht allzu schwer, da diese erste Abteilung für die Publikation in der nächsten Nummer der Zeitschrift wohl minder in Frage kommt als die beiden andern Abteilungen. Ich nehme an, daß von diesen jede einzelne für die Bedürfnisse des nächsten Heftes ausgereicht hätte. Wenn ich trotzdem alles daran setzte, um sie beide und darüber hinaus die wesentlichen Partien der ersten Abteilung fertig zu stellen, so darum, weil mir sehr viel daran gelegen war, Ihnen durch die zusammenhängende Lektüre des zweiten Teils des Baudelaire-Buches einen Vorbegriff von dessen Gesamterscheinung zu geben.

Vielleicht darf ich bei dieser Gelegenheit kurz das Zustandekommen dieses zweiten Teils resümieren.

In meinem Brief vom 16. April glaubte ich, den ganzen Baudelaire auf 80 bis 120 Seiten bewältigen zu können. Auch am 4. Juli war, in meinem Brief an Herrn Pollock, noch von dem ganzen Baudelaire als Beitrag für die nächste Nummer der Zeitschrift die Rede. In dem Brief, den ich am 3. August an Sie richtete, sah ich zum ersten Mal die Notwendigkeit, den zweiten Teil abzuzweigen. Am 28. August erst konnte, oder mußte, ich dann Herrn Pollock mitteilen, daß der zweite Teil für sich allein über den Umfang eines Zeitschriftenaufsatzes hinausgehen werde.

Wie Sie wissen, war der Baudelaire ursprünglich als ein Kapitel der „Passagen" geplant und zwar als das vorletzte. So war er aber vor Abfassung der vorangehenden für mich weder zu schreiben, noch wäre er, so geschrieben, ohne die vorangehenden verständlich gewesen. Ich habe mich dann selbst lange Zeit mit der Vorstellung hingehalten, der Baudelaire könne, wenn schon nicht als ein Kapitel der „Passagen", so doch als ein ausgedehnter Essay vom Maximalumfang der in der Zeitschrift publizierbaren, geschrieben werden. Erst im Laufe des Sommers erkannte ich, daß ein Baudelaire-Essay von bescheidenerem Umfang, der seine Zuständigkeit zum „Passagen"-Entwurf nicht verleugnete, nur als Teil eines Baudelaire-*Buches* zustande kommen könne. Im beifolgenden erhalten Sie genau gesprochen drei solcher Essays – nämlich die drei untereinander relativ unabhängigen Bestandsstücke des durchaus selbständigen zweiten Teils des Baudelaire-Buches.

Dieses Buch soll entscheidende philosophische Elemente des „Passagen"-Projekts in, wie ich hoffe endgültiger Fixierung, niederlegen. Wenn es neben dem ursprünglichen Entwurf ein Sujet gab, das den grundlegenden Konzeptionen der „Passagen" optimale Chancen bot, so war es der Baudelaire. Aus diesem Grunde vollzog sich die Orientierung wesentlicher materialer wie konstruktiver Elemente der „Passagen" an diesem Sujet von selbst.

Es ist allerdings Gewicht darauf zu legen, daß die philosophischen Grundlagen des *gesamten* Buches von dem vorliegenden zweiten Teil aus nicht zu überschauen sind und nicht überschaubar sein sollten. Die Synthesis im dritten Teil – er soll heißen: die Ware als poetischer Gegenstand – ist so angelegt, daß sie weder vom ersten noch vom zweiten Teil aus gesichtet werden kann. Das war nicht allein die Bedingung der Selbständigkeit des letzteren, sondern durch den Aufbau vorgezeichnet. In diesem Aufbau bringt der erste Teil – Baudelaire als Allegoriker – die Fragestellung; der dritte Teil die Auflösung. Der zweite bringt die für diese Auflösung erforderlichen Daten bei.

Die Funktion dieses zweiten Teils ist allgemein gesprochen die der Antithesis. Er kehrt der kunsttheoretischen Fragestellung des ersten Teils entschlossen den Rücken und unternimmt die gesellschaftskritische Interpretation des Dichters. Diese ist eine Voraussetzung der marxistischen, erfüllt aber für sich allein deren Begriff nicht. Das zu tun, ist dem dritten Teil vorbehalten, in dem die Form in den materialen Zusammenhängen ebenso entscheidend zu ihrem Recht kommen soll wie sie es im ersten als Problem tat. Der zweite Teil ist als Antithesis derjenige, in dem die Kritik in einem engeren Sinne, nämlich die Kritik an Baudelaire, ihre Stelle hat. Die Grenzen seiner Leistung mußten in diesem Teil klargestellt werden; die Interpretation derselben unternimmt endgültig erst der dritte. Er wird einen selbständigen Motivkreis haben. Das Grundthema der alten „Passagen"-Arbeit: das Neue und Immergleiche kommt erst dort zur Geltung; es erscheint im Begriffe der Baudelaires Schaffen bis auf den Grund determinierenden nouveauté.

Die Entwicklung, die das Baudelaire-Kapitel der „Passagen" durchzumachen im Begriff ist, würde ich in fernerer Zeit noch zwei andern Kapiteln der „Passagen" vorbehalten sehen: dem über Grandville und dem über Haussmann.

Ein Resumée schicke ich, sowie ich weiß, welchen Teil Sie zur Publikation in der nächsten Nummer bestimmen. Bis dahin werden, wenn meine Rückkehr nach Frankreich möglich ist, einzelne Lücken in den bibliographischen Nachweisen ebenfalls ausgefüllt sein.

Für den Fall, daß eine Montage aus kleineren Abschnitten Sie redaktionell interessieren sollte, habe ich das Thema für jeden von ihnen am Rand bezeichnet. Als Titel käme in solchem Falle in Frage: Sozialwissenschaftliche Studien zu Baudelaire. Dieser Titel, für den sonst nicht allzu viel sprechen dürfte, hätte den Vorteil, bei einer gelegentlichen späteren Publikation anderer Fragmente, sei es in der Zeitschrift sei es in einem Jahrbuch, zur Hand zu sein.

Die französischen Zitate habe ich übersetzt; der Text wäre anders bei ihrer Fülle unlesbar geworden. Ich würde es für sehr wünschenswert halten, in dem Teil, welchen Sie publizieren, die Prosaübersetzung der zitierten Verse in Anmerkungen zu bringen. Wir haben wohl vielfach mit deutschen Lesern zu rechnen, die nicht französisch können. – Diese Prosaversionen würde ich Ihnen gegebenenfalls gleichzeitig mit dem Resümee schicken.

Unter welchen Umständen die Arbeit in den letzten zwei Wochen vor sich ging, brauche ich Ihnen nicht zu sagen. Es war ein Wettrennen mit dem Krieg. Es kam die Unruhe um meinen Sohn in Italien hinzu; dank größter Anstrengungen war es meiner Frau möglich, ihm die Einreise nach London zu verschaffen – damit hat sich aber im Augenblick nur die Ursache, um ihn zu bangen, verändert.

Ich habe alles daran gesetzt, die Spur dieser Umstände von der Arbeit bis in ihr Äußeres hinein fernzuhalten und bin, um ein einwandfreies Manuskript herstellen zu lassen, seit zehn Tagen in Kopenhagen. Morgen fahre ich zu Brecht zurück. Er bat mich vor meiner Abreise darum, Ihnen Grüße von ihm zu sagen, und ich tue es sehr gern.

Über meine Dispositionen weiß ich noch nichts. Meine dänische Aufenthaltsbewilligung läuft, wie man mich versicherte: definitiv, am 1. November ab. Kommt es zum Krieg, so glaube ich alles daran setzen zu müssen, in Skandinavien zu bleiben. Darum wäre ich Ihnen sehr dankbar für die Angabe dänischer, auch schwedischer und norwegischer Freunde – wenn Sie solche kennen – an die ich in einem derartigen Falle mich wenden könnte. Ist es mir möglich, nach Paris zurückzukehren, so tue ich es, sobald es angeht.

[...]

Mit den herzlichsten Grüßen, mit denen ich auch die Ihrer Frau erwidere

Ihr Walter Benjamin

1 Diese Fassung der Baudelairearbeit ist als Manuskript erhalten.

304 An Theodor W. Adorno

Skovsbostrand per Svendborg, 4. Oktober 1938

Lieber Teddie,

heut vor acht Tagen hatte ich die letzte Hand an den zweiten Teil des Baudelaire gelegt; zwei Tage später erfuhr die europäische Situation ihr provisorisches dénouement. Meine Anspannung in den letzten Wochen war durch die Kollision der geschichtlichen Termine mit den redaktionellen eine äußerste gewesen. Daher der Verzug dieser Zeilen.

Gestern habe ich die mehreren Hundert hier befindlichen

Bücher für den Transport nach Paris klar gemacht. Ich habe nun aber mehr und mehr das Gefühl, daß dieser Bestimmungsort für sie wie für mich zu einer Umladestation wird werden müssen. Wie lange die Luft in Europa materialiter noch zu atmen sein wird, weiß ich nicht; spiritualiter ist es nach den Vorgängen der letzten Wochen schon jetzt der Fall nicht mehr. Leicht kommt die Feststellung mich nicht an; aber sie läßt sich wohl nicht mehr umgehen.

Soviel dürfte sich unwidersprüchlich herausgestellt haben: daß Rußland sich die Extremität Europa hat amputieren lassen. Was Hitlers Zusage: die europäischen Territorialansprüche seien bereinigt und die kolonialen könnten keinerlei Kriegsfall bedingen, angeht, so deute ich so sie, daß die kolonialen den Kriegsfall für Mussolini bedeuten werden. Ich erwarte, daß das von einer großen Zahl, wenn nicht einer Mehrheit von Italienern bewohnte Tunis den nächsten „Verhandlungs"-Gegenstand abgibt.

Wie sehr ich meiner Frau und vor allem Stefans wegen in den letzten Wochen beunruhigt gewesen bin, könnt Ihr Euch leicht denken. Zur Zeit braucht man, wie ich seit kurzem weiß, Schlimmstes nicht zu befürchten. Stefan ist in England; meine Frau wird versuchen, das Unternehmen ohne allzu fühlbaren Verlust zu zedieren. Vorläufig soll, um Zeit zu gewinnen, eine nur formelle Cession vorgenommen werden.

Um das Manuscript des Baudelaire herstellen zu lassen, bin ich zehn Tage in Kopenhagen gewesen. Es war der herrlichste Spätsommer, der sich denken läßt. Ich sah aber von der Stadt – die ich besonders liebe – diesmal nicht mehr als was auf dem Wege von meinem Schreibtisch zum Radioapparat im „Gesellschaftszimmer" lag. Nun beginnt hier der Herbst mit den schwersten Stürmen. Ich fahre am kommenden Sonnabend über eine Woche, wenn nichts unerwartetes eintritt, zurück. Je natürlicher und je spannungsloser mein Umgang mit Brecht im vergangenen Sommer gewesen ist, desto weniger unbekümmert lasse ich ihn diesmal zurück. Denn ich bin befugt, in dieser Kommunikation, die diesmal weit weniger problematisch war als ich es gewohnt war, einen Index seiner wachsenden Isolierung zu sehen. Ich will die banalere Deutung der Tatsache – daß diese Isolierung ihm das Vergnügen an gewissen provokatorischen Finten, zu denen er im Gespräch neigte, herabmindere – nicht ganz ausschließen; authentischer ist aber die, in jener wachsenden Isolierung die Folge der Treue zu dem zu erkennen, was uns gemeinsam ist. Unter den Lebensumständen, die die seinen geworden sind, wird er von dieser Vereinsamung während eines Svendborger Winters gewissermaßen Auge in Auge herausgefordert.

Von seinem neuen „Cäsar" habe ich noch fast nichts gesehen, weil mir, während ich selbst an der Arbeit war, jede Art von Lektüre unmöglich war.

Ich nehme an, Sie werden, wenn dieser Brief kommt, den zweiten Teil des Baudelaire schon gelesen haben. Es war ein Wettrennen mit dem Krieg; und ich empfand, aller würgenden Angst zum Trotz, ein Gefühl des Triumphes am Tage da ich den seit fast fünfzehn Jahren geplanten „flaneur" vor dem Weltuntergang unter Dach und Fach (das gebrechliche eines Manuscripts!) gebracht hatte.

Max wird Ihnen gewiß aus meinem eingehenden Begleitbrief die Bemerkungen über das Verhältnis des Baudelaire zum Plan der Passagen mitgeteilt haben. Entscheidend ist, wie ich es ihm formulierte, daß ein Baudelaire-Essay, der seine Zuständigkeit zum Problembereich der Passagen nicht verleugnete, nur als Teil eines Baudelaire-*Buches* verfaßt werden konnte. Was Sie aus unsern Gesprächen in San Remo über das Buch wissen, erlaubt Ihnen per contrarium sich von der Funktion des nun vorliegenden zweiten Teiles ein ziemlich genaues Bild zu machen. Sie werden gesehen haben, daß die entscheidenden Motive – das Neue und Immergleiche, die Mode, die ewige Wiederkehr, die Sterne, der Jugendstil – zwar angeschlagen sind, aber von ihnen keines abgehandelt wurde. Die augenfällige Konvergenz der Grundgedanken mit dem Passagenplan zu erweisen, ist Sache des dritten Teils.

Von Ihrer eignen Hand habe ich noch wenig empfangen, seit Sie die neue Wohnung bezogen haben. Ich hoffe auf eine ausführliche Nachricht von Ihnen, sobald Sie den Baudelaire gelesen haben. Bei dieser Gelegenheit lassen Sie mich, bitte, auch wissen, wie Ihr Radioprojekt[1] vorschreitet und vor allem, wie es eigentlich beschaffen ist. Denn das weiß ich noch nicht.

Ich danke Ihnen sehr für das Luftschifferbuch: im Augenblick ruht es mit Ihrer gesamten Sendung in den versandfertigen Kisten. Ich freue mich darauf, es in Paris zu lesen. Danken Sie bitte Felizitas sehr herzlich für diese Sendung. Ich schreibe ihr, spätestens aus Paris. – Den Kierkegaard, für den ich Ihnen danke, erhalten Sie mit dem Löwith[2] durch Mme Favez. Den letztern hatte ich seinerzeit, da ich ihn zum dritten Teil des Baudelaire brauche, angefordert. Bitte senden Sie ihn mir nach Gebrauch zurück.

Von Elisabeth Wiener, nach der Felizitas fragt, habe ich nichts gehört. Für mich fällt noch mehr ins Gewicht, daß ich von Scholem seit seiner Abreise aus Amerika keine Zeile habe. Er scheint gekränkt zu sein, mich in Paris nicht angetroffen zu haben. Für mich mußte aber alles hinter der Arbeit zurückstehen, die ich ohne die strikte Klausur, die ich mir auferlegt hatte, niemals hätte durchführen können. Hat er Euch irgend ein Zeichen gegeben?

Ich warte mit Spannung auf das, was Ihr mir über Ernst Bloch berichten könnt. En attendant werfe ich hin und wieder einen Blick auf den bei Brechts Sohn Stefan aufgespannten Stadtplan New Yorks und spaziere die lange Straße am Hudson, an der Euer Haus liegt, auf und ab.

Seid auf das Herzlichste gegrüßt von Eurem Walter

1 Adorno leitete den musikalischen Teil des Princeton Radio Research Project.

2 Karl Löwith: Nietzsches Philosophie der ewigen Wiederkunft des Gleichen. Berlin 1935.

305 *An Gretel Adorno*

Paris, 1. November 1938

Meine liebe Felizitas,

Du siehst den bekannten Briefbogen wieder auftauchen – und somit wäre, nach dem neuigkeitsschwangeren Herbst, einiges zum Alten zurückgekehrt. Wenn Du nach einem Rückblick auf meinen Sommer Begehren trägst, so wird er sich Dir, wie ich annehme, bald über der Lesung des Baudelairemanuscripts eröffnen, wenn das der Fall nicht schon gewesen ist. Es stellt die Quintessenz der vergangnen Monate dar. Ich erwarte für die nächsten Tage den Bericht über seine Aufnahme in Newyork, und bestimmt hoffe ich, daß Teddie sich an ihm beteiligen wird.

Du mußt mir nun bald schreiben, wie Newyork sich beim zweiten Blick anläßt, zumal da dieser zweite Blick auch einige seiner neugebackenen Bewohner umfassen muß. Da bin ich vor allem Deiner Erzählung über Ernst Bloch und Euer Verhältnis zu ihm gewärtig. Nicht minder wünsche ich mir eine Darstellung Eures Alltags und der Art, wie Ihr Euer Dasein zu zweit sowie in dem engern Umkreise Euch eingerichtet habt.

Ich glaube, mein letzter svendborger Brief gab zu erkennen, daß ich – bei aller Eingeschränktheit meiner dänischen Existenz – der Rückkehr ohne Enthusiasmus entgegen sah. Ich war eingreifender Veränderungen gewärtig; sie sind heute selten zum Guten. Nun habe ich mich unter meinen französischen Bekannten noch nicht genug umtun können, um zu ersehen, in welchem Grade meine Befürchtungen berechtigt waren. Ich sprach nur Adrienne Monnier, der jene niemals gegolten hätten. Dafür stieß ich auf Veränderungen dort, wo ichs mich nicht versehen hatte. Meine Schwester ist schwer, eigentlich hoffnungslos erkrankt. Zu dem chronischen Leiden, das ihr seit Jahren zu schaffen machte, ist eine weit vorgeschrittene Arterienverkalkung getreten. Meine Schwester ist in ihrer physischen Leistungsfähigkeit auf das Äußerste reduziert und oft ganze Tage bettlägerig. Es trifft sich unter diesen Umständen günstig, daß ich in ihrer unmittelbaren Nähe wohne. – Mein Bruder ist ins Zuchthaus von Wilsnak transferiert worden, wo er mit Straßenarbeiten beschäftigt ist. Die Existenz soll dort noch erträglich sein. Der Alp, der auf den Leuten in seiner Situation liegt, ist, wie ich öfter aus Deutschland höre, nicht so sehr der kommende Zuchthaustag als das nach Jahren der Haft drohende Konzentrationslager. – Was meine Frau betrifft, so ist sie, unversehens, kurz vor meiner Rückkehr durch Paris gekommen und jetzt in London. Dort scheint sie es von neuem mit einer Pension versuchen zu wollen. Ich hoffe, daß ich sie gegen Weihnachten hier sehen und dann günstige Auskunft über Stefans englische Chancen erhalten werde.

Um noch einmal die politische Entwicklung zu streifen: das im Vordergrunde der Bemühungen stehende rapprochement zwischen Deutschland und Frankreich wird, wie ich fürchte, die wenigen einander nahen Franzosen und Deutschen von einander entfernen müssen – unmittelbar oder mittelbar. Für das Ende der Woche erwartet man ein „statut des étrangers". Inzwischen betreibe ich meine Naturalisation umsichtig aber illusionslos. Waren vordem die Chancen des Gelingens zweifelhaft, so ist nunmehr auch der Nutzen dieses letztern problematisch geworden. Der Verfall der Rechtsordnung in Europa läßt jede Art von Legalisierung trüglich werden.

Ich habe Grund, mir Glück zu jedem Blatt Papier zu wünschen, das ich im März 1933 in Deine Hände legte. Bei einem nachhaltigen Versuch, noch einige von meinen berliner Büchern, vor allem aber Schriften herauszubekommen, ergab sich als bisher einziger, aber fast völlig gesicherter Ertrag die Tatsache, daß der Nachlaß der beiden Heinle, den ich vollständig gesammelt hatte sowie mein unersetzliches Archiv zur Geschichte der linksbürgerlichen Jugendbewegung, daß endlich auch meine Jugendarbeiten – darunter die Hölderlinarbeit von 1914 [1] – vernichtet sind.

Daß den Seinigen der Herr, der den Wachenden soviel nehmen kann, es im Schlafe gibt, will ich, um heiterer zu schließen, nachtragen. [Franz] Hessel, der fünfeinhalb Jahre lang wie ein Mäuschen im Gebälk in Berlin gesessen hat, ist kürzlich mit großen Legitimationen und unter mächtiger Protektion in Paris eingetroffen. Ich glaube, seine Geschichte wird denkwürdig sein; dieser Tage will ich sie mir von ihm erzählen lassen.

Habt Ihr Euch der Bilder amerikanischer Primitiver erinnert, die ich Euch ans Herz legte.

Alles Liebe Dir und Teddie Dein Detlef

1 Die Arbeit blieb durch ein Exemplar im Besitz von Scholem erhalten; sie findet sich Schriften II, S. 375–400.

306 Theodor W. Adorno an Walter Benjamin

[New York], 10. November 1938

Lieber Walter,

die Verspätung dieses Briefes erhebt drohende Anklage gegen mich und gegen uns alle. Vielleicht ist dieser Anklage aber ein Gränchen Verteidigung schon beigesellt. Denn es versteht sich fast von selbst, daß die Verzögerung der Antwort auf Ihren Baudelaire um einen vollen Monat nicht auf Lässigkeit zurückgehen kann.

Die Gründe sind ausschließlich sachlicher Art. Sie betreffen unser aller Stellung zu dem Manuskript und bei meinem Engagement in der Frage der Passagenarbeit darf ich wohl ohne Unbescheidenheit sagen meine im besonderen. Ich habe dem Eintreffen des Baudelaire mit der äußersten Spannung entgegengesehen und ihn buchstäblich verschlungen. Ich bin voller Bewunderung dafür, daß Sie es vermocht haben, die Arbeit bis zum Termin fertigzustellen. Und diese Bewunderung ist es, die es mir besonders erschwert, von dem zu reden, was sich zwischen meine leidenschaftliche Erwartung und den Text gestellt hat.

Ihren Gedanken, im Baudelaire ein Modell zu den Passagen zu stellen, habe ich ungemein schwer genommen und bin dem satanischen Schauplatz nicht viel anders genaht als Faust den Phantasmagorien des Brockens, wenn er meint, daß sich nun so manches Rätsel lösen wird. Ist es verzeihlich, wenn ich die Replik Mephistos, doch manches Rätsel knüpft sich neu, mir selber habe geben müssen? Können Sie verstehen, daß die Lektüre der Abhandlung, von deren Kapiteln eines der Flaneur und eines gar die Moderne heißt, eine gewisse Enttäuschung in mir produzierte?

Diese Enttäuschung hat ihren Grund wesentlich darin, daß die Arbeit in den mir bekannten Teilen nicht sowohl ein Modell zu den Passagen darstellt, als ein Präludium. Es werden Motive versammelt aber nicht durchgeführt. Sie haben in Ihrem Begleitbrief an Max dies als Ihre ausdrückliche Absicht dargestellt, und ich verkenne nicht die asketische Disziplin, die Sie walten ließen, um die entscheidenden theoretischen Antworten der Fragen allerorten auszusparen und wohl gar die Fragen selber nur für den Eingeweihten sichtbar werden zu lassen. Aber ich möchte fragen, ob solche Askese diesem Gegenstand gegenüber und in einem Zusammenhang von so gebietender innerer Prätention sich durchhalten läßt. Als ein treuer Kenner Ihrer Schriften weiß ich sehr wohl, daß es an Präzedenzfällen für Ihre Verfahrungsweise in Ihrem œuvre nicht fehlt. Ich erinnere mich etwa an die Aufsätze über Proust und über den Surrealismus in der Literarischen Welt. Kann aber diese Verfahrungsweise auf den Komplex der Passagen übertragen werden? Panorama und „Spur", Flaneur und Passagen, Moderne und immer Gleiches *ohne* theoretische Interpretation – ist das ein „Material", das geduldig auf Deutung warten kann, ohne daß es von der eigenen Aura verzehrt würde? Verschwört sich nicht vielmehr der pragmatische Gehalt jener Gegenstände, wenn er isoliert wird, in einer fast dämonischen Weise gegen die Möglichkeit seiner Deutung? Sie haben während der unvergeßlichen Gespräche in Königstein einmal gesagt, daß jeder der Gedanken der Passagen eigentlich einem Bereich entrissen werden müßte, in dem der Wahnsinn regiert. Es nimmt mich wunder, ob solchen Gedanken die Vermaurung hinter undurchdringlichen Stoffschichten so förderlich ist, wie Ihre asketische Disziplin es ihnen zumutet. In Ihrem gegenwärtigen Text werden die Passagen eingeführt mit dem Hinweis auf die Schmalheit der Trottoirs, die dem Flaneur auf den Straßen hinderlich sei. Diese pragmatische Einführung scheint mir die Objektivität der Phantasmagorie, bei der ich schon zur Zeit der Hornberger Korrespondenz so dickköpfig beharrte, ebenso zu präjudizieren wie etwa die Ansätze des ersten Kapitels, die Phantasmagorie auf Verhaltensweisen der literarischen Bohème zu reduzieren. Fürchten Sie nicht, ich möchte etwa dem das Wort reden, daß in Ihrer Arbeit die Phantasmagorie unvermittelt überlebe oder daß die Arbeit gar selber phantasmagorischen Charakter annehme. Aber die Liquidation kann in ihrer wahren Tiefe nur dann gelingen, wenn die Phantasmagorie als objektiv geschichtsphilosophische Kategorie und nicht als „Ansicht" von Sozialcharakteren geleistet wird. Genau an dieser Stelle scheidet sich Ihre Konzeption von allem, was sonst wohl an das neunzehnte Jahrhundert sich herantraut. Die Einlösung Ihres Postulats läßt sich aber nicht ad Kalendas Graecas vertagen und durch eine harmlosere Darstellung der Sachverhalte „vorbereiten". Das ist mein Einwand. Wenn im dritten Teil, um die alte Formulierung aufzunehmen, anstelle der Urgeschichte des neunzehnten Jahrhunderts die Urgeschichte im neunzehnten Jahrhundert tritt, – am deutlichsten im Péguyzitat über Viktor Hugo – so ist das nur ein anderer Ausdruck für den gleichen Sachverhalt.

Der Einwand scheint mir nun aber keineswegs bloß die Fragwürdigkeit des „Aussparens" an einem Gegenstand zu betreffen, der gerade durch die Askese gegen die Deutung mir in ein Bereich zu geraten scheint, gegen das die Askese sich richtet: wo Historie und Magie oszillieren. Vielmehr sehe ich die Momente, in denen der Text hinter sein eigenes Apriori zurückfällt, in enger Beziehung mit seinem Verhältnis zum dialektischen Materialismus – und gerade an dieser Stelle spreche ich nicht nur für mich sondern ebenso für Max, mit dem ich diese Frage aufs eingehendste durchgesprochen habe. Lassen Sie mich hier so simpel und hegelisch mich ausdrücken wie nur möglich. Täusche ich mich nicht sehr, so gebricht es dieser Dialektik an einem: der Vermittlung. Es herrscht durchwegs eine Tendenz, die pragmatischen Inhalte Baudelaires unmittelbar auf benachbarte Züge der Sozialgeschichte seiner Zeit und zwar möglichst solche ökonomischer Art zu beziehen. Ich denke etwa an die Stelle über die Weinsteuer, gewisse Ausführungen über die Barrikaden oder die schon angezogene Stelle über die Passagen, die mir besonders problematisch erscheint, weil gerade hier der Übergang von einer prinzipiellen theoretischen Erwägung über Physiologien zu der „konkreten" Darstellung des Flaneurs besonders brüchig bleibt.

Das Gefühl solcher Künstlichkeit prägt sich mir allemal dort auf, wo die Arbeit anstelle der verpflichtenden Aussage die metaphorische setzt. Hierher gehört vor allem der Passus über die Verwandlung der Stadt ins Intérieur für den Flaneur, wo mir eine der mächtigsten Konzeptionen Ihres Werks als ein bloßes Als ob präsentiert dünkt. In engsten Zusammenhang mit solchen materialistischen Exkursen, bei denen man nie ganz die Befürchtung los wird, die man um einen Schwimmer hegt, der mit mächtiger Gänsehaut ins kalte Wasser sich stürzt, gehört der Appell an konkrete Verhaltensweisen wie hier die des Flaneurs oder später die Stelle über das Verhältnis von Sehen und Hören in der Stadt, die nicht ganz zufällig ein Zitat von Simmel heranzieht. Bei all dem ist mir nicht recht geheuer. Fürchten Sie nicht, daß ich die naheliegende Gelegenheit benütze, mein Steckenpferd zu besteigen. Ich begnüge mich damit, ihm en passant ein Stück Zucker zu verabfolgen und versuche im übrigen für meine Abneigung gegen jene besondere Art des Konkreten und dessen behaviouristische Züge Ihnen den theoretischen Grund anzugeben. Der ist aber kein anderer, als daß ich es für methodisch unglücklich halte, einzelne sinnfällige Züge aus dem Bereich des Überbaus „materialistisch" zu wenden, indem man sie zu entsprechenden Zügen des Unterbaus unvermittelt und wohl gar kausal in Beziehung setzt. Die materialistische Determination kultureller Charaktere ist möglich nur vermittelt durch den *Gesamtprozeß*.

Mögen immer Baudelaires Weingedichte motiviert sein durch Weinsteuer und Barrières, die Wiederkehr jener Motive im œuvre Baudelaires ist nicht anders zu bestimmen als durch die gesellschaftliche und ökonomische Gesamttendenz des Zeitalters, d. h. im Sinn der Fragestellung Ihrer Arbeit sensu strictissimo durch die Analyse der Warenform in Baudelaires Epoche. Niemand kennt die damit verbundenen Schwierigkeiten besser als ich: das Phantasmagoriekapitel des Wagner hat sich fraglos ihnen noch nicht gewachsen gezeigt. Die Passagen in ihrer definitiven Gestalt werden sich jener Verpflichtung nicht entziehen können. Der unmittelbare Rückschluß von der Weinsteuer auf L'Ame du Vin schiebt den Phänomenen eben jene Art von Spontaneität, Handgreiflichkeit und Dichte zu, deren sie im Kapitalismus sich begeben haben. In dieser Art des unmittelbaren, fast möchte ich wiederum sagen, des anthropologischen Materialismus, steckt ein tief romantisches Element, und ich spüre es um so deutlicher, je krasser und rauher die Baudelairesche Formwelt mit der Notdurft des Lebens von Ihnen konfrontiert wird. Die „Vermittlung", die ich vermisse, und verdeckt finde durch materialistisch-historiographische Beschwörung, ist nun aber nichts anderes als eben die Theorie, die Ihre Arbeit ausspart. Das Aussparen der Theorie affiziert die Empirie. Es verleiht ihr einen trügend epischen Charakter auf der einen Seite und bringt auf der andern Seite die Phänomene, als eben bloß subjektiv erfahrene um ihr eigentliches geschichtsphilosophisches Gewicht. Man kann es auch so ausdrücken: das theologische Motiv, die Dinge beim Namen zu nennen, schlägt tendenziell um in die staunende Darstellung der bloßen Faktizität. Wollte man sehr drastisch reden, so könnte man sagen, die Arbeit sei am Kreuzweg von Magie und Positivismus angesiedelt. Diese Stelle ist verhext. Nur die Theorie vermöchte den Bann zu brechen: Ihre eigene, die rücksichtslose, gut spekulative Theorie. Es ist deren Anliegen allein, das ich gegen Sie anmelde.

Verzeihen Sie, wenn ich dabei auf einen Gegenstand komme, der mir nach den Erfahrungen des Wagner ganz besonders angelegen sein muß. Es handelt sich um den Lumpensammler. Dessen Bestimmung als der unteren Grenzfigur der Armut scheint mir schlechterdings nicht einzulösen, was das Wort Lumpensammler verspricht, wenn es in einem Ihrer Texte auftritt. Nichts ist darin vom Hündischen, nichts vom übergeworfenen Sack, nichts von der Stimme, wie sie noch etwa in Charpentiers Louise gewissermaßen die schwarze Lichtquelle einer ganzen Oper abgibt; nichts vom Kometenschweif der johlenden Kinder hinter dem Alten. Wenn ich mich einmal in die Region der Passagen wagen darf: am Lumpensammler hätte der Einstand von Kloake und Katakombe theoretisch entziffert werden müssen. Ist meine Annahme jedoch übertrieben, daß dieser Mangel damit zusammenhängt, daß die kapitalistische Funktion des Lumpensammlers, nämlich noch den Bettel dem Tauschwert zu unterwerfen, nicht artikuliert wird. An dieser Stelle nimmt die Askese der Arbeit Züge an, die Savonarolas würdig wären. Denn die Reprise des Lumpensammlers im Baudelairezitat des dritten Teils kommt diesem Zusammenhang zum Greifen nah. Was muß es Sie gekostet haben, ihn nicht zu greifen!

Damit meine ich an das Zentrum zu rühren. Die Wirkung, die von der ganzen Arbeit ausgeht, und die sie keineswegs bloß auf mich und meine Passagenorthodoxie gemacht hat, ist die, daß Sie sich darin Gewalt angetan haben, [...] um dem Marxismus Tribute zu zollen, die weder diesem noch Ihnen recht anschlagen. Dem Marxismus nicht, da die Vermittlung durch den gesellschaftlichen Gesamtprozeß ausfällt und der materiellen Enumeration abergläubisch fast eine Macht der Erhellung zugeschrieben wird, die niemals dem pragmatischen Hinweis sondern allein der theoretischen Konstruktion vorbehalten ist. Ihrer eigentümlichsten Substanz nicht, indem Sie sich Ihre kühnsten und fruchtbarsten Gedanken unter einer Art Vorzensur nach materialistischen Kategorien (die keineswegs mit den marxistischen koinzidieren) verboten haben, wäre es auch bloß in der Form jener Vertagung. [...] Es gibt in Gottes Namen nur die eine Wahrheit, und wenn Ihre Denkkraft sich dieser einen Wahrheit in Kategorien bemächtigt, die Ihnen nach Ihrer Vorstellung vom Materialismus apokryph dünken mögen, so werden

Sie von dieser einen Wahrheit mehr heimbringen, als wenn Sie sich einer Denkarmatur bedienen, gegen deren Griffe Ihre Hand ohne Unterlaß sich sträubt. Schließlich steht auch in Nietzsches Genealogie der Moral mehr von der einen Wahrheit als in Bucharins ABC. Ich glaube, daß diese These, von mir ausgesprochen, über dem Verdacht der Laxheit und des Eklektizismus ist. [...] Gretel hat einmal im Scherz gesagt, daß Sie die Höhlentiefe Ihrer Passagen bewohnten, und darum vorm Abschluß der Arbeit zurückschreckten, weil Sie fürchteten, den Bau dann verlassen zu müssen. Lassen Sie uns Sie dazu ermuntern, uns doch Zugang zum Allerheiligsten zu verschaffen. Ich glaube, Sie brauchen weder um die Stabilität des Gehäuses besorgt zu sein, noch dessen Profanierung zu fürchten.

Was nun das Schicksal der Arbeit anlangt, so hat sich eine recht sonderbare Situation ergeben, bei der ich mich etwa zu verhalten hatte, wie der Sänger des Liedes: es geht bei gedämpfter Trommel Klang. Eine Publikation im gegenwärtigen Heft der Zeitschrift schied aus, weil die wochenlangen Diskussionen über Ihre Arbeit den Drucktermin ins Unerträgliche hinausgezögert hätten. Es bestand nun der Plan, das zweite Kapitel in extenso und das dritte zum Teil abzudrucken, besonders Leo Löwenthal hat das nachdrücklich vertreten. Ich selber bin unzweideutig dagegen. Und freilich nun nicht aus redaktionellen Rücksichten, sondern Ihrer selbst und des Baudelaire willen. Die Arbeit repräsentiert Sie nicht so, wie gerade diese Arbeit Sie repräsentieren muß. Da ich aber der festen und völlig unbeirrten Überzeugung bin, daß es Ihnen möglich sein wird, ein Baudelairemanuskript von völliger Durchschlagskraft herzustellen, so möchte ich Sie aufs inständigste bitten, auf die Publikation der gegenwärtigen Fassung zu verzichten und jene andere zu schreiben. Ob diese eine neue Formstruktur haben müßte oder sich wesentlich mit dem ausstehenden Schlußteil Ihres Baudelaire*buches* decken könnte, ist meiner Mutmaßung entzogen. Darüber können allein Sie selber entscheiden. Ausdrücklich möchte ich sagen, daß es sich hier um eine Bitte von mir handelt und nicht um einen Redaktionsbeschluß oder eine Ablehnung.

[...]

Lassen Sie mich schließen mit einigen Epilegomena zum Baudelaire. Zunächst eine Strophe aus dem zweiten Mazeppagedicht von Hugo (der Mann, der all das erblicken soll, ist Mazeppa, auf den Rücken des Pferdes gebunden):

Les six lunes d'Herschel, l'anneau du vieux Saturne,
Le pôle, arrondissant une aurore nocturne
    Sur son front boréal,
Il voit tout; et pour lui ton vol, que rien ne lasse,
De ce monde sans borne à chaque instant déplace
    L'horizon idéal.

Dann die von Ihnen beobachtete Neigung zu „uneingeschränkten Aussagen", für die Sie Balzac und die Beschreibung der Angestellten im Mann der Menge anführen, gilt, erstaunlich genug, auch für Sade. Von einem der ersten Peiniger Justines, einem Bankier heißt es: „Monsier Dubourg, gros, court, et insolent comme tous les financiers". – Das Motiv der unbekannten Geliebten kommt rudimentär bei Hebbel in dem Gedicht auf eine Unbekannte vor, das die merkwürdigen Zeilen enthält: „und kann ich Form Dir und Gestalt nicht geben, so reißt auch keine Form Dich in die Gruft". – Endlich ein paar Sätze aus der Herbstblumine von Jean Paul, die wohl eine wirkliche trouvaille sind: „Eine einzige Sonne bekam der Tag, aber tausend Sonnen die Nacht, und das blaue endlose Meer des Äthers scheint in einem Staubregen von Licht zu uns herabzusinken. Wieviele Straßenlaternen schimmern nicht die ganze lange Milchstraße hinauf und hinab? Diese werden noch obendrein – auch angezündet, es mag immerhin Sommer sein oder der Mond scheinen. Indessen schmückt sich die Nacht nicht blos mit dem Mantel voll Sterne, in dem die Alten sie abbilden und den ich geschmackvoller ihren *geistlichen* Ornat als ihren Herzogsmantel nenne, sondern sie treibt ihre Verschönerung noch viel weiter und ahmt die Damen in Spanien nach. Gleich diesen, welche im Dunkeln die Brillanten durch Johanniswürmchen auf dem Kopfputze ersetzen, besteckt die Nacht den unteren Theil ihres Mantels, an dem keine Sterne glänzen, auch mit solchen Thierchen, und die Kinder nehmen sie oft.“ In den gleichen Zusammenhang scheinen mir die folgenden Sätze aus einem ganz anderen Stück derselben Sammlung zu gehören:

„Und mehr dergleichen; denn ich bemerkte nicht nur, daß uns armen Treibeis-Menschen Italien darum ein mondhelles Eden . . . sei, weil wir täglich oder nächtlich da den allgemeinen Jünglingstraum von durchwanderten, durchsungenen Nächten lebendig erfüllt antreffen, sondern fragte auch, warum Nachts die Menschen in den Gassen herumgingen und herumsängen blos als verdrießliche Nachtwächter, anstatt daß ganze Abend- und Morgenstern-Partien sich zusammenschlagen und so in bunter Reihe (denn jede Seele liebte) die herrlichsten Laubwäldchen und die mondhellsten Blumenauen selig durchstreichen sollten, und der harmonischen Lust noch zwei Flötenansätze geben könnten, nämlich die doppelendige Verlängerung der kurzen Nacht durch Sonnen-Auf- und Untergang und der beigefügten zwei Dämmerungen dazu.“ Der Gedanke, daß die Sehnsucht, die nach Italien zieht, die nach dem Lande ist, wo man nicht zu schlafen braucht, ist aufs tiefste verwandt dem späteren Bilde der überdachten Stadt. Das Licht aber, das auf beiden Bildern gleichermaßen liegt, ist wohl kein anderes als das der Gaslaterne, die Jean Paul nicht kannte.

Tout entier Ihr

307 An Theodor W. Adorno

Paris, 9. 12. 38

Lieber Teddie,

es hat Sie gewiß nicht verwundert, wahrzunehmen, daß die Abfassung meiner Antwort auf Ihren Brief vom 10. November nicht im Handumdrehen erfolgt ist. Wenn das lange Ausbleiben Ihres Briefes seinen Inhalt ins Bereich des Vermutbaren fallen ließ, so hindert das nicht, daß er mir einen Stoß versetzte. Es kam hinzu, daß ich die von Ihnen angekündigten Fahnen abwarten wollte, erst am 6. Dezember erhielt ich sie. Die gewonnene Frist gab mir die Möglichkeit, so besonnen als angängig Ihre Kritik abzuwägen. Ich bin weit entfernt, sie für unfruchtbar, geschweige für unverständlich zu halten. Ich will versuchen mich grundsätzlich zu ihr zu äußern.

Den Leitfaden soll mir ein Satz bieten, der auf der ersten Seite Ihres Briefes zu finden ist. Sie schreiben: „Panorama und Spur, Flaneur und Passagen, Moderne und Immergleiches ohne theoretische Interpretation – ist das ein Material, das geduldig auf Deutung warten kann?" Die begreifliche Ungeduld, mit der Sie das Manuskript nach einem bestimmten Signalement durchmusterten, hat Sie meines Erachtens in einigen wichtigen Stücken von der Sache abgeführt. Insbesondere mußten Sie zu der Sie enttäuschenden Ansicht vom dritten Abschnitt kommen, sobald es Ihnen einmal entgangen war, daß dort nicht an *einer* Stelle die Moderne als das Immergleiche zitiert – dieser wichtige Schlüsselbegriff vielmehr im vorliegenden Teil der Arbeit überhaupt nicht verwertet wird.

Da der zitierte Satz gewissermaßen ein Kompendium Ihrer Ausstellungen bietet, so möchte ich ihn Wort für Wort durchgehen. Da ist zunächst die Rede vom Panorama. In meinem Text ist sie beiläufig. In der Tat ist im Zusammenhang von Baudelaires œuvre die panoramatische Auffassung nicht zuständig. Da die Stelle weder im ersten noch im dritten Teil Korrespondenzen zu haben bestimmt ist, so würde man sie vielleicht am besten streichen. – Das zweite Glied Ihrer Aufzählung ist die Spur. In meinem Begleitbrief habe ich geschrieben, daß die philosophischen Grundlagen des Buches vom zweiten Teil aus nicht überschaubar sind. Sollte ein Begriff wie die Spur eine schlagende Deutung erfahren, so mußte er mit aller Unbefangenheit in der empirischen Ebene eingeführt werden. Das konnte noch überzeugender geschehen. In der Tat war mein erstes nach meiner Rückkunft, eine wichtigste Poestelle zu meiner Konstruktion der Detektivgeschichte aus der Verwischung beziehungsweise Fixierung der Spuren des Einzelnen in der Großstadtmenge ausfindig zu machen. In dieser Schicht aber hat die Abhandlung der

Spur im zweiten Teil gerade dann zu verbleiben, wenn sie später in den entscheidenden Zusammenhängen ihre blitzartige Erhellung erfahren soll. Diese Erhellung ist vorgesehen. Der Begriff der Spur findet seine philosophische Determination in Opposition zum Begriff der Aura.

Es folgt sodann in dem Satz, dem ich nachgehe, der Flaneur. So gut ich den innersten Anteil, den sachlichen und auch den persönlichen, kenne, der Ihren Einwendungen zugrunde liegt – angesichts dieser Ihrer Fehlanzeige droht mir der Boden unter den Füßen wegzusinken. Gottseidank gibt es da einen Ast, an den ich mich klammern kann, und er scheint mir aus gutem Holz. Es ist der, mit dem Sie an anderer Stelle auf die fruchtbare Spannung anspielen, in der Ihre Theorie vom Konsum des Tauschwerts zu meiner von der Einfühlung in die Warenseele steht. Auch ich meine, daß es sich hier um eine Theorie im strengsten Sinne des Wortes handelt, und die Abhandlung über den Flaneur kulminiert in ihr. Hier ist die Stelle, und freilich die einzige, in welcher die Theorie in diesem Teile *unverstellt* zu ihrem Recht gelangt. Sie bricht als ein einzelner Strahl in eine künstlich verdunkelte Kammer ein. Dieser Strahl aber ist hinreichend, im Prisma zerlegt, von der Beschaffenheit des Lichtes einen Begriff zu geben, dessen Fokus im dritten Teil des Buches liegt. Darum löst diese Theorie des Flaneurs – auf deren Verbesserungsfähigkeit in einzelnen Punkten ich weiter unten zu sprechen komme – im wesentlichen das ein, was mir seit langen Jahren als eine Darstellung des Flaneurs vorgeschwebt hat.

Ich stoße weiter auf den Terminus der Passage. Zu ihm möchte ich umso weniger etwas vorbringen, als die abgründige Bonhomie seines Gebrauchs Ihnen nicht entgangen ist. Warum sie beanstanden? Die Passage ist in der Tat, wenn mich nicht alles täuscht, nicht bestimmt in anderer als dieser verspielten Form in den Zusammenhang des „Baudelaire" einzugehen. Sie kommt hier vor wie das Bild der Felsenquelle auf einem Trinkbecher. Darum wird auch wohl die unschätzbare Jean-Paul-Stelle, auf die Sie mich hinweisen, im „Baudelaire" keinen Ort haben. – Was endlich die Moderne betrifft, so ist das, wie aus dem Text hervorgeht, ein Terminus von Baudelaire selbst. Der so überschriebene Abschnitt durfte nicht über die durch Baudelaires Gebrauch dem Wort vorbezeichneten Schranken hinausführen. Sie werden sich indessen aus San Remo entsinnen, daß diese keineswegs endgültig sind. Die philosophische Rekognoszierung der Moderne ist dem dritten Teil zugewiesen, wo sie unter dem Begriff des Jugendstils angebahnt, in der Dialektik des Neuen und Immergleichen abgeschlossen wird.

Da ich unserer Gespräche in San Remo gedenke, möchte ich auf die Stelle zu sprechen kommen, an welcher Sie Ihrerseits das tun. Wenn ich mich dort weigerte, im Namen eigener produktiver Interessen mir eine esoterische Gedankenentwicklung zu eigen zu machen und insoweit über die Interessen des dialektischen Materialismus [...] hinweg zur Tagesordnung überzugehen, so war da zuletzt nicht [...] bloße Treue zum dialektischen Materialismus im Spiel, sondern Solidarität mit den Erfahrungen, die wir alle in den letzten fünfzehn Jahren gemacht haben. Es handelt sich also um eigenste produktive Interessen von mir auch hier; ich will nicht leugnen, daß sie den ursprünglichen gelegentlich Gewalt anzutun versuchen können. Es liegt ein Antagonismus vor, dem enthoben zu sein ich nicht einmal im Traum wünschen könnte. Seine Bewältigung macht das Problem der Arbeit aus, und dieses ist eins ihrer Konstruktion. Ich meine, daß die Spekulation ihren notwendig kühnen Flug nur dann mit einiger Aussicht auf Gelingen antritt, wenn sie, statt die wächsernen Schwingen der Esoterik anzulegen ihre Kraftquelle allein in der Konstruktion sucht. Die Konstruktion bedingte es, daß der zweite Teil des Buches wesentlich aus philologischer Materie gebildet ist. Es handelt sich dabei minder um eine „asketische Disziplin“ als um eine methodische Vorkehrung. Übrigens war dieser philologische Teil der einzige, der als ein selbständiger vorwegzunehmen war – ein Umstand, der von mir berücksichtigt werden mußte.

Wenn Sie von einer „staunenden Darstellung der Faktizität“ sprechen, so charakterisieren Sie die echt philologische Haltung. Diese mußte nicht allein um ihrer Resultate willen, sondern eben als solche in die Konstruktion eingesenkt werden. In der Tat ist die Indifferenz zwischen Magie und Positivismus, wie Sie es treffend formulieren, zu liquidieren. Mit anderen Worten: die philologische Interpretation des Autors ist von dialektischen Materialisten auf hegelsche Art aufzuheben. – Die Philologie ist diejenige an den Einzelheiten vorrückende Beaugenscheinigung eines Textes, die den Leser magisch an ihn fixiert. Fausts schwarz auf weiß nach Haus Getragenes und Grimms Andacht zum Kleinen sind eng verwandt. Sie haben das magische Element gemeinsam, das zu exorzisieren der Philosophie, hier dem Schlußteil, vorbehalten ist.

Das Verwundern, so schreiben Sie in Ihrem Kierkegaard, meldet „die tiefste Einsicht über das Verhältnis von Dialektik, Mythos und Bild an". Es könnte mir vielleicht naheliegen, auf diese Stelle mich zu berufen. Ich will im Gegenteil zu ihr eine Korrektur vorschlagen (wie ich es übrigens bei andrer Gelegenheit zu der anschließenden Definition des dialektischen Bildes vorhabe). Ich meine, es sollte heißen: das Verwundern sei ein hervorragendes *Objekt* einer solchen Einsicht. Der Schein der geschlossnen Faktizität, der an der philologischen Untersuchung haftet und den Forscher in den Bann schlägt, schwindet in dem Grade, in dem der Gegenstand in der historischen Perspektive konstruiert wird. Die Fluchtlinien dieser Konstruktion laufen in unserer eignen historischen Erfahrung zusammen. Damit konstituiert sich der Gegenstand als Monade. In der Monade wird alles das lebendig, was als Textbefund in mythischer Starre lag. Es scheint mir darum eine Verkennung des Sachverhalts, wenn Sie im Text einen „unmittelbaren Rückschluß von der Weinsteuer auf l'âme du vin" finden. Das Junctim ward vielmehr auf legitime Art im philologischen Zusammenhang hergestellt – nicht anders als es entsprechend in der Interpretation eines antiken Schriftstellers zu geschehen hätte. Es gibt dem Gedicht das spezifische Gewicht, das es in der echten Lektüre annimmt, die an Baudelaire bisher nicht viel geübt worden ist. Erst wenn dieses Gedicht an ihm zur Geltung gekommen ist, kann das Werk von der Deutung betroffen, um nicht zu sagen erschüttert werden. Diese schließt für das fragliche

Gedicht ihres Ortes nicht an Steuerfragen an sondern an die Bedeutung des Rausches für Baudelaire.

Wenn Sie an andere meiner Arbeiten zurückdenken, so werden Sie finden, daß die Kritik an der Haltung des Philologen bei mir ein altes Anliegen – und zuinnerst identisch mit der am Mythos – ist. Sie provoziert jeweils die philologische Leistung selbst. Sie dringt, um in der Sprache der Wahlverwandtschaft zu reden, auf die Herausstellung der Sachgehalte, in denen der Wahrheitsgehalt historisch entblättert wird. Ich verstehe, daß diese Seite der Sache für Sie zurücktrat. Damit aber auch einige wichtige Interpretationen. Ich denke nicht nur an solche von Gedichten – A une passante – oder von Prosastücken – Der Mann der Menge – sondern vor allem an die Aufschließung des Begriffs der Modernität, bei der es mir besonders darauf angekommen ist, sie in den philologischen Schranken zu halten.

Das Péguy-Zitat, das Sie als Evokation der Urgeschichte im neunzehnten Jahrhundert beanstanden, war – um dies im Vorbeigehen anzumerken – dort am Platze, wo die Erkenntnis vorzubereiten ist, daß die Interpretation Baudelaires auf keinerlei chthonische Elemente sich zu berufen hat. (Im Exposé zu den Passagen hatte ich dergleichen noch versucht.) Darum hat, wie ich meine, die Katakombe in dieser Interpretation keine Stelle, sowenig wie die Kloake. Dagegen könnte ich mir viel von der Oper von Charpentier versprechen; ich will Ihrem Hinweis folgen, wenn die Gelegenheit sich ergibt. Die Figur des Lumpensammlers ist höllischer Provenienz. Im dritten Teil wird sie, gegen die chthonische Figur des Hugo'schen Bettlers abgesetzt, wiederauftauchen.

[...]

Lassen Sie mich ein offenes Wort anschließen: Ich glaube, daß es den „Baudelaire" eher ungünstig präjudizieren würde, wenn dieser – einer Anspannung, der ich nicht leicht eine frühere literarische bei mir vergleichen könnte, entsprungene – Text an keinem seiner Teile Zugang zur Zeitschrift fände. Einmal hat die Druckgestalt, die dem Autor vom Text Abstand gibt, darin einen mit nichts zu vergleichenden Wert. Hinzukommt, daß der Text in solcher Gestalt der Aussprache zugeführt werden könnte, die – wie unzulänglich ihre hiesigen Partner immer sein mögen – in etwas die Isolierung, in der ich arbeite, kompensieren könnte. Den Schwerpunkt einer solchen Veröffentlichung würde ich in der Theorie des Flaneurs erblicken, die ich als einen integrierenden Teil des „Baudelaire" ansehe. Ich spreche durchaus nicht von einem unveränderten Text. Als Zentrum müßte sich deutlicher als es im vorliegenden der Fall ist, die Kritik des Begriffs der Masse, wie die moderne Großstadt sie sinnfällig macht, herausheben. Diese Kritik, die ich in den Absätzen über Hugo anbahne, wäre an der Interpretation wichtiger literarischer Zeugnisse zu instrumentieren. Als Muster steht mir der Abschnitt über den Mann der Menge vor Augen. Die euphemistische Interpretation der Masse – die physiognomische – wäre durch die Analyse der im Text erwähnten Novelle von E. T. A. Hoffmann zu illustrieren. Für Hugo ist eine eingehendere Verdeutlichung noch ausfindig zu machen. Entscheidend ist der theoretische Fortgang in diesen Ansichten von der Masse; die Klimax ist im Text angedeutet, kommt aber nicht ausreichend zur Geltung. An ihrem Ende steht Hugo, nicht Baudelaire. Den Erfahrungen, die die Gegenwart mit der Masse macht, ist er am weitesten entgegengekommen. Der Demagog ist ein Bestandteil seines Genies.

Sie erkennen, daß mir gewisse Einsatzstellen Ihrer Kritik überzeugend erscheinen. Ich fürchte freilich, daß eine *unmittelbare* Korrektur im eben angedeuteten Sinne sehr prekär wäre. Die mangelnde theoretische Transparenz, auf die Sie zu Recht hinweisen, ist keineswegs eine *notwendige* Folge der in diesem Abschnitt vorwaltenden philologischen Prozedur. Ich sehe darin eher das Resultat des Umstandes, daß diese Prozedur als solche nicht namhaft gemacht ist. Diese Ausfallserscheinung geht zum Teil auf den gewagten Versuch zurück, den zweiten Teil des Buches vor dem ersten zu schreiben. Auch konnte nur so der Anschein entstehen, die Phantasmagorie werde beschrieben, statt in der Konstruktion aufgelöst. – Die genannten Korrekturen werden dem zweiten Teil nur dann anschlagen, wenn er nach jeder Richtung hin im Gesamtzusammenhange verankert sein wird. Eine Nachprüfung der Gesamtkonstruktion wird demnach mein erstes sein.

Was die oben berufene Traurigkeit angeht, so hatte sie, von dem genannten Vorgefühl einmal abgesehen, hinreichende Gründe. Es ist einmal die Lage der Juden in Deutschland, gegen die sich keiner von uns abdichten kann. Es kommt eine schwere Erkrankung meiner Schwester dazu. Bei ihr hat sich im Alter von 37 Jahren eine hereditär bedingte Arterienverkalkung herausgestellt. Sie ist fast bewegungs- und damit auch fast erwerbsunfähig; (zur Zeit hat sie wohl noch ein Miniaturvermögen). Die Prognose ist in diesem Alter fast hoffnungslos. Von alledem abgesehen ist, hier zu atmen, auch nicht immer ohne Beklemmung möglich. Es ist natürlich, daß ich alles daran setze, meine Naturalisation zu fördern. Die notwendigen démarchen kosten leider nicht nur viel Zeit, sondern auch einiges Geld – der Horizont ist mir im Augenblick also auch von dieser Seite eher verhangen.

Das beiliegende Fragment eines Briefes an Max vom 17. November 1938 und die beiliegende Nachricht von Brill betreffen eine Angelegenheit, an der meine Naturalisation scheitern kann. Sie ermessen damit ihre Wichtigkeit. Darf ich Sie bitten, sie in die Hand zu nehmen und Max zu bitten, unverzüglich, am besten wohl telegrafisch, Brill Genehmigung zu erteilen, unter meine Rezension im nächsten Heft, statt meines Namens das Pseudonym *Hans Fellner* zu setzen.

Ich komme auf Ihre neue Arbeit[1] und damit auf den besonnteren Teil dieses Schreibens. Mich betrifft sie sachlich in zwei Beziehungen – beide von Ihnen angedeutet. Einmal in den Teilen, die gewisse Merkmale der gegenwärtigen akustischen Apperzeption des Jazz in Beziehung zu den von mir beschriebenen optischen des Films setzen. Ich vermag ex improviso nicht zu entscheiden, ob die verschiedene Verteilung der Licht- und Schattenpartien in unseren respektiven Versuchen aus theoretischen Divergenzen hervorgeht. Möglicherweise handelt es sich um nur scheinbare Verschiedenheiten der Blickrichtung, die in Wahrheit, gleich adäquat, verschiedne Gegenstände betrifft. Es ist ja nicht gesagt, daß akustische und optische Apperzeption einer revolutionären

Umwälzung gleich zugänglich sind. Damit mag zusammenhängen, daß die Ihren Essai abschließende Perspektive eines umspringenden Hörens mindestens für den nicht ganz deutlich wird, dem Mahler nicht eine bis ins letzte erhellte Erfahrung ist.

In meiner Arbeit[2] versuchte ich, die positiven Momente so deutlich zu artikulieren, wie Sie es für die negativen zuweg bringen. Eine Stärke Ihrer Arbeit sehe ich infolgedessen dort, wo eine Schwäche der meinigen lag. Ihre Analyse der von der Industrie erzeugten psychologischen Typen und die Darstellung ihrer Erzeugungsweise ist überaus glücklich. Wenn ich meinerseits dieser Seite der Sache mehr Aufmerksamkeit zugewandt hätte, so hätte meine Arbeit größere historische Plastizität gewonnen. Immer mehr stellt sich mir heraus, daß die Lanzierung des Tonfilms als eine Aktion der Industrie betrachtet werden muß, welche bestimmt war, das revolutionäre Primat des stummen Films, der schwer kontrollierbare und politisch gefährliche Reaktionen begünstigte, zu durchbrechen. Eine Analyse des Tonfilms würde eine Ihre und meine Ansicht im dialektischen Sinne vermittelnde Kritik der heutigen Kunst abgeben.

Was mich im Abschluß der Arbeit besonders ansprach, ist die dort anklingende Reserve gegen den Begriff des Fortschritts. Sie begründen diese Reserve vorerst beiläufig und mit dem Hinblick auf die Geschichte des Terminus. Ich möchte ihm gern an der Wurzel und in seinen Ursprüngen beikommen. Aber ich verhehle mir nicht die Schwierigkeiten.

Endlich zu Ihrer Frage, wie Ihre in diesem Essai entwickelte Ansicht zu der im Abschnitt über den Flaneur dargelegten sich verhalten mag. Die Einfühlung in die Ware stellt sich der Selbstbeobachtung oder inneren Erfahrung als Einfühlung in die anorganische Materie dar: neben Baudelaire ist hier Flaubert mit seiner Tentation Kronzeuge. Grundsätzlich dürfte aber die Einfühlung in die Ware Einfühlung in den Tauschwert selbst sein. In der Tat kann man sich unter dem „Konsum" des Tauschwerts schwerlich etwas anderes vorstellen als die Einfühlung in ihn. Sie sagen: „Recht eigentlich betet der Konsument das Geld an, das er selber für die Karte zum Toscanini-Konzert ausgegeben hat." Einfühlung in ihren Tauschwert macht noch Kanonen zu demjenigen Konsumgegenstand, der erfreulicher ist als Butter. Wenn der Volksmund von jemandem sagt „der ist fünf Millionen Mark schwer" so fühlt sich derzeit die Volksgemeinschaft selbst einige hundert Milliarden schwer. Sie fühlt sich in diese hunderte von Milliarden ein. Formuliere ich so, so erreiche ich vielleicht den Kanon, der dieser Verhaltungsweise zugrunde liegt. Ich denke an den des Hasardspiels. Der Spieler fühlt sich unmittelbar in die Summen ein, mit denen er der Bank oder dem Partner die Stirne bietet. Das Hasardspiel, als Börsenspekulation, hat für die Einfühlung in den Tauschwert ähnlich bahnbrechend gewirkt wie die Weltausstellungen. (Diese waren die hohe Schule, auf der die vom Konsum abgedrängten Massen die Einfühlung in den Tauschwert lernten).

Eine besonders wichtige Frage möcht ich mir für einen späteren Brief, um nicht zu sagen fürs Gespräch, vorbehalten. Welche Bewandtnis hat es mit dem Komischwerden der Musik und der lyrischen Dichtung? Ich kann mir schwer vorstellen, daß es sich dabei um ein Phänomen mit rein negativem Vorzeichen handelt. Oder hat der „Verfall der sakralen Versöhnlichkeit" für Sie ein Positives? Ich gestehe, daß ich da nicht ganz herausfinde. Vielleicht finden Sie Gelegenheit, auf diese Frage zurückzukommen.

In jedem Fall bitte ich Sie, bald von sich hören zu lassen. Wollen Sie Felizitas bitten, mir gelegentlich die Märchen von Hauff zu schicken, die mir wegen der Bilder von Sonderland lieb sind. Ich schreibe ihr in einiger Zeit, würde aber gern auch von ihr hören.

Wie immer, herzlichst Ihr Walter

1 Über den Fetischcharakter in der Musik und die Regression des Hörens, jetzt in: Dissonanzen. Musik in der verwalteten Welt. 3. Ausg., Göttingen 1963. S. 9–45.

2 Das Kunstwerk im Zeitalter seiner technischen Reproduzierbarkeit.

Paris, 4. 2. 1939

Lieber Gerhard,

Um mein Mitteilungsvermögen zu entbinden, muß ich, wie Du aus den ungewohnten Lettern entnimmst, eine Art Ausnahmezustand über unsere Korrespondenz[1] verhängen. Mich dazu zu vermögen, ist das Verdienst Deines Briefes vom 25. Januar, für den ich Dir herzlich danke.

Wäre mein Schweigen Dir transparent gewesen, so wären Deine Blicke in medias res gedrungen. Den Eingang des Winters begleitete eine Periode nachhaltiger Depression, von welcher letzteren ich sagen kann, je ne l'ai pas volé. Es kam Mehreres zusammen. Zunächst sah ich mich der Tatsache gegenüber, daß mein Zimmer im Winter zum Arbeiten nahezu unbrauchbar ist; im Sommer habe ich die Möglichkeit, bei geöffneten Fenstern die Geräusche des Fahrstuhls durch die der pariser Straße in Schach zu halten; an den kalten Wintertagen nicht.

Diese Sachlage kombinierte sich aufs glücklichste mit einer Entfremdung vom gegenwärtigen Sujet meiner Arbeit. – Wie ich Dir wohl schrieb, habe ich im Sommer mit Rücksicht auf die redaktionellen Anforderungen der Zeitschrift für Sozialforschung vorgreifend einen Teil, und zwar den zweiten, meines Buches über Baudelaire fertiggestellt. Dieser zweite Teil präsentiert sich in drei von einander relativ abgehobenen Abhandlungen. Eine oder die andere davon hoffte ich im letzten Heft der Zeitschrift, das eben herauskommt, gedruckt zu sehen. Anfang November aber kam, und zwar von Wiesengrunds Seite, die ausführlich begründete Ablehnung, wenn nicht der Arbeit so doch ihrer Drucklegung.

In das Detail dieser gewiß Dich interessierenden Frage Dich einzuführen, ist mir natürlich nicht eher möglich, als ich Dir das fragliche Manuskript zugänglich machen kann. Das habe ich, für den Fall, daß Du Dich mit einem unkorrigierten, nicht ausnahmslos die letzte Fassung darstellenden abfinden könntest, vor. Von Deiner Stellungnahme, die im übrigen der Wiesengrundschen vielleicht in wesentlichen Stücken verwandt sein wird, verspreche ich mir in jedem Falle einen Ertrag für meine Fortsetzung des Buches. An diese werde ich nämlich unverzüglich gehen *müssen.*

Es fällt mir nicht leicht. Die Isolierung, in der ich hier lebe, zumal arbeite, schafft eine anormale Abhängigkeit von der Aufnahme, die das, was ich mache, findet. Abhängigkeit will nicht heißen Empfindlichkeit. Die Vorbehalte, die gegen das Manuskript gemacht werden können, sind zum Teil raisonnabel und dürfen mich umso weniger beirren, als die Schlüsselpositionen des „Baudelaire" sich in diesem zweiten Teil nicht abzeichnen konnten noch sollten. Hier aber stoße ich an die Grenze brieflicher Mitteilung und kann nun meinerseits nur bedauern, daß wir einander im August nicht gesprochen haben. Dieses Bedauern bitte ich Dich, in der ihm zustehenden Abwandlung Deine Frau wissen zu lassen – was meine Begegnung mit ihr angeht.

Wenn Dir von meinen wenigen Publikationen in der letzten Zeit durch mich selbst nichts zuging, so liegt das daran, daß die wenigsten Redaktionen sich heute noch zu mehr als einem Belegexemplar dem Autor gegenüber verbunden fühlen. In diesen Dingen darfst Du Nachlässigkeit von mir umso weniger annehmen, als die Vollständigkeit deines Archivs meiner Schriften von jeher mein Anliegen war. Heute ist es um soviel dringlicher, als die einzige Sammlung von einigem Umfange, die außer der Deinen in dritten Händen ist, seit kurzem verloren gegeben werden muß. Sie befindet sich bei den Effekten, die ein Freund von mir in Barcelona hat zurücklassen müssen. (Als Kuriosum sei Dir anvertraut, daß kürzlich in einer kleinen englischen Denkschrift des Institutes eine, freilich überaus kursorische, Bibliographie meiner Schriften – wie auch einer solchen von anderen Mitarbeitern – erschienen ist). Die letzte Nummer der Zeitschrift VII, 3 enthält im Besprechungsteil von mir einen Aufsatz über Julien Benda, der Dir plaisirlich sein wird. Aber was soll ich tun? ich habe kein Duplikat.

Damit Du siehst, daß ich tue, was in meinen Kräften steht, werde ich Dir, zur Einverleibung in das Archiv, von nun ab gelegentlich Maschinenmanuskripte übersenden. Während ich die möglichst baldige Rücksendung des Dir in Aussicht gestellten Baudelaire-Manuskripts von Dir erbitte, sollst Du die es begleitenden Rezensionen von Hönigswald und Sternberger als Dir dediziert betrachten. Das Buch von [Dolf] Sternberger – „Panorama [oder] Ansichten vom 19. Jahrhundert" [...] solltest Du Dir einmal in die Hände spielen lassen. Das Beatrice-Sonett[2] wirst Du ebenfalls bei der Sendung finden. –

Von den Bewegungen im Verlagswesen nehme ich mit Interesse Kenntnis. Ungefähr gleichzeitig mit Deiner Nachricht von der Schließung des Schocken-Verlages fand sich Rowohlt in meinem Zimmer ein. Er mußte Deutschland einigermaßen schleunig den Rücken kehren. Nicht deshalb, sondern weil er Hessel (der vor einem Vierteljahr herkam) in Berlin lange Zeit das Leben erleichtert hat, auch lange an jüdischem Personal festhielt, hat er bei mir einen Stein im Brett. Politisch war er nie ernst zu nehmen. Er geht nach Brasilien; wie ich denke, vor allem um seine Familie zu etablieren, und sich dann wieder in Europa umzusehen. Seinen alten Verlag, wenn es um diesen ginge, hat er derzeit in Paris halbwegs komplett beisammen. Polgar und Speyer sind seit kurzem hier eingerückt.

Dora kam vor 6 Wochen durch Paris. Ich habe den Eindruck, daß die Liquidation ihres Unternehmens in San Remo auf gutem Wege ist. Sie hat inzwischen mit einem englischen Partner in London ein Boarding-House aufgemacht. Die Aussichten für Stefans Naturalisation scheinen günstig. Es ist zu hoffen, daß er das Abiturium in London machen wird.

Gern würde ich von Dir hören, wie es bei Euch aussieht. Sollten die Schießereien in Jerusalem nicht abgenommen haben? Vor allem aber: bist Du nunmehr mit Deinen Augen ganz in Ordnung? – Zu hören, daß Ihr noch immer an die Möglichkeit denkt, mich bei Euch zu Besuch zu sehen, hat mich sehr gefreut. Ich glaube nur, die Liste der wilden und zahmen Völker, die man da um Erlaubnis würde ersuchen müssen, wird täglich länger.

Dein Amerikabericht[2a] war recht großartig. Er hat mich in

dem, was Du über Land und Leute sagst, überzeugt (diesen Teil habe ich hin und wieder zur Erbauung eines erlesenen Publikums zum Besten gegeben); er hat mich in den Partien, die dem Institut gewidmet sind, kaum auf Gedanken gebracht, die nicht schon meine eigenen gewesen wären. Umso mehr Grund habe ich, Dir für das Verhalten zu danken, das Du in so richtiger Einschätzung meiner Interessen dort beobachtet hast.

Ein Arzt wohnt hier im Hause[3], der die Witwe von Schestow behandelt. Die Arme sitzt nun unter den unaufgeschnittenen Werken ihres Gatten – was werden wir Andern eines Tages hinterlassen als unsere eigenen unaufgeschnittenen Schriften? Um ihr Interieur freundlicher zu gestalten, schleppt sie hin und wieder einige dieser Schriften ab, und so sammeln sich bei mir langsam Schestows Werke. Kurz entschlossen, habe ich mir eines Tages „Athen und Jerusalem"[4] vorgenommen. Denkt man sich eine gnädige Fee, die, aus purer Laune, eines Tages die dreckigste Sackgasse im verlorensten Winkel des Weichbildes einer großen Stadt in ein unwegsames Hochtal verwandelt, in dem die Bergwände ebenso senkrecht abstürzen wie vordem die Fassaden der Mietskasernen – dann hat man das Bild, unter dem mir Schestows Philosophie erscheint. Sie ist, glaube ich, ziemlich bewunderungswürdig, aber nichtsnutzig. Als Kommentator kann man vor ihm nur den Hut ziehen, und seine Schreibweise scheint mir großartig. Ich hoffe, ich werde Anlaß haben eine Anzeige von dem genannten Buch abzufassen.

Von Schestow ist der Weg zu Kafka für den, der sich entschlossen hätte, vom Wesentlichen abzusehen, nicht weit. Als dieses Wesentliche erscheint mir bei Kafka mehr und mehr der Humor. Er war natürlich kein Humorist. Er war vielmehr ein Mann, dessen Los war, überall auf Leute zu stoßen, die aus dem Humor eine Profession machten: auf Klowns. Besonders „Amerika" ist eine große Klownerie. [...] Wie dem nun immer sei – ich denke mir, dem würde der Schlüssel zu Kafka in die Hände fallen, der der *jüdischen Theologie ihre komischen Seiten abgewönne*. Hat es so einen Mann gegeben? oder wärst Du Manns genug, dieser Mann zu sein?

Hannah Stern[5] erwidert Deine Grüße aufs Schönste.

Dir und Deinem Haus alles Herzliche

Dein Walter

PS Was meint Dein den Schluß des Dreigroschenromans betreffender Hinweis auf Kafka?

Wiesengrunds Adresse: T. W. Adorno 290 Riverside Drive 13 D, New-York City.

1 Der Brief ist mit der Maschine geschrieben, d. h. diktiert.
2 Von Brecht. W. B. hatte es Scholem in Paris vorgelesen.
2a Scholems Brief vom 8. November 1938 im Stück unautorisiert in „Alternative" 1969, S. 190, gedruckt.
3 Dr. Fritz Fränkel.
4 Das letzte Buch von Leon Schestow, aus dem er bei seinem Besuch in Jerusalem (im Winter 1937/38) vorgelesen hatte. Scholem, der Schestow in Briefen an W. B. öfters besprochen hatte, hatte diese Vorlesungen eingeleitet.
5 Hannah Arendt.

309 An Gerhard Scholem

Paris, 20. Februar 1939

Lieber Gerhard,

ich habe Hannah Arendt nahegelegt, Dir das Manuscript ihres Buches über Rahel Varnhagen[1] zugänglich zu machen. Es soll in den nächsten Tagen an Dich abgehen.

Auf mich hat dieses Buch großen Eindruck gemacht. Es schwimmt mit starken Stößen wider den Strom erbaulicher und apologetischer Judaistik. Du weißt am besten, daß alles was man über „die Juden in der deutschen Literatur" bis dato lesen konnte[2], von eben dieser Strömung sich treiben ließ.

[...]

Entre temps habe ich mich wieder einmal der Reflexion über Kafka zugewandt. Ich blätterte auch in älteren Papieren und fragte mich, warum Du denn meine Kritik des Brodschen Buches Schocken bisher nicht hast zukommen lassen. Oder ist das inzwischen vor sich gegangen?

Ich hoffe baldigst ausführlich von Dir zu hören. Herzlichst

Dein Walter

1 Erschien erst 20 Jahre später, München 1959.
2 Dieses Thema hat W. B. selber in der Encyclopaedia Judaica V (1930), Sp. 1022–1034 behandelt.

310 An Theodor W. Adorno

Paris, 23. 2. 39

Lieber Teddie,

on est philologue ou on ne l'est pas. Als ich Ihren letzten Brief studiert hatte, war mein erstes, auf das bedeutsame Konvolut zurückzugreifen, das ich an Ihren Äußerungen zu den „Passagen" besitze. Die Lektüre dieser zum Teil weit zurückreichenden Briefe war eine große Stärkung: ich erkannte wieder, daß die Fundamente unverwittert und unbeschädigt geblieben sind. Ich holte mir aus diesen früheren Äußerungen aber vor allem Aufschlüsse über Ihren letzten Brief und besonders über die dem Typus geltenden Überlegungen.

„Alle Jäger sehen gleich aus." – so schrieben Sie am 5. Juni 1935 gelegentlich eines Hinweises auf Maupassant. Das führt in eine Zelle des Sachverhalts, in welcher mich einzurichten mir in dem Augenblick möglich wird, wo ich die Erwartung der Redaktion auf eine Abhandlung über den Flaneur zentriert weiß. Sie haben meinem Briefe mit solcher Ausrichtung die glücklichste Interpretation gegeben. Ohne den Ort, welchen das Kapitel im Buch über Baudelaire haben muß, preiszugeben, kann ich mich nun – nachdem die offenkundigeren soziologischen Befunde gesichert sind – in gewohnter monographischer Form der Bestimmung des Flaneurs im Gesamtkontext der Passagen zuwenden. Im folgenden zwei Hinweise darauf, wie das zu denken ist.

Die Gleichheit ist eine Kategorie des Erkennens; sie kommt in der nüchternen Wahrnehmung streng genommen nicht vor. Die im strengsten Sinne nüchterne, von jedem Vor-Urteil freie Wahrnehmung stieße im äußersten Falle immer nur auf ein Ähnliches. Solch Vorurteil, das der Wahrnehmung im Regelfall ohne Schaden beiwohnt, kann im Ausnahmefall

Anstoß bieten. Es kann den Wahrnehmenden als einen, der *nicht* nüchtern ist, kenntlich machen. Das ist zum Beispiel der Fall des Don Quijote, dem die Ritterromane zu Kopfe gestiegen sind. Dem kann das verschiedenste begegnen: er nimmt darinnen immer das Gleiche wahr – das Abenteuer, das des fahrenden Ritters harrt. Nun Daumier: der malt, wie Sie sehr mit Recht andeuten, im Don Quijote sein Ebenbild. Daumier stößt auch immer wieder aufs Gleiche; er nimmt in allen den Köpfen der Politiker, Minister und Advokaten das Gleiche wahr – die Gemeinheit und Mediokrität der Bürgerklasse. Wichtig ist aber hierbei vor allem eines: die Halluzination der Gleichheit (die von der Karikatur nur durchbrochen wird, um sich alsbald wieder herzustellen; denn je weiter eine groteske Nase von der Norm entfernt ist, desto besser wird sie als Nase schlechthin das Typische des benasten Menschen zeigen) ist bei Daumier, wie für Cervantes, eine komische Angelegenheit. Das Gelächter des Lesers rettet im Don Quijote die Ehre der Bürgerwelt, im Vergleich zu der sich die ritterliche als einförmig und einfältig präsentiert. Daumiers Gelächter gilt vielmehr der Bürgerklasse; er durchschaut die Gleichheit, mit der sie prunkt: nämlich als die windige égalité, wie sie sich im Beinamen Louis Philippes breitmachte. Im Gelächter räumen sowohl Cervantes wie Daumier mit einer Gleichheit auf, die sie als geschichtlichen Schein dingfest machen. Die Gleichheit hat ein ganz anderes Ansehen bei einem Poe, geschweige bei einem Baudelaire. Im „Mann der Menge" blitzt wohl noch die Möglichkeit eines komischen Exorzismus auf. Bei Baudelaire ist davon keine Rede. Er kam vielmehr der historischen Halluzination der Gleichheit, die mit der Warenwirtschaft sich eingenistet hatte, künstlich zu Hilfe. Und die Figuren, in welchen der Haschisch sich bei ihm niederschlug, sind in diesem Zusammenhang dechiffrierbar.

Die Warenwirtschaft armiert die Phantasmagorie des Gleichen, welche als Attribut des Rausches sich zugleich als zentrale Figur des Scheins beglaubigt. „Du siehst, mit diesem Trank im Leibe, Bald Helenen in jedem Weibe." Der Preis macht die Ware allen denen gleich, die für den gleichen Preis käuflich sind. Die Ware fühlt sich – das ist die maßgebende Korrektur an dem Text vom Sommer – nicht nur und nicht sowohl in den Käufern ein, denn vor allem in ihren Preis. Eben darin aber stimmt der Flaneur sich auf die Ware ab; er tut es ihr durchaus nach; in Ermangelung der Nachfrage, das heißt eines Marktpreises für ihn, richtet er sich in der Käuflichkeit selbst häuslich ein. Der Flaneur überbietet die Hure darin; er führt gleichsam ihren abstrakten Begriff spazieren. In der letzten Inkarnation des Flaneurs erst erfüllt er ihn: ich will sagen als Sandwichmann.

Von der Baudelairearbeit aus betrachtet nimmt sich die Umkonstruktion folgendermaßen aus: die Definition der Flanerie als eines Rauschzustandes kommt zu ihrem Recht; damit ihre Kommunikation zu den Erfahrungen, welche Baudelaire mit den Rauschgiften angestellt hatte. Der Begriff des Immergleichen wird als die immergleiche *Erscheinung* schon im zweiten Teil eingeführt, während er in seiner definitiven Prägung als der des immergleichen *Geschehens* weiterhin dem dritten vorbehalten ist.

Sie sehen, daß ich Ihnen für Ihre Anregungen über den Typus Dank weiß. Wo ich über sie hinausgegangen bin, geschah es im ursprünglichsten Sinn der „Passagen" selbst. Dabei hebt sich mir Balzac sozusagen weg. Er ist hier nur von anekdotischer Wichtigkeit, indem er weder die komische noch die grauenvolle Seite des Typus zur Geltung bringt. (Beides zusammen hat, glaube ich, im Roman erst Kafka eingelöst; bei ihm haben sich die Balzacschen Typen solide im Schein einlogiert: sie sind zu „den Gehilfen", „den Beamten", „den Dorfbewohnern", „den Advokaten" geworden, denen K. als der einzige Mensch, mithin als ein in all seiner Durchschnittlichkeit atypisches Wesen gegenübergestellt ist.)

An zweiter Stelle greife ich in Kürze Ihren Wunsch auf, die Passagen nicht nur als das Milieu des Flanierenden einzuführen. Ich kann Ihr Vertrauen in mein Archiv einlösen und werde die merkwürdigen Träumereien zu Wort kommen lassen, die um die Jahrhundertmitte die Stadt Paris als eine Folge von gläsernen Galerien, von Wintergärten gleichsam, erbaut haben. Der Name des Berliner Cabarets – von dem ich zu ermitteln suchen werde, von wann er datiert – gibt zu verstehen, welches das Leben in dieser Traumstadt hätte sein können. – Das Flaneur-Kapitel wird damit dem ähnlicher, das seinerzeit in dem physiognomischen Zyklus auftrat, in dem es von den Studien über den Sammler, den Fälscher und den Spieler umgeben war.

Die Notizen, die Sie zu einzelnen Stellen machen, möchte ich heute nicht gründlich durchgehen. Einsichtig war mir z. B. die zu dem Zitat von Foucauld. Nicht zustimmen kann ich u. a. Ihrem Fragezeichen zu Baudelaires sozialem Signalement als Kleinbürger. Baudelaire lebte von einer kleinen Rente aus Terrainbesitz in Neuilly, die er mit einem Stiefbruder zu teilen hatte. Der Vater war ein petit maître, der unter der Restauration eine Sinekure als Verwalter des Luxembourg hatte. Entscheidend ist, daß Baudelaire von allen accointancen mit der Finanzwelt und der Großbourgeoisie lebenslang abgeschnitten gewesen ist.

Ihr scheeler Blick auf Simmel –. Sollte es nicht Zeit werden, einen der Ahnen des Kulturbolschewismus in ihm zu respektieren? (Ich sage das nicht, um für das Zitat einzutreten, das ich zwar nicht missen möchte, auf dem aber an seiner Stelle ein zu starker Akzent liegt.) Letzthin nahm ich seine „Philosophie des Geldes“ vor. Sie ist gewiß nicht umsonst Reinhold und Sabine Lepsius gewidmet; sie stammt nicht umsonst aus der Zeit, in der Simmel sich dem Kreis um George „nahen“ durfte. Man kann aber in dem Buch, wenn man von seinem Grundgedanken abzusehen entschlossen ist, sehr Interessantes finden. Mir war die Kritik der Werttheorie von Marx frappant.

Ein wahres Vergnügen waren mir die Betrachtungen über die Philosophie der absoluten Konzentration im letzten Heft[1]. Das Heimweh nach Deutschland hat seine problematischen Seiten; Heimweh nach der weimarer Republik (und was wäre diese Philosophie sonst?) ist einfach tierisch. Die Anspielungen auf Frankreich im Text hauen in die Kerbe eigenster Erfahrungen und Reflexionen. Ich habe in meinem letzten Literaturbericht an Max ein Lied davon singen können. Wie der Wind weht, davon mag Sie das eine Fait divers unterrichten, daß die Zeitung der hiesigen Zweigstelle der Partei neuerdings im [Hotel] Littré ausliegt. Ich stieß auf sie, als ich Kolisch[2] besuchte. Ich hörte seinen Quartettabend und hatte vor seiner Abreise noch eine angenehme Stunde mit ihm. [...] Bei der gleichen Gelegenheit sah ich übrigens Soma Morgenstern[3], der sich in der letzten Minute aus Wien gerettet hat.

Wenn es Ihnen entbehrlich ist, würde ich das Buch von Hawkins[4] gern einsehen. Einer Beziehung von Poe zu Comte nachzugehen, wäre bestimmt verlockend. Von Baudelaire zu ihm gibt es meines Wissens keine, so wenig wie eine von Baudelaire zu Saint-Simon. Comte dagegen ist eine Zeitlang, als er ungefähr zwanzig Jahre war, disciple attitré von Saint-Simon gewesen. Er hat u. a. die Mutter-Spekulation von den Saint-Simonisten übernommen, ihnen aber ein positivistisches cachet gegeben – mit der Behauptung sich hervortuend, die Natur werde es dahin bringen, in der Vierge-mère das weibliche Wesen, welches sich selbst befruchtet, hervorzubringen. Vielleicht interessiert es Sie, daß Comte beim Staatsstreich vom 2. September nicht minder prompt umfiel als die Pariser Schöngeister. Dafür hatte er vorher in seiner Menschheitsreligion einen Jahrestag vorgesehen, der der feierlichen Verfluchung Napoleon I. gewidmet war.

Da wir gerade bei Büchern stehen: Sie haben mich früher auf „La nuit, un cauchemar“ von Maupassant hingewiesen. Ich habe gegen 12 Bände seiner Novellen durchgesehen, ohne den Text zu finden. Können Sie mir mitteilen, wie es darum bestellt ist? Eine nicht minder dringende Bitte: mir, falls Sie vom Kierkegaard noch ein verfügbares Exemplar haben, dieses zu schicken. Leihweise die „Theorie des Romans“ [von Georg Lukács] zu erhalten, wäre mir ebenfalls sehr willkommen.

Ich höre mit Traurigkeit, auch von Kolisch, was Ihre Eltern durchgemacht haben. Hoffentlich sind sie mittlerweile glücklich entronnen.

Mit schönstem Dank bestätige ich den Empfang des Hauff. Felicitas schreibe ich in der nächsten Woche.

Herzlichst Ihnen und ihr

Ihr Walter

1 Max Horkheimer: Die Philosophie der absoluten Konzentration, in: Zeitschrift für Sozialforschung 7 (1938), S. 376–387.
2 Rudolf Kolisch, bedeutender Musiker, Primarius des Kolisch-Quartetts, Schwager von Arnold Schönberg.
3 Soma Morgenstern, Dr. jur., Schriftsteller. In Polen geboren, lebte Morgenstern nach dem ersten Weltkrieg in Wien und schrieb für die Frankfurter Zeitung. Er war befreundet mit Alban Berg und Joseph Roth. Er emigrierte über Paris nach New York.
4 Richmond Laurin Hawkins: Positivism in the United States (1853 bis 1861). Cambridge, Mass., 1938.

311 An Gerhard Scholem

Paris, 8. April 1939

Lieber Gerhard,

Das Grün der Hoffnung durchwirkt Deinen Brief so sparsam wie das diesen kalten Frühlings die Straßen von Paris. Desto präziser die winterlichen Ausblicke zwischen Deinen Zeilen. Ich war niemals ein Feind der Klarheit, und ich bin es am wenigsten jetzt, wo ich mit den Jahren einen genauen Begriff von dem zu haben glaube, womit ich meinen Frieden machen kann und auch von dem, womit ich das nicht im Sinne habe. Daß auch diese zweite Seite der Alternative vertreten sei – diese Bedeutung hatte es, daß mein Brief vom 14ten März von einer bestimmten Summe sprach – keine andere.

Eben die Umstände, die meine europäische Situation so sehr bedrohen, werden meine Übersiedlung nach den U. S. A. wohl unmöglich machen. [. . .]

Auf ein hilfsbereites Interesse bin ich hier in Paris bei Hannah Arendt gestoßen. Ob ihre Bemühungen zu irgendetwas führen, steht dahin.

[...]

Du wirst vielleicht verstehen, daß mir gegenwärtig Arbeiten, die auf das Institut ausgerichtet sind, schwer fallen. Wenn Du dazu nimmst, daß Umarbeitungen ohnehin einen geringeren Reiz haben als das neu in Angriff genommene, wirst Du begreifen, daß die Umformulierung des Flaneur-

Kapitels langsam vom Fleck rückt. Ich hoffe, daß es sich als glücklich erweisen wird, wenn der geplante Text eingreifende Veränderungen aufweist. Vielleicht wird in ihrem Gefolge auch der habitus des Flaneurs in Baudelaires Person selber jene Plastizität bekommen, die Du im vorliegenden Text wohl mit Recht vermissest. Dazu wird die Problematik des „Typs" in einem philosophisch exponiertern Sinne entwickelt werden. Endlich wird das große Gedicht Les sept vieillards, dem sich noch keine Interpretation je zugewendet hatte, eine überraschende, doch, wie ich hoffe, überzeugende Auslegung erfahren.

In der Tat: Deine Einwände berühren sich da, wo Du es vermutest, mit denen von Wiesengrund. Ich bin nicht weit davon entfernt zu gestehen, daß ich sie provozieren wollte. Die Gesamtkonzeption des „Baudelaire" – die freilich bisher nur in einem Entwurf vorliegt – weist eine philosophische Bogenspannung von großem Ausmaß auf. Mit ihr eine schlichte, ja hausbackene Methode der philologischen Auslegung zu konfrontieren, war eine große Versuchung für mich gewesen, der ich im zweiten Teil stellenweise nachgegeben habe. In diesem Zusammenhange will ich anmerken, daß Deine Vermutung, die Stelle über die Allegorie sei absichtlich verschlossen gehalten, zu Recht besteht.

Von der Bitte, mir das Manuscript sobald als möglich zurückzusenden, könnte ich nur dann absehen, wenn Du mich mit dem deutschen oder französischen Manuscript deiner Abhandlung über jüdische Mystik entschädigen würdest[1]. Du kannst Dir denken, wie sehr mir am Studium dieses Textes gelegen wäre. Beiliegend das Brecht-Sonnet zur Versöhnung. (Das vorletzte Wort der zweiten Zeile lautete in der ersten Fassung, die ich Dir auswendig sagte[2], wie Du Dich erinnern wirst, abweichend).

Gern würde ich von dem Eindruck wissen, den die „Rahel Varnhagen" auf Dich gemacht hat. In einigem Abstand interessiert mich auch, ob Dir einmal der Roman, „der Sohn des verlorenen Sohns" zu Gesicht gekommen ist, den Soma Morgenstern 1935 bei Erich Reisz hat erscheinen lassen. Wenn das der Fall ist, so laß mich doch wissen, was Du von

dem Buche meinst. Sein Verfasser, der Schwiegersohn von Heinrich Simon,[3] kreuzte in Frankfurt in frühern Jahren meinen Weg. Nun begegnete ich ihm wieder; er hatte Wien noch eben zur Zeit verlassen. Das Buch ist der erste Band einer Trilogie, von der der zweite im Manuscript vorliegt.
Dir und Deiner Frau die herzlichsten Grüße

Dein Walter

1 Die für ein jiddisches Handbuch „The Jews", unter Herausarbeitung der sozialen Bedeutung dieser Bewegung, abgefaßt war; New York 1939, vol. II, col. 211–254.

2 Die gedruckte Fassung bringt nur das blassere Verbum.

3 S. M. war mit Inge von Klenau, der Nichte von H. S., verheiratet.

312 An Bernard Brentano

Paris, 22. 4. 39

Lieber Brentano,

herzlichen Dank für Ihren Brief. Mir war es auch wichtig, daß wir uns gesprochen haben. Wenn nicht Kriegs- oder Friedenslüfte die letzten Fäden des deutschen Altweibersommers zerreißen, der uns gemeinsam war, so werden wir das Gespräch ja wohl wieder aufnehmen – beide wissender.

Für Ihre Bemühung um den Spitteler vielen Dank. Wenn ich zwischen 150 und 175 frz frcs dafür erhalte, so erscheint mir das angemessen. Ich schicke Ihnen das Buch dieser Tage, mit dem Winkler[1].

Wenn Sie sagen wollen, daß Winkler in seiner Generation unter den Vereinzelten ist, die wollen, daß nicht alles, worum es der meinen ging, verloren sei, so pflichte ich Ihnen bei. Nur ist das winklersche Denken mir substantiell nicht eindeutig. Vielmehr scheint mir an ihm überaus deutlich zu werden, daß die Erfahrungen der heutigen Menschen sich idealistisch nicht mehr behandeln lassen, ohne daß Material und Moral der Erkenntnis zu schaden kommen. Winkler geht idealistisch vor. Und unversehrt scheint mir da im Grunde nur das Niveau zu bleiben.

Schaden konnte entstehen, wie mir scheinen will. Denn dieses Denken kreist in der Tat nicht um das Erste Beste. (Ich sage das obwohl ich Autoren wie Giono oder der Kunstgewerblerin Langgässer mit allem Vorbehalt gegenüber stehe.) Wenn es etwas gibt, worin ich ein passionierendes Bemühen erkenne, Funde festzuhalten, die das Festhalten wirklich lohnen, so ist es in der Vorstellung von der Erfahrung selbst, die bei Winkler ins Spiel gemischt ist. Im Essay über Jünger gefällt mir die Supposition, kraft deren an die „Stelle des Erkennens, bei dem der Denkende sich zur Wirklichkeit von Anfang an in einem Verhältnis der Aktivität befindet, ... das Erfahren als ein Zustand der Passivität" tritt. Gerade in dem, was er über Jünger schreibt, scheint mir aber diese Passivität nicht zu walten und die Erfahrung nicht zu Worte gekommen zu sein. Ich glaube nicht, daß er, ohne sich Gewalt anzutun, mit der grobschlächtigen Metaphysik von Jünger seinen Frieden hat machen können. (Dabei habe ich nichts gegen die Metaphysiker. Sie sind die wahren Troubadoure der spröden Vernunft. Aber Jünger führt sich ihr gegenüber wie ein Landsknecht auf.)

Sehr erfreulich ist die Arbeit über Hölderlin. Man müßte ihr Verhältnis zu [Wilhelm] Michels Schrift „Hölderlins abendländische Wendung"[2] ins Auge fassen. Bei weitem am lichtvollsten scheint mir der erste George-Essay, von dem der Herausgeber etwas abrückt. Vielversprechend die richtig gesetzten Zeilen über Paul Valéry.

Daß über die Umstände von Winklers Tod aus dem Nachwort nichts hervorgeht, vermisse ich.[3] Vielleicht liegen politische Motive der Tat zu Grunde, vielleicht erotische. (Der Aufsatz über Platen spricht nicht dafür, daß sein Autor invertiert gewesen sei; aber da ist die kleine Anzeige der Gedichte von Appel.) Aufschlüsse in dieser Richtung wären mir wünschbar, um das [Bild] des Verfassers genauer ins Blickfeld zu bekommen. Soviel scheint mir klar zu liegen, daß er weit entfernt war, mit sich im Reinen zu sein.

An meinen Verhältnissen hat sich bis dato nichts geändert;

das heißt ich lebe in Erwartung einer über mich hereinbrechenden Unglücksbotschaft. Bis dahin habe ich mein Auskommen; nur vorsorgen kann ich nicht. Wenn die Zwischenzeit lang genug ist, um Ihre Aktion in Basel zum Ausreifen zu bringen, so will ich mir Glück wünschen. Ihnen danken will ich in jedem Fall, sie in die Wege geleitet zu haben.

Brecht hat sich, vermutlich nur schweren Herzens, entschlossen, das Haus auf Fünen aufzugeben. Es wird wohl so richtig gewesen sein, denn in Dänemark dürften die Wahlen im Sommer einige Unruhe mit sich führen. Brecht bemüht sich, nach Schweden hereinzukommen. (Indessen mobilisiert man dort, wie ich gestern hörte.)

Ich bin bei einem Abschnitt meines Buchs über Baudelaire, der es mit dem Spektrum des Müßiggangs in der bürgerlichen Gesellschaft zu tun hat. Er unterscheidet sich sehr markant von der „Muße" in der feudalen, die den Vorzug hat, von der vita contemplativa auf der einen, von der Repräsentation auf der andern Seite flankiert zu sein. Baudelaire ist der profundeste Praktiker des Müßiggangs in jener Epoche, da aus dieser Haltung heraus noch Entdeckungen zu machen waren.

Lassen auch Sie wieder von sich hören.

Mit herzlichem Gruß, auch Ihrer Frau

Ihr Walter Benjamin

1 Eugen Gottlob Winkler: Gestalten und Probleme. Dessau 1937, u. ders.: Dichter. Arbeiten. Dessau 1937.

2 Jena 1923.

3 Er nahm sich im Oktober 1936 das Leben.

313 An Adrienne Monnier

Paris, 29. Avril 1939

Chère amie,

Voici la réponse qui me parvient à l'instant de Pontigny. Le nom de l'institution en question est: caisse des recherches scientifiques.

Je vous confie, ci-joint, une copie de mon texte pour la communiquer à Valéry. Pour y inscrire un hommage, j'étais hésitant. Si vous le jugez à propos, je le ferai. En ce cas je vous prie d'apporter le cahier à notre prochain rendez-vous que j'espère imminent.

Peut-être serait-il utile que nous nous revoyons avant votre visite chez Valéry. J'ajoute, à toutes fins utiles, ceci: ladite caisse des recherches a obtenu, a ce qu'on m'a dit, des fonds de la part de l'Alliance Israëlite Universelle pour qu'elle soit en mesure de venir en aide à certains savants juifs. Cela peut avoir son importance puisque Sylvain Lévy qui présidait l'Alliance jusqu'à sa mort m'a jugé digne d'une subvention de la part de son organisation. Cela était en 1934; les fonds respectifs de l'Alliance n'étaient pas encore joints à la caisse des recherches.

Voulez-vous téléphoner lundi matin?

Sincèrement à vous.

Walter Benjamin.

314 An Karl Thieme

Paris, 8. Juni 1939

Lieber Herr Thieme,

über die Nachricht, die Sie mir von dem ungewöhnlichen Erfolg Ihres Buches[1] geben konnten, habe ich mich sehr gefreut. Inzwischen habe ich es gelesen, und es liegen mir nun zumindest einige Ursachen dieses Erfolges klar vor Augen. Sie haben in der Darstellung eine sehr glückliche Hand gehabt. Die denkbar sprödeste Form haben Sie bewältigt und zwar indem Sie zum Unterschied von den Dilettanten, die sich in der Form des Gesprächs versuchen, diese Sprödigkeit nicht vertuscht haben. Gehe ich fehl in der Annahme, daß Sie die Technik der Soirées de Saint-Petersbourg studiert haben?

Gerade indem Sie auf jedes anekdotische Detail verzichteten, konnten Sie dieser Form eine höhere Urbanität abgewinnen, die Ihnen außerordentlich zu gute kommt. Die Popularität, die Sie vielfach, besonders im *adolescens*-Kapitel und stets ohne Konzessionen erreichen, wird an Ihrem Erfolg Anteil haben. Die Konfrontierung der Dominikaner mit den Franziskanern, besonders aber die Verhandlung der Streitsache zwischen Jesuiten und Jansenisten scheinen mir meisterhaft.

Vielleicht ist die Urbanität bei Ihnen nur die Kehrseite des Muts, wie das garnicht selten ist. Es ist für mich ein ästhetisches Schauspiel hohen Ranges, wie sich in Ihrem Buch die politische und theologische Kühnheit die Wage halten. Die eschatologischen Spekulationen des Schlußabschnitts sind echte Theologie, wie man ihr heute wohl nicht mehr oft begegnet. (Ich habe bei der Lektüre Ihres Buches bedauert, Barth nicht zu kennen, um mir von dem Verhältnis Ihrer Denkweise zur dialektischen Theologie Rechenschaft geben zu können. Mein Gefühl sagt mir, daß die Opposition fast durchgehend sein muß.) Wenn ich den theologischen Entwicklungen gegenüber mich mit der aufmerksamen Rezeption begnügen muß, so ist mein Anteil an den politischen Intentionen Ihres Buches natürlich ein sehr spontaner. Ihren Ausführungen über die Unzulänglichkeit der privaten Heiligung gebe ich auf dem Wege zu Ihrer Leserschaft meinen herzlichen Reisesegen. Die unmittelbar politischen Darlegungen scheinen mir nicht alle von Problematik frei und besonders in der Stelle über die französische Revolution scheint mir eine zu gewagte Abbreviatur zu stecken. Ich wenigstens zweifle, ob man die Großbourgeoisie wirklich als die ursprüngliche Mandantin der Bewegung bezeichnen kann. Daß der Vertrieb des Buches nicht schon auf Grund der Bemerkung über das Volk – ich meine die ausgezeichnete Alternative auf p 41 – ist unterbunden worden, dahinter ist man beinah versucht, eine Sabotage bei der Zensurbehörde zu wittern. (Solche Möglichkeiten sind nicht unbedingt ausgeschlossen.) Der Exkurs über die mit Heuchelei erkaufte „Sicherheit" und das „immer weiter mitgerissen werden" ist etwas mehr getarnt aber nicht minder eindrucksvoll.

Ich habe Lion auf Grund meiner Lektüre noch einmal an

Ihr Buch erinnert und möchte annehmen, daß die Sache auf gutem Wege ist. In der nächsten Nummer von „Maß und Wert" finden Sie von mir einen (anonymen) Aufsatz über die Dramaturgie von Brecht[2].

Die erbetenen Photographien werden inzwischen in Ihren Händen sein.

Ich schließe mit den herzlichsten Grüßen

Ihr Walter Benjamin

PS Bedeutet es einen negativen Bescheid, daß ich über das Buch von Münch bisher nichts vernahm?

1 „Am Ziel der Zeiten?", 1939.
2 „Was ist das epische Theater?". Jetzt Schriften II, S. 259–267.

315 An Bernard Brentano

Paris, 16. Juni 1939

Lieber Brentano,
Ihr schöner Satz „sagen lassen sich die Menschen nichts, aber erzählen lassen sie sich alles" bringt mich darauf, Ihnen als Gegengabe für den schönen Auswahlband eine kleine Betrachtung über den Erzähler zu schicken. Ich habe sie vor ein paar Jahren veröffentlicht; sie wird Ihnen schwerlich untergekommen sein.

Kellers Gedichte liebe ich sehr, und seit jeher!

Lassen Sie sich wieder einmal ausführlicher vernehmen?

Die freundlichsten Grüße Ihr Walter Benjamin

[Juni 1939?]

Liebe Grete,

seit vierzehn Tagen bin ich aus meiner burgundischen Cistercienserabtei zurück. Der Aufenthalt dort, so nützlich er mir dank der wundervollen Bibliothek gewesen ist, war von diesem Gewinn abgesehen, im buchstäblichen und jedem andern Sinn verregnet. Es waren zudem keine Leute da, an die man sich halten konnte. Oder sollte es welche gegeben haben, so kamen sie infolge der Atmosphäre nicht zur Geltung. Dieses letzte dürfte bei einer Frau Stenbock-Fermor der Fall gewesen sein. Brecht wird sich des Namens von ihrem Mann her vielleicht entsinnen. Er hat kurz vor Hitler eine kommunistische Reportage über die Lebensverhältnisse der Bergarbeiter veröffentlicht[1].

In der Gegend der Abtei waren zwei Dutzend spanische Legionäre einquartiert. Ich hatte mit ihnen keine Fühlung; aber die Frau Stenbock-Fermor hielt Kurse bei ihnen ab. Da sie sich sehr für Brechts Sachen interessierte, so habe ich ihr nach meiner Rückkunft „Furcht und Zittern"[2] [sic] auf ein paar Tage geschickt und sie hat den spanischen Brigadiers (es waren meist Deutsche und Österreicher) daraus vorgelesen. „Den größten Eindruck" schreibt sie mir „machte auf sie das Kreidekreuz, der Entlassene, Arbeitsdienst und Stunde des Arbeiters und alles wurde echt und einfach empfunden."

Wenn Sie diese Zeilen erhalten, werden Sie wohl schon wissen – denn Stockholm wird doch literarisch besser als Svendborg versorgt sein – daß in den Juni-Nummern der Nouvelle Revue Française Stücke aus dem Zyklus in der Übersetzung von Pierre Abraham erschienen sind; im Ganzen wohl sechs oder sieben. Ich konnte bisher nur eben auf der Bibliothek hineinsehen. Mir scheint die Übersetzung recht gut gelungen. Die Nouvelle Revue Française macht eine kurze einfältige Fußnote. Brecht sei der Dichter der opéra de quatre sous und der sept péchés capitaux.

Jetzt noch ein Wort zu meinen Gedichtkommentaren[3]. Sie

werden ganz und gar nicht in „Maß und Wert" erscheinen; vielmehr habe ich für diese Zeitschrift sogleich nachdem Sie mir die Nachricht von dem Verschwinden des „Wortes" gegeben hatten, einen neuen Essay über die Dramaturgie von Brecht geschrieben[4]. Er dürfte in ganz kurzer Zeit erscheinen. Was die Kommentare angeht, so liegt mir natürlich daran, daß sie erscheinen sehr. Könnte mir Brecht den Gefallen erweisen, sie von sich aus an die Internationale Literatur zu senden, so wäre mir das sehr lieb. Ich denke nicht so sehr daran, daß er dies als Verfasser der im Kommentar behandelten Gedichte täte denn im Namen der Redaktion des Wort bei deren Manuscripten sich mein Aufsatz befindet. (Ich spreche figürlich, denn ich habe kein Manuscript an Erpenbeck sondern nur eines an Sie gesandt.) Wie dem auch sei, Brecht steht in Verbindung mit der Internationalen Literatur und mir fehlt sie. Für Brecht ist es, denke ich, ein Leichtes, anzufragen, ob solche Kommentare die Leute interessieren. Wenn er sie dann nicht selbst einsenden will, so kann er die Redaktion doch gewiß veranlassen, sie von mir anzufordern. Wenn jetzt der Gedichtband erscheint[5], so erleichtert das alles, während mir eine Initiative aus eignen Stücken bei der Internationalen Literatur recht schwer fällt. Bitte schreiben Sie mir darüber.

Vom Baudelaire ist derzeit leider nichts zu berichten. Die Newyorker haben eine Umarbeitung verlangt. Das Manuscript läge in umgearbeiteter Gestalt, von der ich glaube, daß sie entscheidende Verbesserungen mit sich führt, wahrscheinlich längst fertig vor, wenn meine Arbeitsbedingungen nicht so unbeschreiblich ungünstig wären. Ich bin garnicht übermäßig lärmempfindlich, aber ich muß ständig unter Bedingungen existieren, in denen ein wirklich lärmempfindlicher Mensch in Jahren auch nicht eine Zeile aufs Papier brächte. Jetzt im Sommer, wo ich mich auf meiner Terrasse auf einige Zeit vorm Getöse des Fahrstuhls sichern könnte, hat sich auf einem ihr gegenüberliegenden Balkon (und Gott weiß wie schmal die Straße ist) ein Nichtsnutz von Maler etabliert, der den ganzen Tag vor sich hinpfeift. Ich sitze oft mit Wagenladungen von Beton, Paraffin, Wachs usw. in den Ohren da, aber es hilft nichts. Soviel also vom Baudelaire, der freilich nun unbedingt vorwärts kommen *muß*.

Wie immer, wenn eine Arbeit sehr dringlich wird, habe ich Allotria vorgenommen. Ich habe zur 150-Jahr-Feier der französischen Revolution eine kleine Montage – ganz in der Art meines Briefbuches – gemacht, die die Wirkung der französischen Revolution auf die zeitgenössischen deutschen Schriftsteller und auch noch auf eine spätere Generation, bis 1830, zeigen soll. Dabei bin ich wieder auf einige jener Tatbestände geraten, die von der deutschen Literaturgeschichte durch hundert Jahre planmäßig verschleiert wurden. Stellen Sie sich mein Erstaunen vor als ich, bei genauer Lektüre feststellte, daß von den beiden Bänden Oden, die es von Klopstock gibt, der zweite, der die spätern enthält, sich in einem Fünftel sämtlicher Stücke mit der französischen Revolution beschäftigt.

Ich komme wenig unter Leute; wenn ich schon nicht schreibe, so geht doch der Tag über den Versuchen dazu hin. So habe ich auch Dudow lange nicht gesehen; hörte aber gestern von Kracauer, daß es ihm nicht gut geht.

Schrieb ich Ihnen, daß ich das Geheimnis der Tabakpäckchen ergründet zu haben glaube? Sie dürfen nicht verschnürt sein. Dagegen passieren sie als Muster ohne Wert wenn Sie sie im Kuvert (mit einer Stift-Klammer) schicken. Wollen Sie es wieder einmal versuchen? Ich würde mich damit freuen.

Lernen Sie brav schwedisch? Schreiben Sie bald! Mit herzlichem Gruß an Sie und Brecht

Ihr Walter Benjamin

PS Karl Kraus ist denn doch zu früh gestorben. Hören Sie: die Wiener Gasanstalt hat die Belieferung der Juden mit Gas eingestellt. Der Gasverbrauch der jüdischen Bevölkerung brachte für die Gasgesellschaft Verluste mit sich, da gerade die größten Konsumenten ihre Rechnungen nicht beglichen. Die Juden benutzten das Gas vorzugsweise zum Zweck des Selbstmords.

PPS Ich habe jetzt die „Versuche“ vollständig bis 15/16 – mir fehlt nur das Heft mit dem „Dreigroschenprozeß“ etc.

Könnten Sie mir *das* von Brecht erschnappen?? Und könnten Sie mir sagen, ob es einen Druck der „Spitzköpfe" in den „Versuchen" gibt[6]? Überhaupt, was nach 15/16 erschienen?

1 Alexander Graf Stenbock-Fermor, „Meine Erlebnisse als Bergarbeiter", 1929.
2 „Furcht und Elend des Dritten Reiches". Damals nur handschriftlich bekannt.
3 Erst postum veröffentlicht, „Schriften" II, 351–372.
4 „Was ist das epische Theater?".
5 „Svendborger Gedichte", London 1939.
6 „Versuche" Heft 8 (Versuche 17); 1933 bereits gesetzt, wurde aber nicht mehr gedruckt und ausgeliefert.

317 An Gretel Adorno

Paris, 26. Juni 1939

Liebe Felizitas,

heute will ich zum „geliebten Deutsch" zurückkehren. Wenn aber mein Brief aus Pontigny ein eigentliches Verlangen nach dem Französischen in Dir zurückgelassen hat, so würdest Du mir eine Freude machen, wenn Du zu guter Stunde ein Exemplar der fleurs du mal aufschlügest, Dich mit meinen Augen darinnen umsähest. Da meine Gedanken nun Tag und Nacht an diesen Text fixiert sind, so würden wir einander gewiß begegnen.

Was nun den Niederschlag dieser Gedanken angeht, so wirst Du nicht leicht den Baudelaire vom vorigen Sommer in ihnen wiederfinden. Das Flaneurkapitel – es ist ja dessen Ausarbeitung allein, die mich beschäftigt – wird in der neuen Fassung entscheidende Motive der Reproduktionsarbeit und des Erzählers, vereint mit solchen der Passagen zu integrieren suchen. Bei keiner frühern Arbeit bin ich mir in dem Grad des Fluchtpunkts gewißgewesen, auf welchem (wie mir nun scheint: seit jeher) meine sämtlichen und von divergentesten Punkten ausgehenden Reflexionen zusammenlaufen.

Ich habe es mir nicht zweimal sagen lassen, daß Ihr es auch mit den extremsten meiner dem alten Fond entstammenden Überlegungen zu versuchen entschlossen seid. Eine Einschränkung bleibt natürlich: es ist immer nur der Flaneur, nicht der Gesamtkomplex des Baudelaire, mit dem Ihr es zunächst werdet zu tun haben. Auch ohnedies wird dieses Kapitel weit über den Umfang des vorjährigen „Flaneurs" hinausgehen. Da es jedoch nun seinerseits in drei von einander abgehobene Teile zerfallen wird – die Passagen, die Menge, der Typ – so wird das die redaktionelle Bewältigung des Textes wohl erleichtern. Ich bin von der Abfassung der Reinschrift noch weit entfernt. Aber die Epoche der langsamen Ausarbeitung liegt hinter mir und es vergeht kein Tag ohne Niederschrift.

Vor kurzem habe ich zu meiner Freude die Fahnen von meiner Rezension des tome XVI der Encyclopédie française bekommen[1]. Bei dieser Gelegenheit ist mir wieder das allseitige Schweigen aufs Herz gefallen, dem meine Besprechung von Sternbergers „Panorama"[2] begegnet ist. Nicht einmal Du hast es gebrochen als Du mir letzthin über das Buch selbst schriebst. (Die schöne Photo-Sammlung von Allan Bott kenne ich.) Ich hätte gedacht, daß mein Referat, ganz abgesehen von seiner kritischen Ausrichtung, in den Betrachtungen etwas Neues sagt, die der Struktur des „Genre" gewidmet sind. Willst Du mir dazu nicht etwas schreiben?

Einen kleinen literarischen Sieg verzeichne ich. Es ist zehn Jahre her, daß ich auf Veranlassung der Frankfurter Zeitung einen Aufsatz „Was ist das epische Theater?" schrieb. Er wurde damals, nachdem die Fahnen (die ich noch besitze) bereits gedruckt waren, auf ein Ultimatum von Diebold durch Gubler zurückgezogen. Jetzt habe ich ihn, mit geringfügigen Änderungen in „Maß und Wert", die eine Debatte über Brecht eröffnen, untergebracht. Du findest ihn in der nächsten Nummer.

Meine Sommerpläne, nach denen Du Dich erkundigst, sind der Frage untergeordnet, wann mit Schapiros[3] Kommen zu rechnen ist. Oder ist es ein langer Aufenthalt, den er in Paris zu nehmen beabsichtigt? Dann wäre die Chance, ihn zu sehen, in jedem Fall gegeben. – Ich werde dieses Jahr Frankreich nicht verlassen und auch Paris keinesfalls bevor die Rohschrift des „Flaneurs“ völlig beendet ist.

Ob nun mein Geburtstagswunsch noch zurecht kommt? In Wahrheit bin ich nicht weit entfernt, die Abschrift der Reproduktionsarbeit als diesen anzusehen. Damit Du aber nicht denkst, daß für diese ein Termin gelte, will ich auch auf ein Büchlein verwiesen haben. Ich denke, Du machst mir eine Freude, wenn Du mir das letzte Buch von Robert Dreyfus schenkst, der eben gestorben ist. Er war ein alter Freund von Proust; betitelt hat er es „De Monsieur Thiers à Proust“ und es stehen viele Geschichten von Madame Straus darin, welche ich mich Euch zu berichten gern verpflichte.

Das Bild von Picasso, nach dem Du fragst, habe ich nicht gesehen.

Grüße den Teddie herzlich und sei zart und schön gegrüßt

von Deinem Detlef

1 Die Rezension ist nicht erschienen, aber als Manuskript erhalten.
2 Auch diese – vorhandene – Rezension ist bisher unveröffentlicht.
3 Meyer Schapiro, Professor für Kunstgeschichte an der Columbia University in New York.

318 An Theodor W. Adorno

Paris, 6. August 1939.

Lieber Teddie,

ich denke Sie mit Felicitas in den Ferien. Vermutlich werden Ihnen diese Zeilen mit einiger Verspätung zukommen, und das wird dem Baudelaire-Manuscript, das vor einer Woche an Max abging[1], Zeit geben, sie einzuholen.

Seien Sie mir im übrigen nicht böse, wenn diese Zeilen mehr einem Stichwort-Register als einem Brief ähnlich sehen sollten. Nach der wochenlangen rigorosen Klausur, die für die Fertigstellung des Baudelaire-Kapitels Bedingung war, und unter der Einwirkung des greulichsten Klimas bin ich ungewöhnlich abgekämpft. Aber das soll mich nicht hindern, Ihnen und Felicitas zu sagen, wie sehr auch ich mich über die Aussicht auf ein Wiedersehen freue. (Ich darf nicht ganz aus dem Auge verlieren, daß zwischen dieser Aussicht und der Verwirklichung noch Schwierigkeiten zu überwinden sein werden. Wegen des Verkaufs meines Bildes von Klee habe ich Morgenroth geschrieben; wenn Ihr ihn seht, vergeßt nicht danach zu fragen.)

So wenig das neue Baudelaire-Kapitel noch als eine ›Umarbeitung‹ eines der Ihnen bekannten gelten kann, so merklich wird Ihnen, denke ich, die Auswirkung unserer Korrespondenz über den Baudelaire vom vorigen Sommer darin geworden sein. Vor allem habe ich es mir nicht zweimal sagen lassen, wie gern Sie den panoramatischen Überblick über die Stoffkreise für eine genauere Vergegenwärtigung der theoretischen Armatur in Kauf gäben. Und wie Sie bereit seien, die Kletterpartie zu absolvieren, die die Besichtigung der höher gelegenen Partien dieser Armatur mit sich bringt.

Was das oben erwähnte Stichwort-Register angeht, so besteht es in dem Verzeichnis der vielen und weitschichtigen Motive, die in dem neuen Kapitel, (verglichen mit dem ihm entsprechenden Flâneur-Kapitel vom vorigen Sommer) fortgeblieben sind. Diese Motive sind natürlich nicht aus dem Gesamtkomplex des Baudelaire zu eliminieren; es sind ihnen vielmehr an ihrem Ort eingehende interpretative Entwicklungen zugedacht.

Die Motive der Passage, des noctambulisme, des Feuilletons, sowie die theoretische Einführung des Begriffs der Phantasmagorie sind dem ersten Abschnitt des zweiten Teils vorbehalten. Das Motiv der Spur, des Typs, der Einfühlung in die Warenseele sind dem dritten Abschnitt zugedacht. Der jetzt vorliegende mittlere Abschnitt des zweiten Teils wird erst zusammen mit dessen erstem und dritten Abschnitt die vollständige Figur des „Flâneurs" stellen.

Den Bedenken, die Sie im Brief vom 1. Februar gegen das Zitat von Engels und das von Simmel formulierten, habe ich Rechnung getragen; freilich nicht durch deren Streichung.

Was mir an dem Zitat von Engels so wichtig ist, habe ich diesmal angegeben. Ihr Einwand gegen das Simmel-Zitat schien mir von vornherein begründet. Es hat in dem jetzigen Text durch den veränderten Stellenwert eine minder anspruchsvolle Funktion übernommen.

Über die Aussicht, den Text im nächsten Heft zu finden, bin ich sehr froh. Ich schrieb Max, wie sehr ich mich bemüht habe, alles Fragmentarische von dem Aufsatz fernzuhalten und dabei die vorgesehenen Grenzen des Umfangs strikt einzuhalten. Ich wäre glücklich, wenn ihm keine einschneidenden Veränderungen (pour tout dire: Streichungen) zugedacht werden würden.

Ich lasse meinen christlichen Baudelaire von lauter jüdischen Engeln in den Himmel heben. Es sind aber die Anstalten schon getroffen, daß sie ihn im letzten Drittel der Himmelfahrt, kurz vor dem Eingang in die Glorie, wie von ungefähr fallen lassen.

Zum Schluß will ich Ihnen, lieber Teddie, dafür danken, daß Sie zu dem festlichen Heft, dem wir entgegengehen, meinen Jochmann[2] eingeladen haben.

Schöne Ferien und eine angenehme Heimkunft Ihnen und Felicitas wünscht

Ihr Walter

Ein besonderes Wort des Dankes, liebe Felicitas, für das Buch von [Robert] Dreyfus[3] und die Zeilen, die es ankündigten und begleiteten. Ich denke viel an Euch.

1 Diese Fassung der Baudelairearbeit wurde in der Zeitschrift für Sozialforschung veröffentlicht; sie findet sich jetzt Schriften I, S. 426 bis 472.

2 Benjamin: Einleitung zu Carl Gustav Jochmann: Die Rückschritte der Poesie, in: Zeitschrift für Sozialforschung 8 (1939), S. 92–103.

3 Robert Dreyfus, De Monsieur Thiers à Proust.

[Sommer 1939]

Lieber Brentano,

ich bin vor kurzem glücklich wieder in den Besitz Ihres Buchs[1] gekommen und habe es in achtundvierzig Stunden gelesen. Bei mir, der ich drei Wochen zu einem Kriminalroman brauche, ein seltenes Vorkommnis. Aber Ihr Buch ist fascinierend. Zum ersten Male fand ich ein mir nächstgelegnes Sujet behandelt: die historischen Konditionen der Liebe, ihre geschichtlichen Tag- und Jahreszeiten.

Mit der Gestalt der Gräfin Orloff ist Ihnen ein großer Wurf geglückt: Sie haben eine Frau auf den Plan gerufen, in deren Liebe die Jahre nicht mehr Gewicht haben als die Tage in den kurzlebigen Neigungen unserer Zeitgenossen. Ich habe eine Frau von dieser Art, die zwanzig Jahre älter war als ich und möglicherweise noch am Leben ist, gut gekannt. (Aus dieser Kenntnis heraus meine ich, daß die Gräfin geradezu prädestiniert zum Goethekultus ist. Sie hätte, wie die Figur, an die ich denke, von sich sagen können: ich habe meinen Christian Vulpius geheiratet.) Die glücklichste Formel dieser archaischen Liebe, der die Zeit des Wartens auch die des Wachstums ist, habe ich immer im „Unverhofften Wiedersehen" von Johann Peter Hebel gefunden.

Bei aller Nüchternheit der Darstellung, bei fast völliger Enthaltung von aller Schilderung umgeben Sie den Leser doch mit der Luft der Hauptstadt. Der Salon, dessen Fenster auf die Corneliusbrücke hinausgehen, [ist] eine Vignette, die einem ganzen Kapitel berliner Daseins die Stimmung gibt.

Auf dem Fond der historischen Verhältnisse wie sie in das Verhältnis zwischen Mann und Frau eingreifen, erscheinen die Abwandlungen der Regierungsformen wie Falten, die das, was auf einem Gobelin eingewebt ist, nicht beeinträchtigen. (Ich denke, Ihre beiläufigen Anspielungen auf das neue Regime beinhalten zugleich die schärfsten Verurteilungen der weimarer Republik, die sich denken läßt.)

Haben Sie nochmals – und nun erst en pleine connaissance

de cause – Dank für das ausgezeichnete Buch. Ich hoffe, daß ihm die Übersetzung ins Französische – bei Grasset? – bald folgen wird.

Sie werden in diesen Tagen zwei Arbeiten von mir erhalten. Der „Baudelaire“ ist eine erste Publikation, der andere über den Dichter folgen werden, wenn die Umstände es ermöglichen. – In

[Schluß fehlt]

1 Die ewigen Gefühle. Amsterdam 1939, jetzt: Darmstadt 1963.

320 An Adrienne Monnier[1]

Camp des travailleurs volontaires
Clos St. Joseph Nevers (Nièvre)
21 Septembre 1939

Chère Mademoiselle Monnier,

Peut-être votre concierge vous a-t-elle dit que je suis passé samedi – huit jours avant la déclaration de guerre – chez vous pour vous dire au revoir. Par malchance, vous étiez absente.

Nous tous, nous nous trouvons frappés avec la même vigueur par l'horrible catastrophe. Espérons que les témoins et les témoignages de la civilisation européenne et de l'esprit français survivent à la fureur sanglante d'Hitler.

Je serais infiniment heureux d'avoir un mot de votre part. Mon adresse: Camp des travailleurs volontaires, groupement 6 Clos St. Joseph NEVERS (Nièvre)

Je me porte passablement. La nourriture est trés large. Nous attendons avec impatience d'être fixés sur notre sort. Les hommes valides s'empressent de souscrire leur engagement militaire. Je voudrais absolument servir notre cause au mieux de mes forces. Quant à mes forces physiques elles ne valent rien. Je me suis affaissé au cours de la marche qui nous a conduit de Nevers à notre camp. Les médecins du cantonnement m'ont mis „au repos“.

J'ai sur moi les témoignages de Valéry et de Romains. Mais je n'ai pas encore eu l'occasion de les produire. Un témoignage semblable mais de date récente et plus approprié à la situation où je me trouve, pourrait probablement me rendre le plus grand service.

Je termine par les voeux les plus ardents pour votre sauvegarde et la sauvegarde de tous les hommes et toutes les valeurs qui vous tiennent à cœur.

Croyez, chère Mademoiselle Monnier, à mon attachement indéfectible.

Walter Benjamin.

PS: – Si vous en avez l'occasion, communiquez mon adresse à Gisèle [Freund], et dites-moi la sienne.

1 Im Internierungslager, im bedrohten Paris und auf der Flucht vor den deutschen Truppen geschrieben, sind die französischen Briefe nach Kriegsausbruch als document humain des Emigranten unkorrigiert abgedruckt.

321 An Gretel Adorno

Clos Saint-Joseph Nevers (Nièvre) 12. 10. 1939
Camp des travailleurs volontaires

Ma très chère,

j'ai fait cette nuit sur la paille un rêve d'une beauté telle que je ne résiste pas à l'envie de le raconter à toi. Il y a si peu de choses belles, voire agréables, dont je puis t'entretenir. – C'est un des rêves comme j'en ai peut-être tous les cinq ans et qui sont brodés autour du motif „lire". Teddie se souviendra du rôle tenu par ce motif dans mes réflexions sur la connaissance. La phrase que j'ai distinctement prononcé vers la fin de ce rêve se trouvait être en français. Raison double de te faire ce récit dans la même langue. Le docteur Dausse qui m'accompagne dans ce rêve est un ami qui m'a soigné au cours de mon paludisme.

Je me trouvais avec Dausse en compagnie de plusieurs personnes dont je ne me souviens pas. A un moment donné nous quittâmes cette compagnie, Dausse et moi. Après nous être écartés des autres, nous nous trouvions dans une fouille. Je m'apperçus que, presque à même le sol, s'y trouvait un drôle genre de couches. Elles avaient la forme et la longueur des sarcophages; aussi semblaient elles être en pierre. Mais en m'y agenouillant à demie, j'apperçus qu'on s'y enfonçait mollement comme dans un lit. Elles étaient couvertes de mousse et de lierre. Je vis que ces couches étaient distribuées deux à deux. A l'instant où je pensai m'étendre sur celle qui voisinait avec une couche qui me semblait destinée à Dausse, je me rendis compte que le chevet de cette couche était déjà occupé par d'autres personnes. Nous reprîmes donc notre chemin. L'endroit ressemblait toujours à une forêt; mais il y avait dans la distribution des fûts et des branches quelque chose d'artificiel qui donnait à cette partie du décor une vague ressemblance avec une construction nautique. En longeant quelques poutres et en traversant quelques marches en bois nous nous trouvâmes sur une sorte de pont de navire minuscule, une petite terrasse en planches. C'était là que se trouvaient les femmes avec lesquelles vivait Dausse. Elles étaient au nombre de trois ou quatre et me paraissaient d'une grande beauté. La première chose qui m'étonnait fut que Dausse ne me présenta pas. Cela ne me gêna pas plus que la découverte que je fis à l'instant où je déposai mon chapeau sur un piano à queue. C'était un vieux chapeau de paille, un „panama" dont j'avais hérité de mon père. (Il n'existe plus depuis longtemps.) Je fus frappé, en m'en débarrassant, qu'une large fente avait été appliquée dans la partie supérieure de ce chapeau. Au surplus les bords de cette fente présentaient des traces de couleur rouge. – On m'approcha un siège. Cela ne m'empêcha pas d'en apporter un autre, moi aussi que je plaçais un peu à l'écart de la table où tout le monde était assis. Je ne m'asseyais pas. Une des dames s'était entre temps occupée de graphologie. Je vis qu'elle avait en main quelque chose qui avait été écrit par moi et que Dausse lui avait donné. Je m'inquiétais un peu de cette expertise, craignant que certains de mes traits intimes ne fussent ainsi décelés. Je m'approchais. Ce que je vis était une étoffe qui était couverte d'images et dont les seules éléments graphiques que je pus distinguer étaient les parties supérieures de la lettre d dont les longueurs effilées décelaient une aspiration extrême vers la spiritualité. Cette partie de la lettre était au surplus munie d'une petite voile à bordure bleue et la voile se gonflait sur le dessin comme si elle se trouvait sous la brise. C'était là la seule chose que je pus „lire" – le reste offrait des motifs indistincts de vagues et de nuages. La conversation tourna un moment autour de cette écriture. Je ne me souviens pas des opinions avancées; en revanche je sais très bien qu'a un moment donné je disais textuellement ceci: „Il s'agissait de changer en fichu une poésie." (Es handelte sich darum, aus einem Gedicht ein Halstuch zu machen.) J'avais à peine prononcé ces mots qu'il se passa quelque chose d'intriguant. Je m'apperçus qu'il y avait parmi les femmes une, très belle, qui était couchée dans un lit. En entendant mon explication elle eut un mouvement bref comme un éclair. Elle écarta un tout petit bout de la couverture qui l'abritait dans son lit. C'était en moins d'une seconde qu'elle avait accompli ce geste. Et ce ne fut pas pour me faire voir son corps, mais le dessin de son drap de lit qui devait offrir une imagerie analogue à celle que j'avais dû „écrire", il y a bien des années, pour en faire cadeau à Dausse. Je sus très bien que la dame fit ce mouvement. Mais ce qui m'en avait informé, était une sorte de vision supplémentaire. Car quant aux yeux de mon corps, ils étaient ailleurs et je ne distinguais nullement ce que pouvait offrir le drap de lit qui s'était fugitivement ouvert pour moi.

Après avoir fait ce rêve, je ne pouvais pas me rendormir pendant des heures. C'était de bonheur. Et c'est pour te faire partager ces heures que je t'écris.

Rien de neuf. Pas de décision à notre sujet, jusqu'à présent. On annonce l'arrivée d'une „commission de triage" – mais on ne sait pour quand. Ma santé est médiocre; le temps pluvieux n'est pas fait pour l'améliorer. D'argent, point; on n'a pas le droit de toucher des sommes au delà de vingt francs.

Vos lettres me seraient d'un grand réconfort. [...] Quant à mes affaires parisiennes, une amie française s'en occupe, avec l'aide de ma soeur.

A part vos lettres vous ne pourrez pas m'offrir de plaisir plus grand que de me communiquer les épreuves (ou le manuscrit) du „Baudelaire".

Si tu trouves des fautes dans cette lettre il faudra que tu m'excuses. Elle est écrite dans ce vacarme perpétuel, qui m'entoure depuis plus d'un mois.

Ai-je besoin d'ajouter que je suis impatient de me rendre plus utile à mes amis et aux adversaires d' Hitler que je puis l'être dans ma condition actuelle. Je ne cesse d'en espérer le changement et je suis sûr que vous joigniez vos efforts et vos voeux aux miennes. Mes souvenirs les plus sincères à tous les amis. Je t'embrasse

Detlef

322 *An Gisèle Freund*

Nevers (Nièvre), 2. Nov. 1939

Chère amie,

Je supposais votre rentrée d'après quelques mots de la part de Sylvia[1]. Ma joie de la voir confirmée n'en a pas été moins grande. Les quelques lettres qui portent un accent comme vous en avez su le donner à la votre me valent, ici, les seuls moments heureux. Et, dans les circonstances actuelles, bonheur, pour moi, égale espoir.

Je voudrais que vous soyez entièrement rétabli en lisant ces lignes. Vos nouvelles d'Angleterre – je veux dire celles dont vous me faites part dans votre dernière lettre, car je n'ai pas reçu de message antérieur – m'ont intéressé au plus haut point. Quant au traitement des réfugiés, j'en étais informé; votre tableau de Londres, par contre, offrait des traits tout à fait inattendus et poignants. Ce que je regrette beaucoup, c'est que vous n'avez pu attendre la „séance" que le gouvernement devait vous accorder pour faire prendre son image par vos soins. Espérons que l'occasion se présentera plus tard.

Lorsque j'ai reçu votre lettre la bonne nouvelle que m'en rapporte le post-scriptum m'était déjà parvenue par Adrienne [Monnier]. Il y a deux jours que je lui ai écrit pour la remercier de tout coeur. Entre temps j'ai appris que le Pen Club doit connaître les détails de ma situation du fait que Hermann Kesten a été libéré. Kesten se trouvait dans un camp à proximité du mien. Nos relations, originairement de pure courtoisie, ont été empreintes d'assez de loyauté depuis colombe. Nous nous sommes revus deux ou trois fois, ici même. On m'apprend que Kesten a été logé, dès son retour, à la maison d'accueil du Pen Club et qu'il y a vu Jules Romains.

Quant aux témoignages de loyalisme que vous m'engagez de demander de la part de mes amis, je m'en occupe dans la lettre à Adrienne. Elle vous fera voir cet endroit. J'y mentionne un témoignage splendide de [Paul] Desjardins. Il y professe „la plus grande admiration“ pour mes travaux (il y nomme méme le „Baudelaire“); il y professe en plus une estime profonde pour mon „invincible attachement aux idées libérales et démocratiques“ pour lesquelles la France est entrée en lutte. [...] Je n'ai pas besoin de vous dire combien quelques lignes d'Adrienne elle-même me seraient précieuses. Toutefois je ne puis croire qu'un dossier en ce genre (que je chercherai à rassembler) soit suffisant. C'est, paraît-il, à Paris, c'est devant une commission interministérielle que les différents cas seront traités à fond. Voilà pourquoi tous mes espoirs se sont attachés à la démarche qu'Adrienne vient de faire. Et voilà pourquoi je voudrais, avec son assentiment, m'adresser par quelques lignes à Benjamin Crémieux[2]. Peut-être y aurait-il quelque utilité à lui indiquer que je n'ai pas seulement été le traducteur de Proust mais le premier qui se soit employé à faire connaître en Allemagne un [Julien] Green, un [Marcel] Jouhandeau, un de ceux qui, là-bas, ont prôné, durant des années l'œuvre d'un Gide, d'un Valéry. Si vous êtes d'accord, Adrienne et vous, vous me ferez plaisir en me communiquant l'adresse de Benjamin Crémieux.

Je n'ai pas besoin de vous dire que, pour les „Jeunes Filles" de Montherlant, j'abonde en votre sens. Quant à moi, je ne me suis remis à lire que tout récemment. A présent je lis les Confessions de Rousseau qui me charment profondément. Pour les échecs, vous avez deviné juste.

Je suis navré de n'avoir pas pu corriger les épreuves du „Baudelaire". J'avais décidé d'y apporter des retouches qui auraient fait disparaître quelques scories. Je ne sais si le texte est déjà sorti. De toute façon vous allez l'obtenir et il faut que vous m'écriviez ce que vous en pensez.

Ne soyez pas parcimonieuse de vos nouvelles. Songez que le nombre de mes joies est des plus réduit et que votre écriture m'en annonce. Tous mes souvenirs à Adrienne et à Helen.

Très amicalement à vous.

Walter Benjamin

1 Sylvia Beach, Eigentümerin der Buchhandlung „Shakespeare et Compagnie", Verlegerin von Joyce.

2 Französischer Literaturkritiker, Übersetzer Pirandellos; B. veröffentlichte ein Interview mit Crémieux in der Literarischen Welt vom 2. 12. 1927 (Jg. 3, Nr. 48), S. 1.

323 An Max Horkheimer

Paris, le 30 novembre 1939

Cher Monsieur Horkheimer,

enfin, je puis donc vous donner un signe de vie. Je ne sais ce que nous aurons encore à traverser, et si des choses à venir ne vont pas faire pâlir en moi le souvenir des semaines passées. N'empêche que, pour l'instant, je suis heureux de les voir révolues. Vous imaginez facilement que ce qu'il y avait en elles de plus pénible, c'était le désarroi moral dans lequel on se voyait plongé sinon soi-même, au moins les voisins et les camarades. Si moi-même, j'ai pu, dans la plupart des cas, échapper à un tel désarroi, c'est en premier lieu à vous que j'en suis redevable, et je ne parle non seulement de votre sollicitude pour ma personne, mais de votre solidarité envers mon travail. L'appui que m'a donné la façon dont vous avez accueilli le „Baudelaire", m'a été hors prix. Vous devez l'avoir compris par une lettre à Madame Adorno et aussi par mon télégramme récent qui a été retardé par des formalités.

Quant à ma libération, il n'était pas facile du tout à y arriver. S'il n'est pas rare de quitter le camp pour cause de maladie ou autre, il n'est pas fréquent de pouvoir le quitter par la grande porte, à savoir par une décision de la commission interministerielle. C'est là mon cas et cela équivaut à une reconnaissance de loyalisme absolu de la part de l'administration française. Si j'avais fini par sortir du camp d'une façon ou d'une autre, j'en suis toutefois redevable à Adrienne Monnier de l'avoir quitté parmi les tout premiers dont ce comité ait examiné le dossier. Elle a été inlassable et d'une détermination absolue. Suivant un ordre de Jules Romains, le Pen-Club s'est également employé pour moi; Madame Favez m'a informé de démarches auprès du Congrès Juif Mondial. Tout cela a été pour moi d'un grand réconfort, mais tout cela aurait mis bien longtemps à aboutir. (Le secrétaire du Pen Club m'en a fait l'aveu lui-même lorsque je suis venu le trouver, un de ces jours.) C'est encore par Madame Favez que je viens d'apprendre vos démarches auprès de M. Scelle et M. [Maurice] Halbwachs. Je vous en remercie de tout coeur, bien que tardivement.

Un dossier où j'avais rassemblé un petit nombre de témoignages choisis sur ma personne et mes travaux, ne m'a peut-être pas desservi. La lettre que vous m'avez adressé au camp y occupait une place décisive. J'espère que vous n'allez pas me trouver trop niais si je vous confesse que tout en sachant l'intention qui a dicté la tournure de votre message, il m'a fait un bien tout à fait intime. Il a été la petite branche autour de laquelle se sont cristallisés mes espoirs. J'ai souffert de pas avoir pu vous en remercier sur le champ. Mais on n'avait pas le droit d'expédier plus de deux lettres par semaine; et celles-là devaient être affectées aux nécessités les plus rudimentaires. Car il m'a fallu quelques semaines pour rassembler ce dont j'avais besoin pour ne pas être trop affecté par les intempéries.

Quant à l'épreuve des nerfs, je ne vous en parle pas. Car vous imaginez sans peine ce qu'un vacarme continuel et l'impossibilité de se séparer des autres, ne serait-ce que pour une heure, devaient à la longue signifier pour moi. Je me sens donc, à présent, une fatigue extraordinaire, et je suis exténué au point de devoir fréquemment m'arrêter en pleine rue, du fait de ne pouvoir pas poursuivre mon chemin. Il s'agit là, certainement, d'un épuisement nerveux qui va passer – pourvu que le temps à venir ne nous réserve rien de trop terrible. Il n'y a pas mal de gens qui reviennent à Paris actuellement; je ne pourrais, quant à moi, guère m'en absenter puisqu'on a beaucoup de difficultés à se procurer le sauf-conduit, de rigueur pour un étranger.

La Bibliothèque Nationale a été rouverte, et je compte reprendre mes travaux après m'être quelque peu remis et avoir ramené de l'ordre dans mes papiers. Je viens d'avoir par Genève la mise en page du „Baudelaire"; vu les difficultés de tout ordre par lesquelles on vient de passer, les erreurs d'impression sont minimes. Comme je ne sais pas la date de la parution du cahier, je me suis permis de demander à M. Favez les épreuves de votre essai [1] qu'l me tarde de connaître.

Si vous ne voyez pas d'autres tâches à me confier, je voudrais reprendre le „Baudelaire" aussitôt possible, pour en écrire les deux parties qui, avec celle que vous connaissez, devront former le livre même. (Le chapitre imprimé en constituerait le milieu. Je donnerais au premier et au troisième également la forme d'essais existants indépendamment l'un de l'autre.)

Une chose à vous proposer, ce serait une étude comparée des „Confessions" de Rousseau et du „Journal" de Gide. J'ai lu, là-bas, les „Confessions" que je n'avais pas connues encore. Le livre m'a paru constituer l'ébauche d'un caractère social dont le „Journal" de Gide (qui vient de paraître en édition complète), présenterait le déclin. Cette comparaison devrait fournir une sorte de critique historique de la ‚sincérité'.

Je serais très heureux d'avoir de vos nouvelles et de celles des Adorno. Je compte du reste leur écrire ces prochains jours.

Dites, cher Monsieur Horkheimer, mes souvenirs très

sincères à Monsieur Pollock et veuillez trouver ici l'expression des mes sentiments de fidélité et de gratitude.

Walter Benjamin

1 Max Horkheimer: Die Juden und Europa, in: Zeitschrift für Sozialforschung 8 (1939), S. 115–137.

324 *An Gretel Adorno*

Paris, 14. 12. 39

Ma chère Felicitas,

voilà que tu m'écris en anglais et je lis tes lettres sans difficulté aucune. Il m'arrive même de les déchiffrer plus facilement que si elles étaient écrites en allemand. Je suis actuellement en quête d'un professeur pour apprendre l'anglais. J'en ai même fait la tentative au camp; mais il m'a vite fallu résigner. Ainsi bien je n'ai rien pu faire là-bas. L'unique texte que j'y ai écrit, je te l'ai envoyé sans tarder; c'était le récit d'un rêve qui m'avait comblé de bonheur. Ce serait bien dommage si la lettre ne t'était pas parvenu; mais je le suppose presque, parce que tu n'y fais pas allusion.

Il m'arrive encore frequemment d'être là-bas avec ma pensée. On ne sait pas comment les choses vont tourner pour ceux qui y sont encore; puisqu'aussi bien il n'y a pas de certitude même pour ceux qui se trouvent être libérés. Bruck[1] que j'avais espéré de revoir ici n'est pas sorti encore et je ne suis pas sûr que ce sera pour bientôt.

Il y a quinze jours j'ai reçu ta lettre du 7 novembre. Il m'a été doux à lire et je t'aurais écrit plus tôt si je ne me sentais pas une faiblesse extrême. J'ai dû, dans les premiers jours de ma rentrée consacrer tout mon temps (et le peu de forces) au démarches indispensables et aux soins qu'il me fallait apporter aux épreuves du Baudelaire. (Le résumé français[2] a été, en effet, très insuffisant, au moins au point de vue langage et j'ai été content d'avoir pu le refaire. A tout prendre le prochain cahier me paraît d'une présentation achevée. Il est excellent qu'en un moment où l'activité spirituelle de l'émigration allemande paraît atteindre son point le plus bas (tant du fait des contingences de la vie quotidienne que du fait de la situation politique) les cahiers de l'Institut peuvent se tenir si brillamment. J'ai confié à une lettre pour Max tout le bien que je pense de son essai[3] extraordinaire. Cet essai dispose, du reste, d'une vigueur de style magnifique.

Je suis curieux de ce que Teddie va faire de la correspondance entre George et Hofmannsthal[4]; il paraît qu'un millésime nous sépare des temps où ces lettres (que je ne connais pas encore) ont été échangées. D'autre part il n'est pas recommandable du tout d'être trop à la page. J'ai bien peur que cela ait été le cas de notre ami Ernst [Bloch]; et d'après ce qu'on entend dire à son sujet il me semble actuellement quelque peu dépaysé; non seulement sur la terre mais aussi dans l'histoire mondiale.

Avez-vous fait la connaissance, là-bas, de Martin Gumpert? C'est quelqu'un que j'ai bien connu dans le temps. Puisqu'il vient de publier sa biographie[5] je me suis demandé si j'y figurerais, par hasard. Ce serait la première où cela me paraîtrait possible.[6]

Max va te faire voir la copie d'une lettre du National Refugee Service qui soulève un problème sérieux. Je doute que la chance qui s'offre, pour moi, dans cette lettre pourrait facilement m'échoir deux fois. Vous allez donc y réfléchir attentivement. (Je vous le demanderais si j'en n'étais pas assuré sans cela.) La question est extrèmement complexe et il ne me paraît pas possible de l'aborder sans vous.

Il y avait alerte, juste la première nuit après que je fus rentré chez moi. Depuis, il n'y en a pas eu, n'empêche que le train de vie a profondément changé. Dès quatre heures de l'après-midi la ville est plongée dans l'obscurité. Les gens ne sortent pas le soir et la solitude vous guette. Le travail serait donc, pour moi, actuellement l'abri véritable et je compte le reprendre un de ces jours, malgré tout.

Je t'embrasse amicalement et te charge de bien des souvenirs pour Teddie. Et mille excuses pour le papier; l'envie de t'écrire m'est venue lorsque je n'avais rien d'autre sous la main.

Detlef

1 Hans Bruck, Kapellmeister, aus Frankfurt stammend; in Berlin, dann in New York.
2 des Baudelaire-Aufsatzes; den deutschsprachigen Beiträgen in der Zeitschrift für Sozialforschung sind französische und englische Zusammenfassungen beigegeben.
3 Vgl. Brief vom 30. 11. 1939 an Horkheimer, Anm. 2.
4 Jetzt in: Prismen. Kulturkritik und Gesellschaft. Berlin, Frankfurt am Main 1955. S. 232–282; vgl. auch Brief vom 7. 5. 1940 an Theodor W. Adorno.
5 Martin Gumpert: Hölle im Paradies. Stockholm 1939.
6 W. B. kommt dort in der Tat vor.

325 *An Max Horkheimer*

Paris, 15 décembre 1939

Cher Monsieur Horkheimer,

je viens de recevoir la lettre du National Refugee Service dont vous trouvez la copie ci-inclus. Cette lettre ne m'ayant point été annoncée par vous, je suppose qu'elle ne m'a pas été adressée à la suite de vos propres démarches. Je crois plutôt que c'est Mrs. Bryher qui s'est employée pour me l'obtenir par des amis à elle. Mrs. Bryher assure la direction de „Life and Letters to-day"; elle me suit dans mes travaux depuis assez longtemps, et s'était, elle aussi, beaucoup inquiétée de mon internement.

Je pense que cette lettre pourrait constituer une chance sérieuse d'améliorer ma situation. Et il ne me parait pas certain du tout qu'une telle chance se présentera deux fois. Mes amis de Paris (avec, il faut le dire, l'exception marquée de Mlle. Adrienne [Monnier]) sont unanimes à me vouloir voir partir. Mais vous savez que les décisions hâtives ne sont point mon affaire. Elles le sont même trop peu. J'ai, en revanche, l'habitude d'obéir sans difficulté aux conseils de mes quelques amis éprouvés (et je n'oublierai pas que je n'aurais jamais eu la sagesse de quitter l'Allemagne dès le mois de mars 1933 si Mme. Adorno n'y avait pas insisté).

Je n'ai pas besoin de vous dire combien je me sens attaché à la France, tant par mes relations que par mes travaux. Rien du monde, pour moi, ne pourrait remplacer la Bibliothèque Nationale. De plus, je n'ai qu'à me féliciter de l'accueil que j'ai trouvé en France dès 1923; de la bienveillance des autorités aussi bien que du dévouement de mes amis.

Cela n'exclut pas que mon existence et mon activité scientifique peuvent, ici, se voir mises en question d'un jour à l'autre. Il se peut, notamment, que les répercussions de la guerre imposeront des règlements d'une rigidité telle que les meilleurs devront souffrir avec les pires. Voilà les réflexions qui me forcent de prendre en considération l'offre contenue dans la lettre du Refugee Service.

Il est bien entendu que c'est votre conseil qui devra, en ces circonstances, avoir le plus de poids pour moi. Car je ne voudrais pas que ma venue en Amérique, en soulevant des difficultés d'ordre matériel, puisse apporter un élément de trouble dans une amitié qui, présentement, est non seulement l'unique support de la vie materielle, mais encore presque le seul appui moral dont je dispose. Je peux d'autant moins songer à prendre une décision à la légère qu'il me faudrait sûrement des démarches laborieuses pour obtenir le visa de sortie. (Il ne me paraît même pas certain que je l'obtienne avant ma 49ème année dont quelques mois me séparent encore.) C'est à quoi je fais allusion dans ma lettre de réponse au Refugee Service dont je vous donne copie.

Je vous prie donc de me faire savoir de façon aussi explicite que possible votre propre point de vue dans la question, si je devrais rester en France ou venir vous rejoindre là-bas. Je tiens vraiment beaucoup à ce que vous compreniez cette prière dans son sens exact, et que vous sachiez qu'elle ne contient nulle tentative de me décharger de la responsabilité envers ce qu'il me fait, malheureusement, nommer „mon sort". Son but unique est, au contraire, de me faire prendre ma décision en pleine connaissance de cause.

J'ai enfin vu les épreuves de votre essai sur les Juifs et l'Europe. Depuis bien des années, il n'y en a pas eu d'analyse politique qui m'ait impressionné à ce point. C'est le son de cloche que nous avons attendu pendant très longtemps. Et ce son ne pouvait probablement se faire entendre plus tôt. Tout le long de ma lecture, j'ai eu le sentiment de tomber sur des vérités que j'avais bien plutôt pressenties que pénétrées et qui venaient enfin d'être exprimées avec toute la force et tout le relief nécessaire. Mon inimitié farouche contre l'optimisme béat de nos leaders de gauche, se voit, par votre essai, nourri des arguments les plus substantiels. Bien que vous ne prononciez pas de noms, ces noms sont présents à tous.

Ce qu'il y a, peut-être, de plus beau dans votre exposé, c'est la construction historique étayée par Mandeville et par Sade. Elle a l'imprévu et la netteté d'un panorama qui se présente à celui qui atteint le sommet à l'heure où la lumière est la plus propice. – Votre article sera très mal vu par tous les affairistes et les petits pontifs qui ne manquent ni chez vous, ni ici. Raison de plus pour nous en rendre fiers et extrêmement curieux des répercussions qu'il va avoir. Je vous envie la chance de les voir se produire en toute liberté.

Je viens de recevoir votre lettre du 28 novembre, et je vous remercie sincèrement des mots que vous y trouvez pour ma mise en liberté. Vous vous informez, en même temps, des circonstances de cette dernière. Déjà, ma lettre du 30 novembre vous a appris que j'étais informé par Mme. Favez de ce que vous avez demandé, pour moi, l'appui de Mr. Scelle et de Mr. Halbwachs. Je n'ai pas l'impression qu'une démarche ait été faite de leur côté. Il est vrai qu'il n'existe pas de certitude absolue en pareille matière. Mais je suppose que ces personnalités n'auraient pas manqué d'informer notre bureau de Paris s'ils avaient entrepris quelque chose. Tout ce que je sais, est que les démarches décisives ont été faites par un proche ami de Mlle. Adrienne qui est un des personnages les mieux placés au Quai d'Orsay. J'hésite donc, tout en vous renouvelant l'expression de ma gratitude pour avoir pressenti les professeurs nommés, d'aller les voir. J'ai peur que je semblerais indiscrètement leur rappeler un service qu'ils n'ont probablement pas rendu.

Je vous serre la main, cordialement.

Walter Benjamin

326 An Gretel Adorno

Paris 17. 1. 1940

Ma petite Felicitas,

je me propose de vous écrire une longue lettre, bien que je n'aie reçu que de minuscules billets de ta part – et de Teddie pas de lettre du tout depuis six mois. Votre dernier signe de vie est un mot daté du 21 novembre (mais partie plus tard, certainement, puisque vous y faites allusion à ma rentrée qui est seulement du 23). J'apprends que ta santé n'est toujours pas satisfaisante. [. . .] Quant à ma santé à moi j'en ai pas à dire beaucoup de bien non plus. Dequis qu'un froid intense s'est installé chez nous je ressens des difficultés extraordinaires pour la marche en plein air. Je suis obligé de m'arrêter tous les trois ou quatre minutes, en pleine rue. Naturellement j'ai été voir le médecin qui a constaté une myocardite, qui paraît s'être beaucoup accrue dans ces derniers temps. Je suis actuellement en quête d'un médecin qui m'établira un cardiogramme; chose assez difficile puisqu'il n'y a que peu de spécialistes qui disposent de l'installation nécessaire et puisqu'en même temps, il faut chercher à s'arranger à l'amiable avec l'opérateur. Le prix de ces tours-là est, paraît-il, assez élevé.

Le temps, mon état de santé, et l'état général des choses – tout s'accorde pour m'imposer la vie la plus casanière. Mon appartement est chauffée, pas assez, pourtant, pour me permettre d'écrire s'il fait froid. Ainsi je reste couché la moitié du temps, comme en ce moment même. Il est vrai que les semaines passées les occassions ne m'ont pas manqué d'aller en ville malgré tout. Car toutes les petites à cotés de la vie civile demandaient à être refaits: il fallait faire débloquer mon compte en banque, solliciter de nouveau l'accès à la Bibliothèque Nationale, et ainsi de suite. Tout cela demandait bien plus de démarches que tu ne voudrais le croire. Mais enfin, ça y est. Il me faut dire que le jour où la première fois je repassai à la bibliothèque ce fût une sorte de petite fête dans la maison. Surtout dans le service de la photo où après avoir photocopié, il y a bien des années, une partie de mes fiches, ils se sont vu apporter, pour en faire des copies, pas mal de mes papiers personnels, au cours des derniers mois.

Ce qu'il y avait de plus réconfortant, ces temps derniers, c'était une magnifique lettre de Max en date du 21 décembre – lettre où il me demande de reprendre mes comptes-rendus sur les lettres françaises et où il s'informe en même temps du plan de mes travaux à venir. Je voudrais, ma chère Félicitas, que tu te charges à lui dire, provisoirement, combien la lecture de ses lignes m'a été précieuse et que tu lui communiques, en même temps, cette ébauche de réponse. Ce mot d'ébauche veut dire que je ne suis pas fixé encore sur le fond de la question: c'est á dire si je ferais mieux d'établir l'étude comparée de Rousseau et Gide ou bien d'aborder immédiatement la suite du Baudelaire. Ce qui détermine mon hésitation c'est l'appréhension d'être obligé de délaisser mon Baudelaire une fois que j'en aurais entamé la suite. C'est là un travail de grande halaine qu'il serait assez précaire de reprendre et délaisser à plusieurs reprises. C'est là pourtant le risque qu'il faudrait courir et qui m'est constamment présent dans mon petit réduit par le masque à gaz que je me suis procuré depuis peu – double déconcertant de cette tête de mort dont les moines studieux ornaient leur cellule. Voilà pourquoi je n'ai pas osé encore d'aborder à fond cette suite du Baudelaire qui décidément me tient plus à cœur que tout autre travail mais qui souffrirait mal d'être négligé – serait-ce même pour assurer la survie de son auteur. (Il est vrai, du reste, qu'il est très difficile sinon impossible d'aviser utilement à ce sujet, même dans la prise des suppositions. Il n'y a pas, pour moi, moyen de quitter Paris sans une autorisation préalable qui est trés difficile à obtenir et qu'il ne serait, peut-être, pas même sage de demander puisque la possibilité d'y retourner ne me serait pas assurée du même coup.)

Indépendamment des autres travaux je reprendrai avec plaisir les analyses des nouveautés françaises. Il y en a du reste une, assez drôle, qui vient de voir le jour en Argentine. C'est là-bas que [Roger] Caillois vient de publier en plaquette une réquisition contre le nazisme dont l'argumentation reprend, sans nuance ni modification aucune celle qui occupe les quotidiens du monde entier. Il ne fallait pas s'acheminer vers les régions les plus lointaines ni du monde intelligible ni du monde terrestre pour en rapporter cela. Il est vrai que Caillois publie, d'autre part, dans la Nouvelle Revue Française, une théorie de la fête, dont je parlerai dans ma première relation à Max. Je m'y occuperai également d'un curieux livre de Michel Leiris „Age d'homme" qui a été beaucoup remarqué avant la guerre.

La lettre que Max m'a écrit à la date du 21 décembre a croisé en chemin celle que je lui ai adressée sous le 15 décembre. Je me suis, entre temps, rendu au consulat d'Amérique où on m'a communiqué le questionnaire d'usage. Il contient comme point 14 la question: „Etes-vous le ministre d'un culte quelconque ou le professeur d'un collège, séminaire, académie ou université?" Cette question a, si je ne me trompe, une portée décivise pour moi, puisque, d'une part, une réponse affirmative vous donnerait le droit de passer en dehors de la quote (non-quota-visum), puisque, d'autre part, on m'assure, au consulat-même, que l'attente dans l'ordre de la quote ne durerait pas moins de 5 ou 6 ans! Il importerait donc absolument de me référer aux cours que j'ai professés dans le cadre de l'Institut à Francfort. Comme je n'ai pas voulu en faire état sans l'assentiment de l'Institut je n'ai pas encore rempli mon questionnaire. Je devrai donc suspendre mes démarches jusqu'á ce que je sois fixé de votre côté. (Les services du consulat sont transférés à Bordeaux. C'est de là-bas qu'on me communiquerait, le cas échéant, mon numéro; mais seulement après la remise du questionnaire.)

Ce n'est peut-être pas pure vanité si le dernier Cahier me paraît un des meilleurs que l'Institut à pu sortir au cours des dernières années. L'article de Max m'a profondément impressionné et je l'ai fait lire à tous ceux que je pouvais toucher. Au cours des entretiens fréquents que j'ai eu a son sujet et qui en ont fait ressortir toute la solidité il m'est venu l'idée qu'il serait peut-être aussi intéressant qu'utile de creuser la question dans quelle mesure le mouvement antisémite qui s'y trouve analysé dépend ou bien s'oppose à l'antisémitisme moyennageux comme Teddie l'évoque au sujet de Wagner (Der Jude im Dorn).

J'ai profité de l'impression des Fragments sur Wagner[1] pour les relire. Puis j'ai consulté le manuscrit intégral du texte pour comparer les endroits qui m'avaient le plus frappé à la première lecture avec ceux que j'ai souligné dans le cahier. De cette comparaison résulte qu'à présent, imprégné de la vérité foncière de la conception globale, je me suis plus qu'auparavant attaché à certains aspects particuliers de la question. Un sujet sur lequel il nous faudra revenir, c'est la réduction (Verkleinerung) comme artifice de la fantasmagorie. Ce passage m'a rappellé un de mes projets les plus anciens dont tu te souviens peut-être m'avoir entendu parler: je veux dire le commentaire de la Nouvelle Melusine de Goethe. Cela pourrait être d'autant plus á propos que Melusine appartient sans doute au genre des créatures ondinesques dont il est parlé vers la fin. – Certaines formules heureuses m'ont frappé dans les résumés: celle sur l'opposition virtuelle de Freud et de Jung dans l'œuvre de Wagner même; celle, aussi, où l'homogénité du „style“ wagnérien est dénoncé comme symptome d'une déchéance intime. (Il faudrait un jour que Teddie rassemble, dans ses analyses, les passages qui s'occupent de la musique comme Einspruch et qu'il développe la théorie de l'opéra qui y est incluse.)

Pour terminer cette longue lettre j'y inscrirai quelques informations sur des gens, susceptibles de t'intéresser. J'ai vu, récemment, Dora qui rentrait à Londres. [...] – Je ne crois pas t'avoir écrit que Glück, il y a à peu près deux ans, s'est installé à Buenos-Aires où il a trouvé un emploi, peut-être moins brillant que sa position antérieure mais, paraît-il, très solide. Je suis sans nouvelles de lui depuis la guerre. – Notre ami Klossowski qui est définitivement inapte a quitté Paris et vient de trouver un emploi dans un bureau municipal de Bordeaux. [Egon Erwin] Kisch dont vous vous souvenez plus ou moins bien a réussi d'avoir une chaire au Chile. Notre pauvre ami Bruck[2], enfin, est toujours dans un camp. L'espoir de le voir sortir bientôt n'est pas interdit; mais en attendant il souffre beaucoup. Quelqu'un qui vous dira oralement de mes nouvelles, et sous peu, est Soma Morgenstern. Il paraît qu'il va partir pour New York avant le printemps.

Comme la poste à present est rudement cher, Max va m'excuser de t'avoir confié certains renseignements qui le regardent peut-être plus encore que toi. Et toi de ta part tu m'excuseras également. Tu ne te tiendras pas quitte, la prochaine fois, je l'espère, avec une de tes petites fiches bleues, si ravissantes qu'elles soient. Je compte beaucoup sur une lettre de quelques pages de ta part comme de Teddie. (J'aimerais bien avoir des nouvelles sur ses travaux.) Je t'embrasse bien amicalement

Dein alter Detlef

PS Mes leçons anglaises vont commencer la semaine prochaine.

1 Vgl. Brief vom 6. 1. 1938 an Horkheimer, Anm. 1; Vier Kapitel aus dem Wagnerbuch Adornos erschienen im selben Heft der Zeitschrift für Sozialforschung, in dem B.s Baudelairearbeit stand.
2 Der Dirigent Hans Bruck, jetzt in New York.

327 *An Gerhard Scholem*

Paris, 11. Januar 1940

Lieber Gerhard,

Dein Brief vom 15. Dezember war schon Ende des Monats in meiner Hand. Ich hoffe auch dieser wird für die Reise nicht allzulang brauchen.

Es war stärkend und erfreulich für mich, daß Du so unabgelenkt wie die Umstände es zulassen, Deinem Handwerk nachgehst. Ich hoffe, daß Du insbesondere die Redaktion Deiner newyorker Vorlesungen nicht fürder mehr auf die lange Bank schiebst.[1] Jede Zeile, die wir heute können erscheinen lassen, ist – so ungewiß die Zukunft, der wir sie überantworten – ein Sieg der den Mächten der Finsternis abgerungen. Es wäre im übrigen allzu trist, wenn Du mit Deinen Publikationen in englischer Sprache in dem Moment säumig zu werden beginnen würdest, da der Unterfertigte sich ernstlich anschickt, die Sprache zu erlernen. Ich bin gegenwärtig in Verhandlung über Privatstunden, die ich gemeinschaftlich mit Hannah Arendt und ihrem Freund zu nehmen vorhabe.

Was „die Bewahrung des uns Gemeinsamen", der Du Deine Wünsche zuwendest, angeht, so ist, soweit ich sehen kann, für diese noch bessere Vorsorge getroffen als vor fünfundzwanzig Jahren. Ich denke dabei nicht an uns, sondern an die Veranstaltungen des Zeitgeistes, der die Wüstenlandschaft dieser Tage mit Markierungen versehen hat, die für alte Beduinen wie wir unverkennbar sind. So trist es ist, nicht mit einander konversieren zu können, so habe ich doch das Gefühl, daß die Umstände mich dabei keinesfalls so feuriger Disputationen berauben, wie sie hin und wieder zwischen uns statt hatten. Heute ist dazu kein Anlaß mehr. Und vielleicht ist es sogar schicklich, ein kleines Weltmeer zwischen sich zu haben, wenn der Moment eingetreten ist, einander spiritualiter in die Arme zu fallen.

Die Vereinsamung, in der ich mich von Hause aus finde, ist durch die Zeitumstände gewachsen. Der Rest von Verstand, der den Juden, nach allem was sie durchgemacht haben, noch geblieben ist, scheint ihnen locker zu sitzen. Die Zahl derer, die sich auf dieser Welt zurechtfinden, schmilzt mehr und mehr. Unter diesen Umständen war für mich eine zweimalige kurze Begegnung mit Dora eher erfreulich [. . .] Sie sprach übrigens von Anzeichen, die darauf deuten, daß der italienische Antisemitismus in absehbarer Zeit aus dem Verkehr gezogen werden dürfte.

Die Schilderung, die Du mir von dem Vorlesungsabend bei Schocken lieferst, ist äußerst packend. Ich habe sie Hannah Arendt – die Deine Grüße herzlichst erwidert – nicht vorenthalten. Dein Bericht läßt mich, der ich nicht so schnell bei der Hand bin, im schäbigen Benehmen der Leute das Werk der Dämonen zu sehen, nach Rache dürsten [. . .] Hannah Arendt meinte begütigend, in der Tiefe seines Gemüts hielte Schocken gewiß auf Max Brod allein weitaus höhere Stücke als auf Dich und mich zusammengenommen. Rebus sic stantibus wünsche ich Dir und, in gemessenem Abstande, Deinen Collegen auch, daß seine amerikanische Expedition von Erfolg[2] begleitet sei.

Über Deinen Einfluß als Lehrer bin ich, wie Du Dir denken kannst, hoch erfreut. Du solltest mich baldigst wissen lassen, was es mit der scholemschen Schule auf sich hat.

Vor kurzem ist das Doppelheft der Instituts-Zeitschrift herausgekommen, das den Jahrgang 1939 inauguriert. Du findest darin zwei große Essays von mir. Natürlich werde ich Dir von ihnen Separata schicken sobald ich welche in Händen habe. Ich lege Dir aber dringend nahe, Dir dem ungeachtet das Heft zu kaufen oder sonstwie zugänglich zu machen. Persönlich bin ich daran zwiefach interessiert: erstens wird Deine Propaganda für meine Produkte derart auf eine breitere Basis gestellt; zweitens wünsche ich Deine Meinung über den Aufsatz „Die Juden und Europa“ zu erfahren.

Damit sei es genug für heute. Nimm die herzlichsten Grüße, die auch Deiner Frau gelten.

Dein Walter

1 „Major Trends in Jewish Mysticism“. Erschien erst ein halbes Jahr nach W. B.'s Tod und ist seinem Andenken gewidmet.

2 Salman Schocken stand damals an der Spitze der Verwaltung der Hebräischen Universität.

Paris, d. 7. V. 40

Mein lieber Teddie

Für Ihren Brief vom 29. Februar Dank. Leider müssen wir uns zur Zeit mit Fristen wie sie zwischen der Abfassung Ihrer Zeilen und dem Eingang meiner Antwort liegen, vertraut machen. Hinzu kommt, daß dieser Brief, wie Sie ihm leicht ansehen, ebenso wenig wie Rom an einem Tag ist gebaut worden.

Natürlich war (und bin) ich sehr glücklich über Ihre Stellung zu meinem „Baudelaire". Sie wissen vielleicht, daß das Telegramm, das Sie mit Felizitas und Max gemeinsam an mich gesandt hatten, mir erst im Lager zukam, und welche Bedeutung es dort, monatelang in meinem psychischen Haushalt gehabt hat, ermessen Sie.

Ich habe die Stellen[1] über das regressive Hören, auf die Sie mich hinwiesen, nochmals gelesen und stelle die Übereinstimmung in der Tendenz unserer Untersuchungen fest. Es gibt kein besseres Beispiel der die Erfahrung zerstörenden Registrierung als die Zuordnung eines Schlagertexts zur Melodie. (Es zeigt sich hier, daß das Individuum seinen Stolz darein setzt, die Inhalte möglicher Erfahrung so zu behandeln wie die Administration die Elemente einer möglichen Sozietät.) Warum soll ich Ihnen verheimlichen, daß ich die Wurzel meiner „Theorie der Erfahrung" in einer Erinnerung aus der Kindheit finde. Meine Eltern machten an den Orten, wo wir auf Sommerwohnung waren, wie natürlich, mit uns Spaziergänge. Wir Geschwister waren zu zweit oder zu dritt. Der, an den ich hier denke, ist mein Bruder. Wenn wir von Freudenstadt, von Wengen oder von Schreiberhau aus irgendeines der obligaten Ausflugsziele besucht hatten, so pflegte mein Bruder zu sagen: „Da wären wir nun gewesen." Das Wort hat sich mir unvergeßlich eingeprägt. (Es sollte mich übrigens wundern, wenn Sie mit Ihrer Vorstellung von meiner Ansicht Ihrer Arbeit über den Fetischcharakter im Recht wären. Sollte Ihnen hier nicht eine Verwechslung mit der über den Jazz unterlaufen? Gegen diese letztere hatte ich Ihnen Einwände angemeldet. Der ersteren bin ich ohne Vorbehalt gefolgt. Sie ist mir gerade in der letzten Zeit in einigen Bemerkungen, die Sie dort, bei Gelegenheit Mahlers, zum „musikalischen Fortschritt" machen, recht gegenwärtig gewesen.)

Es kann kein Zweifel darüber bestehen, daß das Vergessen, das Sie in die Diskussion der Aura einwerfen, von großer Bedeutung ist. Ich behalte die Möglichkeit einer Unterscheidung zwischen epischem und reflektorischem Vergessen im Auge. Betrachten Sie es bitte nicht als ein Ausweichen, wenn ich heute über diese Feststellung nicht hinausgehe. Ich hatte die Stelle im fünften Kapitel des Wagner, auf die Sie anspielen, deutlich im Gedächtnis. Aber wenn es sich in der Aura in der Tat um ein „vergessenes Menschliches" handeln dürfte, so doch nicht notwendig um das, was in der Arbeit vorliegt. Baum und Strauch, die belehnt werden, sind nicht vom Menschen gemacht. Es muß also ein Menschliches an den Dingen sein, das *nicht* durch die Arbeit gestiftet wird. Dabei möchte ich aber innehalten. Es scheint mir unvermeidlich, daß die von Ihnen aufgeworfene Frage mir im Verlauf meiner Arbeiten wiederbegegnen wird. (Ob schon in der Folge des „Baudelaire" weiß ich nicht.) Das erste wird dann sein, daß ich auf den locus classicus der Theorie des Vergessens zurückgehe, den für mich, wie Sie wohl wissen, der „blonde Eckbert" [von Tieck] darstellt.

Ich glaube, man braucht, um dem Vergessen das Seine zuzubilligen, den Begriff der mémoire involontaire nicht in Frage zu stellen. Die kindliche Erfahrung des Geschmacks der Madeleine, die Proust eines Tages involontairement wieder ins Gedächtnis tritt, war in der Tat unbewußt. Nicht wird es der erste Bissen in die erste Madeleine gewesen sein. (Kosten ist ein Bewußtseinsakt.) Wohl aber wird das Schmekken unbewußt in dem Maße als der Geschmack vertrauter wurde. Das „Wiederschmecken" des Herangewachsenen ist dann, natürlich, bewußt.

Da Sie mich nach Maupassants „La nuit" fragen: Ich habe das wichtige Stück sehr genau gelesen. Es gibt ein Fragment des „Baudelaire“, das es behandelt, und das Sie ja wohl eines Tages sehen werden. (En attendant sende ich Ihnen mit vielem Dank durch das Pariser Büro den geliehenen Band zurück.)

Was die Alternative Gide-Baudelaire betrifft, so ist Max so freundlich gewesen, mir die Wahl freizustellen. Ich habe mich für den „Baudelaire“ entschieden; es ist dieser Gegenstand, der derzeit mir als der intransigenteste vor Augen steht; seinen Forderungen zu genügen, ist mir am dringlichsten. Ich verhehle Ihnen nicht, daß ich ihm mich noch nicht mit der Intensität habe zuwenden können, wie ich es gewünscht hätte. Ein Hauptgrund davon ist die Arbeit an den Thesen[2] gewesen, von denen in diesen Tagen einige Fragmente bei Ihnen eingehen werden. Diese stellen ihrerseits freilich eine gewisse Etappe meiner Reflexionen zur Fortsetzung des „Baudelaire“ dar. Ich erhoffe mir für die nächsten Tage den Beginn einer hoffentlich kontinuierlichen Arbeitsperiode, die ich dieser Fortsetzung zuwenden werde.

Nun zum Briefwechsel George-Hofmannsthal. Es ist dafür gesorgt, daß die Bäume nicht in den Himmel wachsen. Einmal in der Lage, Ihnen in einem Bereich zu begegnen, in dem ich mich ganz zu Hause fühle, bleibt mir der bescheidene Wunsch unerfüllt, das Buch, von dem Sie berichten, aus eigener Anschauung zu kennen. Da ich auf dem Gebiet der Musik zu solcher Anschauung nicht befähigt bin, so dürfen Sie mein Urteil über Ihren Essay vielleicht nicht allzu kategorisch nehmen. Wie dem auch sei, soweit mein Einblick reicht, ist es das Beste, was Sie jemals geschrieben haben. Im Folgenden eine Reihe von Einzelbemerkungen. Ihnen will ich vorherschicken, daß mir das Entscheidende des Essays in dem ungemein sicheren, schlagenden und überraschenden Aufriß der historischen Perspektive liegt: wie der Funken, der zwischen [Ernst] Mach und Jens Peter Jacobsen überspringt, der geschichtlichen Landschaft die Plastizität gibt, die der Landschaft im schlichten Sinne ein Blitz überm nächtlichen Himmel leiht.

Es scheint mir aus Ihrer Darstellung hervorzugehen, daß Georges Bild sich in dem Briefwechsel schärfer abdrückt als das Hofmannsthals. Der Kampf um eine literarische Position dem Partner gegenüber war eben doch wohl ein Grundmotiv dieses Briefwechsels, und der Angreifer war und blieb George. Während ich eine in gewissem Sinn vollendete Porträtfigur Georges in Ihrem Essay finde, bleibt bei Hofmannsthal manches im Hintergrund. An einigen Stellen wird es ganz deutlich, daß es bei Ihnen stünde, bestimmte Partien dieses Hintergrundes aufzuleuchten. Die Bemerkung über den Schauspieler, mehr noch die über das Kind in Hofmannsthal, die für mich in dem wundervollen Zitat aus der „Ariadne" gipfelt, das durch die Art, wie Sie es in Ihren Text stellen, ergreifend wirkt – alles dies führt in die Tiefe. Gern hätte ich Ihre Ansicht über Anklänge aus der Kinderwelt gefunden, wie sie, verloren, bei George vorkommen im „Lied des Zwergen" oder in der „Entführung".

Es bleibt eine Seite an Hofmannsthal unberührt, die mir am Herzen liegt. Mir ist fraglich, ob Ihnen die Andeutungen, mit denen ich (vielleicht nicht zum ersten Mal?) Ihnen von ihr sprechen will, wirklich Neues sagen. Sollte das der Fall sein, bleibt noch offen, wieweit sie Ihnen einleuchten. Ungeachtet der brüchigen Verfassung solcher Formulierungen will ich sie dem Transport anvertrauen. Es sind eigentlich zwei Texte, deren rapprochement das absteckt, was ich zu sagen habe. Auf den einen nehmen Sie selbst Bezug, denn Sie zitieren den Chandosbrief. Mir liegt, hier, der folgende Passus im Sinn: „Ich weiß nicht, wie oft mir dieser Crassus mit seiner Muräne als ein Spiegelbild meines selbst, über den Abgrund der Jahrhunderte hergeworfen in den Sinn kommt . . . Crassus . . ., mit seinen Tränen um seine Muräne. Und über diese Figur, deren Lächerlichkeit und Verächtlichkeit mitten in einem die erhabensten Dinge beratenden, weltbeherrschenden Senat so ganz ins Auge springt, über diese Figur zwingt mich ein unnennbares Etwas in einer Weise zu denken, die mir vollkommen töricht erscheint, im Augenblick, wo ich versuche, sie in Worten auszudrücken." (Im „Turm" begegnet das gleiche Motiv: das Innere des geschlachteten Schweins, in das der Prinz in seiner Kindheit einen Blick hat tun müssen.) Im übrigen findet sich gleichfalls im „Turm" die zweite der beiden Stellen, von denen ich sprach: es ist das Gespräch zwischen dem Arzt und Julian. Julian, der Mann, dem nichts als ein winziges Aussetzen des Willens, als ein einziger Moment der Hingabe fehlt, um des Höchsten teilhaft zu werden, ist ein Selbstporträt Hofmannsthals. Julian verrät den Prinzen: Hofmannsthal hat sich von der Aufgabe abgekehrt, die im Chandosbriefe auftaucht. Seine „Sprachlosigkeit" war eine Art von Strafe. Die Sprache, die Hofmannsthal sich entzogen hat, dürfte eben die sein, die um die gleiche Zeit Kafka gegeben wurde. Denn Kafka hat sich der Aufgabe angenommen, an der Hofmannsthal moralisch versagte und darum auch dichterisch. (Die suspekte, auf so schwachen Füßen stehende Opfertheorie, auf die Sie hinweisen, trägt alle Spuren dieses Versagens.)

Ich glaube Hofmannsthal hat zu seinen Gaben zeitlebens so gestanden wie Christus zu seiner Herrschaft gestanden hätte, wenn er sie seiner Verhandlung mit Satan zu danken gehabt hätte. Die ungewöhnliche Versatilität geht bei ihm, wie mir scheint, mit dem Bewußtsein zusammen, Verrat an dem besten in sich geübt zu haben. Darum konnte ihn keinerlei Vertrautheit mit dem Gelichter schrecken.

Demungeachtet geht es meiner Überzeugung nach nicht an, [Hans] Carossa einer „Schule", deren Haupt Hofmannsthal gewesen sei, zurechnend, von der Gleichschaltung der deutschen Schriftsteller *im Zeichen dieser Schule*, das heißt Hofmannsthals selbst zu reden. Hofmannsthal ist 1929 gestorben. Er hat ein non liquet in der Strafsache, die Sie gegen ihn vertreten, wenn es ihm sonst nicht gesichert wäre, mit seinem Tod erkauft. Ich würde meinen, Sie sollten diese Stelle nochmals überdenken; ich bin nahe daran, Sie darum zu bitten.

Sie haben natürlich Recht an Proust zu erinnern. Ich habe mir in der letzten Zeit meine eigenen Gedanken über das Werk gemacht; und wieder einmal trifft es sich, daß sie sich mit den Ihren begegnen. Sehr schön sprechen Sie von der Erfahrung des „das ist es nicht" – eben der, die die Zeit zu einer verlorenen macht. Mir will nun scheinen, daß es ein tief verstecktes (aber nicht darum auch unbewußtes) Modell dieser Grunderfahrung für Proust gegeben habe: nämlich das „das ist es nicht“ der Assimilation der französischen Juden. Sie kennen die berühmte Stelle in „Sodom et Gomorrhe“, an der die Komplizität der Invertierten mit der besonderen Konstellation verglichen wird, die das Verhalten der Juden untereinander bestimmt. Gerade, daß Proust nur Halbjude war, konnte ihn zu Einblicken in die prekäre Struktur der Assimilation befähigen; eine Einsicht, die ihm durch die Dreyfuscampagne von außen nahe gelegt worden ist.

Über George dürfte kein Text bestehen, der sich, selbst im Abstand, neben dem Ihren darf sehen lassen. Ich habe da keinerlei Vorbehalt; ich scheue mich nicht, Ihnen zu gestehen, daß ich aufs Glücklichste überrascht wurde. Wenn es heute überaus schwer erscheinen muß, anders von George zu sprechen als von dem Dichter, der mit dem „Stern des Bundes“ das choreographische Arrangement des Veitstanzes vorgezeichnet hat, der über den geschändeten deutschen Boden dahingeht – so war das von Ihnen gewiß nicht zu gewärtigen. Und diese, unzeitgemäße und undankbare Aufgabe: eine „Rettung“ Georges, Sie haben sie so schlüssig wie es nur sein kann, so unaufdringlich, wie es sein muß, bewältigt. Indem Sie den Trotz als den dichterischen und politischen Fundus in George erkannten, haben Sie die wesentlichsten Züge ebensowohl kommentierend (Bedeutung der Übersetzung) wie kritisch (Monopol und Ausschaltung des Marktes) erhellt. Es ist da alles aus einem Guß, alles überzeugend, mit einigen Stellen, die für sich allein beweisen würden, daß die Mühe, die Sie an diesen Text gewendet haben, und möchte es die längste gewesen sein, nicht verloren war. Ich denke da an die hervorragende Glosse zum „Gentleman“, an so weittragende Zitate wie „es ist worden spät“. Mit Ihrer Arbeit ist vorstellbar geworden, was bisher unvorstellbar, und womit das Nachleben Georges beginnen würde: eine Anthologie seiner Verse. Gewisse stehen in Ihrem Text besser als am Fundorte.

Ich möchte einen wichtigen Punkt nicht übergehen, über den wir uns verständigen müßten (und wohl auch könnten). Er betrifft das, was Sie unter dem Stichwort „Haltung“ abhandeln. Der Vergleich mit dem Rauchen wird der Sache schwerlich gerecht. Er könnte zu dem Glauben verführen,

Haltung sei in allen Fällen „zur Schau getragen" oder „eingenommen". Sie kann aber durchaus als unbewußte vorgefunden werden ohne darum weniger Haltung zu sein. Und so sehen doch auch wohl Sie die Sache, indem Sie die Anmut, der bewußtes zur Schau getragen werden nur selten anschlägt, unter den gleichen Begriff befassen. (Ich will, was die Anmut betrifft, nur von den Kindern sprechen und tue es ohne darum ein Naturphänomen von der Gesellschaft, in der es auftritt emanzipieren, das heißt schlecht abstrakt behandeln zu wollen. Die Anmut der Kinder besteht und sie besteht vor allem als ein Korrektiv der Gesellschaft; sie ist eine der Anweisungen, die uns auf das „nicht disziplinierte Glück" gegeben sind. Ein Festhalten an der kindlichen Unschuld, wie man es Hofmannsthal in einer unguten Regung zum Vorwurf machen könnte (an der Unschuld, die es ihm erlaubte, die Feuilletons von [Felix] Salten kaum weniger als mein Barockbuch zu schätzen) berechtigt uns nicht zur Preisgabe dessen, was wir an ihr lieben können.)

Den Vorbehalt, den das, was Sie über die Haltung im engeren Sinn sagen, in mir erweckt, will ich mit einer Wendung andeuten, die ich Ihrem eigenen Text entnehme. Und zwar eben der Stelle, wo Sie mit der schönen Formel, der Einsame sei der Diktator aller, die wie er einsam sind, auf meinen Baudelaireaufsatz hinweisen. Ich glaube nicht, daß es zu kühn ist, zu sagen, daß wir da auf Haltung stoßen, wo die essentielle Einsamkeit eines Menschen in unser Blickfeld rückt. Die Einsamkeit, die sehr wohl, weit entfernt der Ort seiner individuellen Fülle zu sein, der Ort seiner geschichtlich bedingten Leere, der persona als seines Mißgeschicks sein könnte. Ich verstehe und teile jeden Vorbehalt, wo Haltung die zur Schau getragene der Fülle ist (so wurde sie von George in der Tat verstanden). Es gibt aber auch die unveräußerliche der Leere (so in den Zügen des späten Baudelaire). Kurz: Haltung, wie ich sie verstehe, unterscheidet sich von der, die Sie denunzieren, so wie das Brandmal von der Tätowierung.

Die beiden letzten Seiten Ihres Essays waren mir ein Geburtstagstisch, auf dem die Stelle über das „nicht diszipli- nierte Glück" das Lebenslicht darstellt. Übrigens hat die

Arbeit auch sonst etwas vom Gabentisch; die terminologische Marke haftet so wenig mehr an den Gedanken wie die Preisauszeichnung an einem Geschenk.

Zum Schluß übernehme ich Ihre gute Gepflogenheit, einiges in Gestalt von Marginalien anzudeuten. „eben geht der letzte zug ins gebirg" ist ein Satz, der genau in der schwabinger Atmosphäre zuständig ist, wie [Alfred] Kubins Traumstadt „Perle". „Perle" ist überhaupt die Stadt, in der der „Tempel" steht, hinter dessen Mauern, die den Schwamm haben, der „Siebente Ring" verwahrt liegt.

Dem Hinweis auf Kraus hätte vielleicht eine Beziehung auf die Kritik, die Kraus an der Georgeschen Übersetzung von Shakespeares Sonetten vorgenommen hat, noch mehr Gewicht gegeben, zumal Sie Ihrerseits das Problem der Übersetzung berühren.

Georges anerkennendes Urteil über Hofmannsthal kopiert haarscharf das berühmte von Victor Hugo über Baudelaire: „Vous avez créé un frisson nouveau." Wo George von dem graniten-germanischen bei Hofmansthal spricht, schwebt ihm vielleicht nach Ton und Sujet eine Stelle aus Hölderlins Brief an Böhlendorf vom 4. Dezember 1801 vor.

Im Vorbeigehen könnte man die Frage streifen, ob nicht auf den Briefwechsel der zwischen Goethe und Schiller eingewirkt hat – jener Briefwechsel, der als Dokument einer Freundschaft unter Dichterfürsten, so erheblich zur Verschlechterung der Luft beigetragen hat, die in Deutschland gerade um die Gipfel gewesen ist.

Zu Ihrem „Das Edle ist edel kraft des Unedlen" – Victor Hugos großartiges Wort: „L'ignorant est le pain que mange le savant."

Ihre Medaillen auf Carossa und Rudolf Borchardt sind sehr glücklich geprägt und die Devise lucus a non lucendo, die Sie dem Symbolismus widmen, hat mich, wie Sie sich denken können, entzückt. Auch erscheint mir die sie stützende Analyse der „Voyelles" [von Arthur Rimbaud] durchaus triftig. Die Verschränkung von Technik und Esoterik, die Sie so früh nachweisen, ist mit einem Regime, das Ordensburgen für Piloten aufführt, sinnfällig geworden.

Zum Schluß: mir gefällt sehr die Rolle, die Jacobsen in Ihrem Essay spielt. Da kommen wohl frühe Motive zur Geltung. Jedenfalls wirkt der Name von Ihren Reflexionen umschrieben wie die Erscheinung eines Knaben, der mit heißen Wangen aus dem Wald stürzend uns in einer kühlen Allee entgegentritt.

Sie fragen nach meinen englischen Stunden. Als ich von Felizitas die Adresse einer Lehrerin bekam, hatte ich meinen Unterricht schon bei einer andern begonnen. Es ist zu fürchten, daß meine Fortschritte, die nicht stürmisch sind, der gesprächsweisen Verwendung meiner Kenntnisse weit vorauseilen. Daß das Affidavit von Miss Razowski ein „erhebliches Aktivum" sei, wie Sie sagen, war auch meine Meinung. Ich habe sie leider ändern müssen. Alle Informationen, die ich über die derzeitige Praxis des amerikanischen Konsulats (das seinerseits noch nichts von sich hören ließ) bekommen habe, stimmen darin überein, daß die Abwicklung der normalen Fälle sehr langsam von statten geht. Nun ist aber mein Fall, ohne mein Zutun, leider zu einem „normalen" geworden und dies durch die Übersendung des Affidavits. Andernfalls wäre es mir möglich geworden, ein Besuchsvisum einzureichen, wie es dem Schriftsteller Hermann Kesten z. B. vor kurzem bewilligt wurde. [...]

[...]

Um auf die Frage des Visums zurückzukommen, so wird zur Bedingung für die Erteilung eines non quota Visums (und das ist das einzige, das mir die Möglichkeit eröffnen würde, in kurzer Zeit herüberzukommen) abgesehen von der Berufung der Nachweis öffentlicher Lehrtätigkeit gemacht. Neuerdings wird hier in dieser letzten Bestimmung, gerade *der* Passus besonders streng genommen, der den Nachweis dieser Lehrtätigkeit für *die letzten beiden Jahre* vor Erteilung des Visums vorschreibt. Das macht mich sehr zögernd jetzt schon an Schapiro zu schreiben. Ich möchte mich an ihn nicht früher wenden, als bis ich die Gewißheit habe, sein Interesse für mich voll auswerten zu können. Das kann erst der Fall sein, wenn der Termin meines Erscheinens drüben näher gerückt ist; sei es, daß die Abwicklung der Einwanderung wieder beschleunigt wird, sei es, daß die Bestimmungen, die für die Erteilung eines non quota Visums maßgebend sind, wieder minder rigoros gehandhabt werden. So wie es im Augenblick liegt, fürchte ich, daß sie, selbst die Berufung vorausgesetzt, eher gegen mich spielen würden. Aber natürlich würde ich ohne Bedenken an Schapiro schreiben, wenn Sie meinen, daß er etwas für meine Berufung tun könnte.

[...]

Kennen Sie Faulkner? Dann wüßte ich gern, was Sie von seinem Werke denken. Ich lese gegenwärtig Lumière d'août.

Ihr Brief ist mir ohne besondere Verzögerung zugekommen. Ich denke, Sie können mir deutsch und sollten mir also öfter schreiben. Von meiner Seite werden Briefe in deutscher Sprache freilich die Ausnahme bilden müssen. – Schließen Sie Ihrem nächsten Brief den „Rickert"[3] bei. Ich bin ja Schüler von Rickert (wie Sie Schüler von [Hans] Cornelius sind) und ich freue mich förmlich auf Ihren Text.

Sehr herzlich immer Ihr Walter Benjamin

1 aus Adornos Arbeit über den Fetischcharakter in der Musik, jetzt in den „Dissonanzen".

2 Jetzt Schriften I, S. 494–506.

3 Adorno: [Besprechung] Heinrich Rickert: Unmittelbarkeit und Sinndeutung. Tübingen 1939, in: Studies in Philosophy and Social Science 9 (1941), S. 479–482.

329 An Max Horkheimer

Lourdes, 16 juin 1940

Chèr Monsieur Horkheimer,

je vous avais promis de vous donner de mes nouvelles aussi souvent que possible. Elles consistent aujourd'hui essentiellement en mon changement de domicile.

Vous allez certainement me dispenser d'être plus long, aujourd'hui – surtout que je me ressens encore des grandes fatigues des derniers quinze jours et du voyage.

Il est sûrement superflu de vous renouveler la demande de ma dernière lettre, à savoir d'agir de façon aussi immédiate et expéditive que possible auprès des autorités américaines. Je ne sais pas l'adresse actuelle du consulat. Je compte donc sur vous pour communiquer, de New York, au consulat mon adresse actuelle. *Une lettre du consulat, m'attestant que je peux attendre mon visa en un bref délai pourrait, pour moi, avoir une importance primordiale.*

La situation favorisée qui est actuellement la mienne me permettrait probablement d'atteindre dans le plus bref délai New York, le visa une fois délivré. Je suppose, comme je vous l'ai exposé dans ma dernière lettre, qu'une nomination à une chaire, me valant un visa hors quote, serait façon la plus expéditive pour faire avancer les choses. Il y a bien des chances que ce soit la seule.

Aux réflexions multiples qui m'obscurcissent s'ajoute l'inquiétude au sujet de mes manuscrits que j'ai été forcé de laisser à Paris – ainsi que tous mes effets.

Dites mes amitiés aux amis et croyez, Cher Monsieur Horkheimer, à mon attachement profond et sincère..

Benjamin

330 An Adrienne Monnier

Lourdes, [Juni?] 1940

Chère amie,

Ces quelques mots, je vous les écris en vitesse, sur un bout de table.

J'ai vivement regretté de ne plus vous avoir vue. Des circonstances imprévues ont fait que je suis parti pour Lourdes où la femme d'un ami qui, elle, est parti en même temps était vaguement attendue.

Je n'ai pas à me plaindre de cet hasard. Le pays est très bon marché: j'ai trouvé une chambre à 200 frs. L'accueil qu'on trouve aussi bien de la part des particuliers que du côté de la mairie est d'une gentillesse qui est sans prix, dans les circonstances actuelles.

Beaucoup de monde, surtout des réfugiés belges. Il paraît que les choses, pour ces derniers, sont organisées au mieux; nul trouble, aucune nervosité. Une confiance et un calme du meilleur aloi.

J'aimerais tellement que Gisèle [Freund] vienne ici, si, entre temps, elle n'a pas réussi à trouver un arrangement qui lui plaise réellement. Je pense que Lourdes lui conviendrait à bien des points de vue. (Le pays qui m'était inconnu est très beau).

Je pense à vous; je penserai à vous sans cesse tant que tout danger ne sera pas écarté de Paris. Je vous retrouve non seulement en songeant à Paris et à la rue de l'Odéon que je voudrais vouer à la plus puissante et la moins sollicitée des divinités protectrices – mais aussi à bien des carrefours de ma pensée.

Je vous salue en vous disant mon attachement le plus profond.

Benjamin.

PS – Ayez la bonté, d'envoyer mon adresse à Gisèle; et qu'elle m'envoie la sienne. Dites à Sylvia [Beach] mes meilleurs souvenirs, voulez-vous. Merci de la belle lettre de H. et de son livre.

331 An Hannah Arendt

Lourdes, 8 juillet 1940

Chère Hannah,

j'espère que ces lignes vous trouveront à Montbahus. Elles sont destinées à vous dire que je vous remercie de votre carte du 5, et je vous félicite d'avoir mis la main sur Monsieur.[1] Que je vous prie d'assurer de mes meilleurs amitiés. (Ça c'est le style de Retz qui est en train de former le mien!)

Mme P a retrouvé son mari, passablement abîmé, paraît-il.

De Fritz[2] on a des nouvelles, mais il paraît qu'il ne soit pas libéré encore.

Je serais plongé dans un cafard plus noir encore que celui qui me tient à présent, si, tout dépourvu que je suis de livres, je n'avais pas trouvé dans mon seul la devise qui s'applique le plus magnifiquement à ma condition actuelle: „Sa paresse l'a soutenu avec gloire, durant plusieurs années, dans l'obscurité d'une vie errante et cachée." (La Rochefoucauld en parlant de Retz.) Je vous cite cela avec le sourd espoir d'attrister Monsieur.

Votre vieux Benjamin

1 Heinrich Blücher, H. Arendts späterer Mann.
2 Der Psychiater Dr. Fritz Fraenkel, ein Freund W. B.'s, der in Paris im selben Haus wohnte.

332 An Theodor W. Adorno

Lourdes, 2. 8. 40

Mein lieber Teddie,

über Ihren Brief vom 15. Juli habe ich mich aus mehreren Gründen sehr gefreut. Einmal war es Ihr freundliches Gedenken des Tags; dann das Verständnis, das aus Ihren Zeilen hervorging. Nein, es ist mir wirklich nicht leicht, einen Brief zu schreiben. Ich sprach zu Felicitas von der völligen Ungewißheit, in der ich mich über meine Schriften befinde. (Für die den „Passagen" gewidmeten Papiere ist relativ etwas weniger zu fürchten als für die andern. [1]) Es steht aber, wie Sie wissen, so, daß ich meinen Schriften gegenüber nichts voraus habe. Von einem Tag auf den andern können die Maßnahmen, die im September über mich hereinbrachen, sich wiederholen, nun aber mit ganz anderm Vorzeichen. Ich habe in den letzten Monaten eine Anzahl von Existenzen von dem bürgerlichen Dasein nicht etwa absinken sondern von einem Tage auf den andern abstürzen sehen; so daß jede Sicherung mir, neben dem problematischen äußern einen minder problematischen innern Halt gibt. In diesem Sinne habe ich das Dokument „à ceux qu'il appartient" mit wahrer

Dankbarkeit in die Hand genommen. Ich könnte mir vorstellen, daß der Briefkopf, der mich freudig überrascht hat, die etwaige Wirkung des Schriftstücks nachhaltig unterstützt.

Die völlige Ungewißheit über das, was der nächste Tag, was die nächste Stunde bringt, beherrscht seit vielen Wochen meine Existenz. Ich bin verurteilt, jede Zeitung (sie erscheinen hier nur noch auf einem Blatt) wie eine an mich ergangene Zustellung zu lesen und aus jeder Radiosendung die Stimme des Unglücksboten herauszuhören. Mein Bestreben, Marseille zu erreichen um dort beim Konsulat meine Sache zu plädieren, war umsonst. Für den Ausländer ist seit längerm keine Ortsveränderung zu erwirken. So bleibe ich auf das angewiesen, was Ihr von draußen bewirken könnt. Mich hat besonders zur Hoffnung bewegt, daß Sie mir eine Nachricht vom Konsulat in Marseille in Aussicht stellen. Ein Brief dieses Konsulats würde mir vermutlich die Erlaubnis eintragen, mich nach Marseille zu begeben. (In der Tat kann ich mich nicht entschließen, mit den Konsulaten im besetzten Gebiet in Verbindung zu treten. Ein Brief, den ich noch vor der Okkupation von hier aus nach Bordeaux gerichtet hatte, ist freundlich aber auf gegenstandslose Weise beantwortet worden: die fraglichen Akten lagen noch in Paris.)

Ich vernehme von Ihrer Unterhandlung mit Havanna, von Ihrer Bemühung um San Domingo. Ich bin fest davon überzeugt, daß Sie das Unternehmbare oder, wie Felicitas sagt, „mehr als das Mögliche" versuchen. Meine Befürchtung ist, die uns zur Verfügung stehende Zeit könnte weit begrenzter sein als wir annahmen. Und obwohl ich vor vierzehn Tagen an eine solche Möglichkeit nicht gedacht habe, haben neue Auskünfte mich bestimmt, Mme Favez zu bitten, durch Intervention von Carl Burckhardt, wenn irgend möglich, einen interimistischen Aufenthalt in der Schweiz mir bewilligen zu lassen. Ich weiß, daß von Hause aus vieles gegen diesen Ausweg spricht: aber es spricht ein mächtiges Argument dafür: die Zeit. Wäre dieser Ausweg nur zu realisieren! – Ich habe mich in einem Briefe an Burckhardt gewandt.[2]

Ich hoffe, daß ich Ihnen bisher den Eindruck gegeben habe, auch in schwierigen Augenblicken gefaßt zu bleiben. Glauben Sie nicht, daß sich das geändert hat. Aber ich kann mich dem gefährlichen Charakter der Lage nicht verschließen. Ich fürchte, die, die sich aus ihr haben retten können, werden eines Tages zu zählen sein.

Sie erhalten via Genf – wie ich auch wohl diese Zeilen dirigieren werde – mein curriculum vitae. Die Bibliographie habe ich in den Lebenslauf eingearbeitet, weil mir hier alle Handhaben fehlen, sie als solche ausführlicher zu gestalten. (Sie umfaßt alles in allem gegen 450 Nummern.) Wenn dennoch eine Bibliographie im engern Sinne benötigt würde, so ist Ihnen die in der Programmschrift des Instituts zur Hand; eine bessere könnte ich derzeit nicht liefern.

Es ist mir eine große Beruhigung, daß Sie in New York, sozusagen „erreichbar" und im eigentlichen Sinne wachsam bleiben. In Boston, Commonwealth Avenue 384 lebt Mr Merril Moore. Er ist von Mrs W Bryher, der Herausgeberin von Life and letters to-day mehrfach auf mich hingewiesen worden, hat wahrscheinlich einen Begriff von der Lage und den Willen zu ihrer Veränderung beizutragen. Ich denke, es könnte von Wert sein, wenn Sie sich mit ihm in Verbindung setzen.

[. . .]

Mich betrübt, daß die Verfassung von Felizitas so unbeständig bleibt. [. . .] Sagen Sie Ihr meine sehr herzlichen Wünsche.

Bitte richten Sie Herrn Pollock den aufrichtigsten Dank und die freundlichsten Grüße aus.

Und nehmen Sie alles Liebe von Ihrem

Walter Benjamin

PS Verzeihen Sie die peinlich komplette Signatur; man verlangt sie.

1 Aufzeichnungen und Materialien zur Passagenarbeit wurden bei B.s Flucht aus Paris mit der Beihilfe von Georges Bataille, der dort Bibliothekar war, in der Bibliothèque Nationale versteckt; sie sind erhalten.

2 Es gelang Burckhardt nicht, die zuständige Schweizer Behörde vor W. B.'s illegalem Grenzübertritt nach Spanien zu einem positiven Bescheid auf seine Intervention zu bewegen.

ANHANG

Verzeichnis der Briefempfänger

Adorno, Gretel (geboren 1902), geb. Karplus, Dr. phil., verheiratet mit Theodor W. Adorno, seit 1928 mit Benjamin befreundet. 210, 217, 223, 226, 229, 231, 265, 302, 305, 317, 321, 324, 326

Adorno, Theodor W[iesengrund] (geboren 1903), o. ö. Professor der Philosophie und Soziologie an der Johann Wolfgang Goethe-Universität Frankfurt, Direktor des Instituts für Sozialforschung. Habilitiert 1931. Emigration 1934, zuerst nach Oxford, dann nach Nordamerika ans Institut für Sozialforschung. Rückkehr nach Frankfurt 1949. Aus seiner Bekanntschaft mit Benjamin, die bis auf 1923 zurückdatiert, entwickelte sich eine intensive Freundschaft; sie waren auch während der Emigration viel in Paris und in San Remo zusammen. 213, 250, 260, 272, 276, 304, 307, 310, 318, 328, 332

Arendt, Hannah (geboren 1906), Schriftstellerin. War in erster Ehe mit Günter Stern, dem Sohn von W. Bs Vetter Professor William Stern, verheiratet. Umgang mit W. B. seit dem Anfang der dreißiger Jahre, besonders eng in den Jahren der Emigration, als sie das Pariser Büro der Jugend-Alijah leitete. 331

Benjamin, Walter 195, 202, 204, 237, 263, 306

Belmore, Herbert (geboren 1893 in Kapstadt), kam als Kind aus Südafrika mit seinen Eltern nach Deutschland zurück. Mitschüler und enger Jugendfreund von W. B., besonders in der Zeit der Jugendbewegung. Studierte Graphik. Ging im Frühjahr 1914 nach England und war während des ersten Weltkrieges in der Schweiz. 1917 brach die Freundschaft ab. Lebt jetzt als Übersetzer in Rom. 1, 2, 3, 4, 5, 6, 7, 8, 9, 10, 12, 13, 16, 17, 18, 19, 22, 23, 31, 32, 35, 36, 40, 43, 47

Brecht, Bertolt (1898–1956). W. B. gehörte zu den frühesten Bewunderern von Brechts dramatischem und lyrischem Werk, das er wiederholt öffentlich gewürdigt hat. Von Paris aus hat er ihn wiederholt für längere Zeit in Svendborg besucht und in langen Diskussionen seinen eigenen und den Standpunkt Brechts in politischen wie literarischen Fragen zu klären sich bemüht. 200, 232, 235, 251, 258

Brecht, Helene (geboren 1900), geb. Weigel. Leiterin des Berliner Ensembles. 253

Brentano, Bernard von (1901–1964), 1925–1930 Korrespondent der ›Frankfurter Zeitung‹ in Berlin. Freundeskreis Benjamin, Benn, Brecht, Bronnen, Rudolf Grossmann und andere. 1932 Warnung vor Hitler mit dem Buch ›Beginn der Barbarei in Deutschland‹. Nach dem Reichstagsbrand 1933 Emigration in die Schweiz. Erst in

Zürich, dann in Küsnacht/Zürich, schrieb er seine Romane und Essays, ein Drama und eine Biographie. 312, 315, 319

Buber, Martin (1878–1965). Verbrachte seine Jugend in Lemberg. Gab von 1916 bis 1924 die Zeitschrift ›Der Jude‹, von 1926–1930 ›Die Kreatur‹ heraus. Bis 1933 Honorar-Professor für allg. Religionswissenschaft in Frankfurt, seit 1938 Prof. für Sozialphilosophie in Jerusalem. W. B. hat sein Städtebild über Moskau in der ›Kreatur‹ veröffentlicht. Buber lud ihn 1916 zur Mitarbeit am ›Juden‹ ein. 44, 45, 161, 163

Caro, Hüne (eigentlich Siegfried) (geboren 1898 in Berlin), enger Freund von Erwin Loewensohn, verkehrte mit W. B. auch in den Schweizer Jahren und nachher in Berlin. Lebt in Jerusalem. 83.

Cohn, Alfred (1892–1954), Klassenkamerad und Jugendfreund von W. B., mit dem er bis in die Emigrationsjahre in enger Verbindung blieb. War Kaufmann in Berlin, später in Mannheim, dann wieder in Berlin, dann in Barcelona. Von 1936 an in Paris, während des zweiten Weltkrieges Lehrer am Zentrum der jüdischen Pfadfinder in Moissac. Seit 1921 verheiratet mit Grete Radt, die als Studentin 1914 bis 1916 mit W. B. verlobt war. 173, 183, 247, 254, 262, 273, 279

Freund, Gisèle (geb. 1908 in Berlin), Journalistin und Photographin. Lernte W. B. in dessen Pariser Zeit kennen. Beide verkehrten in denselben literarischen Zirkeln und hatten neben der Photographie eine zweite gemeinsame Leidenschaft: das Schachspiel. W. B. zeigte Gisèle Freunds Dissertation in der Zeitschrift für Sozialforschung an. Einige der schönsten erhaltenen Photos Benjamins werden ihr verdankt. Lebt in Paris. 322

Hofmannsthal, Hugo von (1874–1929). Hofmannsthal erkannte im Gegensatz zu den deutschen Universitätskreisen frühzeitig W. B's überragende Bedeutung und veröffentlichte 1924/25 in seinen ›Neuen Deutschen Beiträgen‹ dessen Wahlverwandtschaften-Arbeit. W. B. seinerseits hat in mehreren Aufsätzen die verschiedenen Fassungen von Hofmannsthals ›Turm‹ gewürdigt. 129, 139, 143, 146, 149, 151, 158, 162, 164, 166, 167, 169, 170, 172, 176, 188

Horkheimer, Max (geboren 1895 in Stuttgart), emeritierter Ordinarius der Philosophie und Soziologie an der Johann Wolfgang Goethe-Universität in Frankfurt, habilitiert in Frankfurt 1925. 1930 ordentlicher Professor ebenda und Direktor des Instituts für Sozialforschung. Emigration 1933, Fortführung des Instituts im Rahmen der Columbia Universität, New York. Rückkehr aus der Emigration 1948. Kannte Benjamin seit dessen Frankfurter Zeit; dieser wurde während der Emigration Mitglied des Instituts. 242, 245, 255, 256, 261, 266, 280, 282, 283, 284, 285, 290, 293, 297, 303, 323, 325, 329

Kraft, Werner (geboren 1896 in Hannover), Dichter und Schriftsteller (bis 1933 Bibliothekar in Hannover), studierte neuere Sprachen in

Berlin, wo er W. B. 1915 kennenlernte. Bis 1921 stand er mit ihm in enger Verbindung, die nach 1933 in Paris wieder aufgenommen wurde, zuerst persönlich und dann nach Krafts Übersiedlung nach Jerusalem auch brieflich. 239, 243, 246, 252, 259, 270, 271, 274, 275, 281

Lieb, Fritz (geboren 1892 in Rothenfluh), Privatdozent für Systematische Theologie 1924 Basel; 1930 Bonn, a. o. Professor ebenda 1931. 1933 aus politischen Gründen abgesetzt. Emigrant 1934–1936 Paris; a. o. Professor 1936 Basel, o. Gast-Professor 1946/47 Berlin, o. Professor 1958 Basel, emeritiert 1962. 288

Monnier, Adrienne (1892–1955) Buchhändlerin und Schriftstellerin. Ursprünglich literarische Sekretärin, eröffnete 1915 ihren berühmten Buchladen 7 rue de l'Odéon. In engstem Kontakt mit der französischen avantgardistischen Literatur, insbesondere mit Pierre Reverdy, Henri Michaux und Michel Leiris, aber auch mit Valéry. Maurice Saillet hat unter dem Titel ›rue de l'Odéon‹ ein Buch veröffentlicht, das Zeugnisse über sie und eine Reihe ihrer eigenen Arbeiten enthält, darunter auch zwei Aufsätze über Benjamin, mit dem sie in dessen Pariser Jahren befreundet war. 313, 320, 330

Radt, Jula (geboren 1894 in Berlin), Schwester von Alfred Cohn. Lange Zeit, vor allem 1912 bis 1915 und 1921 bis 1933 eng mit W. B. befreundet. Bildhauerin. Lebte von 1916 bis 1922 in Heidelberg, wo sie dem Kreis um Stefan George nahestand; nachher wieder in Berlin. Seit 1937 in Holland. Seit 1925 mit Fritz Radt, dem Bruder von Grete Radt, verheiratet. 152, 154, 155, 159, 224

Rang, Florens Christian (1864–1924), zunächst im preußischen Verwaltungsdienst; entschloß sich 1895 Theologie zu studieren, kehrte nach fünfjähriger Tätigkeit als Pfarrer in den Staatsdienst zurück, bis 1917 Regierungsrat, bis 1920 Vorstand des Raiffeisenverbandes. Danach, auf Grund seiner letzten Wandlung, die ihn zur Niederlegung aller seiner Ämter veranlaßte, Privatmann. Er stand in seinen letzten Lebensjahren mit Benjamin, den er etwa 1918 in Berlin kennengelernt hat, in enger Verbindung. 112, 115, 116, 117, 118, 119, 120, 121, 122, 123, 124, 126, 127, 128, 130, 131

Rilke, Rainer Maria (1875–1926). W. B. ist mit Rilke erst kurz vor dessen Tode in Beziehung getreten. Rilkes Gedichte hat er in seiner Jugend geschätzt und zitiert, nie aber sich in größerem Zusammenhange über ihn geäußert. Er übernahm die Übersetzung der ›Anabase‹ von Saint-John Perse, für die eigentlich Rilke vorgesehen war. 144, 148

Rychner, Max (1897–1965), Literaturkritiker. Wurde 1921 mit einer Arbeit über G. G. Gervinus promoviert. Von 1922 an Redakteur der ›Neuen Schweizer Rundschau‹, in welcher Eigenschaft er mit W. B., dessen Mitarbeit suchend, bekannt wurde. Lebte 1931–1937 als Redakteur und Korrespondent in Köln. 165, 174, 182, 187, 192, 201, 222

822 Verfassung, Verfassungsgerichtsbarkeit, Politik. Herausgegeben von Mehdi Tohidipur
823 Rossana Rossanda / Lucio Magri u. a., Der lange Marsch durch die Krise
824 Altvater/Basso/Mattick/Offe u. a., Rahmenbedingungen und Schranken staatlichen Handelns
825 Diskussion der ›Theorie der Avantgarde‹. Herausgegeben von W. Martin Lüdke
826 Fischer-Seidel, James Joyces »Ulysses«
827 Gesellschaft, Beiträge zur Marxschen Theorie 7
828 Rolf Knieper, Weltmarkt, Wirtschaftsrecht und Nationalstaat
829 Michael Müller, Die Verdrängung des Ornaments
830 Manuela du Bois-Reymond, Verkehrsformen zwischen Elternhaus und Schule
832 Herbert Claas, Die politische Ästhetik Bertolt Brechts vom Baal zum Caesar
833 Peter Weiss, Dramen I
834 Friedensanalysen 2
835-838 Bertolt Brecht, Gedichte in 4 Bänden
839 Géza Róheim, Psychoanalyse und Anthropologie
840 Aus der Zeit der Verzweiflung. Beiträge von Becker/Bovenschen/Brackert u. a.
841 Fernando H. Cardoso/Enzo Faletto, Abhängigkeit und Entwicklung in Lateinamerika
842 Alexander Herzen, Die gescheiterte Revolution
845 Ror Wolf, Die Gefährlichkeit der großen Ebene
847 Friedensanalysen 3
848 Dieter Wellershoff, Die Auflösung des Kunstbegriffs
849 Samuel Beckett, Glückliche Tage
850 Basil Bernstein, Beiträge zu einer Theorie
851 Hobsbawm/Napolitano, Auf dem Weg zum ›historischen Kompromiß‹
852 Über Max Frisch II
853 Brecht-Jahrbuch 1976
854 Julius Fučík, Reportage unter dem Strang geschrieben
856 Dieter Senghaas, Weltwirtschaftsordnung und Entwicklung
858 Silvio Blatter, Genormte Tage, verschüttete Zeit
860 Gombrich/Hochberg/Black, Kunst, Wahrnehmung, Wirklichkeit
861 Blanke/Offe/Ronge u.a., Bürgerlicher Staat und politische Legitimation. Herausgegeben von Rolf Ebbighausen
863 Gesellschaft, Beiträge zur Marxschen Theorie 8/9
864 Über Wolfgang Koeppen. Herausgegeben von Ulrich Greiner
866 Fichant/Pêcheux, Überlegungen zur Wissenschaftsgeschichte
867 Ernst Kris, Die ästhetische Illusion
868 Brede/Dietrich/Kohaupt, Politische Ökonomie des Bodens

870 Umwälzung einer Gesellschaft. Herausgegeben von Richard Lorenz
871 Friedensanalysen 4
872 Piven/Cloward, Regulierung der Armut
873 Produktion, Arbeit, Sozialisation. Herausgegeben von Th. Leithäuser und W. R. Heinz
874 Max Frisch/Hartmut von Hentig, Zwei Reden zum Friedenspreis des Deutschen Buchhandels 1976
875 Eike Hennig, Bürgerliche Gesellschaft und Faschismus in Deutschland
878 Leithäuser/Volmerg/Wutka, Entwurf zu einer Empirie
879 Peter Bürger, Aktualität und Geschichtlichkeit
880 Tilmann Moser, Verstehen, Urteilen, Verurteilen
881 Loch/Kernberg u. a., Psychoanalyse im Wandel
882 Michael T. Siegert, Strukturbedingungen von Familienkonflikten
883 Erwin Piscator, Theater der Auseinandersetzung
884 Politik der Subjektivität. Texte der italienischen Frauenbewegung, Herausgegeben von Michaela Wunderle
885 Hans Dieter Zimmermann, Vom Nutzen der Literatur
886 Gesellschaft, Beiträge zur Marxschen Theorie 10
887 Über Hans Mayer, Herausgegeben von Inge Jens
888 Nicos Poulantzas, Die Krise der Diktaturen
889 Alexander Weiß, Bericht aus der Klinik
890 Bergk/Ewald/Fichte u. a., Aufklärung und Gedankenfreiheit. Herausgegeben und eingeleitet von Zwi Batscha
891 Friedensanalysen 5
893 Georges Politzer, Kritik der Grundlagen
895 Umberto Eco, Zeichen. Einführung in einen Begriff und seine Geschichte
898 Cohen/Taylor, Ausbruchversuche. Identität und Widerstand
902 Ernest Borneman, Psychoanalyse des Geldes
904 Alfred Sohn-Rethel, Warenform und Denkform
906 Brecht-Jahrbuch 1977
907 Horst Kern, Michael Schumann, Industriearbeit und Arbeiterbewußtsein
908 Julian Przybós, Werkzeug aus Licht
910 Peter Weiss, Stücke II
913 Martin Walser, Das Sauspiel mit Materialien. Herausgegeben von Werner Brändle
916 Dürkop/Hardtmann (Hrsg.), Frauen im Gefängnis
920 Tagträume vom aufrechten Gang. Sechs Interviews mit Ernst Bloch, Herausgegeben von Arno Münster
925 Friedensanalysen 6
927 Ausgewählte Gedichte Brechts, Herausgegeben von Walter Hinck
928 Betty Nance Weber, Brechts ›Kreidekreis‹
929 Auf Anregung Bertolt Brechts: Lehrstücke. Herausgegeben von Reiner Steinweg
954 Elias/Lepenies, Zwei Reden. Theodor W. Adorno-Preis 1977
955 Friedensanalysen 7

Alphabetisches Verzeichnis der edition suhrkamp